SHANGHAI GAOXIAO
DANGAN GONGZUO LILUN YU SHIJIAN

上海高校档案工作理论与实践

主编　汤　涛

上海三联书店

《上海高校档案工作理论与实践》编委会

目　录

论大学校歌的文化与精神

——以大夏、光华校歌为例 …………………………………… 1

高等学校档案现代化管理的进化之路

——从数字档案馆到智慧档案馆……………………………… 14

“奕住”还是“奕柱”?

——黄奕住生平述略兼姓名辨正……………………………… 25

基于知识图谱的我国高校档案工作研究趋势分析………………… 34

从我国高校档案馆藏规模探析其归属和归宿……………………… 53

“互联网+”时代档案文化传播的“立”与“困”…………………… 61

高校档案管理实务中若干法律问题的探讨………………………… 68

张闻天之江苏省立水产学校学历新考……………………………… 74

高校档案馆与档案史料编研

——以华东师范大学为例……………………………………… 81

同济大学档案日活动策划与实施历程创新探索…………………… 92

档案文化编研产品的全民共享

——以新媒体为平台的档案文化产品展示新路径…………… 100

分众时代高校档案馆服务优化策略研究…………………………… 110

试论合并高校档案存毁鉴定………………………………………… 120

挖掘大学档案资源优化立德树人环境……………………………… 128

数字阅读在档案编研中的应用思考…… 136
抗战烽火中的沪江大学…… 144
李公朴沪江印迹考…… 152
高校声像档案利用现状分析及对策探讨
——以上海交通大学为例…… 161
云计算在高校数字档案馆建设中应用探讨…… 170
新形势下医院档案信息化工作浅析…… 177
互动论视角下的档案资源建设与档案文化传播…… 184
档案全媒体概念及应用现状综述…… 192
高校档案收集工作之我见…… 201
高校档案开放鉴定中存在的问题及其对策…… 209
浅谈网络环境下高校档案服务个性化…… 215
档案走进课堂:国外档案资源教育功能开发的实践探索 …… 219
高校档案信息资源深度开发利用工作探析…… 227
新形势下民办高校档案工作的探索与实践…… 235
浅谈高校档案部门勤工助学模式的创新…… 241
浅谈高校基建档案管理…… 248
新媒体环境下对高校兼职档案员队伍整合的思考…… 254
高校档案征集工作初探…… 261
从档案视角浅议高校校园文化建设…… 267
从档案史料看章钜林教授的体育教育思想与实践…… 273
档案专题片的文献学方法和纪录片范式…… 282
高校毕业生档案转递
——EMS与机要之争 …… 297
论医用耗材档案规范信息化管理…… 308
高校数码照片管理现存问题及对策探讨…… 313
信息公开与高校档案开放研究…… 318
开发利用的新平台:微信档案信息资源 …… 325
上海地区档案微信平台建设现状调查及思考…… 333

智能手机在档案服务中的应用探析…… 343

附录:上海高校档案馆概览 …… 349
复旦大学档案馆…… 349
上海交通大学档案馆(党史校史研究室)…… 351
上海交通大学医学院档案馆…… 353
同济大学档案馆…… 355
华东师范大学档案馆(校史党史办公室)…… 357
华东理工大学档案馆…… 360
上海外国语大学综合档案室…… 362
东华大学档案馆…… 364
上海财经大学档案馆校史馆博物馆…… 366
上海理工大学档案馆…… 368
上海体育学院档案馆…… 370
华东政法大学档案馆…… 372
上海海洋大学档案馆…… 374
上海电力学院档案馆…… 377
上海大学档案馆…… 380
上海中医药大学档案室…… 386
上海师范大学档案馆…… 388
上海对外经贸大学综合档案室…… 392
上海工程技术大学档案馆…… 394
上海第二工业大学档案馆…… 397
上海电机学院档案馆(筹)…… 399
上海商学院档案室…… 401
上海建桥学院综合档案室…… 403
上海出版印刷高等专科学校综合档案室…… 405
上海公安学院档案室…… 407
上海东海职业技术学院档案馆…… 408

上海工商职业技术学院档案室……………………………………………………… 412
上海交通职业技术学院档案室……………………………………………………… 414
上海电子信息职业技术学院综合档案室…………………………………………… 416
上海震旦职业学院档案室…………………………………………………………… 418
上海思博职业技术学院综合档案室………………………………………………… 420

后记…………………………………………………………………………………… 422

论大学校歌的文化与精神

——以大夏、光华校歌为例

华东师范大学档案馆　汤　涛　陈华龙

摘　要：校歌是高校的重要文化符号，是师生校友了解历史传统、形成身份认同、传承学校精神的重要媒介。通过对大夏、光华校歌创作与演变的考察可以看出，大学校歌是大学理想和时代精神的重要体现。民国时期大学校歌的创作与演变，对现今校歌创作有重要的启示。

关键词：大学　校歌　大夏大学　光华大学

大学校歌作为高校的文化符号，是师生校友了解历史传统、形成身份认同、传承学校精神的重要媒介。在近代中国教育现代化的过程中，随着新式学堂的建立，学堂乐歌随之诞生。学堂乐歌被认为是大学校歌的重要源头，亦是近代音乐的开始。1897 年南洋公学师范院院歌《警醒歌》的问世，通常被视为中国最早的大学校歌。此后，随着高等学校在中国的不断开办，各种反映大学理想、时代精神以及办学特色的校歌也开始在中华大地到处咏唱。

新中国成立初期，为“培养百万人民教师”，中央政府计划在全国六大行政区建设一批师范大学。1951 年，华东师范大学在大夏大学、光华大学等学校的基础上率先创办。本文以华东师大前身大夏、光华的校歌为研究对象，考察两校校歌的创作与演变，分析校歌所反映的大学理想与时代精神，以及民国时期大学校歌对目下校歌创作的启示。

1 大夏、光华校歌的创作与演变

1.1 大夏大学校歌的创作与演变

大夏大学创办于1924年，倡导“教师苦教、员工苦干、学生苦学”的三苦精神，办学27年，培养了大批优秀人才，被誉为“东方哥伦比亚大学”。在建校初期，大夏就确立校训、校徽和校歌，其中校歌歌词①全文如下：

洋洋乎美哉我大夏，缔造何光荣；
同心同德，努力奋斗，建设自由城。
愿我同人自强不息，乾健以为神；
如川之流，与日俱永，进步永无穷。
渊渊乎大哉我夏，使命何隆崇；
灌输新智，弘扬国粹，禹域之晨星。
愿我同人自强不息，乾健以为神；
如川之流，与日俱永，进步永无穷。
鬱鬱乎佳哉我大夏，气象何渊洪；
鼓铸文化，镕汇学术，万壑朝期宗。
愿我同人自强不息，乾健以为神；
如川之流，与日俱永，进步永无穷。

大夏校歌的歌词创作者为创始人之一的王毓祥教授。②“擅长文翰，长篇短牍，下笔立就”③，这是大夏校长欧元怀对与其共事多年的王毓祥的评价。王创作诗文颇丰，有《记丽虹桥(并铭)》《大夏大学校舍第一座奠

---

① 《大夏一览》，1926年1月。
② 《大夏周报》，1949年第1期。
③ 欧元怀：《祉伟先生永生》，《大夏周报》，1949年第1期。

基记》《大夏十周年纪念颂》等。[1] 因此，由这位商科教授来创作校歌也就不那么让人感到惊讶了。在大夏初创之时，王就创作了《大夏大学校歌》，《大夏周报》称“校歌歌词，廿余年前创校时（王毓祥先生）手泽”。[2] 在1949年他去世之时，大夏毕业生听闻噩耗，不由自主的唱起由他创作的大夏校歌。[3] 1925年6月1日为大夏大学成立一周年纪念大会，大会进行的第一个环节就是全体师生齐唱国歌与校歌。[4] 这是目前我们所知大夏校歌在公开场合的第一次演唱。

大夏大学校歌的曲调源自世界名曲《安妮・莱尔》(Annie Lisle)。这是一首由美国波士顿作曲家亨利・汤普森于1857年创作的民谣。1870年，康奈尔大学的学生阿奇博尔德・威克斯和威尔莫特・史密斯在《安妮・莱尔》旋律的基础上稍作改动，重新填词创作了康奈尔大学校歌的《远在卡尤加湖之上》(Far above Cayuga's Water)。[5] 随后，《安妮・莱尔》的旋律被世界上一百多所大学以及中学校歌所采用。中国早期的大学校歌不少是在选曲填词的模式下创作的，大夏大学校歌也正是在选曲《安妮・莱尔》后，由王毓祥填词创作的。[6]

大夏大学提出三个口号：“三苦精神”、师生合作和读书救国。[7] 而这三个口号的共同特征又可概括为“自强不息”之校训。大夏“自强不息”的校训，在校歌中也有体现：“愿我同仁自强不息，乾健以为神”。上文所录

---

① 王祉伟：《记丽虹桥（并铭）》，《大夏周报》，1936年第8期；王祉伟：《大夏大学校舍第一座奠基记》，《大夏周报》，1930年第78期；马公愚：《悼王祉伟先生》，《大夏周报》，1949年第1期。

② 《大夏周报》，1949年第1期。

③ 徐寿镛：《悼王副校长》，《大夏周报》，1949年第1期。

④ 《大夏大学周年纪念纪》，《申报》，1925年6月3日，第13版。

⑤ Annie Lisle-Wikipedia. https://en.wikipedia.org/wiki/Annie_Lisle.

⑥ 在中国，采用《安妮・莱尔》(Annie Lisle)曲调的大学还有燕京大学、东吴大学、岭南大学、金陵大学等。参见马军编纂：《近代中国高校校歌选》，上海社会科学院出版社，2006年版；刘文祥：《世界校歌界的“神曲”：一首曲子唱响太平洋两岸》，澎湃新闻・私家历史，2015年1月30日。

⑦ 欧元怀：《大夏大学校史纪要》，《解放前上海的学校》，上海人民出版社，1988年，第145页。

大夏校歌的歌词，是根据前期史料所载而来，实际上，与大夏后期的校歌在文字上有所差异，后期歌词[①]全文如下：

大夏大夏，合作之晶，缔造何光荣；
同心同德，努力苦干，众志以为城。
愿我同仁自强不息，乾健以为神；
明德新民止于至善，进步永无穷。
大夏大夏，学府之雄，气象何渊宏；
鼓铸文华，镕汇学术，万壑朝其宗。
愿我同仁自强不息，乾健以为神；
明德新民止于至善，进步永无穷。
大夏大夏，革命先锋，使命何崇隆；
唤起民众，复兴民族，禹域之洪钟。
愿我同仁自强不息，乾健以为神；
明德新民止于至善，进步永无穷。

以上前后歌词虽有变化，但仍当是王毓祥本人所改。[②] 通过前后歌词对比，我们可以发现，后期校歌有以下几点变化：其一，删去每段歌词开头的文言感叹句："洋洋乎美哉""渊渊乎大哉""鬱鬱乎佳哉"。其二，每段首句增加大夏的自我定位："合作之晶""学府之雄""革命先锋"。其三，将大夏的使命从"灌输新智，弘扬国粹"改为"唤起民众，复兴民族"。其四，将三段歌词尾句的比喻句"如川之流，与日俱永"替换为"大学之道"："明德新民止于至善"。前后歌词之所以有以上变化，当和白话文的进一步普及、大学执掌者对大夏创办历史的追忆，以及对办学结果的自信、办学宗旨适应国家所面临的"内忧外患"等均有关系。

---

① 《大夏大学校歌》，《大夏周报》，1949 年第 1 期。

② 1949 年第 1 期《大夏周报》为王毓祥去世纪念刊，所载校歌标明王毓祥作词。在 1949 年王毓祥去世之时，大夏毕业生听闻噩耗，不由自主的唱起他创作的大夏校歌，也是后期之校歌（徐寿镛：《悼王副校长》，《大夏周报》，1949 年第 1 期）。

至于校歌歌词修改的时间，结合《大夏年鉴》《大夏一览》等所载间接史料以及上文所述前后校歌中歌词的变化判断，当在大夏大学建校十周年以后。① 1933 年 6 月 1 日，大夏大学校长王伯群在大夏九周年纪念会上发表《国难与大学教育》一文，首次向师生提出变更今后大学教育目标的建议。② 1934 年冬，大夏正式确定办学总纲领为实施"复兴民族教育"，并从次年春开始分次实施。③ 1934 年 11 月 3 日，王伯群在大夏大学十周年纪念典礼上，再次向各界来宾宣告大夏以"复兴民族为当前之教育宗旨"。④ 基于王伯群关于大学教育要实施"民族复兴教育"观点的提出与实施，校歌也当在此后做出相应修改，因此歌词中才会有"唤起民众，复兴民族"的出现。

1.2　光华大学校歌的创作与演变

光华大学创办于 1925 年，"系五卅"运动后从圣约翰大学脱离而出，后被誉为"民族脊梁型学府"。光华大学校名源于《卿云歌》："日月光华，旦复旦兮"。光华历史上有过两首校歌，分别为：童伯章作词的《光华校歌》和朱经农作词的《光华歌》。其中，由童伯章作词、杨荫溥谱曲的《光华校歌》，歌词⑤全文如下：

鲲鱼久蛰北溟中，今已化为鹏，去以六月羊角风，重霄一奔冲。我有前圣羲与农，肇造文明启晦蒙。我有后圣周与孔，旁流教泽施无穷。观国之光远有耀，重任在吾躬。中华民气原俊伟，奋起自为雄。

平原宽广带长川，有基筵在田，风雨不动安若山，广厦列万千。

---

① 按，1926 年、1930 年、1931 年、1933—1935 年的《大夏一览》所载校歌均未改动。1936 年《大夏一览》未出版或已出版但未能寓目。1937 年《私立大夏大学文学院一览》所载校歌已经更改。

② 王伯群：《国难与大学教育》，《大夏周报》，第 9 卷第 28 期。

③ 《实力发动与复兴民族之要道》，《大夏周报》，第 12 卷第 1 期。

④ 王伯群：《十周纪念典礼开会词》，《大夏周报》，第 11 卷第 10 期；《十周年纪念典礼》，《大夏周报》，第 11 卷第 10 期。

⑤ 《光华年刊》，1935 年。

科分教育翼薪传，更加文理究人天。复以商业扩其用，众才分道扬先鞭。父兄师保瘁心力，乃致美且全。光我中华万亿年，毋让他人前。

《光华校歌》作词者童伯章，时任光华国学系主任、教授。① 童精于国学、音律等，1924 年曾为《私立常州中学校校歌》作词谱曲。② 在光华任教期间，曾担任光华国乐会顾问，且为《丙寅级级歌》《一九三〇级级歌》作词。③ 虽然童本人擅长音律，但他并没有为校歌谱曲，而这一任务是由同样刚到光华任教的杨荫溥来完成。杨荫溥 1926 年 9 月受聘为光华商科副教授，次年秋转入中央大学商学院。他除了精于金融研究外，从小就对诗歌、历史、音乐等均有很大兴趣④，彼时杨之弟杨荫浏为光华经济系学生，且担任光华国乐会会长⑤，后成为著名音乐史家。《光华校歌》的制谱由杨荫溥完成，貌似意外，若结合他与其弟在业余爱好音乐而论，也就在情理之中。结合童伯章、杨荫溥在光华任教的时间等因素，大致可以推断他们合作的《光华校歌》当在 1927 年上半年。童伯章创作的校歌歌词在此后未曾有所变化，但在 20 世纪 40 年代曾改由音乐家谈修重新谱曲。⑥

---

① 《约翰离校学生会昨日开会》，《申报》，1926 年 1 月 18 日，第 9 版；《光华大学之新旧教授》，《申报》，1926 年 8 月 30 日，第 11 版；《童伯章先生遗容》（照片附说明），1931 年第 6 期，第 1 页。

② 秦德祥：《童斐所作"校歌"考辨》，《中国音乐学》，2009 年第 1 期。

③ 童伯章（撰词）、沈振夏（选谱并录）《丙寅级级歌》，《光华年刊》1926 年；童伯章（作歌）、马启错（制谱）：《一九三〇级级歌》，《光华年刊》1930 年。

④ 秦锦荣：《金融学家杨荫溥传略》，中国人民政治协商会议江苏省无锡市委员会文史资料委员会：《无锡文史资料》，1992 年第 26 辑；翟风俭：《杨荫浏：中国宗教音乐研究的拓荒者》，《中国宗教》，2009 年第 2 期。

⑤ 洪启英：《光华大学国乐会》，《光华年刊》，1926 年。

⑥ 《光华大学光华歌》，《私立光华大学成都十年记》，1948 年。按，谈修，抗战时期任成都音乐馆馆长，曾创作《大同先锋军》、《大时代进行曲》等歌曲。后到台湾从事音乐事业。其他事迹不详。参见：唐守荣、杨定抒编著：《国统区抗战音乐史略》，西南师范大学出版社，1996 年，第 249 页；《记儿童运动会》，顾定倩、朴永馨、刘艳虹主编：《中国特殊教育史资料选》中册，北京师范大学出版社，2010 年版，第 1434 页；谈修：《大同先锋军》，《中国童子军》，1936 年，第 12 期，第 30 页；吕钰秀等主编：《台湾音乐百科辞书》，远流出版事业股份有限公司，2008 年，第 797 页。

另一首是由朱经农创作的《光华歌》，歌词和曲调均借用1920年赵元任创作的《尽力中华》。[1] 朱经农是中华教育改进社的创始人之一，在1923、1924年的中华教育改进社第二、三届年会上，全体会员曾集体学唱赵元任所创作的《尽力中华》。[2] 历年《光华年刊》等均没有标注制谱者，而在《光华大学十周年纪念刊》上，明确标注"赵元任先生歌谱"。[3] 因此，《光华歌》完全借用《尽力中华》之调，可以看作是赵元任制谱。《光华歌》歌词[4]全文如下：

听我们三呼：光华！光华！光华！教人知行合一、服务牺牲的光华！光华！要同心同德、爱国爱群的光华！光华！努力为学的光华！光华！光华！要读书运动、爱国运动并进的光华！光华！知天下兴亡、匹夫有责的光华！我们爱护光华！

听我们三呼：光华！光华！光华！教人好学不倦，深思精进的光华！光华！要虚怀若谷、允恭克让的光华！光华！培养人格的光华！光华！光华！捐除私见，大公无我，合力同造光华！光华！要富贵不淫、威武不屈的光华！光华！我们爱护光华！

《光华歌》的创作者朱经农博士，1925年受光华校长张寿镛之邀，由商务印书馆总编辑转任光华副校长兼教务长，对光华的创办与发展，可谓居功甚伟。

关于这两首校歌的实际使用先后问题，前人在记述时有所误解，即认为光华初创时以童伯章作词、杨荫溥谱曲的《光华校歌》为校歌，1930年以后以

---

① 《光华大学光华歌》，《私立光华大学成都十年记》，1948年；《私立光华大学光华歌》，《私立光华大学分设成都始末记》，1949年6月3日第二十三周年校庆特刊。

② 陶行知：《普及现代生活教育之路》，《中华教育界》，1935年，第22卷7期，第13页；朱自清：《旅行杂记》，《朱自清全集》，文化出版公司，1976年，第101页。

③ 《光华歌》，《光华大学十周年纪念册》，1934年。

④ 朱经农：《光华大学校歌》，《光华年刊》1926年。按，朱经农所作《光华大学校歌》，后常称作《光华歌》。

朱经农所作《光华歌》为校歌。[①] 目前所见光华大学最早的校歌演唱记录，是在1926年7月3日的光华大学第一届毕业典礼上[②]，至于所唱校歌内容则不甚清楚。而在由1926届毕业生编辑的《光华年刊》中，载有朱经农创作的光华校歌。此外，在1927年的《光华周报》上，刊发有光华学生周有光的一篇文章——《论光华校歌》，文中提及1927年的《光华日记》中曾刊登朱经农的《光华歌》以及另一篇征求意见的《拟光华校歌》(按：即童伯章所作)。周有光认为后者“文字太古、意义欠新、音调不雄”，还是以原来朱经农的《光华歌》为校歌比较合适。[③] 综上可见，在童伯章来光华任教并创作校歌之前，朱经农创作的《光华歌》已被当作光华大学校歌。在光华大学举行校歌征求意见活动中，由于当时有人公开发文认为童伯章所作校歌过于古雅，不够通俗，因此光华大学最终还是以原来朱经农所作《光华歌》为校歌。[④]

1935年，光华确定以童伯章所作为校歌，具体原因待考。[⑤] 但据相关史料，20世纪40年代以后，光华大学又以两者并存，朱经农所作被当作“第二校歌”。1942年，光华在给教育部的材料中称“录校歌如下以观校风”[⑥]时，以童伯章与朱经农所作并存，前者称校歌，后者称光华歌。1948年编撰的《私立光华大学成都十年记》，也对前者称光华大学校歌，后者称光华大学光华歌[⑦]。但在实际上，校友回忆多以后者为校歌。[⑧]

---

① 光华生：《朱经农和〈光华歌〉》，光华大学暨附中校友会：《光华精神光华人——光华大学暨附中建校80周年》，非正式出版物，2005年。按，张钦楠、朱宗正编著的《张寿镛与光华大学》(华东师范大学出版社，2010年，第58页)也采用了此观点。

② 《光华大学昨行第一届毕业典礼》，《申报》，1926年7月4日，第11版。

③ 周耀(周有光)：《论光华校歌》，《光华周报》，1927年，第1卷第8期。

④ 如1933年《光华年刊》、1934年《光华年刊》。

⑤ 《光华年刊》，1935、1936、1937、1939年。

⑥ 《私立光华大学》，教育部编：《全国专科以上学校要览》上，正中书局，1942年，第142页。20世纪40年代，也有只以朱经农所作为校歌者，如《校歌》：《光华大学同学会成都分会庆祝母校廿十周年纪念特刊》，1945年6月3日。

⑦ 《光华大学光华歌》，《私立光华大学成都十年记》，1948年。

⑧ 任嘉尧：《光华大学简史》，中国人民政治协商会议上海市委员会文史资料工作委员会：《上海文史资料选辑第59辑·解放前上海的学校》，上海人民出版社，1988年第126页；周而复：《文学的追求》，《往事回首录壹·空余旧迹郁苍苍》，中国工人出版社，2004年，第23页。

光华最初的校训是“知行合一”，这是因为创始人、首任校长张寿镛服膺明代思想家王阳明“知行合一”的理念。据 1926 年《光华年刊》所载，朱经农创作的光华大学校歌，包含有校训“知行合一”，即“教人知行合一、服务牺牲的光华！光华！”1930 年，光华大学发生学潮，国民党上海特别市执行委员会认为光华校训“与总理遗教(知难行易)不能相容”。① 次年年初，张寿镛将校训改为“格致诚正”②，此后校歌相应内容也随之更改为“教人格物致知、诚意正心的光华！光华！”③

2 大学校歌与大学理想、时代精神

2.1 大学校歌与大学理想

不同时代，大学教育的根本宗旨和任务在表述上有所差异。光绪二十八年(1902)，清政府颁布的《钦定京师大学堂章程》，称“京师大学堂之设，所以激发忠爱，开通智慧，振兴实业；以谨遵谕旨，端正趋向，造就通才，为全学之纲领。”④辛亥革命以后，民国政府教育部颁布大学令，第一条便是“大学以教授高深学问，养成硕学闳才、应国家需要为宗旨。”⑤而 1998 年制定、2015 年修正的《高等教育法》规定：“高等教育必须贯彻国家的教育方针，”“使受教育者成为德、智、体、美等方面全面发展的社会主义建设者和接班人。”⑥综上观之，不同时期大学宗旨和肩负的任务从根上来说有一致性，即大学教育的目的在于人才培养以及服务国家和社会。

1933 年，著名教育家孟宪承在总结欧美大学办学经验的基础上提出

---

① 张耕华主编：《光华大学编年事辑》，华东师范大学出版社，2015 年，第 91 页。

② 《光华大学举行纪念周》，《申报》，1931 年 1 月 13 日，第 11 版。

③ 《光华年刊》，1933 年。

④ 《钦定京师大学堂章程》，朱有瓛：《中国近代学制史料》第二辑上册，华东师范大学出版社，1987 年，第 753 页。

⑤ 《1912 年 10 月 24 日教育部公布大学令》《1917 年 9 月 27 日教育部公布修正大学令》，朱有瓛：《中国近代学制史料》第三辑下册，华东师范大学出版社，1992 年，第 1、21 页。

⑥ 法律出版社法规中心编：《中华人民共和国高等教育法(最新修正版)》，法律出版社，2016 年版。

现代大学的理想:"智慧的创获、品性的陶镕、民族和社会的发展"。[①] 大夏、光华校歌创作的年代,正是孟宪承酝酿以及提出现代大学理想的年代。同时,孟宪承也是脱离圣约翰,参与组建光华的教授之一,因此从他所提出的现代大学的理想来反观当时的校歌,可以发现校歌亦可看作是大学理想的体现,并从三个方面给学生以激励与引导。

所谓"智慧的创获",即从大学培养人才出发,从学生自身发展着眼,对大学生的学习与研究提出要求。如《光华歌》在学习上要求学生"好学不倦、深思精进"。《大夏大学校歌》则从大夏源于"师生合作"的历史出发,提出师生要"同心同德、努力苦干"。

所谓"品性的陶镕",即基于大学生群体生活,如集会、社交、竞技等活动,让学生在各类的活动的中得到良好人格的塑造。《光华歌》在人格上对学生的期望是,要"虚怀若谷、允恭克让""富贵不淫、威武不屈"。与"培养人格的光华"这样较为直接的表达不同,大夏校歌对学生的期望是:"愿我同仁自强不息,乾健以为神"、"明德新民止于至善"。

在学校,重在"智慧的创获、品性的陶镕",而走出校园,当重在"民族和社会的发展"。而服务社会与国家,首先需要培养爱国精神。因此,大夏校歌对未来学生的期望是要"唤起民众、复兴民族"。光华大学诞生于从帝国主义国家手中"收回教育权"运动之中,因此光华校歌对爱国有着更多的强调:"要同德同心、爱国爱群的光华""要读书运动、爱国运动的光华"。

2.2　大学校歌与时代精神

时代精神是每一个时代特有的普遍精神实质,是一种超脱个体的共同的集体意识。每个时代都有自己的时代精神,近代中国的时代精神为"独立、革命、解放",中国大学校歌从尊崇传统文化到复兴民族、从抗战救国到政治激励,再到如今的多元化取向,与时代关系极为密切。

民国时期的大学校歌既是时代的产儿,同时又激励与指引人们推动时

---

① 孟宪承:《现代大学的理想和组织》,《大学教育》,商务印书馆,1933 年,第 3—6 页。

代向前发展。在近代革命思潮下，各大学学潮时有发生。大夏大学便是厦门大学学生不满学校当局办学思想，向校方要求改革无效而“革命”的结果。在国共合作进行北伐时，大夏学生积极响应“打倒列强除军阀”的口号，上街游行、散发传单，反对孙传芳的军阀独裁，支持国民革命。大夏校歌对这段建校史，既有对师生合作办学的认同，也有对大夏师生敢于充当“革命先锋”的荣耀：“大夏、大夏，革命先锋”。作为“革命先锋”，校歌中对大夏自身使命的认同是，要化作“禹域之洪钟”以“唤起民众、复兴民族”。

20 世纪 20 年代，伴随民族主义运动的蓬勃发展和国民意识的觉醒，在第一次国共合作的大背景下中国发生了以反教会教育、收回外国教会学校为主旨的“收回教育权”运动。光华的诞生正是此次运动的组成部分。朱经农积极参与脱离圣约翰大学师生创立光华，因此，由他在建校之时创作的《光华歌》，便是这个时代要求民族独立，尤其是“教育主权独立”的体现。在校歌中，“听我们三呼光华、光华、光华”不仅是对学校的呼唤，更是对校名中寓意的“光我中华”的呐喊。校歌中“光华，知天下兴亡、匹夫有责的光华”，则是对光华学子要承担时代使命、致力民族独立的号召。

大夏、光华作为中国人自办的大学，对近代中国时代的召唤有更深的职责感，所以校歌便是“独立”、“革命”的时代精神的体现。在以校歌等为载体的时代精神召唤之下，诸多大夏、光华学子，投身民族独立、抗日救亡运动之中，为完成时代赋予的使命而奋斗。与之类似，大夏首任校长马君武在创办广西大学后，所作校歌中也有“对内团结，对外抵抗，为祖国奋斗到底”的时代号召。而与之形成对比的是，由外国人创办的教会大学，虽然有从宗教教育向学校教育的转变，但促使中国“独立”“革命”等并非其办学宗旨所在，所以教会大学校歌体现更多是对宗教精神、对个人追寻光与真理的鼓励，如圣约翰大学校歌中的“this shall be our mission, so light and truth shall come”、沪江大学校歌中的“in faithful search of truth”。①

① 《约翰年刊》，1920 年；《沪江江戊辰年刊》，1928 年。按，部分教会大学的校歌，在“收回教育权运动”后由中国人担任校长，校歌有所变化，与近代中国的时代精神较为契合，如东吴大学后期的校歌。参见王国平：《东吴大学简史》，苏州大学出版社，2009 年版，第 116、220 页。

3　民国校歌对目下校歌创作的启示

对于校歌，民国时期高校比较重视，教育行政门也同样推崇。1938年，国民政府教育部曾专门就校歌发出训令："音乐一科，为陶冶青年儿童身心之主要科目，自古列为六艺之一"，"兹为考察起见，各学校应将所编校歌，呈送本部，以备查核。仍未编制校歌的学校，必须抓紧编制，并限期呈报。"①而新中国成立后新建的大学，在建校之初大多没有校歌，多数校歌创作是近几十年的事。改革开放以后，随着各大高校周年校庆活动的开展，校歌问题才又重新提上议程。但在新一轮的校歌创作过程中，产生了许多"新不如旧"的现象，即新校歌发布不久便被弃用，而老校歌又被重新启用。② 各大高校开始注意到校歌的重要性并积极进行校歌创作无疑值得鼓励，然而匆忙上马以至忽视校歌创作所应注意的问题就值得反思了。

其一，应将大学理想与时代精神融入校歌之中。大学理想在于学生能获得智慧、陶冶情操，走出校园后对国家、社会有所贡献。因此在校歌中要对学生在学习研究、人格培养、服务国家社会等方面提出要求与激励。时代的主题总是在历史中转换，校歌创作也必然要考虑不同时期时代精神的不同。

其二，应注重校歌的文采、情怀和字数。歌词过于古奥，则难以理解，过于直白，则易显肤浅。歌词要有一定文采，能体现作为高等学府的气息。此外，校歌需要莘莘学子记忆、吟唱，歌词字数不能过多，当相对简洁、凝练。

其三，要重视将校名、校史、校训等元素融入校歌。培养学生的爱校之情，是学生毕业之后关心学校发展的前提。结合学校的历史传统或独

---

①　转引自周武:《弦歌中的时代和理想(代序)》，马军编:《近代中国高校校歌选》，上海社会科学院出版社，2006 年第 2 页。

②　毛翰:《漫话中国大学校歌》，《书屋》，2005 年第 11 期。

有的校园环境，将办学历史融入校歌之中，从而创作出体现学校自身特点的校歌。校训是学校办学宗旨的浓缩，因此要将校训融入校歌之中，使之深入人心、传之久远。

高等学校档案现代化管理的进化之路

——从数字档案馆到智慧档案馆

上海交大档案馆　袁继军
清华大学档案馆　薛四新
上海交大档案馆　胡凤华

摘　要：智慧档案馆是档案馆发展的高级阶段，它是互联网、物联网、云计算和大数据等技术方法与现代档案管理业务融会贯通的产物。本文在阐述档案馆现代化发展历程的基础上，分析智慧档案馆与数字档案馆的区别和联系，探索高校档案馆现代化管理发展的新路径，提出当前智慧校园环境下高等学校智慧档案馆建设的主要任务。

关键词：数字档案馆　智慧档案馆　高等学校　档案馆现代化管理

"不进则退"是永恒不变的进化之道，档案事业的发展也偏离不了这样的轨迹。在高等学校档案管理现代化发展的过程中，曾涌现过不少善于进取、敢于担当、斩棘开路的先锋。

1996 年清华大学率先在国内推出单机版的计算机辅助档案管理信息系统（THDA-MIS），解决了历史档案查询、检索、库房调档效率低的问题；2000 年南京大学率先推出"南大之星"网络版档案管理信息系统，解决了立卷单位网上归档和档案信息统一管理的问题；2003 年清华大学研制出具有自主知识产权的通用档案管理信息系统，实现了各门类档案的数据结构自主定义、用户界面个性化设置、系统功能灵活配置的平台化系统架构，系统功能随需扩展的建设目标，解决了多门类档案孤岛式建设、跨门类档案信息难以集成和多个孤立的档案系统运行维护工作量大的问题；2004 年上海交大率先提出建设数字档案馆，将档案信息化管理业务覆盖到全校多个立档单位，实现文档一体化集成管理，掀起了高等学校数字档案馆建设的热潮；2009 年重庆大学数字档案馆项目通过国家档案局、重庆市档案局和教育部档案处组织的验收，实现了馆藏档案数字化、档案收集、归档、保管与信息服务网络化，为学校档案工作的快速发展和高效服务奠定了档案信息基础；2015 年上海交大提出建设智慧档案馆，旨在满足智慧校园对档案馆提供信息服务的多元化和智能化要求，希望能够通过利用人工智能技术实现电子档案的自动捕获，通过利用物联网技术加强档案库房的智能化控制，通过利用大数据技术提升档案人员挖掘档案价值的能力。这些开路者在高等学校档案管理现代化事业发展过程中，做出不可磨灭的现实贡献，留下档案人“传、帮、带”的历史足迹。

1 档案馆现代化发展的进化之路

随着现代信息技术在高等学校的教学、科研、管理以及档案管理方面的深入应用，高校档案馆的发展从传统实体化走向信息化、数字化，并进一步迈向现代化、智慧化。图 1 呈现了互联网、物联网、大数据技术在信息化校园快速应用过程中，高校档案馆进化发展的 3 个里程碑阶段，即从传统的实体档案馆到数字档案馆，继而发展到当前正在探索和建设的智慧档案馆之高级阶段。在这个发展演变的过程中，档案管理变革的多元化需求始终是档案馆现代化发展的原动力，档案馆人勇于开拓、不断创新和追求卓越的决心是档案馆现代化发展的关键因素，而各类可适用的现代信息技术则只是其中扮演技术支撑的工具和手段，因此应该说高等学校信息化快速发展，不断地给档案管理提出了新要求，也正是高校档案管理人员面对新的要求和挑战，知难而上，勇于创新才一步步推动高校档案工作迈向新台阶，使得高校档案馆从传统的手工管理模式逐步走向数字化、智能化、智慧化，档案服务也从被动接待走向主动提供和推送档案信息的新境界。

数字档案馆是在传统档案馆功能基础上，将馆藏资源进行数字化加工，通过计算机软件系统对档案资源进行信息化管理，同时基于网络对外

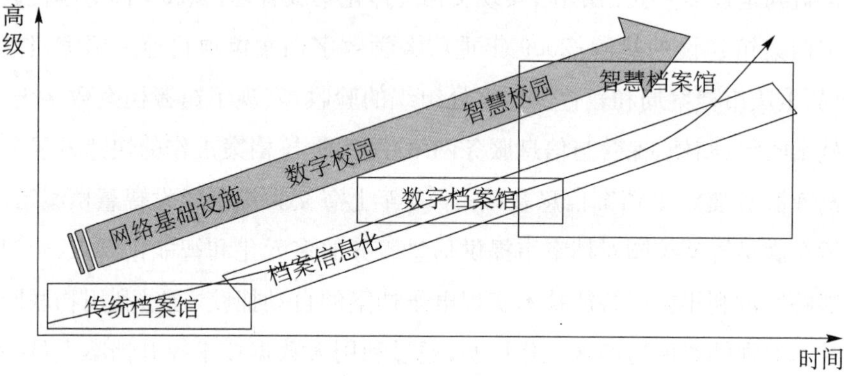

图1　档案馆进化发展的历程

提供档案信息服务，将档案资源与档案利用者之间建立了直接的访问通道，实现了档案管理业务的互动和信息与流程的集成。智慧档案馆是对数字档案馆基础上功能的延展和提升，是现代信息技术更深入更广泛的使用，它将互联互通、协同工作、资源整合、价值发现、服务互动等人类所具有的主动、智能甚至是预知的智慧充分展现出来。目的是将人们头脑中的静态物体拟人化变成可以主动思维的智能组织或虚拟对象，这一思维模式是希望通过将信息技术手段和人的智能行为实现充分的融合，从而使校园活动、档案服务能够在网络上从平面走向立体，从被动地被使用走向主动地提供智能化的服务，将基础设施、应用工具、工作过程实现自动化、智能化和协同化。

目前高等学校在智慧地球、智慧城市的带动下开始建设智慧校园，实现以“智慧”引领校园发展模式变革，将进一步促进信息技术在教学、科学、管理和信息服务等领域的广泛应用和聚合发展，推动形成更为先进的校园一体化发展理念和集约化管理模式。档案管理作为学校保存历史、传承文化和提供信息服务的重要工作内容，既是经验和知识的沉淀又是当前与未来发展的重要支撑，其公共服务性和知识传播性在校园信息化快速发展的今天体现得非常重要和格外的明显，在这样的背景下探索智慧档案馆的建设是时代发展的需要，也是高校档案人义不容辞的责任，无论对档案科学研究还是档案工作实践都会是一个前所未有的挑战和突破。

2 从数字档案馆到智慧档案馆的演进

无论是数字档案馆还是智慧档案馆的建设，其学术研究和工程实践的结合都是很紧密的。早在20世纪90年代，国内外档案专家和学者已开启了数字档案馆的研究和实践。在数字档案馆建设之初，相关标准规范、技术架构和运营模式等都充分考虑了如何从档案资源整体共享、跨部门协作和面向社会提供服务等问题的解决。美国的电子文件档案馆(ERA)项目主要从技术视角，研究如何构建开放、敏捷的集成系统体系结构，以适应技术变革与业务拓展的潜在需求；加拿大LAC动议则从档案管理与资源整合的视角，研究如何将数字文化遗产管理纳入国家战略，从而建立能够管理国家文献遗产的数字保存体系和可信任数字仓储系统(TDR)；澳大利亚主导的ADRI行动，从标准规范视角开展区域联合行动，推动跨国、跨馆数字文件和档案资源统一管理标准体系的形成，以引导全球范围内档案工作的科学规范开展[1]。我国数字档案馆的理论研究和实践探索经历了从单一档案业务系统、馆藏数字化到综合档案管理系统的构建[2]，从个体数字档案馆[3]到区域性数字档案馆[4]建设模式变革的研究，从IT集约化服务型数字档案馆到云数字档案馆[5]的探索。在智慧校园背景下，档案界从数字档案馆功能提升、资源整合和数据挖掘、智慧技术运用、感知计算[6]等角度，对智慧档案馆的概念、功能架构等进行了深入的探索和广泛的研究。在数字档案馆和智慧档案馆建设实践方面，上海、浙江、青岛等省市已作了一些有益尝试。这些前瞻性的研究和开拓性的实践为智慧校园背景下档案资源的整体聚合、科学保管和高效利用奠定了良好的档案文化意识、技术系统环境和专业操作技能，为提升档案馆"智慧"营造了基础资源条件和专业氛围。国内外相关的理论研究和实践探索为高等学校开展数字档案馆、智慧档案馆积淀了理论基础、建设方法和实践经验。从国家档案局2010年发布的《数字档案馆建设指南》[2]，可以看到，数字档案馆的定位是一个计算机管理信息系统，其宗旨是着重解决馆藏档案资源数字化和档案信息利用高效率的问题。

与数字档案馆相比，智慧档案馆则是需要从设施、环境、馆藏、人员、运作和服务等方面实现全面现代化管理的改造和升级，以适应智慧校园新型的网络信息系统生态环境的变化和信息消费习惯的要求，物联网的感知化、移动互联网的个性化、信息服务的智能化和组织运作的智慧化等特征将逐渐显现出来，表1从档案馆的馆舍环境、档案库房、制度规范、馆藏资源、IT设施、应用系统、信息服务、管理运作和档案人员九个维度对智慧档案馆区别于数字档案馆的典型特征进行对比和分析，以明确智慧档案馆的典型特征。

表1　智慧档案馆与数字档案馆的典型特征比较表

类型 要素	数字档案馆	智慧档案馆
馆舍环境	沿用传统档案馆采用安防、门禁监控系统进行环境安全控制，出现事故后由人工进行事后检查和分析。	采用物联网感知技术对档案馆内外环境进行全面改造，实时监控档案馆馆舍安全，营造节能、环保和智能化的馆舍环境。
档案库房	库房环境沿用传统的温湿度控制方法。	应用感知技术建设虚拟库房，实现实物库房自动管理和智能配置。
	库房档案与应用系统中的档案信息相对独立，在系统中档案信息与库房中的实物档案实现逻辑上的一一对应。	采用RFID技术保持库房实物档案与应用系统中档案信息的映射关系；采用感知智能设施实现档案实物库房温湿度等相关数据的自动捕获和智能监控；建设数字库房，实现档案库房的虚拟化管理。
	库房档案的出库及入库管理的安全保障完全依靠人工控制。	采用RFID技术实时监控库房档案的动态，确保其物理安全。
制度规范	主要围绕馆藏资源数字化和文件移交接收等档案后端管理方面制定的制度规范。	纳入到智慧校园全局制定电子文件和档案管理的政策框架，制度规范覆盖组织运作、电子文件全程管理等涉及档案馆信息化管理的方方面面。
管理对象	以馆藏资源数字化副本为主，新增归档电子文件为辅。	以电子文件和数字化档案为主体管理对象，档案馆运作过程中形成的大数据也成为其管理对象。

（续表）

要素＼类型	数字档案馆	智慧档案馆
IT 设施	以档案馆自建为主，IT 设施以档案馆内部的 IT 服务人员或外包形式加以管理和维护。	以智慧校园的云服务中心为主，档案馆 IT 设施为辅，IT 服务和设施管理实现全面的智能化；IT 设施的更新换代和数据迁移实现专业化可信操作。
应用系统	以档案信息管理为主，实现档案资源安全管理和档案信息检索服务。系统功能主要覆盖到具体负责档案信息管理工作人员，未涵盖档案馆领导和行政管理人员。	以电子文件管理、档案长期保存、档案信息开发利用为主，保存档案和传承文化的同时，最大限度地满足社会信息消费需求；系统功能覆盖到档案馆各个层面的工作人员。档案馆实现真正意义上的全面信息化、智慧化管理。
信息服务	通过数字档案馆门户提供开放档案信息服务。	通过跟踪和分析用户的信息消费行为，提供主动的信息推送服务。
管理运作	沿用传统档案馆以往的管理运作模式，馆内组织架构等基本不变。	依据技术、管理和业务的工作量对档案馆内部的组织结构进行优化调整，合理设置岗位。
档案人员	主要对档案管理业务人员的素质提出较高要求，要求熟练使用计算机和档案管理系统。	从领导到行政管理人员、档案管理和 IT 服务人员提出全面的要求，重点加强 IT 服务部门人员的档案专业服务技能和档案管理人员的 IT 技术技能的培育和提升。

3　高校智慧档案馆建设的主要任务

高校智慧档案馆的建设是在充分利用智慧校园基础设施资源的基础上，使用物联网、互联网、人工智能、大数据和云计算等现代信息技术，武装档案馆的人员、库房、档案和楼宇设施，使得档案馆在管理制度、档案资源、档案业务、技术手段、人员及其服务等方面体现出内部的和谐运转与智能决策，以及对外服务的快速响应与积极主动，对外体现出档案馆的

“智慧”特征。图 2 给出高等学校智慧档案馆建设的关键任务和重点内容。

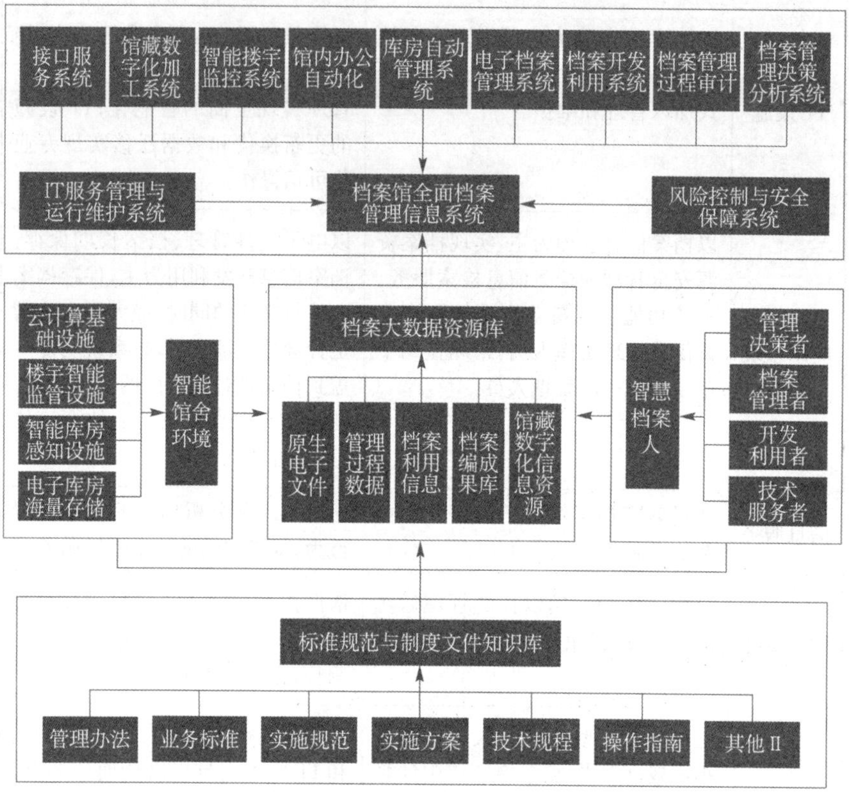

图 2　高校智慧档案馆建设的关键任务和重点内容

3.1　制度体系的滚动建设

高等学校档案管理办法、标准规范、实施指南等制度体系在智慧档案馆建设阶段将更加完善。没有规矩不成方圆，无论数字档案馆还是智慧档案建设，政策、制度、标准、规范和实施指南等制度性文件的研究、编制和使用等是最基础性但最为重要的任务。一方面，这些制度性文件覆盖智慧档案馆建设、运行、升级改造和持续发展的方方面面，从明确全校档案工作领导体制和网络工作范畴，到引导立档单位开展文件材料收集、整理和归档的范围与保管期限，到系统中采用的电子文件保存格式、元数据和档案目录数据结构，甚至是系统最终运行和维护的管理制度、档案信息服务的规程等；另一方面，这些制度性文件是动态的，是需要随着智慧档案馆的建设和发展进行调整和完善，特别是随着现代信息技术的快速发展，应用系统功能不断完善、学校档案管理运作模式动态变化等，都有可能会带来学校档案馆里体制、机制和管理方式等方面的变革，制度文件的调整和完善是不可避免的。以上海交大数字档案馆建设而言，历经十多年的发展，研究、制定和固化的相关标准、规范等制度性文件就一直在连续地开展，建立了上海交通大学的档案工作条例、归档范围和保管期限表、各门类档案工作规范、电子文件元数据实施要则、数字档案馆运行管理规范等，而且这些制度文件逐年要进行变更和适用性的修订与确认。不难想象，未来高校在建设智慧档案馆时，还将在智能楼宇、虚拟库房、档案知识库建设、校园 IT 集约化服务等方面，各类制度性文件还将得到不断的扩展和完善，以适应智慧校园的建设与发展的总体要求。

3.2 智能馆舍生态环境的建设

智慧档案馆的基础设施——楼宇、库房的智能化建设是重点。因为智慧时代的档案库房不仅要求能够将档案资源安全地保存，更重要的是能够辅助档案人员有效地管理和保护这些档案，档案库房的智能化装备必然会得到全面的升级和改造。通过采用智能楼宇技术对档案馆的环境包括温湿度环境、安防监控、消防系统以及灯光照明等实行自动控制和调节，对设施设备的运行、保养、维护实现智慧化管理，为档案实体营造了一个安全保管的生态环境。自动感知档案的位置状态、利用状态、生命状态，使纸质档案的安全完全处于自动监控之下。注重将方便利用者与安全防范结合起来，将方便利用者与档案实体和档案信息安全结合起来，安全防范体系更具人性。从而实现了对档案实体的深入控制，实现了对员工、用户、环境、设施设备等的全面、精准控制。

3.3 智慧档案员的人力资源队伍建设

“智慧档案人”是支撑智慧档案馆建设与发展的关键角色。智慧生态环境下，档案馆中人员分工将更精细，更专业，员工更具创新能力，职责更明确，对各层次工作人员的素质要求也更加明晰，人才队伍培养目标更加明确，不仅需要熟悉档案管理的基本原理和业务过程，专注档案管理业务，而且应懂得如何采用各种先进的技术和方法提高工作效率和服务水平，将档案业务与技术方法融会贯通。从职业分工角度看，管理决策人员、档案管理人员、档案开发利用人员和信息技术服务人员是构成智慧档案馆不可或缺的四类关键力量，如何发挥各自的能动性，加强相互之间的协作与沟通，并通过建立知识管理系统记录档案人员业务过程中的经验、知识和能力，以传播经验、培育新人，这是智慧档案馆系统建设的一项关键任务，也是区别于数字档案馆的一个关键特征。

3.4 档案大数据信息资源库的建设

智慧档案馆中核心内容——“档案”会更有价值。不仅需要将库藏中的资源进行数字化处理、挖掘分析和提供利用以体现馆藏价值，而且需要将信息社会中正在形成的各类值得保存的信息资源进行收集、整理，能够为社会和各行各业再利用。智慧档案馆中的库藏资源将打破了传统档案馆中档案信息资源和实体资源被各个档案馆之间的边界和壁垒所分割的状况，资源组织方式由零散转变为统一的、区域性的资源体系，区域内各个体档案馆不再是“资源孤岛”和“应用孤岛”。各个应用环节协同作业，各类资源统一调配发挥其最大的价值；各个关键系统与参与者和谐高效地协作，达到运行的最佳状态。

3.5 档案馆全面信息化系统的建设

智慧档案馆的技术系统——“档案管理信息系统”应更全面、更有效，不仅能够支持馆员开展档案管理业务活动，而且能够帮助档案馆的管理决策人员及时地了解档案管理业务的进展与问题所在，以便及时地调整工作思路和管理方法，激发全馆人员的工作热情，提升档案工作的整体水平。通过服务架构体系搭建智慧档案馆的技术系统，实现档案管理由流程式线性管理到各个流程无缝连接融为一体的整体管理控制转变，达到对纸质档案全生命周期的自动控制，并通过自动感知档案存在的状态，实现档案的安全、档案的销毁等的自动控制和提醒以及对档案知识产权保护。

4 展望

构建高校的智慧档案馆，其本质就是要充分利用现代化的信息技术手段将拥有智慧的档案人、承载智慧的档案物与传承智慧的档案事业实现紧密融合，为网络信息校园甚至是社会提供一个能够感知人们业务活动诉求、满足人们信息消费要求的，像人一样有悟性的"档案馆"。这个智慧实体是传统实物档案馆、数字档案馆和云计算、物联网等新技术融为一体的新型"数字实体"，是智慧校园的基本构成单元，是智慧校园持续发展的信息资源支撑。我们知道，智慧档案馆的建设是一个全局性、开拓性、动态性和持续性的系统工程，并非一蹴而就，其内容将涉及从理论、方法、业务、工程和系统构建等方方面面，因此建设高校智慧档案馆需要从智慧人、智慧系统、智慧工作和智慧服务等多个层面分析智慧档案馆对智慧校园生态系统的基础要求和资源依赖；需要从管理制度建设、电子档案聚合、业务流程优化、馆员能力提升、系统集成架构和IT服务管理等方面明确智慧档案馆的实现原理和实施方法，结合智慧校园的生态环境和档案资源管理的要求，提出一套能够用于指导智慧档案馆建设与实施的整体解决方案，并结合现实环境中的智慧档案馆建设工程进行验证和改进，才能逐步达到预期的愿景。

参考文献：

[1] 薛四新. 云计算环境下电子文件管理的实现机理[M]. 上海：世界图书出版上海有限公司，2013：25—26.

[2] 国家档案局. 数字档案馆建设指南[Z]. 2010.

[3] 杨来青，徐明君，邹杰. 档案馆未来发展的新前景：智慧档案馆[J]. 中国档案. 2013(2)：68—70.

[4] 陶水龙.基于云计算的区域性数字档案馆建设研究[J].中国档案,2013(2):60—63.

[5] 薛四新,陶水龙,崔伟.数字档案馆的云计算建设模式思考[J].档案学研究,2012(3):62—64.

[6] 杨艳等.智慧档案技术系统特征分析[J].档案学通讯.2014(2):66—69.

“奕住”还是“奕柱”？
——黄奕住生平述略兼姓名辨正

复旦大学档案馆　王晴璐

摘　要： 近代著名华侨黄奕住先生自南洋归国后在祖国的教育、医疗卫生、金融、城市建设等诸多领域做出了卓越的贡献，值得后人永久的铭记与缅怀。然而，由于《申报》、《大公报》等近代文献之误，黄先生的名字出现了另一种写法，即“黄奕柱”。本文在简要介绍其生平后通过文献与实地调研，判定其姓名的正确写法应为“黄奕住”。

关键词： 黄奕住　黄奕柱　姓名　辨正

1

黄奕住先生1868年12月7日出生于福建省南安县的一户贫苦农民家庭，是家中长子，因当时医疗卫生条件落后，婴儿的夭折率很高，他的父亲黄则华非常希望留住这个孩子，故为其取名“奕住”，乳名“阿住”，“奕”是在宗谱中的辈分①。黄奕住先生儿时也上过私塾，但随着弟弟妹妹的相继出生，家中情况愈发紧张，后来甚至出现了断粮的状况，最后，父亲只好忍痛让其辍学，这件事在黄奕住先生内心留下了很深的伤痛，成为终身的遗憾。正因为深谙失学之苦，事业成功后，黄奕住先生慷慨出资捐助多

---

① 参见赵德馨《黄奕住传》，湖南人民出版社，1998年版。本生平述略部分主要参考《黄奕住传》及该书附录的黄奕住《自订回国大事记》、黄钦书等《先府君行实》、黄浴沂《先父黄奕住传略》、《回忆录》等，下除引文外，不再逐一说明。

所学校，让年轻一辈有机会上学。他后来回忆：

> 吾幼时失学，为大恨事。今于吾父吾母丘墓之乡，吾身数十年经营衣食之地，晚岁游历之区，为青年学子略尽吾情，弥吾阙憾焉。①

当时，南安一代有从事理发业的传统，黄奕住先生12岁时也跟随伯父黄伯顺学习理发，学成后成为了一名走街串巷的理发匠。在挑着理发担辗转各地的过程中，黄奕住先生了解到南洋一带很适合从事商业，华人在那里也发展得有声有色，有的甚至成了富豪，就产生了前往南洋开拓事业，改变家庭面貌的念头，他的观点是"彼能往，我亦能往，事在人为耳。"他的志气让父亲十分感动，硬是变卖了家中的一些田产为他筹集了旅费。1885年春，刚过16周岁的黄奕住先生踏上了前往南洋的海船。

黄奕住先生首先到达的是新加坡，后又转到印尼的三宝垄市，在三宝垄，他一开始也从事理发业，但没多久就发现理发只是一门小本生意，一辈子只能糊口，要靠理发脱贫致富几乎不可能。于是，他产生了改行做商贩的想法，为表示破釜沉舟的决心，他将所有的理发工具都投入了海中，用借来的五盾作为本钱，开始了全新的行业。

当时，细心的黄奕住先生发现南洋人有喝咖啡的习惯，于是开始挑担卖咖啡，随着生意的兴旺，资金逐步积累了起来，他便在三宝垄市的中心市场租了一个固定摊位。慢慢地，一个摊位也容纳不下他的生意了，他又租房办起了杂货店，卖咖啡及其他杂货，店名"日兴"。从此，黄奕住先生的事业更进入上升通道，日兴杂货店逐渐扩大为日兴商行，又因当时三宝垄市是蔗糖的主要集散地，黄奕住先生也于1895年以后将经营的重点转向了蔗糖。1908年，黄奕住先生四十岁时，日兴股份公司成立，注册资本已经达到四十万盾。1913年，日兴的资产上升至百万盾，黄奕住先生也一跃成为印尼爪哇的四大糖商之一。一战结束后，糖价大涨，黄奕住先生的资产再次增长，终

① 黄钦书：《先府君行实》，赵德馨：《黄奕住传》，湖南人民出版社，1998年版，第373页。

于成为了千万富翁。他本人也逐渐成为三宝垄市的华侨领袖，担任了三宝垄中华会馆财务董事、中华商会副会长等，并开始扶植南洋的华侨教育，先后捐助三宝垄中华学校、新加坡南洋华侨中学、新加坡爱同学校等。

黄奕住先生在三宝垄期间，还曾接待过孙中山先生，对同盟会的革命活动予以资助。

1919年黄奕住先生怀着拳拳爱国心，叶落归根，挟巨资回国发展，定居厦门。回国后的黄奕住先生更是贡献卓著，概括起来，主要有：创办中南银行，投资修建厦门第一条现代马路，成立厦门市自来水公司并任董事长，大大改善了厦门市民的饮用水情况，对鼓浪屿也实现了自来水供应。黄奕住先生还接办了厦门电话公司，收回鼓浪屿日本人创办的川北电话公司，并实现了厦鼓之间的通话。另外，在鼓浪屿，他出资兴建了黄家花园与观海别墅。值得一提的是，黄奕住先生平素为人节俭低调，而他此次建造的黄家花园却由中楼、南楼、北楼三幢别墅组成，之所以规模如此宏大，绝不是为了炫富，而有着借此气势压倒鼓浪屿上外国人建筑的别墅，长中国人志气的良苦用心。现在，黄家花园仍然与菽庄花园一起，是人们到鼓浪屿必游的景点。

而黄奕住先生事业成功后用力最多的就是教育事业，他捐助的学校可以列一串长长的名单。

1920年黄奕住先生于故乡南安创办了斗南学校，且实施免费入学，在当时引起了很大的轰动，斗南学校成为了南安教育质量最好的学校，培养了大批人才。黄奕住先生又接办了当时因经费短缺濒临停办的厦门女子师范学校，并改名为厦门慈勤女子中学，“慈勤”是黄奕住先生母亲的谥号，饱含了他对母亲的深深怀念。后黄萱女士曾就读于此校。大学方面则名单更长，如为创办早期经费极度困难的厦门大学捐款三万元用以购买中西文图书，为此，1931年厦大建校十周年时，特意在群贤楼建石碑刻铭文致谢。黄奕住先生还担任了暨南大学校董，捐款筹办了中国第一所商科大学上海商科大学，即今上海财经大学的前身。黄奕住先生还应李登辉校长之请，在复旦大学建造江湾新校区时捐款一万余元建造了一座办公楼，即奕住堂（今复旦大学校史馆主体建筑），奕住堂亦成为复旦江湾新校区建立之初的三幢主要建筑之一。他对北京大学、南开大学、岭南大学也予以过捐助。

在医疗卫生和文化教育方面，黄奕住先生还捐款建立了厦门中山医院、鼓浪屿医院，捐助厦门图书馆，创设鼓浪屿图书馆等。

1945年6月5日，黄奕住先生病逝于上海，享年77岁。在因身体衰弱于1943年即立下的遗嘱上，他写道：

> 余来自田间，深知社会疾苦。赋性质直，见义思为。生平关于教育、慈善诸端，赞助向不后人。亦宜指定的款，俾能继续供(贡)献人群。……余一生勤俭持身，忠厚待人，对于国家社会之事，虽不敢上拟先忧后乐之伦，亦未尝稍忘匹夫有责之义。①

黄奕住先生对于国家和社会堪称厥功甚伟，但他对自己生平的总结却如此谦逊低调，认为尚达不到范仲淹"先天下之忧而忧，后天下之乐而乐"的境界，只不过是尽了匹夫之责罢了。黄奕住先生的品格值得后人永远的景仰。

2

前文已简要介绍黄奕住先生成就卓著的一生，然而，笔者发现，黄奕住先生在世时，其姓名却出现了另一种写法，即"黄奕柱"，主要见于《申报》、《大公报》及我校历史档案中，如1921年5月13日《申报》刊载之"复旦大学消息"：

> 该校今又经中南银行总理黄奕柱君筹助一万两，指定独建事务所房屋一座。

1930年5月28日《大公报》刊载之"黄奕柱之子在沪被绑"新闻：

> 中南银行董事长黄奕柱之子，沁(二十七日)晚六时半，驾自备汽车，行经海格路，被匪绑去，黄两保镖，一死一伤，车夫亦伤。

① 赵德馨：《黄奕住传》，湖南人民出版社，1998年版，第351页。

而我校历史档案中，历期《复旦年刊》所列之校董名录及照片均作"黄奕柱"，相同的情况还出现在1926年《复旦丙寅年鉴》①中。《本校四十年大事记》"民国八年"条：

> 始于江湾建屋，简照南兄弟捐建教室，是为简公祠；黄奕柱捐建办公厅，后增两翼为图书馆。②

《国立复旦大学一览》"校史"部分：

> 至民六年改组为大学，规模扩大，负笈来游者日众，李先生乃亲赴南洋各地，募集巨款，拟建新校舍，在江湾陆续购地七十余亩，并得国内热心教育之士，如简照南黄奕柱先生等，慨助多金，捐建房屋，乃于民九年冬十二月，鸠工兴建，逾年，简公堂，办公室（即今之图书馆）及第一宿舍落成，大学部遂于民十一年春，由徐家汇迁入，其李公祠原址作为中学部校舍……③

图1 赵德馨《黄奕住传》封面

当受以上历史档案影响，我校校史馆门前石碑与内部展览文字及一系列校史著作如《复旦大学志》《复旦上医老校舍寻踪》等均将黄先生之名写作"黄奕柱"④。

---

① 《复旦丙寅年鉴》，复旦大学档案馆馆藏历史档案卷2546。

② 《本校四十年大事记》，复旦大学档案馆馆藏历史档案卷17，时间应为民国九年，原件上有铅笔更正痕迹。

③ 复旦大学编：《国立复旦大学一览》，1947年，第1页。

④ 我校历史档案中也有将黄先生之名写作"黄奕住"的，如《三十年的复旦》（复旦大学档案馆馆藏历史档案卷2552），但可能因历史档案中"黄奕柱"占了多数，未能引起足够的重视。

那么，黄先生的名字究竟是“奕住”还是“奕柱”？为此，笔者进行了文献与实地的调查，最终的结论是，正确的写法应为“奕住”，除赵德馨先生的《黄奕住传》[①]外，尚有来自其直系亲属的直接证据数种，分列如下：

一、1945年黄奕住先生去世时，其家族机构黄聚德堂载于《申报》上的《讣告》作“奕住”。原文如下：

> 黄钦书、浴沂、友情、天恩、德隆、德心、德坤、世哲、世禧、世华先生尊翁奕住老太爷恸于中华民国三十四年六月五日(农历四月二十五日)午时寿终沪寓正寝，择于六月七日(农历四月二十七日)未时在岳阳路一六八号本寓大殓，谨此报闻。[②]

图2　《申报》刊载之黄奕住先生讣告

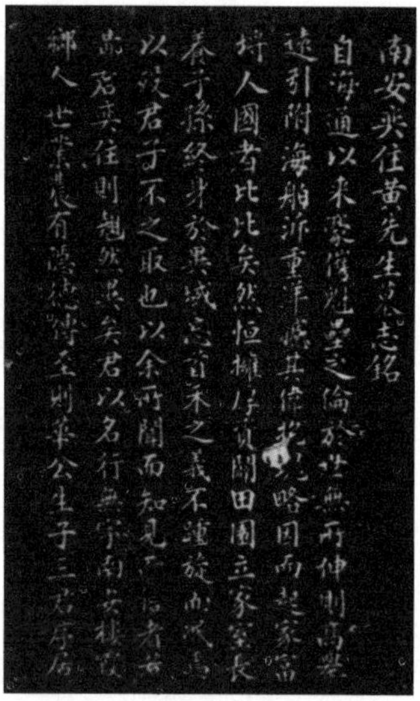

图3　南安奕住黄先生墓志

---

① 赵先生因姨妹即黄先生外孙女周菡女士，得睹大量黄氏私家档案。该书从正文到引述及附录的《江夏紫云黄氏大成宗谱》、黄奕住先生亲撰的《民办福建全省铁路股份有限公司缘起》(文末列发起人，含黄本人)、黄先生之子撰写的《先府君行实》、《先父黄奕住先生传略》均作“奕住”，从未出现过“奕柱”之名。

② 《申报》，1945年6月6日，第1版。

同样是登载在《申报》上，但由其家族机构起草的《讣告》不可能将其名字写错，属直接证据。

二、书有《南安奕住黄先生墓志铭》的黄奕住先生原墓于十年动乱中被毁，但墓碑拓片照片得以保存，被收入《厦门墓志铭汇粹》[①]一书，墓志铭中为“奕住”。1979 年黄先生之墓得以重建，为黄奕住先生与其母萧氏、其妻王氏的合葬墓，墓碑上亦作“奕住”。照片由黄奕住先生的曾孙黄骥先生提供。

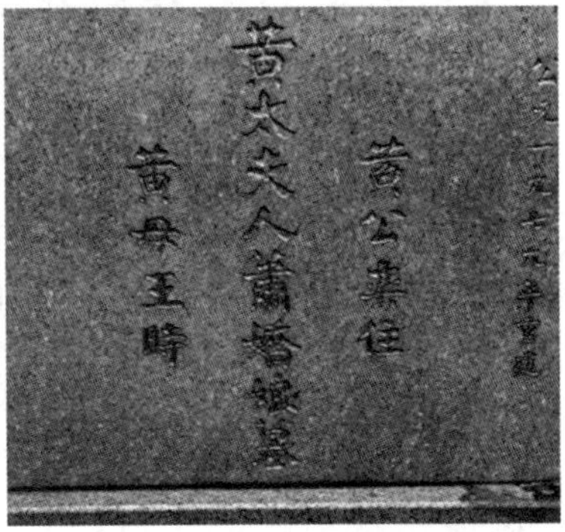

图 4　黄奕住先生重建墓

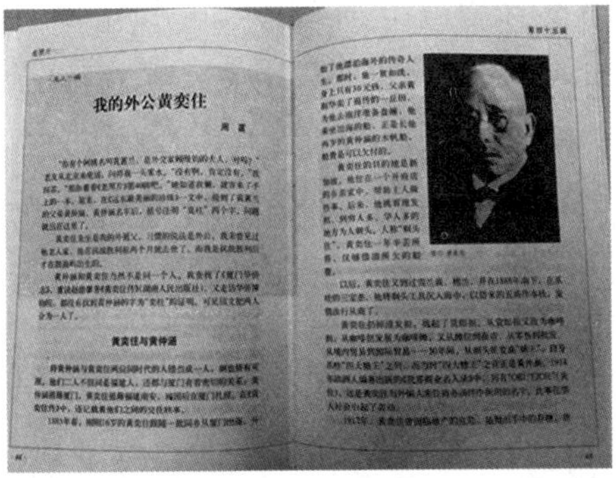
我的外公黄奕住

黄奕住与黄仲涵

图 5　周菡女士撰写的《我的外公黄奕住》

三、黄先生的外孙女周菡女士曾写有《我的外公黄奕住》[②]一文，以澄清黄蕙兰为黄仲涵而非黄奕住之女开头，逐段介绍黄奕住先生生平、与女儿黄萱的往事等，文中还附黄奕住独资修建的开元寺东塔纪念碑照片，亦可清晰见到碑文上黄先生之名为“奕住”。同时，在原厦门博物馆馆长何丙仲老先生的大力支持下，笔者有幸与周菡女士通了电话，她再次明确表示正确的写法是“住”。

另外，1920 年 12 月 15 日《江苏省公报》、1921 年 2 月 26 日《申报》刊载的对黄奕住先生予以表彰的大总统令均作“奕住”，1921 年 6 月 6 日《申报》刊载的《中南银行创立会纪事》中有黄奕住先生在创立会上的部分演说原文，文中黄先生几次谈到自己，均为“奕住”。另外，在校档案馆丁士华副馆长的指点下，笔者前往上海市档案馆调阅了中南银行的相关案

① 苏大山：《南安奕住黄先生墓志铭》，何丙仲、吴鹤立编纂：《厦门墓志铭汇粹》，厦门大学出版社 2011 年版，第 347—349 页。

② 《老照片(第 45 辑)》，山东画报出版社，2006 年版，第 44—52 页。

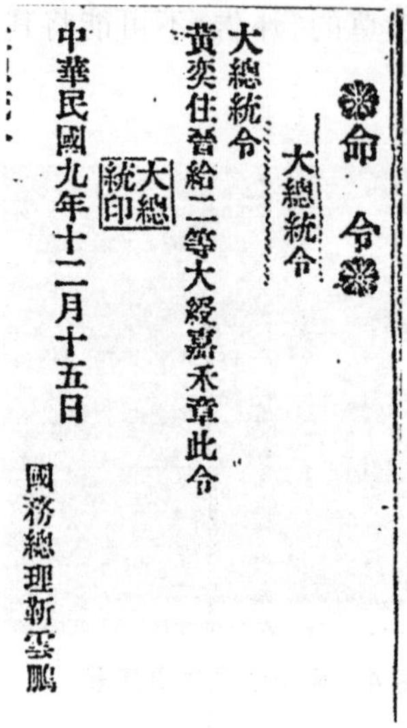
命令
大總統令
大總統令
黃奕住晉給二等大綬嘉禾章此令
大總統印
中華民國九年十二月十五日
國務總理靳雲鵬

图6　《江苏省公报》刊载

卷，如中南银行营业执照、董事会会议记录①、呈请事项单，财政部批文等，均为“奕住”，无一为“奕柱”。

而当年同样受到黄奕住先生捐助的厦门大学，其群贤楼碑文与校史展中均为“奕住”。且在当时厦大所编的《厦门大学中文图书目录》与《黄奕住先生捐赠图书目录》序言中，时任校长林文庆对黄奕住捐赠购书款一事均做了说明：

退隐在厦的有名华侨黄奕住先生，在民国十五六年间，捐助本校图书费三万元，该款所购中西文书籍，均表明黄先生购赠字样，作为永久纪念。②

民国十六年间，黄奕住先生首先同情本校，慨然捐助图书费国币三万元，本校因此获益不少，除设法陆续分购中、西文重要书籍凡七千九百余册外，并就书内各附特别标志，留为永久纪念，此次图书馆同仁，从事编辑图书总目录，同时把黄先生捐款所购书籍，另辑成册，这种饮水思源的工作，的确是少不得的。③

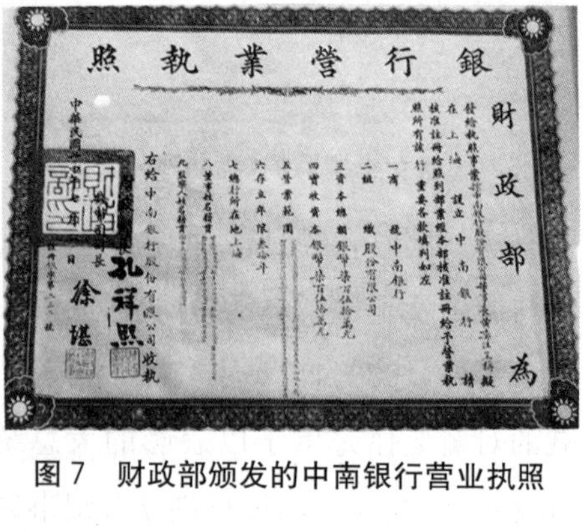

图7　财政部颁发的中南银行营业执照

① 1935年中南银行董事会会议记录中有参会人员签名，黄奕住先生之名由其子黄浴沂代笔，为“奕住”。

② 林文庆：《〈厦门大学中文图书目录〉序》，转引自陈文庆《实业家黄奕住捐助厦大考辨》，《福建史志》，2013年第6期。

③ 林文庆：《〈黄奕住先生捐赠图书目录〉序》。

笔者也就黄奕住先生姓名的正确写法求证于鼓浪屿管委会、申遗办，得到的书面答复亦为“奕住”。管委会还将有黄奕住先生介绍的鼓浪屿申遗文本慷慨相赠。

综合以上证据，应可判定黄先生之名只有一种正确写法，即“黄奕住”，“奕柱”当为前人笔误。由此，亟盼今人及时更正此误，使先生之名得以归正，使有幸受其厚泽的莘莘学子与普通百姓皆能铭记其正确姓名，饮水思源，此当为感恩前辈的重要之举。

图 8　厦门大学群贤楼致谢碑

附记：本文的写作获得了原厦门博物馆馆长何丙仲先生、黄奕住先生曾孙黄骥先生、黄奕住先生外孙女周菡女士、鼓浪屿管委会、申遗办的鼎力相助，笔者所在的校档案馆校史研究室钱益民老师对文章的修订提出了宝贵意见，谨致谢忱。

基于知识图谱的我国高校档案工作研究趋势分析

同济大学图书馆　慎金花
同济大学经济与管理学院　闫倩倩

摘　要：应用文献计量和知识图谱分析相结合的方法，对高校档案工作的发展阶段、研究层次、热点主题和前沿演化进行了分析。结果发现高校档案工作主要经历了3个发展阶段。从研究热点来看，主要包含档案编研工作、档案人员业务素质、高校群体档案意识及档案信息化这四个主题，而领域前沿则随着科技、政策等时代背景的变迁而不断发生着转移。

关键词：CiteSpace　知识图谱　高校　档案工作　研究热点

前言

高校档案全称为高等学校档案，是高等学校从事招生、教学、科研、管理等活动直接形成的对学生、学校和社会有保存价值的各种文字、图表、声像等不同形式、载体的历史记录[1]。

高校档案研究经过多年的探索，已经积累了大量的文献资料，通过这些文献的计量分析可以了解该领域的发展现状，掌握当下的研究热点和未来的发展方向，为高校档案研究规划提供一定的参考依据。目前，关于高校档案工作的文献计量分析还比较少。袁小玲在《我国高校档案工作研究的文献计量分析》一文中以CNKI为数据来源，统计了期刊、作者和机构的发文量特点，并依据关键词词频对领域热点进行了总结；王宇在

《高校档案信息化研究的文献计量分析》中同样也采取了词频统计的方法，分析了高校档案信息化的研究重点。但笔者在文献调研中还未发现基于知识图谱的有关高校档案工作研究趋势的论文。

本文将通过文献计量和知识图谱分析相结合的方法，对高校档案工作的发展阶段、研究层次、热点主题和前沿演化进行探析，以求揭示领域的整体发展状况。

1 数据来源与研究方法

1.1 数据来源

为了解我国高校档案工作的研究趋势，笔者于 2017 年 5 月 9 日在 CNKI 的期刊数据库采集了高校档案研究的相关文献。本次检索的策略为"TI=（'高校'+'大学'+'高等学校'+'高等院校'）*'档案'"，发表时间设为 1979 年—2017 年，最终获取到 15258 篇文献。

1.2 研究方法

CiteSpace 是美国德雷克赛尔大学的陈超美博士利用 Java 语言开发出来的一款应用于科学文献中标记并显示科学发展新趋势和新动态的软件[2—3]，可以用于绘制某一学科的知识图谱，探索研究进展和研究前沿。

本文使用 Excel 软件对文献的基本特征进行计量统计，以观测领域的发展阶段和研究层次。使用 CiteSpace 可视化分析工具绘制关键词共现图和热点时序图，同时对文献进行了突发性检测，在此基础上探析了领域的研究热点和研究前沿的演化过程。

2 发展阶段探析

我国第一篇关于高校档案工作的文献是吴宝康于 1953 年发表在《档案工作》杂志的《中国人民大学档案专修班立卷实验工作的初步研究》，作者借鉴苏联的档案工作经验，总结了零散文件的立卷经验；第二篇出现在

1956年，题为《中国人民大学文件材料划分年代的方法介绍》，作者认为学校文件材料在划分年代时，需依据保持文件材料历史联系的原则，分别采用公元年度和学年度两种划分方法。在这之后，由于文化大革命的爆发，我国的教育和档案事业遭受了严重的摧残，近16年间一直未能有任何学术成果出现，直到1978年改革开放以后，高校档案事业才得以恢复和发展。

图1描绘的是高校档案研究领域发文量的时间变化趋势，可以看到，我国高校档案工作研究大致经历了三个发展阶段：

(1) 1979年—1993年，在经历文化大革命的重创后，该领域进入了萌芽阶段，年发文量虽然较低但一直处于缓慢增长状态。

(2) 1993年《高等学校档案实体分类法》及《高等学校档案工作规范》的出台对高校档案工作起到了极大的促进作用，发文量增长趋势明显，相关研究进入稳步发展阶段。

(3) 2002年11月《全国档案信息化建设实施纲要》颁布，随后《电子公文归档管理暂行办法》也在2003年7月出台，在信息化大背景下，高校档案管理在2003年进入了快速发展时期，尤其是近五年来，发文量每年均维持在1000篇以上。

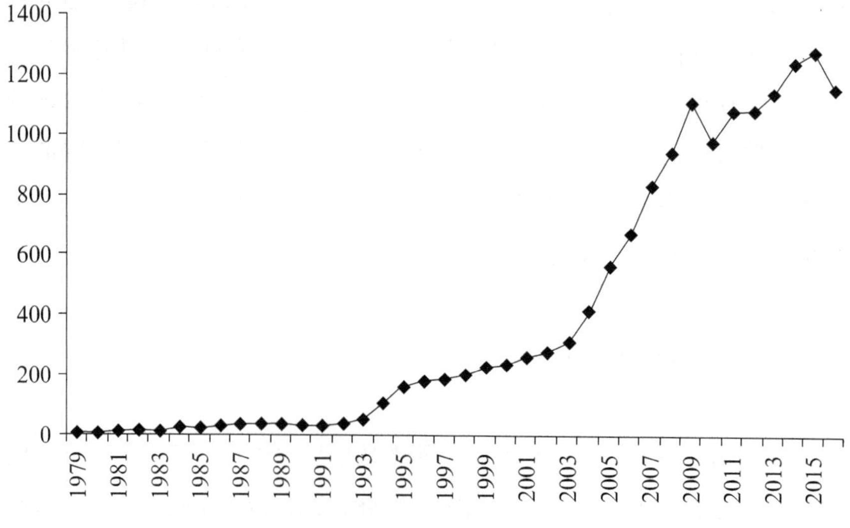

图1　发文量趋势变化图

3 研究层次分析

1979—2017 年，有关高校档案研究的文献共 15258 篇，其中核心期刊文献 3176 篇，占全部文献的 20.8%；CSSCI 文献 346 篇，比重仅为 2.3%；国家自然科学基金和社会科学基金论文累计 22 篇，占比更是不足 0.15%。这些数据也从侧面反映了我国高校档案研究虽然数量众多，但高质量成果却相对较少。

表 1 展示了被引频次排在前 5 位的文献。文献 1 探讨了高校档案信息化的必要性和紧迫性，分析了信息化推进过程中遇到的困难和应当采取的对策；文献 2 研究的是高校档案信息服务的定位问题，作者认为在选择服务策略时应综合考虑服务的双向性、主动性和服务手段的现代化，同时列举了档案服务评价体系应当涵盖的基本内容，但并未真正建立这样的评价体系；在文献 3 中，作者陈述了档案工作者作为档案创新主体所应具备的能力，总结了信息化建设对档案工作创新的重要性，并将改善服务方式视为档案工作创新的主要目的；4 号文献将档案信息化工作归纳为 4 方面，即文档一体化、管理平台统一化、档案标准化及档案数据库建设，同时也谈及了信息化的保障措施；5 号则阐述了高校档案人员所应具备的政治、道德、业务和能力素质，并对如何提高人员素质提出了几点建议。总的来看，这几篇文献均采取定性分析方法，从作者的经验知识出发，分析高校档案管理的现状并给出相关建议。事实上，笔者通过大量的文献调研后发现，高校档案工作的相关研究带有较强的主观性，多以定性分析为主，缺乏相关的数据支撑。

表 1 高被引文献

序号	篇 名	作 者	时 间	被引次数
1	浅谈高校档案管理信息化建设	王艳玲	2007	71
2	信息化背景下高校档案服务策略研究	倪丽娟	2011	58
3	谈谈对高校档案工作的创新	马玉玲；张晓霞	2003	53
4	高校档案管理信息化建设探析	马海涛	2008	49
5	谈高校档案管理人员应有的素质	葛凤云	2000	49

从期刊类别来看，领域研究集中在社会科学层面，自然科学的比重很少，具体以基础研究(社科)和行业指导(社科)类为主，共占据了文献总量的86.5%。从学科方面来看，研究主要分布在在高等教育、档案及博物馆、计算机软件及计算机应用这三个方向，占比达98.3%。笔者通过阅读文献发现，关于计算机软件及计算机应用的论文主要涉及的是档案的信息化及数字化研究。

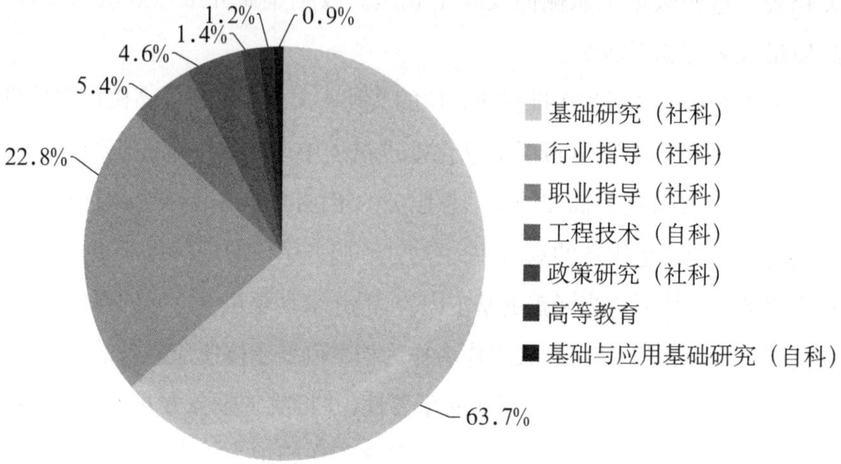

图2 期刊类别比例

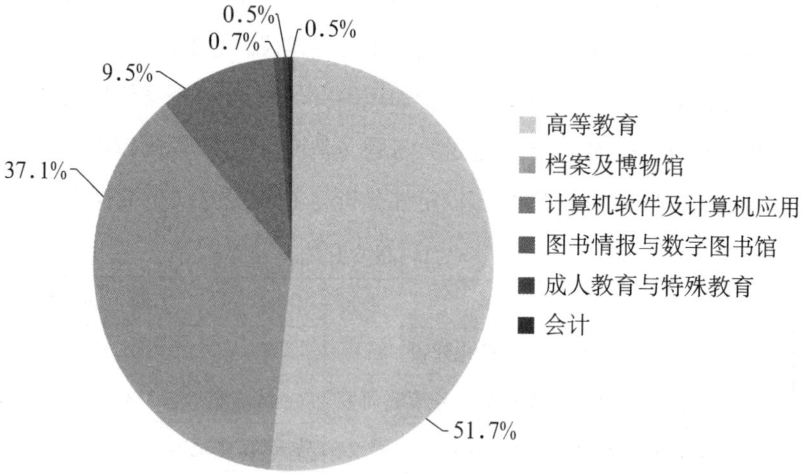

图3 学科类别比例

4　研究热点探讨

文献题录中的关键词是对文章主题的高度概括和集中描述，出现频次较高的关键词可以用于确定某一领域的研究热点[4]。在 CiteSpace 中导入高校档案研究的相关文献，以“keyword”为节点，将枝剪方式设为寻径网络，时间区域设为 1979 年—2017 年，5 年一切片，选择每个切片中出现频率前 50 的关键词绘制共现图谱，最终得到图 4 所示的结果。图中每一个节点代表一个关键词，节点的大小反映了关键词出现的频次，节点间连线的粗细代表关键词共现的强弱。

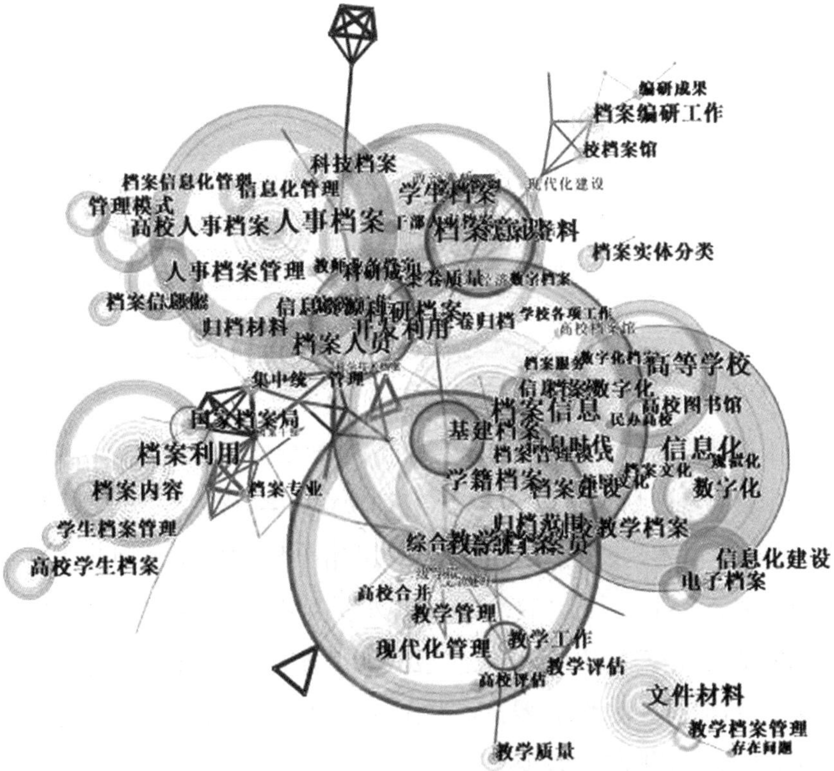

图 4　关键词共现图

表 2 展示的是上图中词频排在前 30 位的关键词。通过解读高频词可以获得如下信息：

表 2　关键词词频 Top30

序号	频次	关键词	序号	频次	关键词
1	769	档案信息	16	225	人事档案管理
2	757	教学档案	17	216	归档范围
3	614	信息化	18	207	数字化
4	608	人事档案	19	201	高校人事档案
5	578	档案意识	20	198	信息化建设
6	426	档案利用	21	184	基建档案
7	323	学生档案	22	183	现代化管理
8	322	档案人员	23	181	高校教学档案
9	286	文件材料	24	169	档案建设
10	283	档案资料	25	161	档案数字化
11	282	科研档案	26	156	信息时代
12	261	兼职档案员	27	151	综合档案室
13	255	学籍档案	28	150	教学管理
14	245	开发利用	29	150	归档材料
15	241	档案内容	30	142	档案编研工作

（1）高校档案工作的研究对象主要集中在教学档案、人事档案、学生档案、科研档案和基建档案这 5 个方面。

根据教育部和国家档案局制定的《高等学校档案管理办法》，我国高校档案材料可以划分成 11 个类别，分别为党群类、行政类、学生类、教学类、科研类、基本建设类、仪器设备类、产品生产类、出版物类、外事类和财会类。从表 2 可以看到，“教学档案”、“人事档案”、“学生档案”、“科研档案”和“基建档案”等词频繁出现，说明这 5 个方面是高校档案工作的热门研究对象，而对党群类、仪器设备类、产品生产类、出版物类、外事类和财会类档案的讨论则相对较少。

（2）信息化建设是高校档案工作的研究热点。

与之对应的高频关键词为“信息化”和“数字化”。由于计算机在高校的科研、教学及管理工作中的广泛使用，大量的电子档案也随之产生，传统的档案管理模式已无法满足电子档案的海量存储与快速查询的需要，如何加快高校档案的信息化建设已成为档案工作的重点。档案数字化是指利用扫描、拍照等现代信息技术对纸质档案进行加工，使其成为数字档案的过程[5]，它是高校档案信息化建设的基础部分，同样也吸引了众多研究者的目光。

(3) 国内学者对高校档案人员的业务素质问题给予了较高程度的关注。

相应地，“档案人员”和“兼职档案员”这 2 个词在文献中频繁出现。随着档案管理由封闭型向开放型和服务型转变，档案工作对档案人员专业素养的要求也在不断提高。学者们开始探讨高校档案员队伍建设中存在的各种问题，并针对这些问题提出了许多建设性意见。兼职档案员一般由各部门的秘书、教务干事或办公室人员担任，他们对本部门的各种档案材料十分熟悉，在收集本部门档案材料中发挥着不可替代的作用[6]。虽然兼职档案员可以极大地减轻专业档案员的工作压力，但兼职档案员往往缺乏专业的档案管理知识，对业务流程不甚熟悉，随之而来的归档效率低下、错误率高等问题也不容小觑。因此，如何提高兼职档案员的业务水平也是学界一直讨论的内容。

(4) 档案编研利用是领域的热门主题。

与之相关的高频词包括“档案利用”和“档案编研工作”。档案编研工作就是以馆藏档案文献为主要对象，按照一定的选题对原有档案信息进行筛选、提炼、整合、考订、梳理、加工，通过汇编、编述、著作等手段，以一定的成果形式提供给利用者的过程[7]。高校在科研教学活动中积累了大量具有高度学术价值和文化价值的档案资料，这些资料为编研工作提供了丰富且高质量的原始文献。怎样更好地开发利用高校档案资料，如何有效地整合档案中分散化、碎片化的信息以挖掘隐藏其中的科学规律和历史真相，这是高校档案工作需要解决的问题。

(5) 领域热点也包括高校群体的档案意识问题。

如表 2 所示，“档案意识”在相关文献中出现的频次很高。所谓档案意识就是人们对档案性质、作用、价值的认识[8]。目前高校人员的档案意识依旧比较薄弱，主要问题包括师生群体的档案法制意识和学习意识淡薄，领导群体档案管理意识不强以及档案员群体的专业意识、服务理念和创新理念欠缺等[9—10]。针对这些现象，档案学者分析了问题产生的原因，并给出相应的对策，以期通过提高高校群体的档案意识，促进高校档案管理工作的可持续发展。

5　研究前沿演化分析

突发性检测(Burst Detection)可探测出出现频次在较短时间内突然增加或使用频次增长率明显提高的研究领域或研究主题，从大量的文献关键词中探测出突现词，有助于较清晰地分析和了解档案学领域的演化发展趋势[11]。笔者利用 CiteSpace 对高校档案研究的相关文献进行了突发检测，检测时间为 1979 年到 2017 年，5 年一切片，每一切片选择出现频次前 50 的关键词，最终获取到了 84 个突发词。突发强度前 40 位的关键词已在表 3 中列出，表中时间线加粗的部分表示突发持续的年份。

表 3　突发词 Top40

关键词	突发强度	开始年	结束年	1979—2017
科技档案	30.58	1983	2006	
国家档案局	16.68	1983	2003	
综合档案室	39.13	1985	2003	
档案专业	23.17	1985	2003	

（续表）

关键词	突发强度	开始年	结束年	1979—2017
教学质量	21.80	1985	2008	
档案实体分类	35.85	1993	2002	
立卷归档	39.24	1994	2003	
案卷质量	34.60	1994	2003	
编研工作	29.70	1994	2007	
集中统一管理	24.41	1994	2003	
科研成果	24.12	1994	2008	
教师业务档案	21.26	1994	1998	
党政管理	20.69	1994	1998	
档案内容	20.05	1994	1999	

（续表）

关键词	突发强度	开始年	结束年	1979—2017
编研成果	18.87	1994	2003	
学校各项工作	18.38	1994	1998	
档案人员	38.08	1997	2006	
信息资源	22.29	1999	2008	
高校合并	22.70	2000	2008	
高校评估	21.13	2004	2008	
教学评估	46.01	2005	2008	
教学工作	24.79	2005	2008	
档案管理模式	16.46	2005	2013	
高校学生档案	23.59	2009	2017	

（续表）

关键词	突发强度	开始年	结束年	1979—2017
档案信息化管理	20.49	2009	2013	
电子档案	19.86	2009	2017	
规范化	18.21	2009	2013	
学生档案	18.14	2009	2012	
信息技术	17.61	2009	2015	
学生档案管理	15.92	2009	2015	
档案信息化	15.17	2009	2017	
教学档案管理	15.08	2009	2017	
信息化	70.56	2012	2017	
信息化建设	36.57	2012	2017	

（续表）

关键词	突发强度	开始年	结束年	1979—2017
信息化管理	20.28	2012	2017	
数字化	18.14	2012	2017	
校园文化	22.36	2014	2017	
档案文化	19.92	2014	2017	
干部人事档案	18.95	2014	2017	
大数据	32.64	2015	2017	

图 5 为高校档案研究热点的时序图，该图以时间区域的形式显示了文献中高频关键词的分布情况。对照表 3 和图 5，按照时间线索对突发词加以分析，可以得到如下结论：

（1）20 世纪 80 年代，高校档案工作的研究前沿主要有科技档案、档案专业教育和综合档案室。

“科技档案”的突发强度很高，说明该阶段高校对科技档案管理的关注度明显提升。由于我国高等教育起步晚，观念落后，20 世纪 80 年代以前，高校的科技档案工作一直未能得到重视。1980 年国务院批准颁发了《科学技术档案工作条例》，明确指出“各单位应当按照集中统一管理科技档案的基本原则，建立、健全科技档案工作”；1982 年，教育部出台《高等学校科学技术档案工作办法》（现已废止），对高校科技档案的管理工作做

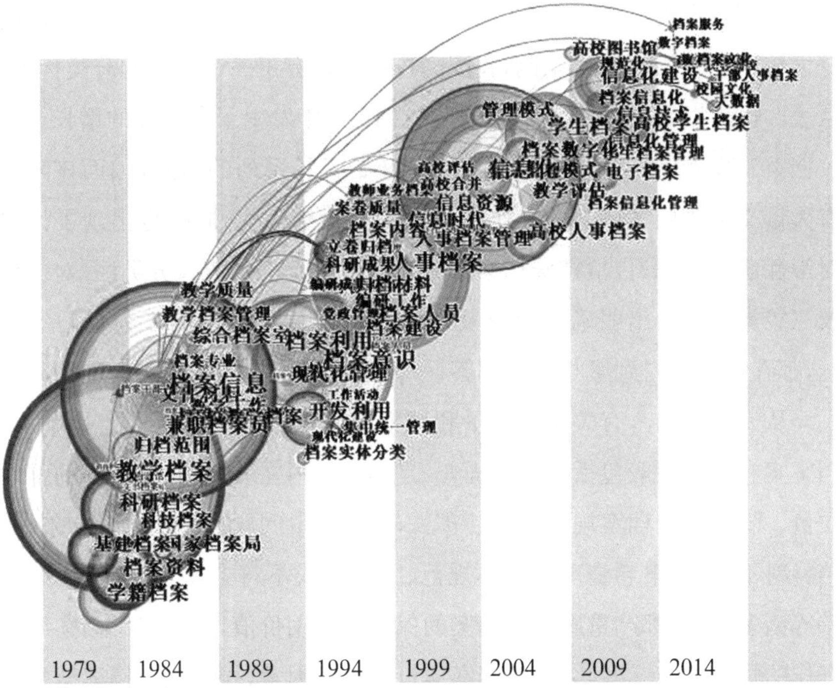

图5　热点时序图

出了详细规定。伴随着国家层面重视度的提高,高校科技档案也得到了越来越多研究者的瞩目,从1983年起,有关文献发生了突发性的增长。

20世纪80年代,我国档案学高等教育有了很大程度的发展,四川大学、上海大学、浙江大学、苏州大学、中山大学、武汉大学、云南大学、吉林大学、南京大学、山东大学等国内知名高校纷纷开设了档案学本科教育。随着档案学高等教育如火如荼地开展,档案专业的教学质量开始被学界热议,相应地,“档案专业”和“教学质量”在该时段有着较高的突发强度。

1985年“综合档案室”一词在文献中突发,且强度很高。早期机构的人事、基建、科技、财会等档案往往分属不同部门管理,而综合档案室则是将这些档案集中起来实行统一的分类、编目和检索。这种集中统一管理的模式解决了多头领导的问题,减少了重复劳动,提高了档案利用效率,在当时引起了很多学者的研究兴趣。

(2) 20世纪90年代,档案实体分类、案卷质量、档案编研工作以及档案人员素质等主题成为领域研究的新方向。

国家教育委员会于1993年发布了《高等学校档案实体分类法》及《高等学校档案工作规范》，至此，我国高校档案才有了一个统一的分类标准。从表3也可以看到，“档案实体分类”在1993年发生了突发性的增长。高校档案工作者依据《分类法》和《规范》开始了一系列的实践，因而该阶段有大量文献对档案分类的工作经验进行了总结陈述，同时也出现了许多对策性研究论文，包括特殊档案在分类主表中无据可依、《分类法》对二级及三级类目未给出明确界定以及《分类法》推行过程中的人为阻力等问题，都在该阶段得到了相应的解答。

从1994年起，有关案卷质量和档案编研工作的论文突然大量增加。档案案卷质量一般包括两个方面，一是案卷的内在质量，二是案卷的整理质量。随着高校档案规模的不断扩大，案卷质量问题也逐渐凸显出来，归档材料不完整、案卷整理装订不规范、文件格式不符合要求、字迹耐久性差等诸多问题，都严重影响着档案的保存和使用价值，甚至阻碍档案编研工作的顺利实施。因此，分析档案质量的影响因素，探寻提高档案质量的有效手段，这对高校档案事业的发展有着十分重要的意义。另外，档案编研工作在该时期也处于突发状态。高校的档案馆藏内容丰富，种类繁多，具有很高的学术价值。通过编研工作可以将档案信息系统化、条理化，以专题研究成果的形式更好地为高校的科研教学活动及行政管理工作服务。

1997年，“档案人员”一词以38.08的强度突发，这说明档案员队伍建设这一课题开始受到研究人员的关注。20世纪末，信息技术的快速发展使人类进入了信息化时代，以因特网为主要特征的数字化引起了社会各个方面的深刻变化。在上述背景下，高校档案工作也面临着前所未有的挑战，传统的“仓库保管”模式逐渐被淘汰，档案人员的专业素质与信息时代要求间的差距也日益凸显。这一时期，提高档案人员业务素质成为了档案工作的一项重要任务。

(3) 2000年—2008年，高校合并后的档案管理以及档案工作与高校评估的关系成为新兴热点。

李岚清副总理于1997年提出了“共建、调整、合作和合并”的8字方针，要求到2002年左右基本完成高等教育管理体制改革和布局结构的调整，形成综合性大学、多科性大学和单科性大学比例合适的新格局。到2000年，我国高校掀起了一股合并浪潮，包括北京大学、复旦大学、同济大学、武汉大学、吉林大学等在内的全国91所高等院校均在这一年实行了合并工作。高校合并对档案管理工作提出了新的要求，尤其是一些巨型大学的产生更是给档案工作带来了严峻的挑战，从2000年起，有关高校合并后的档案管理研究开始迅速增加。

高校评估是国家对高校实行宏观管理与监督的一种手段，通过评估可以系统地了解学校的科研水平及教学质量，督促学校改进管理工作，保证高校教育体制改革的顺利开展。而档案作为高校发展的历史记录，在高校评估中起到了举足轻重的作用。档案工作水准不仅是衡量高校管理工作的一个重要指标，而且也为高校评估提供了真实可靠的原始数据和参考依据，是评估工作的基础。同时，高校评估反过来又促进了档案工作的发展，增强了高校对档案工作的重视程度。

(4) 2009年—2013年，档案信息化建设成为了热门课题。

国家档案局中央档案馆在2002年向全国各档案部门发布了《全国档案信息化建设实施纲要》，标志着我国档案信息化建设的全面启动。从那时起，高校档案的信息化工作就开始稳步推进。图6为相关文献的发表量趋势变化图，从图中可以看到，2002年—2008年，发文量一直维持着稳步上升的状态。到2009年，高校档案信息化研究出现了突发性增长，增长率高达56.9%，档案信息化开始成为领域的热门课题。此外，由于纸质档案的数字化是档案信息化的重点工作，也使得同时期的“数字化”一词有着较高的突发性。

(5) 近几年，档案文化、干部人事档案和大数据成为了领域的前沿问题。

档案文化指的是依靠档案这一文化产物所进行的所有活动以及由此衍生的产品[12]。档案是高校各个时期发展建设的历史记录，也是高校文化的重要载体，体现着各个学校独特的文化底蕴。作为校园文化建设的基础，档案文化正得到越来越多学者的重视。

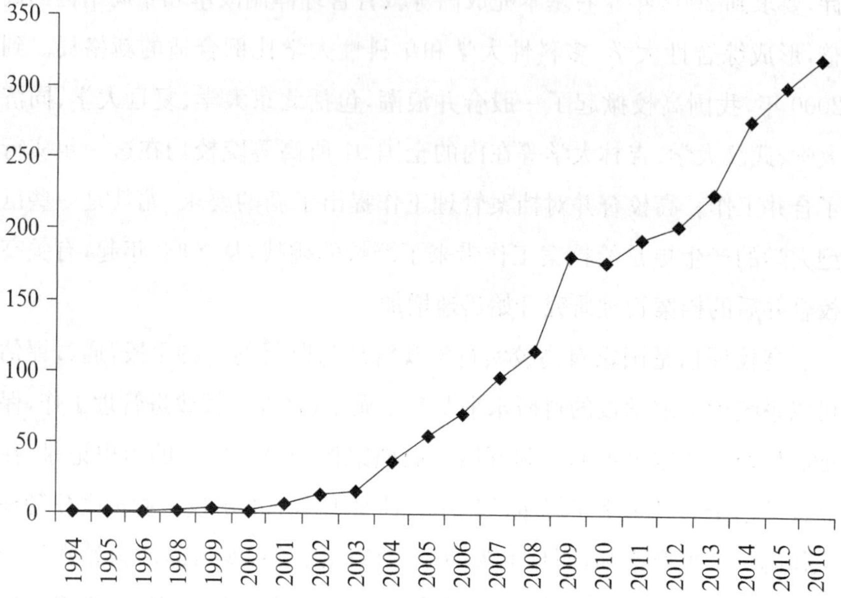

图6　档案信息化发文量趋势变化图

干部人事档案是客观记载干部个人经历和德、能、勤、绩、廉的文字材料，是选拔使用干部的重要依据[13]。然而在实践中，干部人事档案造假涂改、关键材料缺失、审核工作不严格等现象时有发生，尤以“三龄一历”(指年龄、党龄、工龄和学历)失真问题最为严重。在此背景下，干部人事档案的规范化建设就成为了近年来的重要课题。

“大数据”是指所涉及的数据量规模巨大到无法通过人工在合理时间内达到截取、管理、处理并整理成为人类所能解读的信息[14]。随着计算机技术、网络技术和云计算的快速发展，数据正在全世界范围内以指数级的速度增长，大数据时代已经到来[15]。2015 年 9 月，国务院印发《促进大数据发展行动纲要》，标志着我国系统部署大数据发展工作的开端，高校档案工作也响应国家号召，开始了大数据的相关研究，“大档案”、“大服务”、“智慧档案”等词逐渐进入大众视野。大数据改变了以往“重保存而轻利用”的档案管理模式，强调档案的开发利用和服务功能；对数据挖掘、计算机技术和网络技术的高要求也预示着复合型档案人才的缺口将会越来越大；同时，档案开放程度的进一步提高对档案的安全性也提出了挑战。目前,“大数据”还处于初级研究阶段,但其对未来档案管理的颠覆性影响却是可以预见的,“大数据”势必会成为高校档案研究未来很长一段时间的热点问题。

6 结论

本文利用 Excel 软件及 CiteSpace 可视化分析工具,对高校档案研究领域的发展阶段、研究层次、研究热点及研究前沿的演化过程进行了分析,并得到了如下结论:

从发展阶段来看,我国高校档案研究在经历了 1979 年—1993 年的萌芽期和 1993—2003 年的稳步发展期后,现正处于快速发展阶段。发展阶段的每次更替都伴随着国家档案新政的出台,说明国家政策对高校档案工作起到了极其重要的推进和指导作用。

从研究层次来看,有关高校档案的学术成果虽然数量众多,但高质量文献却相对较少,且多采用定性分析方法,带有较强的主观色彩,缺乏相应的数据支撑。为此,学者们在研究中应加强数据的收集与分析工作,以真实数据为依托增强文章的客观性与可信度,拓展研究深度。

在研究热点方面,档案编研工作、档案员业务素质、档案意识及档案信息化是领域内的四大热门主题。从 2002 年我国档案信息化建设全面启动以来,高校的档案信息化研究就一直保持着增长状态,未见有任何下降的趋势。档案信息化是一项长期而艰巨的任务,研究热度在未来也不会很快减弱,是学者可以深入挖掘的课题。此外,鉴于教学档案、人事档案、学生档案、科研档案和基建档案已经存在大量的相关研究,学者们也可以转而加强对其他档案类别的探索,如党群类、仪器设备类、出版物类、外事类和财会类档案。

在前沿演化方面,从上世纪 80 年代的科技档案、档案高等教育和综合档案室研究,到近年对档案文化、干部人事档案和大数据的探索,研究前沿一直随着科技、政策等时代背景的变迁而不断发生着转移。大数据时代的到来使数据逐渐成为一项重要的生产要素,而高校档案作为科研教学活动中重要历史数据的载体，其蕴藏历史与人文价值是无法估量的。如何构建及管理“大档案”，并从海量档案资源中挖掘有用信息，更好地为社会服务，势必会成为将来高校档案工作长期保持的热点。

参考文献：

[1] 袁小玲. 我国高校档案工作研究的文献计量分析[J]. 办公室业务，2016(2)：122—124.

[2] Chen C. Searching for intellectual turning points：progressive knowledge domain visualization[J]. Proceedings of the National Academy of Sciences of the United States of America，2004，101 Suppl 1(suppl)：5303.

[3] Chen C. CiteSpace II：Detecting and visualizing emerging trends and transient patterns in scientific literature[J]. Journal of the Association for Information Science and Technology，2006，57(3)：359—377.

[4] 杨利军，魏晓峰. 国外竞争情报研究热点、前沿及趋势的可视化分析[J]. 图书情报工作，2010，54(20)：62—66.

[5] 王秋华，于玲. 浅谈高校档案数字化加工[J]. 兰台世界，2013(5)：33.

[6] 赵晓利. 浅析高校兼职档案员队伍建设[J]. 科技信息，2011(10)：376.

[7] 董仲离. 高校档案编研工作的价值[J]. 兰台世界，2007(8)：27—28.

[8] 谢鹏. 大学生档案意识现状调查研究[J]. 兰台世界，2013(20)：48—49.

[9] 谢鹏. 高校群体档案意识探析[J]. 兰台世界，2014(8)：87—88.

[10] 贾国华. 浅议高校档案意识[J]. 黑河学刊，2011(12)：170—171.

[11] 王若佳，李颖. 基于知识图谱的国际和国内竞争情报对比研究[J]. 情报杂志，2016，35(1)：74—80.

[12] 王朝红. 高校档案文化建设现状及对策分析[J]. 高教学刊，2015(10)：70—71.

[13] 王秀文，孟庆霞. 加强高校干部人事档案管理的思考[J]. 黑龙江史志，2010(11)：60—61.

[14] Wikipedia. BigData[EB/OL]，https：//en. wikipedia. org/wiki/Big_data.，2017—05—15.

[15] 陈海英. 大数据时代背景下高校档案管理模式的变革和优化[J]. 辽宁经济，2017(1)：59—61.

从我国高校档案馆藏规模探析其归属和归宿

华东理工大学档案馆　段义严

摘　要：有关我国高校档案馆藏规模方面的研究几乎无人涉足，本文根据大学办学规模和高校档案工作实践，对之作了大致估算；对数量庞大的高校档案的所有权和最终归宿作了分析和探讨，以期业界争鸣、引来真玉。

关键词：高等学校　档案管理　归宿

1　何谓高校档案

2008年8月20日，教育部和国家档案局制定的《高等学校档案管理办法》（中华人民共和国教育部令第27号）中规定，高等学校档案是指高等学校从事招生、教学、科研、管理等活动直接形成的对学生、学校和社会有保存价值的各种文字、图表、声像等不同形式、载体的历史记录。具体可分为党群、行政、学生、教学、科研、基本建设、仪器设备、产品生产、出版物、外事、财会等10个大类。

至此，全国大多数高校的档案管理基本上按此模式和要求进行，仅是个别档案门类的设置、名称在较多高校中有所不同，他们根据自身的办学特色和实际，设置了声像档案、人物业绩档案（有的称名人档案）、学籍档案、荣誉档案（各类奖状）、实物档案、珍（特）藏档案、字画档案、军工档案等等，其目的均是为了更方便、更有效地管理好高校档案。

高校档案以纸质档案为主，近年来开始实行“双套制”——纸质材料和对应的电子版同步归档，故又多出了所谓的电子档案。另外，不少高校对原有的馆藏纸质档案作了数字化扫描，形成了大量的影印版电子档案。“双套制”实施过程中，各高校的做法也不尽相同，有的学校仅归电子版而不再归纸质版，如研究生学位论文、数码照片等，而一些电子课件、电子出版物、摄像视频本来就没有传统意义上的“纸质版”，当然也就只归电子版。

随着办公自动化的推广和计算机档案管理系统的普及应用，为数不少的高校在个别门类档案中逐步推行“以件管理”的新模式，如 OA 文书档案、照片档案、实物档案（此类档案本身就不存在“卷”的概念）、学位论文、学术论文等，以改进传统纸质档案的立卷方法，为高校档案管理开拓了新思路。

2　高校档案的规模

全国高校馆藏档案的规模（“馆藏档案”说法来自于“档案馆”所收藏的档案。实际上，就全国范围而言，设立档案馆建制的高校甚少，故本文泛指高校拥有的档案），应该说是很难统计出来的。有数据称，截止到 2016 年 5 月 30 日，经教育部批准的全国高等学校有 2879 所，其中普通高等学校 2595 所（含独立学院 266 所），成人高等学校 284 所①，规模非常庞大。而全国高校的档案馆藏数量就是以上两类高校所拥有档案的总和。

全国高校的属性有公办的、民办的，现在还出现了与国外合办的；管理上又分教育部直属高校、部委院校和地方高校，有的还是“双重领导”。笔者所在的华东理工大学为教育部直属高校，其档案的统计比较规范，每年要向教育部办公厅上报档案统计年报。由此可知，教育部直属的 76 所高校的馆藏档案数量是有精确数据的，但此数据属于国家秘密，没有具体

① 高等教育学校（机构）数，见教育部官网：http://www.moe.gov.cn/srcsite/A03/moe_634/201606/t20160603_248263.html。

公开。就上海而言，地方高校共有50多所，而列入向上海市档案局递交档案统计年报的学校只有22所，其余的也没有向其主管的上海市教育委员会上报有关档案统计年报。就全国而言，各类高校的档案统计上报情况应该差不多。

中央档案馆、国家档案局政策法规研究司编制的《全国档案事业统计年报及信息管理系统应用手册》指出，全国档案事业统计年报实行中央、国家机关、人民团体、民主党派负责所属企事业单位档案机构的统计年报工作和地方各级档案行政管理部门负责本行政区域内列入统计范围内的各级各类档案机构的统计年报工作制度，最后将统计年报汇总至国家档案局。可见，教育部直属高校的档案馆藏统计数据能在“国家机关——教育部”的上报年报中体现；地方院校的档案馆藏统计数据仅能部分地体现在地方各级档案行政管理部门上报的年报中。至于统计覆盖到的面有多广以及具体馆藏数量，显然是比较含糊的。

由于全国2000多所高校的办学规模、层次，办学历史和实力、运作模式以及所处地域的经济、文化发展背景等存在很大差异，故就其自身的档案管理所付诸的人财物力和具体的管理要求、举措各不相同。39所“985”高校，办学历史悠久，馆藏档案丰富，几乎都设有“正处级”建制的专门档案管理机构——档案馆；“211”高校中建立档案馆的数量也比较普遍，档案馆藏数量有一定规模；地方高校有建档案馆的，但多数建制上要相对低、小些；其余的高校，档案工作大多纳入学校党办、校办的内部岗位来兼行管理，保管档案的库房及设施，总体上不如建馆的高校来得完备。所以，要准确、全面地统计出全国所有高校的档案数量，目前可能还是一件比较难办的事。

高校档案工作管理水平上的差异性以及馆藏档案统计工作上的不确定性（存在缺位），导致全国高校馆藏档案数量到底有多少，可能无人能说得清楚。下面，笔者根据工作经验、与中国高校档案管理同仁的接触和了解，以及引用《中国统计年鉴（2016）》[①]上“截止到2015年底，普通高校在

① 《中国统计年鉴（2016）》，见国家统计局官网：http://www.stats.gov.cn/tjsj/ndsj/2016/indexch.htm。

校学生数为 2625.3 万人”等对全国高校馆藏档案数量作一估算：①以华东理工大学档案馆为例，该校成立于 1952 年，目前馆藏档案约 11 万卷，另有以件管理的档案约 5.7 万件。该校现有在校全日制学生近 2.48 万人[①]，其中研究生 8450 人，本科生 16355 人；另有网络教育学院在线学生 2 万余人，继续教育学院学生 1 万余人（这两类学生也产生学籍档案，但没有列入全国 2600 万普通高校在校学生数之内）。②华东理工大学 11 万卷馆藏档案中有 5.3 万卷教学类档案，约占总量的一半。由此可知，高校馆藏档案总量与其办学规模有相当大的依存度。③同时代建立、规模相当的大学，其馆藏档案数量基本上在此数量级；解放前成立的高校，档案数量要多些，但大多数不会超过 20 万卷。改革开放之后成立的高校，档案数量一般在 5 万卷上下，规模较小的高校，档案数量可能会少些。④按 2600 万在校生数量平均到 2595 所高校（含独立学院），其平均办学规模均已是“万人大学”。⑤从名校、大校占比少，新校占比多的实际考虑，较为保守的估算，即按校均馆藏档案 2 万卷计，全国高校档案馆藏量大约在 5000 万卷数量级左右，而且由于高校办学规模的基数大并还在持续增加，故这个总量的增速会将加快。

3 高校档案的归属和归宿

《中华人民共和国高等教育法》第 6 条规定：国家根据经济建设和社会发展的需要，制定高等教育发展规划，举办高等学校；国家鼓励企业事业组织、社会团体及其他社会组织和公民等社会力量依法举办高等学校。此条款实际上阐明了我国公办和民办两种类型高校的办学主体是不一样的。显然，前者是国有的，其办学资金来自于国家财政性拨款，即使是自筹得到的办学经费也要列入到国家的预算之内。所以，公办高校形成的档案，其归属应为“国有资产”。以此推之，民办高校是非国有的，但其形

---

① 华东理工大学简介，见学校官网：http://www.ecust.edu.cn/s/2/t/202/p/1/c/33/d/48/list.htm。

成的档案是否属于“非国有资产”？笔者不敢断然肯定，因为，《中华人民共和国档案法》第16条规定，即使是集体所有的和个人所有的，但对国家和社会具有保存价值的或者应当保密的档案，国家档案行政管理部门是有权采取代为保管的权力的；还有第11条规定，机关、团体、企业事业单位和其他组织必须按照国家规定，定期向档案馆移交档案。更为宽泛和严厉的是该法第2条规定：“本法所称的档案，是指过去和现在的国家机构、社会组织以及个人从事政治、军事、经济、科学、技术、文化、宗教等活动直接形成的对国家和社会有保存价值的各种文字、图表、声像等不同形式的历史记录。”所以，假如从法律层面上来界定的话，公办高校的档案，其归属权毫无疑问是国有的；民办高校的档案，国家想要的时候，也可以是属于国有的，国家没想到要的时候，暂且归举办者所有。

对我国高校馆藏档案的规模及其属性有所明晰之后，再来探析它们的归宿，即如此庞大的“国有资产”最终该保管在哪儿才最合理、最合适，以及既安全可靠又方便利用，并能最大限度地发挥好它们的作用？下面从三个方面简述之。

3.1　高校档案的“含金量”

作为肩负着人才培养、科学研究、社会服务、文化传承与创新之重任的高等学校，在其办学过程中所形成和积累的第一手真实记录——高校档案，其价值是不能仅用它们的规模是否已占到了“半壁江山”这种数字上的夸口来衡量的，关键是取决于它们内在的“含金量”。马克思在《资本论》中指出“经济基础决定上层建筑，上层建筑又反过来作用于经济基础。”可见，高等教育之于一个要不断向前发展的国家而言，是何等的重要和不可或缺，因为，生产力的发展离不开科学技术的进步，科学技术的进步又必定依赖于高等教育的兴旺发达。

1895、1996、1998年天津中西学堂、上海南洋公学和京师大学堂的相继创办，开启了我国近代历史上真正的高等教育之先河，后经历了民国的发展、新中国的壮大以及改革开放后的规模化扩大，至今已有100多年的历史。一个世纪以来，高教系统的广大知识分子与全国各族人民一道，在革命思想、先进文化和民主、科学、自由的精神感召下，在政府和中国共产党的主导下，不断进取，奋力拼搏，励志图强，创造了难以计数的人间奇迹，为我国早日实现"四个现代化"培养了数以亿计的有理想、有道德、有文化、有纪律，德、智、体、美全面发展的社会主义事业建设者和接班人，为中华民族的伟大复兴和人类社会的文明进步做出了贡献。目前，我国的高等教育，学科齐全、层次众多、布局宽广、受教育者规模位居世界第一，高等教育作为科技第一生产力和人才第一资源的重要结合点，又在新时期为实现"中国梦"提供着强大而坚实的基础保障。

由此可知，高校档案有其强烈的特色，它几乎记载了我国意识形态的方方面面，包括高级人才的培养史、科学技术的研究史、高等教育的发展史乃至思想、道德、文化的建设史，其含金量用"中华文化瑰宝"之重要组成部分来比拟，有过之而无不及。

3.2　分散保管的不合理性及弊端

根据档案法规定，我国档案实行"统一领导，集中管理"原则。统一领导似乎容易做到，但集中管理就不那么好掌握了，怎么个集中法？集中到什么程度？谁来集中？法律上都没有特别明确的规定。实践中，统一领导也存在差池和偏颇，如人事档案就由各级各类的党组织或人事部门在负责管理和保存；城建档案、银行档案、房产档案等，说是受国家各级档案行政管理部门领导，但实质上仅是监督和指导而已，档案实体都有各自独特的一套管理和保存办法。如银行系统，据称是实行"总行-分行-支行-分理所等"一条龙的领导和保管方法，但城建档案花头就较多了，如上海就单独有一个城市建设档案馆，它似乎不受上海市档案局的"领导"，它总管和收集着"全市的城市规划、建设和管理服务"的档案，但"区、县城建档案部门"除了向市城建档案馆负责外，也将城建档案移交一份给区、县综合档案馆保存。高校档案更是特立独行，它的领导权是教育部和省、自治区、直辖市人民政府教育行政部门，它的保管权则完全在各高校，即"各自为政，独立保管"。2011 年 11 月 28 日，教育部制定的《高等学校章程制定暂行办法》(教育部令第 31 号)规定，高等学校都要制定自己的"大学章程”,称“大学章程是高等学校依法自主办学、实施管理和履行公共职能的基本准则。”这样,高校更有理由和资格自行保管“具有法人资格”的大学自己形成的档案了。

以上分析,实际上已经揭示了包括高校档案在内的很多档案其分散保管的不合理性,尽管它们的实际处境具有一定的可操作性,但与档案法之规定有悖,除非国家尽快予以修订、修正之。

那么,高校档案各自为政、独立保管有何弊端呢?一是规范性不够,主要体现在科学化管理手段上。很多高校还在采用手工操作模式管理档案,全宗目录、案卷目录、卷内目录、文件全文都没有建立起计算机系统化管理,家底不清,查找麻烦,管理效率低下;二是安全性欠佳,库房技防措施不力,人防制度不健全,存在较大安全隐患;三是胀库压力大,档案只进不出(基本上不鉴定,也不销毁),盲目追求档案数量,排架不科学,倒架不及时,库房储存率不高(各门类档案的增长率差异性很大,有的预留空间过大,可用数十年,造成空间长期闲置和浪费),管理成本日增;四是开发利用受钳制,视档案为学校“私有财产”,不开放档案目录,珍藏档案更是绝对垄断,闭而不宣。

3.3 集中保管的可操作性及好处

谈高校档案集中保管,是指它最终的归宿选择向何处去为更好更合理的问题。尽管这个问题少有研究,也无人愿意去触碰,但问题依然客观存在,总不见得在不远的将来,每所高校都建一幢大楼,用来保管自己形成的高校档案,这样,人财物耗费巨大不算,还发挥不出它应有的作用。所以,探析高校档案的归宿,不是为时过早,而是应该未雨绸缪,尽早储备一些理性的思考和谋划,以期形成共识。

是否可以省、自治区、直辖市为区划,在地方教育主管部门下建立一个统一管理本辖区所有高校档案集中保管的基地——某某省(自治区、直辖市)高校档案馆,如同各地的教育考试院,负责本辖区内的各类考试事项一样,由这个机构来承担全辖区各高校档案的接收、安全保管和日常利用。这样,每个地区都有专门的库房用来集中保存高校的档案,并有专门的人员负责看管、提供查阅,以及作全面、深入的档案文化研究和宣传。

具体做法上,这个档案馆既可以独立设置,也可以放在某所高校,但隶属关系归辖区教育行政部门。所有高校的档案可以定期向其移交,移交期限可定为10年、20年或更长。之外,各校移交档案的期限也不一定完全统一,档案保管条件有限的高校,可以每年移交,保管条件优厚的高校,移交期限可以长些,但最终都要移交。

这样做的好处有很多,但最关键的是能建立起一套安全、科学、高效的管理高校档案的长效机制,确保作为"中华文化瑰宝"之重要组成部分的高校档案真正能世代相传下去,既真实记录我国高等教育的办学历史,又为各高校的依法办学和广大社会公众提供规范、到位的服务,也为各高校管理工作"减负"。

当然,任何事物的发展都有两面性,不能绝对地一概而论,但从长远来看,高校档案的集中管理,值得档案行政管理部门、高校主管部门以及高校自身引起思考和谋划,以利于国家整个档案事业的全面、协调、可持续发展,并更好地发挥出作用。

“互联网+”时代档案文化传播的“立”与“困”

华东师范大学档案馆　胡　琨

摘　要：“互联网+”时代的来临，为档案文化传播提供了前所未有的机遇，同时也带来新的发展难题。本文选取“立”与“困”的视角，结合实践中的案例和数据分析，力图找准新时代档案文化传播定位：主体社会合作性、内容轻量性与多元性、平台开放性与丰富性、主客体交互及时性。同时指出，“互联网+”时代档案文化面临两大传播难点，一是档案文化传播开放性与安全性的矛盾，二是“主客一体”式传播冲击档案文化的真实性与可信性。

关键词：“互联网+”　档案文化　档案传播

档案工作的最终目的在于档案信息资源的社会利用，档案文化传播是实现档案资源全民共享的最有效举措之一。档案记录着历史，传载着文化。自诞生之日起，档案就成为文化不可分割的一部分。20世纪八十年代末，伴随《中华人民共和国档案法》的颁布实施，学者们的档案文化意识开始萌芽。学者阿迪在纪念“五四”运动七十周年之际，撰文呼吁重塑理性精神，赋予档案学研究的档案文化主体意识[1]。

九十年代开展的档案文化研究，多侧重探讨档案文化的内涵、功能、价值与建设目标。进入21世纪以来，伴随信息技术日新月异的跨越式发展，档案文化传播日益普遍和活跃。“互联网+”时代的来临，为档案文化传播提供了前所未有的机遇，同时也带来新的发展难题。本文选取“立”

与“困”的视角，“立”之于定位分析，“困”之于难点探讨，结合档案工作实践，辩证地探索“互联网＋”时代档案文化传播的发展与变化。

1　“立”——“互联网＋”时代的档案文化传播定位

1.1　主体社会合作性

主体社会化是档案文化传播发展的必然趋势。“互联网＋”时代每个人都是大众传播媒体。社交媒体的迅速崛起，令任何人都可以在“任何时间、任何地点、对任何人群”进行大众传播。档案文化的编研与传播，不再是档案管理人员的“独角戏”，网络管理人员、社交媒体管理者、信息技术人员乃至社会大众都成为档案文化传播的推手。社会大众不仅是档案文化的被动共享者，更是其主动构建者与传播者。

2009 年，美国国家档案馆就社交媒体同档案的关系等问题展开了深入的调查与研究后，提出了“公民档案工作者”(Citizen Archivist)的概念。所谓“公民档案工作者”是指来自于社会各界，热心档案事业，积极参与档案工作的专业和非专业人士[2]。国家档案馆馆长率先在自己的博客上号召各级档案部门充分挖掘“公民档案工作者”的力量进行文化传播。美国国家档案馆还在网站上专门开辟“公民档案工作者”模块。任何一个普通公民都可以为网站上的档案图片和资料添加标签、注释，还可以针对任一历史事件上传相关资料或撰写文章。同时将网站档案信息同步到多个社交媒体上，人们可以利用社交媒体，自由行使公民档案工作者的权利。从专门的档案网站到丰富的社交媒体平台，参与档案的人群瞬间社会化，档案文化传播的速度与影响力得到极大提升。正如网站标语所描述，“让所有社会大众与国家档案馆共同分享档案的知识与智慧”。

1.2　内容轻量性与多元性

互联网的飞速发展，将公众从“深阅读时代”带入“浅阅读时代”，甚至是“读图时代”。公众已形成快速阅读、快速翻转的信息阅读习惯。结合互联网轻量、高效的传播特点，档案文化传播内容也必将从冗长走向轻量，从单一走向多元。传统档案文化传播多以文字内容为主，图片为辅，形式单一，结构平面。在“互联网+”时代，声、像将成为档案文化传播的主导性内容，形式从单一转向多元，结构从平面转向立体。短、多、快是这一时代档案文化传播的内容特质。

为纪念建党95周年，上海市档案局与上海电视台纪实频道真实传媒联袂开发利用红色档案资源，拍摄制作了“上海记忆：他们在这里改变中国”系列微电影。此片以丰富的档案元素、翔实的史实依据和受众“乐于接受的方式、易于理解的语言”将上海红色档案文化传播至海内外。该片共8集，每集8分钟，于2016年8月8日至15日，每晚在上海电视台纪实频道连续播出。同时，人民网、新华网、新浪网对此片进行了大量声像跟踪报道。通过微电影的形式，以声像为内容，传播档案优质文化，是上海市档案局适应“互联网+”时代轻量化、即时性传播的最新尝试。

1.3 平台开放性与丰富性

“互联网+档案”的文化传播模式，不仅是简单地通过互联网“传递”档案文化，而是利用互联网平台的开放性与丰富性，加深档案文化传播与档案信息资源建设、档案服务社会与民生等实务工作的紧密融合。根据互联网与档案相加融合的深度，可将“互联网+档案”分为“互联网(PC端)+档案”、“互联网(移动端)+档案”、“‘互联网(移动端)+档案’聚合器”和“‘互联网(移动端)+档案’服务链”等四个发展阶段[3]。当前，档案部门PC端的平台搭建和现实发展处于相对成熟的阶段。从国家档案局到各省市档案部门乃至高校档案馆都开设了自己的门户网站和电子服务邮箱。自2013年始，越来越多的档案机构开始搭建移动端平台，如微博官方账号、微信公众平台和移动客户端等，拓宽档案文化传播渠道。

笔者选取我国39所985高校为研究对象，调研互联网平台开通及在档案文化传播中的应用情况(见表1和2，数据截止2016.12.31)。在“互联网+档案”时代，几乎所有的985高校都开通互联网平台助力档案文化传播，且以门户网站为主，微博、微信等移动端平台的开通呈现出逐年增长的态势。通过互联网平台传播的档案文化主要分为四大类型：“专题展览”、“馆藏精品”、“编研成果”和“校史文化”。高校通过互联网传播内部档案信息资源和档案文化研究成果方面仍显不足，仅11所高校在互联网平台开设馆藏精品和编研成果的介绍与展示。

表1　我国39所985高校互联网平台开通情况

互联网平台类型	开通高校及其数量
门户网站	北京大学、厦门大学、复旦大学、上海交通大学等34所
微博官方账号	四川大学、中山大学、同济大学、华东师范大学等11所
微信公众平台	清华大学、中南大学、山东大学、南京大学等12所

表2　我国39所985高校档案文化传播中的互联网平台应用情况

档案文化类型	应用互联网平台传播高校及其数量
专题展览	浙江大学、武汉大学、华东师范大学、中国人民大学等18所
馆藏精品	东南大学、湖南大学、吉林大学、兰州大学等12所
编研成果	重庆大学、西北工业大学、华南理工大学、中南大学等11所
校史文化	西安交通大学、北京师范大学、同济大学、四川大学等16所

1.4　主客体交互及时性

传统时期，大众是档案文化传播的单向接收者。进入“互联网＋”时代，借鉴O2O(Online to Offline)模式，互联网为档案文化传播的主体与客体之间提供了便捷的沟通渠道，使客体更易参与共享档案信息资源，与主体进行实时交流与互动，联袂促进档案文化的繁荣与发展。2013年，湖北武汉市档案馆在全国率先利用移动互联网平台，打造“指尖上的档案馆”，展示档案文化，与群众进行同步互动。随后，嘉兴市海盐县档案局和上海市普陀区档案局也先后开通了“指尖上的档案馆”微信公众平台。

在前互联网时代，档案文化传播以出版纸质编研成果为主导方式，耗时多、周期长。互联网时代，档案文化传播主体可及时对档案文化成果进行传播，无需繁复的出版流程。客体在及时接收传播内容后，可通过点评、讨论、注释说明、补充、转载等方式进行二次传播。上海市闵行区档案局在2016年“国际档案日”之际，利用“互联网＋”模式，与闵行报社和上海闵行网站展开合作，进行线上线下互动，组织档案走进你我他的活动[4]。市民可通过"上海闵行"微信公众号、上海闵行门户网站等平台上传闵行旧照片等声像档案，再由大众对征集到的照片进行有奖投票。活动迅速点燃了大家上传照片档案的热情，共收到500多张珍贵照片。通过大众的及时互动，微信公众号上的每一期"照片档案"推送，都获得了好几千的点击率。华东师范大学档案馆也曾利用大众转载的方式有效传播了档案文化。2015年，该校档案馆通过微信、微博等互联网平台，发布《寻找王伯群校长后人出席"王伯群与大夏大学"新书发布会公告》[5]。经几百人的转载，该文获得了近7000的阅读数。在广大受众的参与下，远在美国的王伯群校长长子与华东师大档案馆取得了联系，并捐赠了大量王伯群珍贵个人档案。

2 "困"——"互联网+"时代的档案文化传播难点

2.1 档案文化传播开放性与安全性的矛盾

"互联网+"时代档案文化搭乘互联网平台得以加速传播，但如何对档案文化进行深度挖掘和开发，则依赖档案信息化建设尤其是档案信息资源数据库的建设。具体而言，目前我国各级档案馆都在加快档案网站和档案信息资源数据库建设，也有不少档案馆已经实现了档案资源的全部数字化。然而纵观各级档案馆的门户网站及移动网络平台却发现，只有很少一部分网站将数字化的档案文化资源进行展示。有学者曾对我国31个省级档案网站调研后发现，仅有4个省级档案网站提供部分文化编研成果的全文数字化[6]。笔者对我国39所985高校的门户网站调研后发现，仅有2所高校档案馆提供部分数字化档案信息，且主要面向校内教职工。这都是没有充分利用"互联网+"时代的优势实现档案文化有效且深入的传播。

究竟是何种原因制约了档案文化传播的进一步开放，笔者认为，正是基于档案本身安全性的考量，才令档案文化传播有所顾忌。在互联网生态环境下，档案的安全保障工作贯穿于其生成、管理、利用和传播的各个环节。一方面，档案传播安全涉及到档案管理人员、信息技术人员、社交媒体管理者等所有人的职业素养和档案安全意识，另一方面，档案传播安全涉及到部分档案内容的隐私性。开放性与安全性之间的矛盾构成了制约“互联网＋”时代档案文化传播的难点之一。

2.2 “二位一体”式传播冲击档案文化的真实性与可信性

“二位一体”式传播指的是“互联网＋”时代档案文化传播呈现出主体与客体二位一体的发展模式。每个人都是档案文化传播的主体，也可以是档案文化传播的客体。人人都是传播者，传播主体与客体之间的界限变得模糊。这种模式固然有利于档案文化的快速传播，同时也对档案文化的真实性与可信性造成了冲击。

档案文化真实性是针对真伪而言的。当大众成为档案文化传播的主体，不排除有些个体为了一己需要传播虚构的档案文化，或者在档案文化传播过程中私自更改部分信息内容，试图掩盖历史真相。这都会掩盖档案文化的真实性，加大传播内容真伪的辨识难度。

档案文化可信性是指档案文化中的信息内容与所反映的客观事实之间的吻合程度。在档案文化网络传播的过程中，大众的自身立场、价值观、史学知识以及表达水平等均在一定程度上影响档案文化的可信性。“二位一体”式传播对档案文化真实性与可信性的冲击，构成了“互联网＋”时代档案文化传播的又一难点。

3 结语

“互联网＋”时代正在到来，据中国互联网络信息中心(CNNIC)第37次《中国互联网络发展状况统计报告》显示：截至2015年12月，我国网民规模达6.88亿，互联网普及率为50.3%。互联网的飞速发展，为档案文化传播带来了巨大的影响和冲击。

在这样一个全新的生态系统中，档案机构与档案工作者，甚至是互联网管理者都应积极应对，找准档案文化传播定位，认清档案文化工作发展趋势，努力适应新时代传播方式方法的变革。与此同时，档案文化的传播也应直面“互联网＋”这把双刃剑所带来的困难与挑战，通过增加相关人员的档案知识经验，掌握和利用新技术，加强对档案文化传播内容真伪与可信度的辨识，促进档案文化传播工作的进一步繁荣。

本文系上海市档案局科研项目“全媒体时代高校档案编研与文化传播”(项目编号：沪档科 1605)阶段性研究成果。

参考文献：

[1] 阿迪. 档案文化意识：理性的呼唤——纪念“五四”运动七十周年的思考[J]. 档案与建设. 1989(2)：14.

[2] Citizen Achivist Events｜ Archives of Unites State of America [EB/OL]. [2016—10—21]. https://www.archives.gov/citizen-archivist/events.

[3] 王协舟，王露露：“互联网＋”时代档案工作改革的几点思考[J]. 档案学通讯. 2016(5)：94.

[4] 王晓晨. 线上线下齐互动，档案走进你我他——闵行区 2016 年“国际档案日”活动侧记[J]. 上海档案. 2016(7)：12.

[5] 汤涛. 档案文化传播的一次新尝试——寻找王伯群校长后人公关传播策划记[J]. 上海档案. 2016(4)：20.

[6] 黄夏基，梁艳. 信息时代档案编研的“恒”与“变”[J]. 档案学通讯. 2016(4)：42.

[7] 冯惠玲，张辑哲. 档案学概论[M]. 北京：中国人民大学出版社，2006.

[8] 张艳欣. 档案安全文化探析[J]. 档案学通讯. 2013(5)：75.

[9] 张开森. 档案真实性、可信性之辨析[J]. 档案学研究. 1997(2)：04.

高校档案管理实务中若干法律问题的探讨[①]

华东理工大学档案馆　王　力

摘　要：文章以高校档案管理实务中出现的信息安全、出具档案证明、伪变造档案三项具体工作为切入点，就其中涉及到的法律问题进行探讨，指出当前法律法规在处理上述问题中存在的与其他部门法不协调、职责范围不明确、权利义务不平衡等现象。由此提出解决前述问题的相应对策，同时文章希望这些问题能够在今后的立法活动中得以妥善解决。

关键词：高校　档案　法律法规

自 1987 年颁布施行《中华人民共和国档案法》(1996 年修订，以下简称《档案法》)以来，我国档案工作法制化建设逐渐步入正轨。随着我国高等教育事业快速发展，2008 年教育部、国家档案局联合颁布《高等学校档案管理办法》(以下简称《管理办法》)，为高校档案管理工作提供了必要的制度保障。前者作为全国人大常委会制定的普通法律普遍适用于全国档案工作；后者作为教育部部门规章则具体适用于高校系统的档案工作。一般而言，这两部法律法规的颁行基本上奠定了高校档案管理的法律制度规范。[②]

---

① 本文初稿于 2016 年 5 月 27 日在湖南长沙中南大学举办的"首届教育部直属高校青年档案工作者论坛"上宣读。承蒙北京科技大学档案馆罗明书馆长和武汉理工大学档案馆李兆荣馆长的指正，本文进行一定幅度的修改，在此对二位表示由衷的感谢。

② 部分省、市、自治区也制定了相应地方性规章(如《安徽省高等学校档案管理实施办法》等)，但从法的适用角度而言，其仅能适用于本辖区内高校的档案工作，故暂不列入本文的讨论范围内。

随着我国改革开放事业的不断深入，社会经济生活变得更加多样化、复杂化，档案管理中涉及的法律问题也引起部分学者的关注。张世林在《档案利用活动中的法律问题研究》中，对档案利用活动中的法律关系、法律责任、档案所有权、档案著作权、公民隐私权、信息知情权等问题进行了较为深入的探讨。[1]其对于厘清档案利用活动中所涉及的诸多法律问题有着十分重要的意义。

在高校档案管理的研究中，连念的《学位论文档案开发利用中若干法律问题探讨》较早地注意到学位论文档案所涉及的一些法律问题。该文就学位论文档案的所有权、著作权等诸多法律问题进行了分析、探讨，提出“要完善各方面的法律法规”，来“协调社会利用、学校权益和学位论文权益保护这3方面的矛盾”，以便更好地利用学位论文档案。[2]此后，研究者较多地从宏观角度对高校档案管理中存在的困境进行分析、探索，希望从“提高法治意识”、“健全法规体系”、“加强执法力度”等方面入手来促成高校档案法制化建设进程。至于从档案管理实践层面以及具体法律层面来探讨高校档案法制化建设的研究则明显不足。因此，本文拟就当前高校档案管理实践中遇到的几个法律实践层面的问题提出探讨，以就教于方家。

1 信息安全问题

身处信息化时代的我们在享受信息带来便利的同时，信息安全性的问题越来越受到关注。正如学者指出的那样“信息技术的无孔不入，使人们对自身隐私的安全又有一种岌岌可危之感；档案利用活动中对隐私的保护不断受到权利的干扰、技术的冲击等因素的影响，在二者之间找到平衡的支点，只有法律的制衡”。[3]对于高校档案管理工作而言，浩瀚的学籍档案资料牵涉到成千上万条的个人信息，一旦管理不慎就会造成不可想象的后果。然而，既要保障这些信息的安全，又要不妨碍正常查档工作的开展，这着实需要相关法律法规的明确支持。

在查询学籍档案的过程中，首当其冲的是查档者身份识别问题。根据《档案法》第十九条“中华人民共和国公民和组织持有合法证明，可以利用已经开放的档案”及《管理办法》第二十八条“凡持有合法证明的单位或者持有合法身份证明的个人，在表明利用档案的目的和范围并履行相关登记手续后，均可以利用已公布的档案”两项规定，查档者只要持有合法证明即获得查档主体资格，就可以进行相关档案的查询工作。这对于有档案公开目录的国家、地方综合档案馆而言，这一规定的操作执行并不太难。因其提供查询利用的档案在公布之前均已经过必要的审查，对于可能侵犯国家、集体、个人权益的档案已做过相应的处理，档案管理者只要依法依归审查身份即可，不必考虑过多后果。然而，在高校学籍档案的查询过程中问题就不是这么简单了。

当前，部分企事业单位在招聘人员之前会委托一些职业背景调查机构对候选人进行调查，被调查人在高校学习期间的信息自然是其中的一部分。但就高校档案部门现有的技术手段而言，对这类机构出示的证明进行合法性审查则比较困难，而相关法律法规又没有针对这一现象做出相应的明确规定。此外，2010 年 7 月 1 日施行的《中华人民共和国侵权责任法》(以下简称《侵权责任法》)第二条明确指出所保护的“民事权益”包括“隐私权”。按照通说观点，未经公民许可，而公开其个人信息，即侵犯其隐私权，应当承担侵权责任。因此，若遇到不法机构伪造证明后取得查询者主体资格，再利用被调查人的相关信息从事不法活动，这不仅会给当事人造成不可估量的损失，而且也可能使高校档案部门承担相应的法律后果。由此，笔者认为应当对这一问题在法制层面上进行相应的补充，如增加被调查人授权等内容以便与《侵权责任法》相衔接。

2 出具档案证明问题

尽管当前档案法律法规基本明确了高校档案工作中“收、管、用”各个环节的职责范围，但在某些具体细节上并未见有相应配套性的细则出台。以出具档案证明类文书为例。《管理办法》第三十二条规定“高校档案机构是学校出具档案证明的唯一机构”。该规定在带来“赋予了高校档案机构在高校档案证明中唯一的合法地位”及“有效增强了高校档案工作的权威性，避免了现实管理中不必要的多头管理以及‘证’出多门的现象发生”[4]等积极意义的同时，也给高校档案机构带来“剪不清，理还乱”的矛盾。

作为一项常规工作，各高校档案部门肩负着学籍、档案转移、家庭关系等多门类档案证明的出具。“凡是已成为历史的相关证明就应当由档案馆出具”——成为高校办学活动中利益相关人(包括师生员工及其亲属等)的具体认识。从某种角度而言，这一认识无可厚非，但在具体实践中，其却是值得商榷的。

现实中，部分利用者所需的材料原先就不存在或者原形成单位未予归档，而他们在主观上却认为此类材料肯定存在且就在档案部门。若档案机构未能达到利用者的预期需求，他们就会认为是档案部门推诿、不作为，甚至认为档案部门未能遵守相关档案法规的要求。由此造成许多不必要的矛盾。在具体工作中，档案工作人员只能耐心地做好解释工作，而无任何法律法规予以支持。更具吊诡意义的是，原本旨在加强高校档案机构权威性的法规，竟然还会使其保护的一方不经意间背负起“违法”的罪名。这恐怕绝不是立法者的初衷。

因此，笔者认为作为具体适用于高校档案工作的《管理办法》应充分考虑到这一实际情况，在今后修法的过程中能够对出具档案证明类文件的职责范围进行明确，如增加档案部门仅能根据已移交档案中的记载开具相应的证明文件等条款。同时还最好引入义务性规范指引，如若馆藏档案中没有相应记录，应当告知查询利用者向原档案形成单位咨询等内容，以达到权利与义务的平衡。

3 伪造、变造档案问题

《档案法》第二十四条对具有“涂改、伪造档案的”行为进行处罚的规定。1. 其一般处罚标准为“由县级以上人民政府档案行政管理部门、有关主管部门对直接负责的主管人员或者其他直接责任人员依法给予行政处分；构成犯罪的，依法追究刑事责任”。2. 对利用档案馆的档案中，犯该项的则“由县级以上人民政府档案行政管理部门给予警告，可以并处罚款；造成损失的，责令赔偿损失”。3. 企业事业组织或者个人犯该项的则“由县级以上人民政府档案行政管理部门给予警告，可以并处罚款；有违法所得的，没收违法所得；并可以依照本法第十六条的规定征购所出卖或者赠送的档案”。《管理办法》第四十条规定“高等学校应当对直接负责的主管人员和其他直接责任人员依法给予处分；构成犯罪的，由司法机关依法追究刑事责任。”

相比之下，《档案法》对违法主体进行相应的区分，其处罚就较有针对性，而具体适用于高校档案管理的《管理办法》则明显存在指向不明确的困境。但若直接按照《档案法》的规定对变造、伪造高校档案的违法主体进行处罚时，就会发现，真正享有处罚权的主体是“县级以上人民政府档案行政管理部门”。事实上，在实践中也鲜见“县级以上人民政府档案行政管理部门”对变造、伪造高校档案进行处罚的事例。究其原因，笔者认为在现行档案法律制度下，违法者变造、伪造高校档案（如学历证明、成绩单等）所侵犯高校权益的成本要远远低于高校启动一场处罚违法者的成本。

由此，部分利用者抓住这一机会，通过一定的技术手段伪造、变造档案在外“招摇撞骗”，高校档案部门既不能没收，又不能处罚，只能被动地等待其他部门发现来再来证伪。这不仅反映了利用者伪造、变造高校档案的违反成本低，而且也反映出高校档案管理部门的弱势地位。当然，若具体适用于高校档案工作的部门规章能够赋予高校一定的处置权利，笔者认为这一问题就会迎刃而解。

通过对高校档案工作实务中出现的信息安全、出具档案证明、伪变造档案三项内容的探讨，我们不难发现当前档案法律法规在处理这些问题上仍存有一定瑕疵。当然，随着《档案法》修订工作的开展，高校档案法制化建设道路也将趋于完善。因此，笔者希望通过前述的分析、探讨能够对今后高校档案法律法规体系的建设有所裨益。

参考文献：

[1] 张世林. 档案利用活动中的法律问题研究[J].《档案学通讯》，2004(2)：

52—55.

[2] 连念.学位论文档案开发利用中若干法律问题探讨[J].《档案学研究》,2005(1):23.

[3] 张世林.档案利用活动中的法律问题研究[J].《档案学通讯》,2004(2):55.

[4] 李银银.《高等学校档案管理办法》对高校档案工作的影响影响研究[D].安徽:安徽大学,2011:21.

张闻天之江苏省立水产学校学历新考

上海海洋大学档案馆　宁　波　何　琳

摘　要： 张闻天是杰出的无产阶级革命家和理论家、忠诚的马克思主义者、中国共产党早期重要领导人。张闻天在少年时代曾入读江苏省立水产学校渔捞科。其间，接受日语、英语课程学习，为其日后赴日本、美国勤工俭学提供了外国语基础。《张闻天传》曾对张闻天在江苏省立水产学校的求学经历有所记述。现根据 1915 年 4 月刊印的《江苏省立水产学校之刊》第一刊考证，张闻天曾于 1914—1917 年入读江苏省立水产学校渔捞科，因此对张闻天的这段求学经历有了新的补充。该校以"勤朴忠实"为校训，对张闻天一生产生深远影响。

关键词： 张闻天水产学校　教育　新考

张闻天(1900 年 8 月 30 日—1976 年 7 月 1 日)，江苏省南汇县(今属上海市浦东新区)人，原名应皋(也作荫皋)，曾化名洛甫，字闻天。杰出的无产阶级革命家和理论家、忠诚的马克思主义者、中国共产党早期重要领导人。1925 年加入中国共产党，1933 年进入中央革命根据地，1935 年 1 月在遵义会议上批评了李德、博古，对确立毛泽东的领导地位起了重要作用，并被推选为中共中央总书记。1959 年被错定为反党集团成员。"文化大革命"中受尽迫害，于 1976 年 7 月 1 日含冤病逝。1979 年 8 月，中共中央对其冤案予以平反昭雪，主要著作编为《张闻天选集》。

1 张闻天入读江苏省立水产学校时间新考

著名张闻天研究专家程中原在《张闻天传》中记述，“张闻天虽有远大抱负，学业成绩也居全班之冠，无奈家中经济实力不够，只好报考免收学费、宿费的实业学校。1915年8月，他就近考入设在宝山县吴淞的江苏省立水产学校(通称吴淞水产学校)。同他一道考进的，还有他的堂兄张武高。”[1]。

2009—2016年，上海海洋大学在编纂《上海市级专志·上海海洋大学志》的过程中，随着一些史料被陆续挖掘和研究，对张闻天的这段求学经历有了新发现。根据上海海洋大学档案馆馆藏档案，1915年4月刊印的《江苏省立水产学校之刊》第一刊所载《在学学生名录》：张闻天的堂兄张武高，系江苏省立水产学校第二届渔捞科学生(1914年1月4日举行“入学试验”、2月5日续试一次、2月8日开学)，与水产教育家侯朝海(宗卿)、冯宝颖(立民)为同科同学；张闻天(张荫皋)系在读第三届预科生，系1914年7月12日举行的入学试验，8月8日、29日续行2次试验，9月1日开学就读[2]。可见，张武高、张闻天同是1914年入学，但一个是春季招生，一个是秋季招生，分别进入不同年级，前后相差约半年。当年中，学校根据国民政府“教育部定学校年期及休业规程第一条各学校以八月一日为学年之始，以翌年七月三十一日为学年之终”，开始改春季招生为秋季招生，因此该年招收学生2届。

更为重要的是，2013年上海海洋大学档案馆新征集到一本《江苏省立水产学校之刊》。该本为全本，前面有完整图录(原馆藏本无图录)。该图录中有一张1915年4月江苏省立水产学校全体师生合影，经图像对比考证前排左十为张闻天。这说明张闻天与张武高是先后考进江苏省立水产学校的，年级不同，而且入学年份为1914年。先读一年预科，然后升入本科渔捞科。

江苏省立水产学校，为中国成立最早的水产学校之一，其创办人为张謇和黄炎培。清朝末期，海权旁落，沙俄、德、日等国侵渔猖獗。状元、翰

1915 年 4 月江苏省立水产学校全体师生合影，前排左十为张闻天

林院修撰张謇愤于“中国渔政久失，士大夫不知海权”，明确指出“渔业者，海线之标识也”“渔界所至，海权所在也”“海权界以领海为限，领海界以向来渔业所至为限”。1904 年，张謇向清廷商部奏议创办水产学校，以“护渔权，张海权”，并与苏松沪道袁树勋商议，在吴淞炮台湾拨公地为校址。张謇指出：“建立水产商船两学校”[3]，“苟立鱼政专官设鱼政公所矣，附近公所宜设水产学校一所，讲求捕鱼器具及饲畜鱼子、腌鱼、冰鱼、晒鲞诸法，陈列七省及各国船艇网罟制作诸品，以求改良精进”[4]。另据 1905 年《上海道陈渔业公司拨地兴学禀》载：“而水产学校、商船学校以及蓄鱼池、晒鱼场、渔具陈列所等处，皆宜设于附近……因会商张殿撰，亲往该处履勘，于建设水产学校等因，诚为相宜。”张謇认为举办水产、商船学校，不仅培养水产、航海人才，可兼为培养海军人才。他指出：“商船与兵船驾法略同。则渔业与海军影响尤切。”[5]

水产学校系专门学校，招收学生需要具备一定基础，然而清光绪皇帝于 1905 年方下诏“废科举、兴新学”。为此，宜先设渔业学校，再行创办江苏省立水产学校(俗称吴淞水产学校)。在张謇指导下，中国渔业总公司(即江浙渔业公司，对外称中国渔业公司)1906 年划原吴淞炮台营房旧地

160亩为校址，先就公司余层设渔业学校。关于该校设立，据载："光绪三十二年，张謇、樊时勋、郭淑霞等创办设炮台湾海军公所，俗称王宫，程度初同高小，惟注重理化、水产诸科"[6]。中国渔业总公司还资助张镠、李东芗、曹文渊、胡璩泰等赴日本学习水产，为成立吴淞水产学校作准备，同时总公司与江苏省联系由省拨款建筑校舍于吴淞炮台湾，并拨总公司吴淞房屋土地及渔业小学校用于1912年正式成立江苏省水产学校[7]。光绪三十三年六月(1907年7月)，张謇致函代理渔业监督瑞瀓，提出："中国渔业公司甫就吴淞官房改设初等小学校，俟其卒业，方可升入专门，则水产学校之设，似可暂缓数年"[8]。渔业学校是中国官方举办的第一个渔业教育机构。对渔业学校毕业生，"即选渔业各小学校毕业学生，聪明而体弱者，令学水产，其强壮者，令学驾驶。学成之后，即以渔轮为练习。"[9]

1912年，经时任江苏省民政司教育科科长黄炎培襄助，成立江苏省立水产学校。《江苏省立水产学校之刊》第一刊载："内开据民政司称准临时省议会知会于元年预算案内议决设立水产学校，亟应派员筹办开校事宜"[10]。由东京水产讲习所留学归来的张镠(字公镠)任建校筹办员，至12月任校长。该校于1912年12月15日招收首批预科生68人，于1913年1月16日正式开学，初设渔捞、制造二科。1924年、1925年先后设立航海专科、远洋渔业专科，开始高等专科教育。后经11次更名、5次搬迁，发展为今天的上海海洋大学，成为中国海洋、水产、食品人才培养的重要基地。

2 江苏省立水产学校教育对张闻天之影响

张闻天就读的江苏省立水产学校，非常重视人格养成教育。1914年2月8日，校长张镠宣布对于学生之希望五事，即："(1)勤勉；(2)造成诚朴之校风；(3)戒浮嚣；(4)勿空谈国事；(5)当自食其力。"1914年9月1日，学校将"五事"提炼为4字"勤朴忠实"，并在开学典礼上定为校训。张闻天作为招收的第三届学生，其开学典礼恰恰是1914年9月1日，因此入学之际就应该接受了"勤朴忠实"的感性认识。纵观其革命一生，也处处体现了“勤朴忠实”的精神特质。

江苏省立水产学校从严施教。“凡品行方正、学业优良，足为同学之模范者”，选拔为特待生；一学年主要科目有一科目在丁等以下者不得晋级，学业怠惰两学年不晋级者即令退学，激励学子奋发学习。对学习佼佼者选派到日本留学，先后有张柱尊、沙玉嘉、张楚青、陈廷煦、姚咏平、陈谋琅等数十人，其中部分学生归国后成为学校骨干教师。这种严谨治学的校风，为张闻天养成实事求是、勤朴踏实的作风具有一定影响。

当时预科生所学课程有修身(实践道德之要旨)、国文(记事文)、外国语(英语、日语)、地理(世界地理、本国地理、人生地理)、数学(算术、代数、几何)、理科(无机化学、动物学、植物学、物理大意、矿物学)、图画(自在画、用器画)、体操(柔软操、器械操)；渔捞科课程有修身(伦理学一斑)、国文(书翰文、议论文)、外国文(日语、英语)、地理(天文地理、地文地理)、数学(几何、三角、解析几何、弧三角、测量)、物理(热力学)、化学(有机化学)、图画(用器画)、簿记、体操、水产通论、水产动(植)物学、制造论、渔捞法、航海术及渔船使用法、渔具制造大意、应用机械学、海洋/气象学、卫生法、渔业法规、渔业经济。由此可见，张闻天 1914 年考入江苏省立水产学校，1917 年考入河海工程专门学校，在水产学校接受 3 年教育，积累了一定日文、英文基础，为其日后赴日、美求学打下了外国语基础。

1920 年 7 月—1921 年 1 月，张闻天与沈泽民一起东渡日本，在东京寄寓小石川区大冢洼町二十四番地松叶馆，学习日文、哲学及其他社会科学书籍[11]。1921—1925 年，张闻天翻译或合译《笑之研究》(柏格森)、《柏格森之变易哲学》(韦鲁多·柯尔)、《狱中记》(王尔德)、《但底与歌德》等著作[12]。

1922 年 8 月 20 日，张闻天从上海乘中国远洋轮“南京号”前往旧金山(San Francisco)勤工俭学，在加州大学伯克利分校图书馆自主学习，直至 1924 年 1 月 23 日重新回到黄浦江畔。其间，他从英译本转译米勒·莱尔《社会发展史》的最后一章《文化和幸福》，发表在《东方杂志》第 19 卷第 20 号。1922 年 10 月 1 日，他在《大同晨报》发表“星期评论”《自强与公理》，说：“唯自强者乃有真理”。1923 年，他翻译了众多外国作品，如俄国作家柯罗连科的《盲音乐家》、俄国作家安特列夫的《狗的跳舞》、西班牙作家倍那文德的《热情之花》、《伪善者》，意大利作家邓南遮的《琪珴康陶》等，充分表现了他对新文化的热情[13]。回国后，张闻天创作了长篇小说《旅途》和三幕话剧《青春的梦》。“《旅途》可以说是‘恋爱与革命’小说的滥觞。”[14]这是新文学长篇创作的最早尝试作品之一，富有浓郁的浪漫主义色彩，充满异国风情。“《青春的梦》，在中国现代戏剧的起步阶段是一部有一定特色和影响的作品。”[15]在《旅途》完稿后 3 天，张闻天写了题为《从梅雨时期到暴风雨时期》的重要文章，旗帜鲜明地指出：“要解决中国现在的一切问题，只有革命！”

为“护渔权，张海权”，江苏省立水产学校筹创之际，即肩负“直面国运，情系民生”的神圣使命。学校诞生于民族危亡之际，成长于革命风雨之中，在校训“勤朴忠实”精神指引下始终与国家发展同呼吸、共命运，形成了“勤奋敬业、质朴大方、爱国荣校、求真务实”的精神传统。这种人文氛围对张闻天早期爱国和革命情怀的形成无疑具有潜移默化的影响。

人的早期教育，往往对人一生的人格养成和潜在素质产生重要影响。对张闻天江苏省立水产学校求学经历的新考，有助于更加细致、深入地了解 3 年水产教育对张闻天一生的影响。纵观张闻天的一生，可谓“勤朴忠实”的一生，而这正是他 1914—1917 年就读江苏省立水产学校时所耳濡目染的校训精神。

参考文献：

[1] 程中原. 张闻天传(修订版)[M]. 北京：当代中国出版社，2000. 8：11—12.

[2] 江苏省立水产学校. 江苏省立水产学校之刊(第一刊)[M]. 嘉定光明印刷社，民国四年(1915)：4—6，12—13.

[3] 拟办中国渔业公司纪要. 第 29 页.

[4] 拟办中国渔业公司纪要. 第 21—22 页.

[5] 拟办中国渔业公司纪要. 第 30 页.

[6] 上海市地方志办公室、上海市宝山区地方志办公室. 宝山县卷(下)[M]. 上海：上海古籍出版社，2012，7：955.

[7] 侯朝海.中国水产事业简史[M].上海:上海人民出版社,2016:45.

[8] 李明勋,尤世玮.张謇全集,第二册,函电(上)[M].上海辞书出版社,2012:217.

[9] 拟办中国渔业公司纪要.第30页.

[10] 江苏省立水产学校.呈都督请与复旦公学互易校址文.江苏省立水产学校之刊(第一刊)[M].嘉定光明印刷社,民国四年(1915):8—10.

[11] 程中原.张闻天传(修订版)[M].北京:当代中国出版社,2000.8:40—41.

[12] 程中原.张闻天传(修订版)[M].北京:当代中国出版社,2000.8:57.

[13] 程中原.张闻天传(修订版)[M].北京:当代中国出版社,2000.8:71—80.

[14] 程中原.张闻天传(修订版)[M].北京:当代中国出版社,2000.8:86.

[15] 程中原.张闻天传(修订版)[M].北京:当代中国出版社,2000.8:92.

高校档案馆与档案史料编研

——以华东师范大学为例

华东师范大学档案馆　汤　涛　陈华龙

摘　要： 高校档案馆是我国档案系统的重要组成部分。随着大学史逐渐成为学界关注的热点，高校档案馆可以在大学史史料的发掘与整理方面做出贡献。华东师范大学档案馆结合馆藏大夏、光华、华东师大等档案全宗，先后出版了多种抄纂型、编述型以及著作型编研成果，并致力于打造“丽娃档案”丛书品牌。

关键词： 档案编研　高校　档案馆　华东师范大学

高校档案馆是我国档案系统的重要组成部分，大多藏有丰富的大学校史档案，而且校史悠久的学校还有大量晚清、民国的历史档案。例如，华东师范大学档案馆不仅藏有 1951 年建校以来的档案，还藏有前身院校大夏大学和光华大学的档案。目前，华东师大档案馆馆藏档案始于 1924 年，共有 8 个全宗，分别为大夏大学、光华大学、上海市半工半读师范学院、上海市南林师范学校、上海幼儿师范高等专科学校、上海教育学院、上海第二教育学院和华东师范大学全宗。截至 2016 年底，馆藏各类档案总计 30 万卷(件)。下文结合华东师大的档案编研工作，就高校档案馆与大学档案史料编研问题谈谈个人看法。

1　大学史史料出版概述

近年来，大学史逐渐成为学界关注的热点问题。而大学史研究的基础在于大学史史料的发掘与整理。20 世纪 80 年代，教会大学率先成为学术界的研究对象。为推动对教会大学的研究，香港中文大学吴梓明、梁元生主编了《中国教会大学文献目录》(香港中文大学崇基书院，1996—1998)系列图书，就中国第二历史档案馆、上海市档案馆、华中师范大学档案馆、华西医科大学档案馆等馆藏教会大学资料进行了目录整理，为研究者查找档案资料提供了基本线索。

而比较可观的大规模大学史史料出版则是近几年的事。2010 年，国家图书馆出版社出版王燕来选编的《民国教育统计资料汇编》(全 30 册)，收录民国时期教育相关统计资料共计 74 种，涉及高等教育、中等教育、初等教育和社会教育等各个方面，是研究当时教育状况的重要史料。2014 年，由王强主编的《民国大学校史资料汇编》(全 60 册)由凤凰出版社出版。该套书共收录 160 余种民国时期大学校史资料，涉及民国时期大学、学院等共 80 余家。文献的主要类型为当时编辑的大学一览、概况等，主要记载各个大学的历史、院系课程设置及说明、教师及学生名录等。次年，该出版社又出版了关于教会大学的《近代教会大学历史文献丛刊》(全 80 册)，所收资料类型和内容与前者相似。

在《民国大学校史资料汇编》出版同一年，李森主编的《民国时期高等教育史料汇编》(全 50 册)在国家图书馆出版社出版。该套书包括北京大学、燕京大学、复旦大学、中央大学等 64 所高校的校史资料 206 种，内容涵盖学校或院系概况、年刊、年鉴、毕业纪念册、规章制度、工作报告、教职员和学生名录及通讯录、选课指导、入学简章等。2016 年，该出版社再次出版《民国时期高等教育史料续编》(全 30 册)，收录民国时期 80 所高校的资料 188 种，除《汇编》中已收录的高校外，还收录了《汇编》未及收录的北平大学、朝阳学院、圣约翰大学、之江大学、东吴大学等 20 多所高校的资料。

除以上专门的大规模大学史料出版以外，朱有瓛主编的《中国近代学制史料》(华东师范大学出版社，1983—1993)、中国第二历史档案馆主编的《中华民国档案史料汇编》(凤凰出版社，1991、2010)、陈元晖主编的《中国近代教育史资料汇编》(上海教育出版社，1993—1995，2007 再版)、李景文等主编的《民国教育史料丛刊》(大象出版社,2015)、韩永进等主编的《民国文献类编·教育卷》(国家图书馆出版社,2015)等史料丛书也包含有部分大学史的相关文献。

以上各种丛书所收大学史相关资料,多是当时各高校出版的正式或非正式出版物。就资料所反映的内容而言,主要是学校的各种规章制度。就资料来源而言,主要来自于各大图书馆。上述丛书对于研究各时期大学学制、国家教育政策、学校管理体制等宏观问题较为有利,而最能反映大学校决策、经费筹措、教职员聘用、学生事务管理等实际运作细节的档案史料,则不在以上范围之内。

从 20 世纪 80 年代起,各高校档案馆或校史机构为编撰本校校史开始陆续出版校史资料。当时出版的校史资料分为两种:一种是以校史机构自编资料以及校友回忆文章为主的校史资料,如《山东大学校史资料》《暨南校史资料选辑》;另一种是以学校所藏档案为基础进行整理出版的校史资料,如《南京大学校史资料选辑》《交通大学校史资料选编》《厦门大学校史资料》。在 90 年代以后,不少相关高校也开始出版以馆藏档案为主的校史资料选编,如《清华大学史料选编》《北京大学史料》《国立西南联合大学史料》《云南大学史料丛书》等。但总体而言,目前还有很多大学没有出版过档案馆藏的史料,同时相较于馆藏档案数量而言,已经出版过一些档案史料的大学,仍然有继续发掘、整理大学史档案的必要。

2 华东师大校史编撰体制与校史编撰概况

2.1 校史编撰体制的建立

华东师大前身学校主要为大夏大学、光华大学和圣约翰大学,虽然没有专门成立校史相关机构,但始终重视校史工作。大夏、光华的历任校长在学生开学以及毕业典礼上都会向学生讲述学校创办以及发展的历史。而且,在学校历年出版的《大夏一览》《光华年刊》《约翰年刊》等出版物中,学校校史、校史大事记、级史等常作为重要栏目而刊载其中。

华东师大在大夏、光华、圣约翰等院校的基础上成立、发展,同时也继承了重视校史的传统。1954 年 3 月，经行政会议研究决定，华东师大成立了校史编辑小组，成员包括教育史专家朱有瓛、历史学家陈旭麓等七人。校史编辑小组成立后，首先筹备了建校三年以来的图片展。同时，通过 1954 年 4 月 30 日的校刊《华东师大》在头版头条发布《征求校史资料》的启事，向全校工作人员和校友征求华师大在建校学习、参加土地改革、"三反五反"、思想改造等活动中形成的相关文件、照片等校史资料。

1984 年 8 月，教育部下发《关于编写校史的通知》，"希望所有'文化大革命'前建立的高等学校，立即着手组织力量，编写校史"。[①] 翌年 1 月，华东师大根据教育部通知成立了以副校长林远为主编的校史编写组，下设校史编写组办公室。1986 年 9 月，又根据上海市委党史资料征集办公室和教卫党委关于党史编写大事记的要求，在原校史编写组的基础上扩大成立了华东师大校史党史编委会，下设编委会主任、副主任、党支部书记、校史党史办公室主任、专兼职编写人员以及办公室工作人员。[②] 在完成校史编撰任务后，大多数高校都撤销了校史编写组，但华东师大仍然保留了校史研究机构。

1988 年，华东师大档案馆在校档案室基础上成立，并于 1997 年被认定为国家科技事业单位一级档案馆。同年 9 月，校史党史办公室与校档案馆实行合署办公。[③] 当时主要是考虑到校史研究机构规模较小，且需要学校档案作为编研基础，因而以合署办公的形式实现校史机构与档案馆的结合，以加强档案信息资源的开发利用，这为此后的档案编研提供了机制保证。

由此，华东师大档案馆得以长期保持主任(档案馆长兼)、副主任、若干名研究人员，为校史研究提供了稳定的制度和人员保证。同时，档案馆

---

① 中华人民共和国教育部：《关于编写校史的通知》，《贵州教育志通讯》，1984 年第 2 期。

② 《华东师范大学大事记(1951—1987)》，华东师范大学出版社，1991 年版，第 1 页。

③ 《华东师范大学年鉴 2000》，华东师范大学出版社，2001 年版，第 136 页。

探索了自主编研，与学校历史系、教育学部等单位联合编研，借助"外脑"召开专家咨询会等三种编研模式。

2.2　校史编撰概况

就华东师大建校以来所有校史相关成果而言，大致可分为史志类、人物类、专题汇编类以及"丽娃档案"丛书四大类。① 最初的校史成果主要是校史办主持编写的史志类著作。先后编撰的成果有：编年大事记《大夏大学大事记》以及《华东师大大事记(1951—1987)》、校史论文集《华东师范大学校史文集》、校史专著《华东师范大学史(1951—2001)》、资料工具书《华东师范大学年鉴》。

在人物类方面，主要是档案馆校史办人员参加相关资料的搜集与整理。华东师大先后出版了孟宪承、刘佛年等校长、书记的文集或纪念集，其中包括《师范之师——怀念孟宪承》《师表——怀念刘佛年》《施平文集》《生涯的足迹——教育、科技史与科技哲学文选》(袁运开)《教育生涯录——教育科学、自然科学史、自然辩证法文选》(张瑞琨)等。

在专题汇编方面，有校刊文选《我的丽娃河》、人物故事《丽娃河畔逸事：华东师范大学校友风采》、办学理念《大学之道——华东师大教育理念与实践》、名师风采《师魂——华东师大老一辈名师》、学科发展史《文脉——华东师大学科建设回眸》等。

从2014年期起，在学校的大力支持下，档案馆校史办以馆藏档案为基础编撰出版华东师大"丽娃档案"丛书。目前已出版的丛书包括：大夏系列《大夏大学编年事辑》《大夏文萃》《大夏大学：90年90人》《王伯群与大夏大学》、光华系列《光华大学编年事辑》《光华文萃》《光华大学：90年90人》《张寿镛与光华大学》；华东师大口述系列《丽娃记忆：华东师大口述实录》(第一、二、三辑)、手札题词系列《华东师大档案馆藏名人手札》《华东师大档案馆藏名人题词》。

---

① 林雨平：《却顾所来径：华东师大校史研究成果回顾》，《华东师大档案校史》(内刊)，2017年第2期。

3 华东师大“丽娃档案”丛书成果介绍

档案馆工作，简单可以分为收、管和用三大部分。所谓收、管，就是收集、保管、整理等工作，而用就是利用。档案的利用形式有多种，档案编研是其中主要的一种。就档案编研成果的形式而言，大致可以分为三种类型：抄纂型、编述型和著作性。① 下文结合目前档案学界关于档案成果类型的划分，依次介绍华东师大“丽娃档案”丛书中的档案编研成果。

3.1 抄纂型编研成果

抄纂是一种按照选题整理、公布档案原文的编研工作。这一类编研工作，有时要求转录档案原文，有时可以节录部分档案，但都强调抄录的成果与档案原文高度一致。在进行转录的同时，编研人员需要对档案进行标点、校勘工作。抄纂以前主要应用于历史档案汇编，目前已经是档案编研工作的主要方式。中央档案馆编的《中共中央文件选编》、第一历史档案馆编的《光绪朝朱批奏折》、第二历史档案馆编的《中华民国档案资料汇编》等都是大型抄纂型成果的代表作。② 华东师大在档案编研成果方面，抄纂型成果与其他形式成果相比，虽然起步时间较晚，但成果最为丰富。

2011年，华东师大启动大夏大学、光华大学校史编纂工作。而编撰校史的首要任务，便是进行基础性的原始资料发掘和整理工作。在大夏大学建校90周年(1924—2014)以及光华大学建校90周年(1925—2015)之际，华东师大编撰出版的《大夏文萃》(华东师范大学出版社，2014)《光华文萃》(华东师范大学出版社，2015)均属于抄纂型的档案史料整理出版成果。《大夏文萃》主要收录在大夏大学任教的教师发表在《大夏周报》等校刊上

---

① 冯绍霆主编：《档案编研工作》，上海社会科学院出版社，2009年，第2、12页。
② 同上，第12、13页。

的各类文章，是研究大夏大学教授群体以及学术发展的重要依据。《光华文萃》根据馆藏光华大学的校刊资料，选录在光华大学任教的教师发表的各类文章，反映了大学知识分子的学术思想、文化追求和精神风貌。

2015 年是中国近代民主革命先驱、政治家、教育家、大夏大学校长王伯群先生诞辰 130 周年，也是华东师大前身之一大夏大学创校 91 周年。为发掘学校历史，纪念先贤、启发来者，档案馆编撰出版《王伯群与大夏大学》(上海人民出版社，2015)一书。该书是王伯群与大夏大学史料选辑，主要收录了王伯群校长自 1924 年至 1944 年执掌大夏大学期间所形成的书信、文稿、公函、布告、会议纪要等多种原始档案，从办学思想、经费筹募、教师聘任、学生管理、学校总务、附中办理以及服务社会等方面的各种文献档案，展示了王伯群校长的治校理念、办学理论和教育实践。作为华东师大“丽娃档案”丛书之一种，该书所收大部分档案为首次整理并公开刊布，具有较高的史料价值。对有关学人研究王伯群校长，研究大夏大学，乃至研究民国时期的高等教育历史，都具有重要的参考价值。

2016 年是中国近代著名教育家、光华大学校长张寿镛先生诞辰 140 周年，也是华东师大前身之一光华大学创校 91 周年。华东师大档案馆出版了《张寿镛校长与光华大学》(上海人民出版社，2016)，该书辑录内容主要为张寿镛担任光华大学校长期间形成的书信、文稿、公函、布告、会议记录等多种档案文献。所选材料主要来源于华东师大档案馆馆馆藏光华大学档案全宗，其他来源均注明出处。该书按照专题汇总材料，在专题内根据时间顺序排列，涉及的专题为办学理念与教育思想、校务决策与治理、办学经费筹募、教职员聘任和管理、学生事务管理、后勤总务管理等。

现代教育家欧元怀先生一生致力于教育事业，曾创办大夏大学并担任第三任校长。为此，华师大档案馆结合馆藏的书信、文稿、公函、会议记录等档案等资料，编撰了《欧元怀校长与大夏大学》一书。由于欧元怀长期在大夏大学工作，该书所涉及的内容也贯穿其大半生，反映了大夏创办、西迁贵州、重返上海、并入华师大等历史过程，是研究大夏大学历史的一手参考资料。

华师大档案馆还编撰了《华东师大档案馆藏名人手札》(华东师范大

学出版社,2017)、《华东师大档案馆藏名人题词》。前者收录华东师大前身大夏、光华办学期间的部分名人手札九十一通,每通手札均拟写标题,并附有作者小传以及信札释文。该书所收手札为首次向社会公开,对研究历史人物、大学史等均用参考价值。后者编入大夏、光华、华东师大等时期国家领导人、著名学者的题词133幅。将一所大学所收藏的题词选编出版、公之于众,无疑可从历史研究、艺术鉴赏等多角度发挥题词的文化传承作用。基于这样的认识,华东师大档案馆从馆藏名人题词中精选了一部分,汇编成这本书。

大学办理附中的模式在民国时期就较为成熟。新中国成立以后,大夏、光华附中成为华东师大附中。为汲取过去大学办理附中的经验,目前档案馆编撰了《大夏、光华附中史料汇编》。

华东师大档案馆馆藏的8个全宗中,除了以上档案编研中涉及的大夏大学、光华大学全宗外,还有华东师大档案全宗,该全宗涵盖党群、行政、教学、科研、产品、基建、设备、出版、外事、财会、声像、实物、人物13个大类,全面记录了华东师大的办学历程和办学成果。为展示历届党代会确定的发展理念、发展战略和建设目标,深入了解学校在党委领导下全面贯彻党的教育方针的发展历史路程,华师大档案馆编撰了《中共华东师大历次党代会文件汇编》。

3.2 编述型编研成果

编述是指把人们需要的档案信息提炼以后,用新的、不同于原先档案分类排列的体例,重新组合的编研工作。编述的实质是提取原先分散在档案中的信息要点,整理形成系统的材料。与抄纂型成果不同之处在于,抄纂强调不能更改档案原文文字,而编述强调不违背档案原意。[①] 华东师大档案馆依据丰富的馆藏档案资料,参与编撰了多部编述型的编研成果。

1991年,华东师大建校40周年之际,校史党史办公室编辑出版了

---

① 冯绍霆主编:《档案编研工作》,上海社会科学院出版社,2009年,第14、15页。

《华东师大大事记(1951—1987)》(华东师范大学出版社,1991),该书以编年体方式记叙学校自1951年创办以来至1987年的重要史实。编写人员查阅档案资料1500多卷,摘录卡片5000多张,并召开多次座谈会进行讨论和听取意见,召开三次校党政领导和编委会的联席会议对内容进行讨论和审查。该书全面、系统回顾了学校四十年的发展历史,同时附录了“历年全校教职工统计表”、“历年在校学生人数统计表”、“历年招生、毕业人数统计表”。目前,档案馆正在原有大事记基础上编撰《中共华东师大党史大事记(1951—2016)》。

在大夏大学、光华大学建校90周年之际,华东师大出版的《大夏大学编年事辑》《大夏大学:90年90人》《光华大学编年事辑》《光华大学:90年90人》等书均属于编述型成果。《大夏大学编年事辑》(华东师范大学出版社,2014)采取“以年系月、以月系日、以日系事”的形式对大夏大学二十七年办学中形成的档案进行了整理。该书所依据的史料主要来源于华东师大档案馆藏大夏大学校务会议档案以及《大夏周报》等校刊,同时也收录了《申报》等其他史料作为补充。该书为研究大夏大学的办学理念、学术发展、教育教学、校园建设等提供了基本史料。《光华大学编年事辑》(华东师范大学出版社,2015)在华东师大档案馆藏光华大学档案全宗的基础上,吸收其他史料,形成了反映光华大学二十六载办学历史进程的完整史料编年,为学者研究光华大学以及民国高等教育提供了基础资料。

《大夏大学:90年90人》(华东师范大学出版社,2014)分为两部分:夏雨篇、桃李篇,分别为大夏大学教师与学生的人物志略。《光华大学:90年90人》(华东师范大学出版社,2015)根据光华大学校训“格致诚正”,分为“格致篇”与“诚正篇”,分别为光华大学教师与学生共90人的人物志略。上述两书在编写过程中,主要利用馆藏档案和文献,同时参考了部分文史资料,为展现大夏、光华师生在教书育人、追求真理等方面的风貌供了参考资料。

此外,口述历史自上个世纪中叶发端于美国之后,如今已在世界各地得到认可,逐渐被运用到不同学科。在档案学学科内,口述档案也已经成为一种共识。华东师大档案馆在掌握口述史相关工作方法的基础上,对近百位老干部、老教授、老校友进行了访谈，获得了大量录音、录像、文字以及实物资料。为实现口述档案保存校史、文化育人的功能，档案馆先后在“丽娃档案丛书”中组织出版了以口述档案为主的《丽娃记忆：华东师大口述实录》(第一辑、第二辑，第三辑正在出版)。出版时考虑到文字的可读性，在原始口述档案的基础上进行了不违背原意的文字加工，因此归为编述型编研成果。

3.3　著作型编研成果

著作性编研成果是指以档案资料为依托，蕴含编研人员独特的创造性思维的编研成果。与前两类成果的类似之处在于，都以档案资料为依托，都把开发档案资源、服务社会发展为目的。不同之处在于，著作型编研成果不单纯以提供档案信息为目的，而是基于档案进行研究，得出一定的观点，形成论文或专著等。①

在圣约翰大学第十一届世界校友联谊会召开前夕，华东师大组织编撰的《圣约翰大学与华东师范大学》(华东师范大学出版社，2015)正式出版。为编撰该书，编研人员查阅了大量原始档案文献，并先后走访了数十位老校友、校友亲属和历史学家，建立了一批口述档案。该书从办学渊源、文脉传承和学科发展史的角度考察、研究圣约翰大学和华东师大之间的关系，某种程度上也是以圣约翰大学部分系科并入华东师大为个案，以圣约翰大学和华东师大之间的文脉传承为重点，就 1952 年全国院系调整进行的专题研究。

修志是修史的重要前提。为此，华东师范大学档案馆、校史办正在主持编撰《华东师范大学志》。编写小组成员悉心投入，查阅了万余卷档案，收集了大量校志编撰资料。该志记述的内容包括学校沿革、领导体制与组织机构、院系、学科建设、本科生教育、研究生教育、德育、体育与校园文化、人文社会科学研究、理科科学研究、教职工、国际合作与交流等，将为

① 冯绍霆主编：《档案编研工作》，上海社会科学院出版社，2009 年，第 15、16 页。

全面了解华师大的发展历程提供重要参考。

总体而言，华师大档案馆的著作型成果相较其他类型成果在数量上还有所差距。为此，华师大档案馆近年在加大原始档案资料整理出版的同时，也将《光华大学史》《大夏大学史》《华东师范大学史》等列为了今后档案编研工作的重要目标。

同济大学档案日活动策划与实施历程创新探索

同济大学档案馆　王毓灵　王琍琍

摘　要： 档案日活动是近年来档案事业开放发展的创新形式之一。同济大学档案馆自2011年开始举办了多届档案日活动并在校内外取得了较好的成绩和反响。本文首先梳理设立档案日的初衷和对高校档案馆的意义，并以同济大学档案馆档案日活动策划与实施历程的发展为案例，总结与分享经验，提出实施策略，为高校档案日活动的开展和创新做一个探索。

关键词： 同济大学档案日　策划与实施　创新

2007年11月，为了庆祝2008年6月9日国际档案理事会ICA成立60周年纪念日，ICA全体成员在于加拿大魁北克举行的年度全体会议上投票决定，将每年的6月9日定为国际档案日。2013年，中华人民共和国国家档案局决定自2013年开始，把每年的6月9日即"国际档案日"作为全国各级档案部门的宣传活动日。[9]国际档案日作为世界档案界一个盛大节日，为档案工作者推动本国档案事业的发展提供了一个契机，不仅有助于提升档案在大众心中的分量，鼓励新的用户和扩大用户基础，宣传档案部门的形象，也有助于档案部门展现自我，提升在机构中的地位，从而建立起建设档案事业更大的信心和与社会的互动。

1 档案日的设立初衷和意义

ICA 明确提出设立国际档案日的目标和初衷包括五点：1. 通过宣传教育，提升社会公众的档案意识，让其了解档案对个人切身利益和社会的长远价值；2. 档案高级决策者通过制订档案政策，更大程度地发挥档案在社会和谐发展中的作用；3. 教育公共部门和私人机构，让其认识到档案长期保管和有效利用的必要性；4. 着重宣传特色档案、重要档案和孤本档案；5. 借助展览使文件和档案的表达形式更直观，增强可视化效果。[10]

高校档案馆是集中统一管理高等学校各门类档案并提供档案利用的科学文化机构，是校园文化的重要载体。2008 年颁布实施的《高等学校档案管理办法》对高校档案机构的文化职责有明确的规定："利用档案开展多种形式的宣传教育活动，充分发挥档案的文化教育功能；开展国内外档案学术研究和交流活动；有条件的高校档案机构，可以申请创设爱国主义教育基地。"[11]高校文化的建设和发展始终离不开社会文化建设的大背景，并深深地打上了特定时期的社会文化烙印。档案日活动给高校档案馆文化功能的建设和展示提供了机遇与舞台。

同济大学档案日自 2011 年起开展至今，在校内外得到较好地反响，不仅有校领导的参与与互动，还分别在 2012 年和 2014 年得到过上海市档案局的相关荣誉证书以及《澎湃新闻》、《文汇报》、《新民晚报》等多家媒体的密集报道。同济大学档案馆的档案日活动精心策划，积极实施，从实践中积累经验，总结经验应用于实践，不断摸索和创新，有了自己的活动形式和特色。

2 同济大学档案日活动策划与发展历程

2011 年 6 月 9 日国家档案局尚未明确确定我国的"国际档案日"，举办档案日的高校也并不是很多。为了配合"第五届上海市档案馆日"同济大学档案馆决定举办第一届同济大学档案日活动。

因为是第一届档案日，活动的策划是一个创新的探索。我馆广泛查阅了当时国内外相关档案日活动开展的文献资料之后，形成了详细的策划方案。策划的活动形式主要有校园展台、档案展览、老校友座谈会、捐赠仪式等。把整个档案日活动分为两个会场即档案馆主会场和校园展台分会场。在校园展台分会场的活动内容主要有：1. 现场业务咨询；2. 发放《同济大学百年志》的领书单并请同学在签名本上留言；3. 发放档案文化宣传品"同济大学人物书签"。档案馆主会场的活动内容主要有：1. 业务咨询；2. 领取《同济大学百年志》。两个会场是先后开展活动的，即在 6 月 9 日开展校园展台分会场活动之后，在 6 月 24 日之前档案馆都开放领书和业务咨询活动，其本意是让广大师生校友走进档案馆，初步了解档案业务。此外，还特别设计制作了一套"同济大学人物书签"，正面分别印有埃里希・宝隆、朱葆三、殷夫、蔡元培、冯至、袁希涛的头像和格言，背面是档案馆和校史馆的简介，该书签作为档案产品较好地结合了档案文化和档案馆业务，另外也制作了易拉宝海报和横幅配合宣传。活动进行得很顺利，校园展台活动现场当天维持一个多小时，人头攒动，为之后的档案日开展打下了基础，但也存在着不足，主要表现如下：

1. 档案味道不浓，被人误以为是商业活动；

2. 宣传力度不够，形式单一；

3. 设计上太仓促，海报不美观，展台比较简单；

4. 人手估计不足，有些应接不暇；

5. 档案产品比较简单，发放散装书签耗费了较多的时间和人力。

因此，第二届档案日的策划书在第一届的基础上做了改进和细化，活动具体内容如下：

1. 现场业务咨询

要注意展台的风格，以朴素简单为主，不要有不必要的广告和其他信息，避免看上去与商业活动雷同。

2. 发放档案产品

在第一届档案日上我们发现广大师生对我们发放的人物书签以及校

史编研产品有着极大的热情，所以本次档案日的重心之一就是要制作和挖掘更精致、更有特色的档案产品。构想的档案产品有：人物书签（配上相应的封套，以便发放更便捷，外观更体面）、馆内刊物《同济兰台》（档案日特刊）、馆藏珍品明信片、已有的编研成果等。

3. 档案馆开放日

通过网上预约，邀请兼职档案员和公众参与进来。

第二届同济大学档案日结合同济大学工程教育百年和档案馆 25 周年的背景，活动内容更为丰富并且活动范围扩大到同济大学嘉定校区。6 月 6 日，通过网上公开邀请，原闸北区档案局副局长胡伟祖带领的馆员和社区群众参观了我校校史馆和同济大学百年卓越工程教育图片展；6 月 7 日，档案馆同时在四平路校区学苑饮食广场前和嘉定校区新天地同时举办了校园宣传咨询活动，赠送印有档案馆标志的校史人物书签和纸袋，发放档案馆自办的刊物《同济兰台》和编研成果；6 月 8 日，举办了档案馆“开放日”活动，邀请部分院系档案员参观库房现代化设施，听取档案利用情况的介绍；6 月 11 日，举办了《中华人民共和国档案法》颁布 25 周年暨档案馆建馆 25 周年座谈会，邀请校内各部门相关负责人一起回顾档案馆成立 25 年来的发展历程。

值得一提的是，借档案日的契机邀请到了学校设计创意学院的教授设计了档案馆的馆标，该馆标用中国传统木刻的老宋体“档”字，盖上形似邮戳的同济大学校标，考虑到校标的严肃性，把校标和“同济大学档案馆”几个标准字居中对齐，再加上“档”字，经过反复比较调整到最佳效果[12]，于是档案馆有了代表自己形象的标志，在档案馆的各项活动和档案产品上广泛使用，一直沿用至今。

第三届同济大学档案日活动在第一、第二届的基础上更是请到了相关校领导参加现场展台活动与师生互动，增加了活动的分量。此外，还举行档案捐赠仪式，在做宣传的同时兼顾档案资源建设。此次档案展台活动中，档案馆工作人员向师生发放了《寄语同济》、《同济英烈》、《冲破黑暗迎曙光——纪念同济大学“一·二九”事件五十周年》等编研成果，以及同济历史人物书签、校歌 MTV 光盘、馆藏明信片、档案馆业务介绍单等宣传材料。据统计，两个校区共有1000多名师生在签名册上留名，表示支持档案事业工作。至此，我馆的档案日活动形式基本定型，主要是结合当年相关背景，以发放档案产品为主线，配合档案展览、档案馆开放日、捐赠仪式、座谈会等形式联合宣传。

近年来，同济大学档案日的宣传在校内外有一定的轰动效果。比如2017年档案日活动结合同济大学110周年，举办了以“兰台珍品精神传承”为主题的同济大学馆藏实物珍品展，不仅是校庆的首个活动，更得到《澎湃新闻》、《新民晚报》、《文汇报》、《Shanghai Daily》、东方网、央广网、中国新闻网、新浪、搜狐、网易、凤凰网等多家媒体的密集报道，《上海档案》2017年6月刊中也刊登了相关内容。该展览分为教师展柜、学生展柜两类，展出了从同济大学档案馆馆藏30万卷(件)档案中，精选出的110件带有时代特征的实物档案珍品，它们分别是李国豪、陈从周、马在田、汪品先、阮仪三等36位曾经或正在同济大学工作、学习和生活过的师生、校友提供的手写教案、论文手稿、自绘图纸、教学用具、荣誉奖章证书，学生课堂笔记、学习用具及作业报告等，其中有李国豪老校长的全优成绩单、“悬索桥、斜拉桥”教案幻灯片，陈从周先生的《说园》手稿、生前使用过的钢笔，汪品先院士留学莫斯科大学时的笔记、作为首席科学家执行我国第一次南海大洋钻探时所作的现场记录，阮仪三教授1980年代购置的携带着四处考察的照相机、手绘的平遥古城建筑图，纸页早已发黄的1940年代同济学子的笔记本、试验报告等等，系首次公开展出。

3　同济大学档案日活动经验总结与实施策略

总结同济大学档案馆开展的多届档案日活动，主要有以下几点经验和实施路径可供参考：

3.1　发现活动对象的兴趣点

档案日是一个互动性很强的活动，要将档案日活动办好，必须首先把活动以受众对象喜闻乐见的形式来展开。对于高校档案馆来说，找准师生校友的兴趣点是关键。比如同济大学档案馆在第一届档案日的时候也做了很多尝试，不仅开展校园展台，还举行档案馆开放日。现场展台的活动内容也很多样，有业务咨询、发放编研产品、发放档案文化产品、现场学习档案制作等。第一届档案日是一个试点，经过活动的开展，逐渐发现师生校友的主要兴趣聚焦在档案编研和档案文化产品的获取上，这是符合他们的情感需求的。因为离毕业还有几年时间的学生和毕业已久的校友，对于档案馆的证书认证和成绩证明，成绩翻译等业务提供的凭证作用需求并不迫切，在短暂的档案日活动期间没有太多精力去关注档案馆的具体业务内容，而凝聚了档案文化传播价值和业务简介的档案宣传产品对他们来说更具有快速直观的感受和意义。

随着学校的培养和发展，在校生们对学校的历史和文化会产生好奇心，已经毕业多年的老校友对母校更是有着深厚的感情和回忆，更愿意了解、收藏与学校有关的历史资料和礼品。这就是档案日活动的一个切入点，所以建议将档案馆的业务和情况介绍内容也融入进档案文化产品中去，这样既满足了感情需求也为现实需求提供信息。

3.2　结合外部环境和历史节点

档案管理是为管理提供决策支持的工作，受政策变动的影响很大。对于档案日活动来说，它的外部环境主要是指当年有关主管部门制定的档案日主题和方针等。上海市档案局每年都有特定的主题为档案日活动定大方向，比如第六届上海市档案馆日主题“城市新印象·档案见证”；第七届上海市档案馆日主题“城市记忆，经典上海”；2016 年档案日主题“共产党人的家国情怀”等。除此之外，当年的重大历史节点也为档案日活动形式创新提供构思和角度，比如 2015 年是纪念反法西斯战争胜利 70 周年，我馆研发了《同济大学的第二故乡——四川李庄》明信片，该套明信片共 12 张，生动再现了抗战期间，同济师生在静谧安宁的李庄古镇潜心问学、文化抗战的场景。

对于高校档案馆而言，配合学校的历史节点也是档案日活动开展的有利条件，比如同济大学校庆日是 5 月 20 日，而档案宣传月是 5 月至 6

月，所以可以结合献礼校庆的活动共同开展宣传，比如在档案月期间同济大学档案馆就主办过“同济大学百年卓越工程教育图片展”；“结构人生——俞载道图片展”；“体育历史图片展”；“1950—1970 年同济大学学生文艺社团活动回顾展”等校史档案展览。

3.3 深挖馆藏资源创新文化产品

档案日活动表面上看是有着短、平、快特点的展示交流舞台，但实际上背后对档案馆馆藏的积累和深入挖掘才是支撑它不断进行下去的基础。档案日给档案编研工作的阶段性成果提供可视化展示。因此要深入钻研档案馆自身的馆藏，发现馆藏特色和时代特征的结合点，再以多种形式制作成“档案文化产品”，才是档案日活动形式推陈出新的关键。比如同济大学历届档案日活动不断创新制作了“同济大学人物书签”，馆内刊物《同济兰台》，“同济大学百年校园图集・校门”明信片，“同济大学卓越百年工程教育图集・第一辑”明信片，“同济大学的第二故乡——四川李庄”明信片，星云大师题字的“同济天下”宣传卡套等档案文化产品，这些档案产品中有些就是来自于当年的展览和编研成果的内容，有些日后成为进一步档案编研的基础，它们又切合师生校友的兴趣点，是档案日活动的亮点和创新。

3.4 创新档案展览宣传表现形式

档案日活动是集中式的交互宣传活动，往往开展周期较短，输出的信息量却很大。因此要发挥档案的宣传作用，采取短、平、快的表现形式更直接有效，而凝聚档案内容精华的展览就是较为直接的宣传交流形式。好的展览由图文并茂，内在逻辑连贯的展板内容构成，再加上讲解员的解说，能给参观者迅速带来直观切身的感受，准确达到布展者的目的，迅速发挥宣传作用。并且展览揭幕，留言本题词等内容也为宣传交流提供更多的互动，档案展览还有一个好处就是场面较大，人员沟通较自由，方便联络参展人员互相的感情，拉近心理距离，是档案日活动最有效的表现形式之一。因此，要不断开阔思路创新展览内容和表现形式，比如除了制作档案图文展览以外，也可以展出档案实物、模拟档案故事场景等。

综上所述，档案日活动的创新路径首先在于深入馆藏档案研究，熟悉馆藏内容和情况，再结合外部环境变化和重大历史节点，开发切准活动对象需求和兴趣点的档案产品与活动内容，如此档案日活动的策划就有了源源不断的活力和资源，活动开展后的影响力也会逐渐扩大。然而同济大学档案馆的档案日活动仍然存在很多不足，比如经过几年的举办之后活动思维和举办形式产生定势，主要形式固定为档案日展台、档案展览、捐赠仪式、座谈会和档案馆开放日等，档案日活动形式的变化体现在展览内容和档案文化产品的细化上，活动内容的连续性也不足并没有形成“品牌”效应等，因此仍须对档案日活动创新做进一步的探索和研究。

参考文献：

[1] 柴丽.“国际档案日”：让公众认识档案了解档案工作[J]. 中国档案，2015(6)：21—22.

[2] 黄霄羽.解读国际档案日[J]. 中国档案. 2013(6)：18.

[3] 刘社文.论高校档案馆文化功能建设及实现途径[J]. 安徽农业大学学报(社会科学版). 2013(4)：137—140.

[4] 王琍琍.呼吁“档案日”[J]. 档案与建设，2009(6)：51—52.

[5] 安芳.我国档案日活动品牌建设研究[J]. 浙江档案，2015(6)：15—17.

[6] 刘立.关于国际档案日活动的探讨[J]. 北京档案，2014(7)：29—32.

[7] 王毓灵.浅谈档案馆文化建设[J]. 兰台世界，2013(23)：16—17.

[8] 吴国欣.为同济设计[M]. 同济大学出版社，2013 年 10 月第 1 版.

[9] 柴丽.“国际档案日”：让公众认识档案了解档案工作[J]. 中国档案，2015(6)：21.

[10] 黄霄羽.解读国际档案日[J]. 中国档案. 2013(6)：18.

[11] 教育部.《高等学校档案管理办法》第二章第八条，2008 年 8 月 20 日.

[12] 吴国欣.为同济设计[M]. 同济大学出版社，2013 年 10 月第 1 版第 264 页.

档案文化编研产品的全民共享

——以新媒体为平台的档案文化产品展示新路径

上海政法学院　方乐莺

摘　要：新媒体传播渠道为档案文化编研产品的展示和传播提供了全新的路径。基于新媒体自主性与交互性、即时性与碎片化、专业性与共享性、个性化与精准性等特点，档案编研产品在新媒体平台上的展示呈现出传播有效性大大提高、观赏便利性极大增强、扩展专业化传播渠道、档案服务主动性提高四点优势。档案部门应通过转变观念适应变革、题材选取关注热点、主动展示精准推送等来充分利用新媒体平台来展示档案文化产品，以达到档案文化编研产品的全民共享。

关键词：档案文化　编研产品　信息共享

迅猛发展的新媒体正带领我们遨游于一个波澜壮阔的信息世界，以信息为主要客体的档案工作无可避免地要适应这个全新的信息世界，对信息的收集、存储、鉴定、利用等流程正随着信息生成和传播的形式的改变而悄然发生变化，尤其是档案文化编研产品的展示和传播方面，以新媒体为平台的传播渠道为其提供了全新的路径。档案信息的全面共享正面临着全新的机遇。

1　新媒体信息传播特点

新媒体(New Media)是一个相对的概念，是继报刊、广播、电视等传统媒体以后发展起来的新的媒体形态，包括网络媒体、手机媒体、数字电视等。新媒体亦是一个宽泛的概念，利用数字技术、网络技术，通过互联网、宽带局域网、无线通信网、卫星等渠道，以及电脑、手机、数字电视机等终端，向用户提供信息和娱乐服务的传播形态。

1.1 自主性与交互性

新媒体信息传播的自主性和交互性特征已经被人们广为认知，因而基于网络媒体的各类应用十分广泛，正在越来越深入地影响着人们的生活。发布信息已经成为基于网络的各种媒体和应用程序的主要功能，手机媒体尤其如此，不仅同样可以在法律允许的范围内自主发布符合国家规定的信息并进行传播，而且可以指定传播范围和传播群体。比如手机网络微信客户端，可以自主编排图文信息在朋友圈中转发，并可指定特定人群可见或不可见。这个在特定熟人圈子里传播信息的功能直接导致的结果或者说传者本身对于传播效果的直接预期就是可以引起受者的互动，从而达到传受交互的目的。这是新型社交方式的主要形式。除了社交媒体，网络使用者也同样可以在其他应用程序或网站中进行信息的传播，但是传者对于这种面对陌生受众群体的交互效果是否有着一定的预期则取决于传者传播的目的。

1.2 即时性与碎片化

网络对于现代人来说已经是必不可少的日常用品，作为传播工具它更是体现出信息传播的无时空局限性，借助手机端或电脑端，传者可以即时将信息传递出去，传播速度远胜于传统媒体。同时也正是由于这种快速、随时播发信息的特点，信息呈现出碎片化的特征。这也与现代人浅阅读的习惯有关。

根据CNNIC统计数据显示，截至2016年6月，截至2016年6月，网民中即时通信用户规模达到6.42亿，较2015年底增长1769万，占网民总体的90.4%。其中手机即时通信用户6.03亿，较2015年底增长4627万，占手机网民的91.9%。在这些即时通信用户端中，微信朋友圈、QQ

空间这两个以即时通信工具为基础衍生出来的社交服务，截至 2016 年 6 月，使用率分别为 78.7%、67.4%。

1.3　专业性与共享性

任何一种媒体都具有基于行业的精耕细作式的分工，或体现为版块分类，或体现为单一专业媒体。网络媒体尤为如此。相较于日渐式微的庞大综合性网站，小而精的专业类网站更受观众青睐。如视频网站的迅猛发展、财经类专业性媒体以其深度专业的内容推送赢得用户。手机平台的应用软件也呈现出明显的分类化特征，小巧精悍，通常着眼于某一主题性应用，体现出极强的专业性。

媒体的任何专业化都是为了实现信息精准推送和共享，实现用户数增长，增强用户忠诚度，进而实现其营利目的。

CNNIC 统计了即时通信、搜索引擎、网络新闻、网上购物、在线旅行、网上支付、互联网理财、手机端网络音乐、视频、游戏、文学用户、在线教育、在线政务等移动网络媒体的应用发展，覆盖了基础应用类、商务交易类、网络金融类、网络娱乐类、公共服务等五大类。这些专业细分的媒体用户数都呈现稳步增长，除网络游戏及论坛/BBS 外，其他应用用户规模均呈上升趋势，其中网上外卖和互联网理财是增长最快的两个应用，半年增长率分别为 31.8%和 12.3%。

1.4　个性化与精准性

以新闻类媒体为例，CNNIC 在统计数据中显示：移动端已经成为网民获取新闻的最主要渠道，而移动互联网发展带来的信息膨胀和碎片化，则加速了网络用户对于个性化、垂直化新闻资讯的需求。2016 年上半年，移动互联网基于用户兴趣的“算法分发”逐渐成为网络新闻主要的分发方式。相比于纸媒和 PC 门户时代的“编辑分发”模式，“算法分发”利用数据技术，筛选用户感兴趣的新闻资讯，极大地提升了新闻的分发效率。“算法分发”将可能实现真正的精准化内容推荐。

2 基于网络平台的档案编研产品展示途径

以“自媒体”和“全媒体”为标签的网络媒体的快速发展，对于基于信息利用为目的档案编研产品的展示也相应地有了新的途径。

据笔者统计，当下基于网络平台的档案编研产品展示途径有：

2.1 专业网站

这是目前应用最为广泛的一种展示平台。各级各类档案馆(室)基本都建有本馆(室)的网站。网站功能强大，集传递信息、产品展示、服务沟通、文件下载等功能为一体，且容量大、访问速度快，成为档案编研产品包括音视频类编产品首选展示平台。以上海35所本科高校为例，设有档案馆的有20所高校，其中19家档案馆建设了独立网站；其余15所高校综合档案室中仅有三所高校档案室设有独立网站。在这22所高校档案馆(室)网站中，基本都设有档案编研、网上展览等栏目对档案编研产品进行展示，仅有1所高校档案馆网站没有相关展示。

档案编研展示栏目中展示的编研产品形式主要包括：书画选集、名人手迹、全宗介绍、电子展览(视频或数字档案馆)，主题各异、图文并茂。

2.2 社交平台

如在微博、微信、QQ空间等社交平台上，有部分省市档案馆开设了公众号，如微信平台，有东北师范大学档案馆、集美大学档案馆、天津市档案馆、上海大学档案馆、扬州大学档案馆等开设了微信公众号，主要功能为信息速递、专题展览和档案服务。

在新浪微博平台上，有一些机构档案馆、档案管理部门开设公众号，如厦门市档案局、上海大学档案馆公众号等展示档案利用实例、相关信息传递、编研产品展示、互动交流等，以达到服务公众的目的。

2.3　移动端应用程序

在APP、安卓等手机移动端使用平台上，近期出现一批以传播传统文化为代表的应用程序，如APP STORE里有一个名为“古典文化　现代传承”专栏，集中展示一批以戏曲音乐、书法国画、古代建筑、饮食品茶、诗词歌赋等为主题的应用，结合知识传授、图像展示和简单游戏为一体，让人们在了解中国古典文化的过程中，感受中古典文化的魅力。如在一款名为“斗拱”的应用，其内容提要中写道：“这么美的传统工艺的衰落是让人伤感的。我们的团队在想的一个问题是，我们能不能将斗拱和榫卯变成一个方便人们把玩和观赏的东西，就像大家仍然把玩使用机械手表那样，虽然它的功能已经退化，但是装饰化和奢侈品化起码找到一种方式解决了传统技艺留存的问题。”显然相较于古典戏曲、诗词歌赋以及书法绘画等群众基础相对厚实的传统艺术，中国建筑中经典的传统技术被传承和被知晓得越来越少，这一类应用程序，无论其制作者是出于什么样的商业目的，都不失为一种传统文化（技艺）适应新媒体变革而得以传承的优良范例。

这些应用程序中大多使用了实物档案的图片，附之以档案信息的文字说明，也可视为档案新媒体类编研产品的新形式。以“斗拱”应用程序为例，“一斗三升”界面使用了汉代河南三门峡出土明器的实物档案图片、“斗口跳”结构界面使用了河北望都出土明器记载的档案还原的图片，图片旁以文字加以说明档案的出处。制作精美的各类书法绘画类应用，更是以书画类档案作为原始素材，辅之以音乐、动画、解说等多媒体元素，给人以极强的视觉效果。由故宫出品的，以集艺术作品大成为代表的“中华珍宝馆”，收集了从晋代到当代海量极品书画资料，图片清晰、色彩准确、绢丝可见，可堪图片类档案编研产品的代表作。

3　档案编研文化产品网络展示平台的优势

基于新媒体自主性与交互性、即时性与碎片化、专业性与共享性、个性化与精准性等特点，档案编研产品在网络移动平台上的展示呈现出以下几点优势。

3.1　传播有效性大大提高

“传统档案编研工作从选题开始到出版发行反馈是一个完整的工作流程，一般情况下，只有在选题及反馈阶段，利用者才有表达意愿的可能。从这个过程来看，编研工作更多地以编研者的思路与取向为主，利用者的意愿并未得到充分的体现。”显然传统档案编研的这一特点在新媒体环境中得到弱化。首先，从用户角度来看，新媒体的自主性与交互性使得用户对于产品的需求和搜索变得更加主动，传播有效性大为提高。人们通过搜索引擎找寻自己感兴趣的档案编研产品，同时也可以将它转发到朋友圈或其他社交平台进行二次传播，并可通过互动来探讨交流，此间种种，都可以提高产品的传播有效性。

其次，从档案部门来看，可以将编研产品进行准确的主动推送，吸引感兴趣的用户点击观看，并可通过互动平台进行交流，进一步提高或改进文化产品编研质量；也可事先通过互动平台征求选题，有针对性地进行相关档案文化产品的编研，满足用户需求。基于用户需求的高质量文化产品可获得较好的传播效果。如以抗战为题材的大型文献纪录片《大抗战》2015年5月起播出至9月19日，总计播出1666次，收视到达率高达25%，其中在广东卫视的收视人口达2552万，创造了收视高潮。

3.2　观赏便利性极大增强

社交平台档案文化信息的即时性与碎片化传递，为档案部门及时发布文化信息提供了便利条件。档案部门无需等待长篇累牍的文献研究全本完结再发布，有利于抓住热点及时发布信息，凸显档案的应对突发事件的现实价值。

另一方面，碎片化图文信息也大大迎合了新媒体环境下受众的快速阅读习惯，有利于培养受众的点击习惯。如佛山市档案局在其官方微博上不定期发布“佛山市名人系列”，短小精悍的文字配以图片，让观众在碎片化阅读中轻松获取知识。这种碎片化、即时性的浅阅读方式，显然比集大成的书籍阅读来得方便、轻松。

可见从用户角度来看，首先最大的便利是无时空限制性。无论是电脑还是手机端用户，只要通过连接互联网，便可观赏到相关编研产品。尤其是对于手机端的应用程序来说，相关应用程序下载到手机上，即使在没有网络的环境中，也可观赏中华文化，其便利性远胜于人们舟车劳顿前往博物馆现场观赏实物。其次观赏效果好，由于是屏幕近距离观赏，有时应用程序中还提供360度无死角观赏、动态影像并配解说词，其观赏效果远远大于现场固定形式观赏。最后，信息海量性，网络平台可提供不种类不同时代的各种文化产品，其信息量显然高于具有时空限制的博物馆、档案馆等场馆。

3.3 扩展专业化传播渠道

大众媒体平台的专业化设置为具有单一形式的编研产品提供了更加广阔的传播平台。以视频网站为例，以文献纪录片为代表的影视类档案编研产品在优酷、爱奇艺等平台上可以长时间保存。相较于电视台播出的极短时效性，视频网站为人们提供了三年、五年乃至更长时间的观看周期，且可无限次播放。以视频网站爱奇艺为例，输入档案声像类编研产品的代表"文献纪录片"可以得到2.5亿个搜索结果，重复率很高，其中可以找到2009年的大型文献纪录片《周恩来外交风云》，至今已近十年。可见，只要编研产品质量高，其在网上的传播可以经久不衰。

手机平台的应用程序更具有专业性。由故宫出品的《中华珍宝馆》应用程序集中展示了优秀国画、书法作品等文化珍宝，为醉心于中华艺术的受众提供了一大文化宝藏。《西窗烛》应用提供了中国古典诗词歌赋的集中解读，品味传统文化之美。相应地，还有陶瓷馆、建筑、戏曲、茶道等分类专业性应用。而对于过于专业的相关应用程序，则提供简单游戏来消解其专业性。如，《榫卯》是以古代建筑结构为主的专业展示平台，人们可通过程序中的简单游戏，动手体验这些传统技术的功能和组合方式。如斗拱内设有小游戏，将各种细小配件组合成完整的某一类型的斗拱，让使用者在游戏的过程更深入、更全面地了解各类斗拱的组合方式,大大化解了建筑的专业性,达到娱乐于教、信息共享的目的。

这些档案类文化产品共享于网络平台,因其专业性而具有极强的针对性,在受众一次、二次传播中,为全民的文化共享提供了良好的契机。

3.4 档案服务主动性提高

新媒体基于大数据热点捕捉的数据分析可以精准地捕捉到用户关注的焦点,档案部门也可通过大数据分析结果对用户进行精准信息推送,打造个性化服务。当然这也需要档案部门提高主动服务的意识,有针对性地收集用户的关注焦点,制作出相关的编研产品进行推送。目前推送服务的主要渠道为微博、微信以及各类应用等客户端,尤其是手机客户端,而网站平台的推送功能相对来说则较弱。主动的信息推送服务一方面可以提高用户的产品粘度,另一方面也可以在潜移默化中提高用户的档案意识。

4 档案部门适应新媒体变革的对策

4.1 转变观念适应变革

面对日新月异的新媒体变革,档案部门工作人员首先必须达成的共识是,档案工作虽然是事后的资料收集与整理,但绝不是收集之后束之高阁,而是应该充分利用并使之广为传播,充分发挥出档案本身应有的文化传承和传播价值来。档案文化产品的编研是档案信息利用服务的高级形式,新媒体变革无疑为档案信息文化产品的广泛传播提供了更加宽广而便利的舞台。因此档案部门工作人员应转变观念,一方面适应新媒体带来的挑战,另一方面充分利用新媒体带来的便利性为更加有效传播档案编研产品创造良好条件。

4.2 题材选取关注热点

档案编研的首要步骤便是题材选取。对档案文化编研产品在网络平台展示的题材选取应关注一下几个方面：

历史揭秘类。历史揭秘类的文化产品是目前档案编研产品的主要种类。历史大案、战争风云、名人轶事等题材能满足人类天然的好奇心，对大众有着强大的吸引力。若以“档案”、“揭秘”为关键词搜索百度视频，会有4701个无重复搜索结果，大部分是对某一历史真相、神奇的自然现象或奇异的文化现象进行揭秘。而此类题材正是视频类档案编研产品的主要选题方向，以保证一定的收视率。可见，历史揭秘类文化编研产品是题材选取的主要方向。

大众文化艺术类。大众文化艺术的优势在于具有良好的群众基础，如中国传统艺术中的国画、书法、戏曲、茶道等具有着广泛的群众基础，深受人们喜爱，有利于档案文化产品的传播。从档案部门来看，此类题材也具有依托档案资源挖掘传统文化精髓的需求，有利于深度开发馆藏资源，实现其利用价值。

时事热点类。一般社会热点事件突发时人们倾向于寻找史上类似事件案例作为参照，档案部门可重点针对相似事件进行资料挖掘，以达到观众的观看（阅读）期待与历史资料的最佳契合点。如电视剧《甄嬛》风靡全国热播之际，北京卫视《档案》节目播出了“清宫中妃嫔争斗的真与假”和“清朝那些事之甄嬛的前世今生”等节目，引起热议。也可结合周期较长的时事热点进行资料编研，如911事件纪念日，美国每年都会公布一些从未公布的视频档案，警示人们恐怖主义的危害。在我国建党、建国、抗日逢十周年庆等重要历史时间节点，党史类的编研产品也是主流文化传播的重点，其材料的严谨、详细和准确性较获市场认可。

工具查询类。档案提供查询一般是基于人们的现实材料需求，如学历档案、婚姻档案、企业档案等，使用率较高，使用范围较广。由于个体性和保密性，这一类的档案材料不适合汇集编发，但是档案部门可以从搜索引擎的角度来考虑，打造一个基于统一数据平台的查询工具，前期解决身份认证问题，后期免除材料打印的繁琐，既可方便大众查档利用，又可提高档案部门的工作效率。

4.3 主动展示精准推送

基于新媒体的大数据分析功能，档案部门可以从数据渠道获取公众的关注需求或消费倾向。由此可以获得定点的精准推送。

“档案推送服务”，是指档案管理者在了解掌握利用者查档需求的基础上，通过信息化手段提取有用档案信息，并主动推送给利用者使用的档案服务方式。它要求档案部门主动收集、分析需求，有的放矢地对信息资源加工、整理，通过一定方式传送给利用者。这种以用户需求为导向的档案信息服务，可以有效整合档案信息资源，使有限的档案馆藏发挥最大利用价值，全面提升高校档案部门的服务能力与服务水平。

综上，新媒体环境的变革，为档案编研产品的全民传播提供了全新的视野和途径。

档案编研产品的全民传播，从某种程度上可以说是中华文化的全民传播，它突破了文博档案场馆展示的地方性局限，突破档案部门现场提供服务的工作性局限，突破了受众接收文化产品的载体性局限，最终可以实现中华文化的全民共享。

分众时代高校档案馆服务优化策略研究

上海交通大学档案馆　何嘉玲

摘　要：随着分众传播理念在档案信息传播中的运用，高校档案馆服务、功能、方式和馆藏资源整合都随之改善。基于此，本文就高校档案馆服务现状进行服务优化策略研究，旨在改善分众时代高校档案馆服务，提升高校文化软实力。

关键词：分众　高校　档案　服务　策略

随着档案馆公共服务基本价值的形成以及档案工作者角色的转变，档案工作者不管是在档案收集等前期整理过程还是在档案信息资源利用等后期工作，都开始运用分众传播理念，也就是根据档案用户群体的不同需求，采取相应的档案管理措施与服务，"点对点"满足各类档案用户群体的需求。

1　分众传播对高校档案馆服务的影响

1.1　分众传播有利于延伸高校档案馆服务功能

高校档案馆在建设"五位一体"的同时，"高校本身社会功能逐渐转变为以社会培养高层次专业人才为主的教育机构，同时兼顾社会服务与科学研究"[1]，高校档案馆急需分众传播理念优化档案服务，在保证高校档案馆校内档案服务质量基础上，延伸其面向社会服务功能，从而完善高校社会功能。

1.2 分众传播有利于创新高校档案馆服务方式

为了向广大师生以及校外人士提供更优质的档案服务，高校档案管理工作活用分众传播理念，积极主动地细分档案用户群体，针对不同档案用户群体，运用新媒体创新档案利用方式，提升档案利用效果。特别是在大数据时代，档案工作者是建构社会和历史记忆的积极因素[2]，高校档案馆正是依靠档案工作者的主观能动性，积极建构方便你我他，惠及社会的优质档案馆。

1.3 分众传播有利于整合高校档案馆馆藏资源

高校档案馆以其特有的党群档案、行政档案、基建档案、科研档案、教学档案等馆藏资源，全面反映高校整个运作、基础设施、科研实力、校园文化等情况，是社会文化事件发展不可或缺的稀有文化资源。但是逐年递增的馆藏资源和依旧滞后的服务方式，给高校档案工作者带来了整合馆藏资源的难题。分众传播在高校档案馆服务中的渗透，有利于高校档案工作者结合信息技术，有条不理的对馆藏资源进行一次开发、二次开发，深度挖掘高校档案馆藏资源，以适应各类档案用户群体的需求。

2 分众时代高校档案馆服务现状

高校档案集中体现了高校文化特征和文化再生产机制，与高校物质文化、制度文化共同构成了大学文化系统。[3]高校档案馆服务不仅体现了本身在学校的身份认同，而且彰显着高校百年文化积淀，因此高校档案馆服务是大学文化系统的重要组成部分。“在档案信息受众分化、馆藏档案数量迅速增长、档案信息利用服务网络化等因素下，分众传播必然走进档案信息传播系统。”[4]因此分析分众时代高校档案馆服务现状，有助于优化高校档案馆服务，从而提升高校文化内涵。上海交通大学档案馆是经国家教育委员会批准成立最早的高校档案馆之一，它一定层面上代表着国内高校档案馆水平，本文以上海交大档案馆服务现状为例进行阐述。

2.1　档案资源丰富

档案资源丰富，是分众时代高校档案馆提供优质服务的重要基础。上海交通大学档案馆于 1986 年 4 月成立，完整地保存有自建校以来所有学生的成绩表，共有馆藏门类 17 大类，建有 2000 多位知名校友人物档案，校史资料丰富。2003 年起，为适应迅速发展的信息技术，交大档案馆实行纸质文件与电子文件对应配套归档，并且建有 21 个特色主题的编研在线陈展，包括南洋公学走出的中国早期音乐先驱，老交大学术活动兴起与发展等，同时拥有八大专题汇编，包括毕业生照片、基建项目等。换言之高校档案馆库房数量逐年增加，档案资源越加丰富，为满足档案用户不同利用需求提供了基础。

上海交通大学档案馆网站建设紧随时代步伐。以“把每一件简单的事情做好，不简单；把每一件平凡的事情做好，不平凡。”作为座右铭，踏踏实实，勤勤恳恳，站在档案用户的角度，做好馆藏档案的利用服务及其准备工作。至今，存量历史、文书、教学、照片、基建档案数字化及馆藏案卷级、文件级著录工作已经完成。数字化档案开放鉴定纳入日常工作，历史、文书、任务、照片等档案实现校园网上档案全文信息的查询及利用。[5]高校档案馆数字化程度不断普及，在线全文信息查阅逐渐流行。

2.2　档案用户细分

档案用户细分，是分众时代实现高校档案馆优质服务的主要措施。上海交通大学档案馆在丰富档案资源的基础上，针对不同档案用户需求在其网站上设有专题汇编、编研陈展、网上展览、学历认证等专栏。图 1 可知，档案用户可以根据自身需求找到相关专栏，从而查询所需档案资源。显然，“用户的职业与工作任务是影响用户信息需求的主要因素”[6]，交大档案馆按照档案用户职业，分成本校学生、教职工、学者、档案工作人员、历史学家等对象，针对利用率较高以及馆藏资源开放情况进行档案资源汇编，并设置针对性较强的专栏供档案用户利用，从而在线实现满足档案用户需求。因此，高校档案馆已经具有一定的档案用户群体细分工作基础，不管是学生，还是教职工，亦或是历史学者，都可以在其档案馆网站上看到感兴趣的相关档案资源。

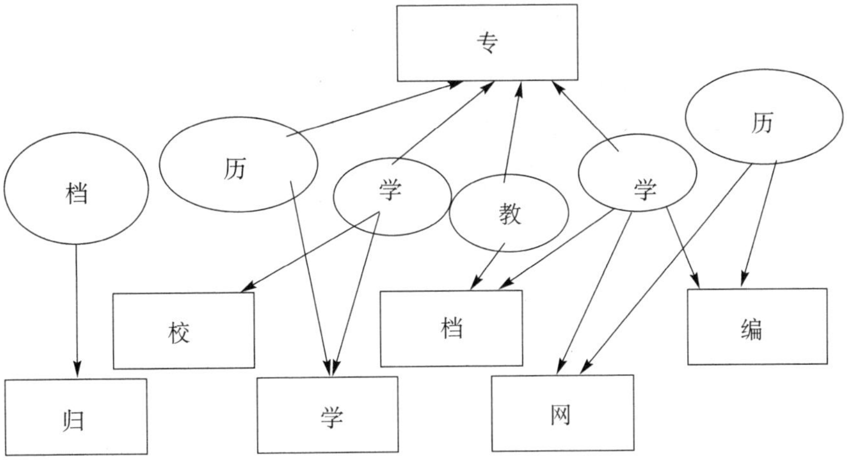

图 1 高校档案用户细分图

2.3 档案查询便捷

档案查询简易，是分众时代高校档案馆提供优质服务的基本条件。上海交通大学档案馆为满足各类档案利用者的便捷性需求，在其网站上设置有针对不同档案用户的查询平台，例如，针对已毕业学生用户的“校友查询”平台，档案用户由此可查询得到某位校友的档案开放信息，如果需要更深入的了解，还可以进入“馆藏资源”检索结果下的信息，带好相关证件进馆查询；例如，针对学校不同部门教职工的“档案查询”平台，教职工通过申请获得账号，便可以查询到几乎所有条目级馆藏档案。例如，针对科研人员的“科研成果查询”平台，科研人员输入项目名称，便可查询到该项目的基本信息。由此可知，高校档案馆服务在一定程度上实现了跨越时空的自助型服务模式，即档案用户不分时间、不分地点，利用高校档案馆网站可以轻易查询到所需档案资源。

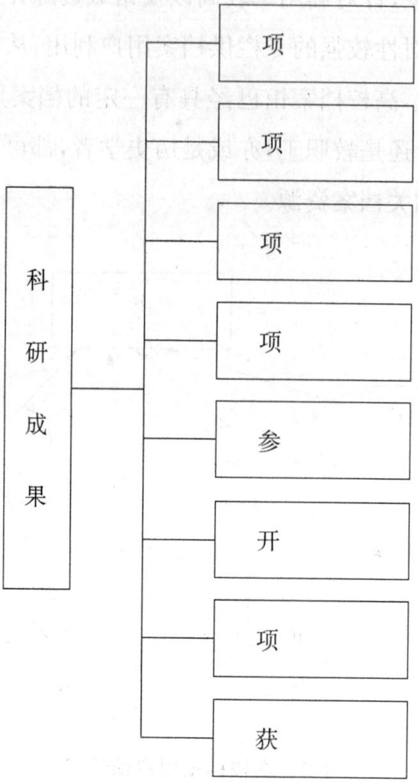

图 2　科研成果查询

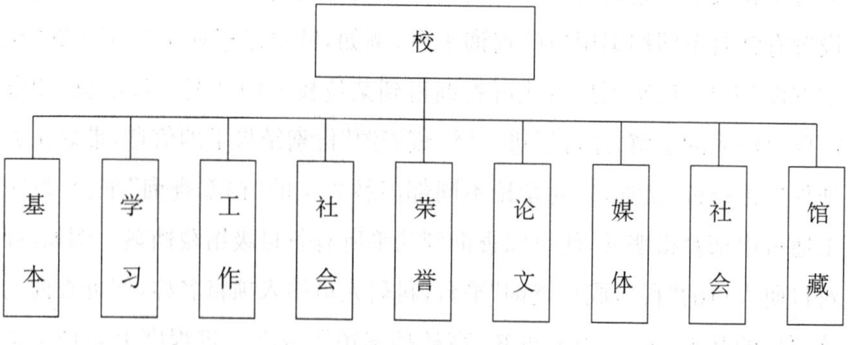

图 3　校友查询

3 分众时代高校档案馆服务优化策略

档案信息化背景下,高校档案馆将分众理念作为指导方针,积极探索满足不同档案用户需求的服务模式。不管是针对高校档案用户群体的“全国高校中心海量信息集成化系统”[7]的设想等,还是针对市民档案用户群体的上海市“异地查询、跨馆出证”的民生档案远程协同服务的实例等,都是分众时代高校档案馆乃至整个档案界针对各个档案用户群体,以提供优质服务为目标所作的努力。正所谓事物的发展是呈螺旋形发展的,只有通过不断的设想、尝试、改进、完善等步骤,精益求精,才能获得更为完美的高校档案馆服务。

3.1 建设特色化馆藏资源

据国家统计局统计,我国档案馆馆藏资源呈现稳步增长的发展趋势。[8]馆藏资源的增多,无疑是一件好事。但是面对如此浩大的馆藏资源,如何有效开发并发挥最大的效用成为当务之急。于是馆藏资源特色化被众多学者提出。笔者通过以下建议,实现高校分众时代背景下的特色化馆藏资源建设。

开辟世家族谱档案专栏。国外档案馆网站将家谱档案信息资源开发作为网站建设的重要组成部分,例如美国国家档案与文件署(NARA)网站专门设置有“系谱学者研究”(Research for Genealogists)这一栏[9],可见家谱档案信息资源开发符合国际档案界发展趋势,并且具有可行性。那么高校世家族谱档案作为家谱档案的衍生,必然同样具有现实价值与可行性。高校档案馆丰富的学生名册和教职工名册等开放档案资源,可以挖掘高校档案馆馆藏资源中的血缘联系,在骨肉亲情与母校情结的双重情感下,为世家族谱档案资源开发打下夯实基础,进而构建出世家族谱档案的家族树,为有此需求的档案用户群体提供特色专栏查询。

开发名人档案资源。学校是人才辈出之地,上至国家领导人,下至各领域企业家,都在各个岗位上勤勤恳恳,为国家建设贡献力量,对于这些名人的档案资源进行开发，不仅是宣扬生产模范、劳动模范、学习模范等鼓励公民积极向上的有效手段，也是借名人效应宣扬高校知名度的有力措施。在二次开发名人档案信息资源时，各高校进行名人档案资源共享，或以年代为线，或以领域为线，实现名人档案资源互通。

收集与开发口述档案资源。这种尝试不仅拯救和保护学校历史文化遗产，填补历史空白，弥补传统文献的不足，改善和丰富档案馆馆藏，而且深化了对学校的认知。[10]同时口述档案资源的收集与开发也是高校文化传承和精神文明建设的重要组成部分。以华师大档案馆为例，《丽娃记忆：华东师大口述实录》一书通过对27位八十岁以上华师大的老干部、老教授、老校友对话交流，生动讲述了前辈们与华师大的故事，不仅反映着前辈们的光辉事迹，也侧面写照了有关华师大的发展。可见口述档案资源的收集与开发，既补充了高校档案馆馆藏资源中的空白，也从侧面还原了高校的发展过程，是弥足珍贵的历史文化遗产。

3.2　实现多样化分众

从高校档案馆网站建设现状来看，分众形式的模糊与分众方法的单一问题势必会导致档案用户定位的不准确，使得分众时代档案资源利用率降低，档案资源开发工作将事倍功半。

分众精准是分众时代高校档案馆服务优化的前提。基于高校档案馆丰富的馆藏资源，以某一类档案用户群体为确定对象，开展特色化档案资源整合工作，实现某一类档案用户群体所需档案资源的整合，即一对多关系。图3所示，高校档案馆设置某一类档案用户群体专栏，在这一专栏中都是这一类档案用户群体所需要的或者感兴趣的档案资源。档案用户群体将会大大减少查找时间，减少查档能耗，从而获得最为优质的高校档案馆服务。

分众多样是分众时代高校档案馆服务优化的条件。一对多分众关系下，档案用户群体对高校档案馆服务的满意度需是在分众多样化的前提下才可能达到。若对高校档案用户群体仅作单一分众，难免偏颇，无法满足小众的个性化需求。当然，由于人力精力财力所限，即使再细分，再多

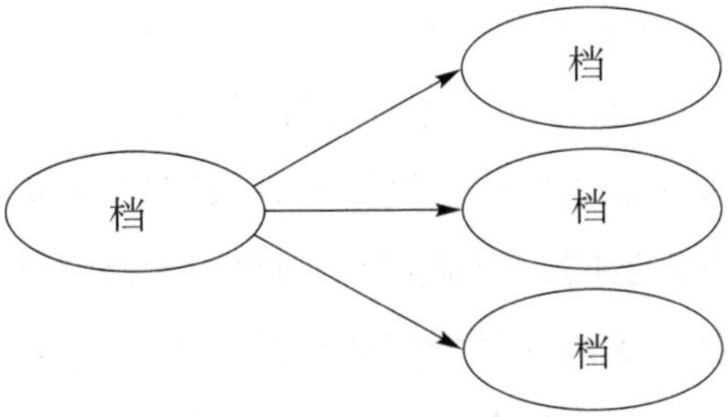

图 3 一对多分众关系图

样化分众，也是难以涵盖所有高校档案用户群体，故对高校档案用户群体细分应把握“由内到外”、“由亲到疏”的原则，即优先对高校内部档案用户群体细分、优先对与高校关系亲的档案用户群体细分。

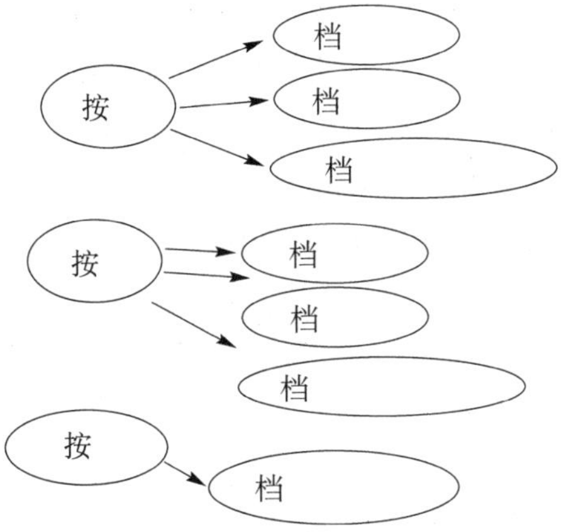

图 4 无穷分众模式图

多样化分众的极致条件下，我们将在无穷分众模式下获得所有档案用户群体分类结果，然后对于所有不同的档案用户群体，收集所有与之相关的高校档案馆馆藏资源，将其整合，于是高校档案馆将极限接近“档案用户群体 N—高校档案馆藏资源 N”的精准定位与馆藏匹配。

3.3 熟练应用新媒体

新媒体的熟练应用无疑将会给分众时代高校档案馆服务带来新的变革。所以“移动阅读服务、移动搜索服务、移动自助服务、移动导航服务和移动社区服务”[11]概念的提出可谓是雪中送炭，它使得高校档案馆应用新媒体有了新思路，从而起到优化分众时代高校档案馆服务的作用。互联网时代，微信的普及型远超其他社交媒体，故本文以高校档案馆微信公众号代表新媒体进行策略分析。显而易见，针对不同档案用户群体，高校档案馆通过微信以谦逊的、平易近人的形象开展高校档案馆服务，更易于高校档案馆被受众接受，并产生预期的优质服务效果。

运用微信平台强化传统档案服务。高校档案馆始终保有不同档案用户群体的到馆查询及接待服务，运用微信这个新媒介之后，档案用户群体可以通过微信预约查档，或者通过微信事先输入关键词确保高校档案馆有此档案资源，从而节省档案用户群体时间，避免白跑，减少不必要的精力和时间的浪费。

运用微信平台推出个性化推送服务。个性化推送服务的实施需要做好馆藏资源特色化工作，只有拥有丰富的特色馆藏资源，微信平台才能有的放矢。同时个性化推送服务必须做好分众工作，按照高校档案馆分众原则，进行详细的符合高校档案馆目标受众的分类，才能将各类特色化馆藏资源推送到适合的档案用户群体手中。

运用微信平台与档案用户群体互动。高校档案馆不能独立于社会，也不能独立于档案用户群体，高校档案馆服务的优化离不开档案用户群体的群体思维能力。建议高校档案馆微信公众号开通即时互动功能，即档案用户群体可以随时随地将有意义的照片发送给高校档案馆微信公众号上，同时高校档案馆可以效仿国外做法，让档案用户群体参与进馆藏档案的著录工作，从而减少两者之间查询误差。

图 5 可见，分众时代高校档案馆服务优化策略中特色化资源的建设与多样化分众的实现在各自为政的情况下也可以服务于新媒体的应用，新媒体起着对外宣传的作用，高校档案馆通过新媒体向外展示服务质量，同时也是高校对外形象之一。分众时代背景下，高校档案馆服务应紧跟时代步伐，主动建设特色化资源，实现多样化分众模式，并且熟练应用新媒体工具，进而优化高校档案馆服务，提升高校文化软实力。

参考文献：

[1] 姜媛. 知识管理背景下高校档案馆功能拓展探究[J]. 档案学通讯，2014

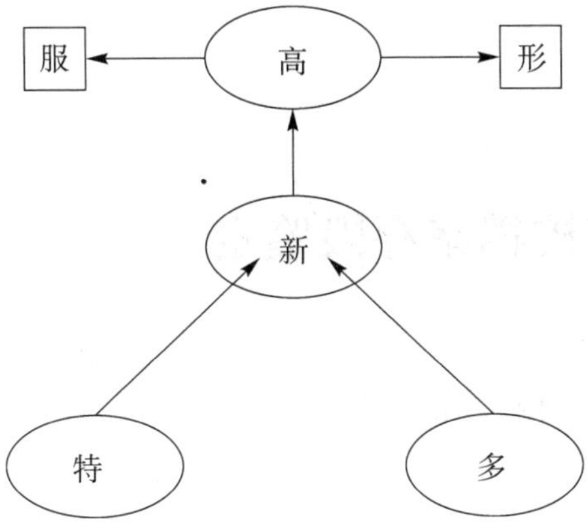

图 5　新媒体、分众和资源关系图

(04):94—97.

[2] T. 库克,李音. 铭记未来——档案在建构社会记忆中的作用[J]. 档案学通讯,2002(02):74—78.

[3] 薛芳. 基于文化社会学视角的高校档案服务理念创新[J]. 档案与建设,2015(12):32—34.

[4] 李灵风. 档案信息分众传播初探[J]. 浙江档案,2010(11):18—20.

[5] http://archives.sjtu.edu.cn/platformData/infoplat/pub/shjadag_12/bgjj_117/index.html.

[6] 祝洁. 分众传播时代的档案网站信息服务模式创新[J]. 档案学通讯,2013(01):87—90.

[7] 徐欣. 整合高校档案资源实行"大档案"管理研究[J]. 档案学研究,2008(05):28—31.

[8] 国家数据 http://data.stats.gov.cn/easyquery.htm?cn=C01&zb=A0Q0Y&sj=2014.

[9] 韦加佳. 美、英、澳、加四国家谱档案信息资源开发利用途径及启示[J]. 北京档案,2014(10):32—35.

[10] 汤涛. 丽娃记忆:华东师大口述实录[M]. 上海:上海三联书店,2015. ii.

[11] 薛辰. 档案馆移动服务方式与模式研究[J]. 档案学研究,2016(05):94—98.

试论合并高校档案存毁鉴定

上海大学档案馆　郑　维

摘　要：合并高校一般都历史悠久，高校合并造成馆藏档案数量剧增。随着馆藏档案保管期限到期，档案存毁鉴定是合并高校档案馆无法回避的一个问题，本文在分析了合并高校档案存毁鉴定现状的基础上，就合并高校档案存毁鉴定的原则、操作路径和对当前档案工作的启示进行了思考。

关键词：档案鉴定　存毁鉴定　合并高校

二十世纪九十年代初为了更好地整合教育资源，优化资源配置，高校开始了大规模的合并。据报道，截止到 2003 年，共有 788 所高校参与了合并，重组了 318 所学校。合并高校一般都历史悠久、规模大；档案馆组建时间较早，馆藏量大。高校合并，高校档案根据集中统一管理的要求，按全宗方式从各个校区集中到主校区进行集中统一管理，这样造成馆藏档案数量剧增，档案库房已不能满足档案馆今后发展的需要。同时，随着数字化档案馆的发展，合并高校大量无价值应予销毁的档案存在，给档案馆数字化建设带来人力、物力、财力的浪费。新中国大部分高校从五六十年代兴建，至今大学建设已近一个甲子，合并高校馆藏档案也到了存毁鉴定的时刻。因此，为了高校档案馆今后更好地发展，合并高校档案存毁鉴定是合并高校档案馆必须接受的挑战。

1 合并高校档案存毁鉴定的现状

高校档案存毁鉴定是指高校档案馆对保管期满的馆藏档案的价值进行再鉴定，对有保存价值者从新划定保管期限，对无继续保存价值者予以销毁。馆藏量一直以来是衡量高校档案工作的一个重要指标，高校档案馆历次的升级达标，馆藏量一直是一个重要的考评指标，同时档案馆人员编制的设定也是以馆藏量为标准的。因此，高校档案一直以丰富馆藏作为档案馆发展的目标。同时，由于文革的影响，文革结束后高校档案馆馆藏量明显不足，在此前提下八十年代高校档案馆以丰富馆藏资源作为自己的工作目标，这样做一方面的确丰富了馆藏，扩大了高校档案馆的影响，也为高校档案室向档案馆发展提供了契机；但另一方面，馆藏增加也造成高校馆藏资源布局的不合理性，真正反映高校教学、科研活动和学校重大活动的档案并没有完整、齐全地归档，一些不需归档或保存价值不大的文件大量归档。高校合并造成合并高校档案数量剧增，但档案库房并没有相应增长，同时，库存有些档案因高校合并，部门在合并前夕匆忙组卷、归档，有甩包袱之嫌，大量不应归档的案卷充斥其中。目前，合并高校馆藏短期档案和一部分长期档案到了鉴定销毁的时间，但据调研大部分高校只对财务档案中的凭证档案进行了存毁鉴定，并没有对其他类别档案进行存毁鉴定，究其原因是由于财务凭证档案鉴定标准明确，根据国家教委办公厅 1994 年施行的《高等学校档案实体分类法与高等学校档案工作规范》的规定，财务凭证如不涉及外事活动，保管期限为 15 年。2016 年 1 月 1 日颁布的《会计档案管理办法》明确规定会计凭证保管期限为 30 年，这样对凭证类档案进行存毁鉴定就比较简单明了，具有可操作性。而其他类别档案没有进行存毁鉴定的原因，笔者认为主要如下，其一，档案具有唯一性，一旦销毁就不具有再生性，因此大家觉得鉴定工作有风险；其二，其他类档案鉴定标准不具有很强的操作性，有的条款表述不明确，如存在一般保管期限为短期，重要的保管期限为长期或永久，这样就需要鉴定人员根据实际情况，具体问题具体分析，增加了鉴定工作的难度；其三，档案销毁工作是一件吃力不讨好的工作，工作量大，但成绩不显现，出现问题档案馆难辞其咎；其四，鉴定工作是档案工作中最具有挑战性的工作，对工作人员的要求高，不仅需要档案专业知识、责任心，同时需要具有对事物的敏锐度，一种把握未来的能力，这样的鉴定人员是需要长期实践锻炼培养的，不可能一蹴而就。其五，存毁鉴定工作繁琐，完成鉴定后有一系列后续工作要进行。因此，面对以上这些问题，目前合并高校档案鉴定销毁工作一般按兵不动。

合并高校档案存毁鉴定虽然存在种种困难，但这是高校档案馆发展到一定阶段必须面对的问题，鉴定工作是档案工作中最具有挑战性和技术含量的工作，是档案核心工作，笔者认为高校档案馆发展到当下，应有这种勇气和智慧开展档案鉴定工作。

2　合并高校档案存毁鉴定的原则

合并高校档案存毁鉴定是一个系统工程，在具体执行过程中，工作人员需灵活运用各种原则完成鉴定工作。

2.1　全宗原则

档案存毁鉴定就是挑选哪些档案需要保存，它主要由档案本身的特点和状况来决定的。高校档案由于它的特殊性，档案并不向上级综合档案馆移交，档案永久保存在本校的档案馆，因此，合并高校档案利用的主体是本校人员，留存的是合并前各校的历史。全宗原则就是在鉴定中充分考虑相应全宗内档案对形成主体是否具有保存的必要来进行存毁鉴定，围绕各校的历史和今后利用、研究的需要，以“我”为主确定档案是否销毁。

2.2　社会效益原则

档案留存的目的就在于利用，高校档案虽具有特殊性，但高校毕竟是社会的一分子，高校档案也反映了一定的社会价值，合并高校历史悠久，各校人才辈出，随着休闲社会的来临，全体民众档案意识的增强，必然有一部分大众和专门研究人员对高校的历史、文化存在研究的兴趣，同时，高校深厚的文化底蕴对研究我国的教育历史也的确是极有价值的，因此，在以“我”为主的鉴定原则下也必须考虑到合并高校档案对社会的潜在价值和长远价值，在鉴定中考虑社会及大众的利用需求。

2.3 特殊载体档案保留原则

高校档案整体以文书档案为主，纸质载体占绝大多数，照片、录音、录像档案数量不多，而照片、录像等特殊载体档案具有直观性、鲜明性的特点，更能直观地再现当时的实际情况，让人一目了然，非常亲切。因此，在合并高校的存毁鉴定中，在考虑到高校特殊载体档案不足的前提下，特殊载体档案先不予销毁，抓紧时间进行抢救和保护，以便留存更多当时学校的历史记忆。

2.4 高龄档案不予销毁原则

根据“高龄档案应当受到尊重的原则”，对高龄档应妥善保存，不予销毁。合并高校中有的高校办学历史悠久，有些档案虽然当时觉得价值不大，但经过时间的洗礼，对今天我们了解当时学校的情况来说还是弥足珍贵的。国家综合档案馆目前明确“明清档案”和革命历史档案不予销毁。合并高校在档案鉴定前应根据馆藏档案的实际情况，确定高龄档案的具体年份。

2.5 特殊时期档案不宜全部销毁原则

三反、五反、大跃进、文革是我国发展过程中的特殊时期。高校档案馆一般都保存有这样一批档案，笔者在整理该类档案时发现一些材料是反映当时情况极为珍贵的材料，让人清楚地了解到当时是非颠倒、黑白不分的状态和种种可笑之事，对研究高校特殊时期的历史情况极有研究价值，但对这类档案鉴定时，有同志认为这些冤假错案已经平反且人事档案中已抽出此类材料，应予销毁。笔者认为，特殊时期档案在销毁鉴定中应把有代表性的档案留存下来，因为历史就是历史，档案就是要把发生过的历史留存下来。

2.6 职能鉴定和直接鉴定相结合的原则

在合并高校档案存毁鉴定中，由于鉴于工作量大，笔者认为在鉴定中，应职能鉴定在前，根据全校部门职能确定一个大致的档案价值，在此基础上，运用直接鉴定法，逐件逐页对文件进行鉴定。只有通过直接鉴定才能真正确定文件的价值，才能最终决定是否销毁。

3 合并高校档案存毁鉴定的操作路径

3.1 建立档案销毁的鉴定小组

由于档案具有不可再生的性质，档案存毁鉴定毕竟关乎一卷案卷的命运，同时档案鉴定也不是一个能单打独斗就能完成的工作，需要团体的智慧，因此必须成立合并高校档案鉴定小组。鉴定小组分为档案鉴定领导小组和工作小组，工作组中需有原合并高校档案部门工作人员参与，共同解决鉴定工作中出现的疑难问题。

3.2 建立正确的档案鉴定观

合并高校档案存毁鉴定是档案馆重新确立馆藏档案价值的过程，绝非档案馆甩包袱的过程。通过存毁鉴定表明哪些档案应予保存，哪些档案应予销毁，表明了档案馆明确的档案保存趋向。档案销毁不是鉴定工作的主要目的，通过档案的存毁鉴定是为了更好地保存档案，档案的毁是为了一部分档案更好地存，这才是档案存毁鉴定工作积极的目的。因此，只有建立正确的档案鉴定观，鉴定人员才会在鉴定过程掌握正确的方法论，才不会造成档案的错销或不销。

3.3 建立合并高校大事记卡

随着原来合并高校档案工作人员的退休或调离，现在的档案管理人员一方面对合并学校档案家底不熟悉，另一方面对原来合并高校情况也不了解，为了真实保存合并学校历史，避免错销的情况的发生，鉴定工作小组成员应仔细查阅原合并高校的大事记和校刊，根据大事记和校报的记载，逐年把重大活动、重要事件、重大项目记录下来，形成卡片形式，让每一位鉴定人员熟知当时学校发生了哪些大事、要事，一旦在档案存毁鉴定中出现反映这些活动的档案就必须留存，坚决不予销毁。建立合并高校大事记卡片，虽然这项工作工作量大，但对档案馆工作人员熟悉馆藏、熟悉学校历史却大有裨益，也为今后档案编研、提供利用打下基础。

3.4 建立相对统一的档案存毁鉴定标准

合并高校档案存毁鉴定量大、事杂，具体的存毁鉴定有多人负责，这必然造成个人理解不同，而可能对同一卷档案有不同的鉴定结论。任何鉴定工作要做到统一、一致不现实，但是否可在一些问题上形成统一的标准和做法，使鉴定工作基本保持一致。如反映合并各校主要职能活动和基本历史面貌的档案不予销毁；反映重要教学、科研成果的档案不予销毁；反映各校基本情况，能够说明或证实某种事实的档案不予销毁；原合并高校档案中应以保存本校形成档案为主，反映其他机关或高校的档案少保存一些；鉴定中根据职能鉴定的要求，重要部门的档案多保存一些；同时，分析档案产生的时间，产生年代早的档案多保存一些；分析文件的名称，一般档案中决定、命令、条例、会议记录比一般的通知、来往信函价值高；文件的定稿比文件的草稿、抄本价值高；此外，合同和协议书当其有效性消失后，再经过一段时间保存，如没有其他方面的价值因素，档案可以进行销毁。此外，标准建立的过程应贯穿档案存毁鉴定过程的始终，一旦在工作中对某一问题达成一致，应尽快形成条款，告知整个工作团队，争取工作中的一致性。

3.5 档案归档范围和保管期限表是档案存毁鉴定的主要依据

合并高校档案存毁鉴定的依据之一是 1994 年施行的《高等学校档案实体分类法与高等学校档案工作规范》中制定的各类档案的归档范围和

保管期限表，因为它毕竟是国家教委办公厅根据当时整个高校情况确立的，反映了高校整体情况。依据之二是合并高校合并前各校根据本校的实际情况，参照高等学校档案实体分类法编制的档案归档范围和保管期限表。各校编制的归档范围和保管期限表立足于本校，反映了本校的实际情况，并根据自身的发展需要确立了保管期限。同时，该文件上报上级档案行政主管部门备案，应该说在编制过程中高校档案工作者是认真负责的，对档案鉴定工作也是有实际指导意义的。

4　合并高校档案存毁鉴定对当前档案工作的启示

4.1　加强对进馆档案的鉴定工作

合并高校档案中存在大量不应归档的文件，为了避免今后工作中存在这种问题，应从源头做起，从一开始就加强档案是否归档的鉴定。档案归档鉴定由各立档部门的兼职档案员进行，他们初步确定文件是否归档，保管期限如何确定，档案馆收集指导室老师在此基础上进行再鉴定。因此，笔者认为如从源头就对文件价值有正确的认识，确定了正确的保管期限，就能减轻今后档案的存毁鉴定的压力。做到这一点，笔者认为是有基础的，其一，部门的兼职档案员对本部门的职能情况是了解的；其二，部门的领导在档案归档时要在检查人一栏签字，如他发觉问题可以整改，起到一个把关的作用；其三，档案馆收集指导室老师的再鉴定是一个再次把关的过程，通过这些过程，应该能正确反映文件的价值。同时，为了加强进馆鉴定，高校档案馆应认识到部门兼职档案员的重要性，要加强对部门兼职档案员的培训，提高他们档案业务水平，因为他们是档案价值最初鉴定的责任人。

4.2　常设档案鉴定小组

目前高校一旦要进行档案的鉴定工作大都临时组成工作小组，一旦鉴定工作完成，鉴定小组也就撤销了。笔者认为，随着档案工作的发展，鉴定工作成为了档案工作中重要的工作。同时，随着休闲社会的到来，高校档案既要向本校的部门、师生开放，今后也必然要向社会开放，因此开放鉴定是今后高校档案馆鉴定工作的重点，它不是一个突击的工作，是一个年年要进行的工作，因此鉴定工作将是一个常态工作，但鉴定工作又是一个具有挑战性的工作，对工作人员的素质要求较高，是一个需要经验积累的工作，因此，培养有经验的鉴定人员是高校档案馆今后的任务，不妨常设二人左右的小组，专门进行档案鉴定，形成鉴定骨干力量。

4.3　建立更加完备的学校档案归档范围和保管期限表

国家档案局已重新确立了机关文件材料和企业文件材料的归档范围和保管期限表，1994 年国家教育办公厅施行的针对普通高校的归档范围和保管期限表已不适应目前高校的发展。高校档案馆应根据本校实际，修改归档范围和保管期限表，把目前高校发展中新产生的职能活动的文件内容编制进去。同时，针对档案归档范围和保管期限表中表述不清的问题，在编制过程中一定要订得细，不要笼统表述为重要、一般，而应明确表述这类文件到底保存多久，而要做到这一点，归档范围应把立档单位各项职能活动罗列进去，详细列出条款名称并且每年进行修订，同时每条条款列出确定的保管期限，这样对今后档案鉴定工作才具有指导意义。

4.4　鉴定工作纳入档案工作信息化，无缝对接档案管理软件

信息时代档案鉴定工作也应纳入信息化的范畴。在档案管理软件的研发需求中应加入档案鉴定的需求。在档案归档鉴定中应无缝连接本校档案的归档范围和保管期限表，由计算机根据指令确定归档案卷的保管期限。同时，档案管理软件应具有对已到保管期限的档案进行鉴定提示的功能，提醒档案工作人员这些案卷可进行存毁鉴定。

参考文献：

[1] 林坚. 做好搞下合并后的档案鉴定工作[J]. 浙江档案，2002(6)：32.

[2] 顾珍. 高校档案保管期限划分演变及其分析[J]. 兰台世界，2013(29)：64—65.

[3] 李福琴. 高校档案鉴定工作调查浅析[J]. 湖北档案，2015(3)：24—26.

挖掘大学档案资源优化立德树人环境

上海海洋大学档案馆　宁　波　何　琳

摘　要：大学档案是大学文化积淀的重要成果和载体，承担着大学文化传承与内涵建设的重要功能。通过深入挖掘大学档案，创设有教育意义的物质载体，增强校园文化底蕴，浓郁办学环境氛围，能够潜移默化培养学生良好的思想品德和文化素养。文章从文化角度切入，列举国内外众多高校校园人文景观建设典型案例，试图分析通过挖掘大学档案，增强文化底蕴，优化立德树人环境的重要性。

关键词：档案资源　校史　环境育人　文化内涵

大学档案是大学文化传承的权威物质载体，在优化立德树人环境方面发挥着举足轻重的作用。大学立德树人的环境是大学校园。大学校园既是保障大学师生学习、工作和生活的物质基础，也是传承大学文化和大学精神的重要场所。充裕人文内涵的大学校园，沉淀着历史、文化、传统和社会价值，承载着大学文化和大学精神，对大学师生的情感、思想和价值观的形成起着潜移默化的作用[1]。然而，在当前大学校园规划中，由于时间紧迫、资金不足等原因，校园景观盲目停留在美化校园的浅层次上，不惜花大量的人力、物力、财力搞绿化、建筑和房屋更新，应具有的文化内涵强调不够，校园特色文化、地域文化、历史文脉、校友名人等文化信息也没有得到传承，或者有些淡化[2]。值得重申的是，文化性是大学校园物质环境的特质所在，是师生对校园认同感和归属感的心理根基；没有文化性，大学的建筑和环境将失去亲和力和影响力。尤其是那些从大学档案中挖掘的，具有历史传承价值的素材所转化的人文景观，在大学立德树人过程中发挥着不可替代的作用。

大学档案以时代演进为经，以学校历史沿革、办学概况和重大事件、重要人物为纬，再现学校筚路蓝缕、钟灵毓秀的办学经历，能够讴歌先驱，传承文化，将学校优良传统和先进办学理念发扬光大；又能增进国内外校际之间的相互了解和交流，与时俱进，开拓创新，不断完善教育理论和方法，促进学校建设和更好更快发展；还能够彰往考来，展示学校办学底蕴，繁荣文化产业[3]。各高校通过深入挖掘大学档案，创设有教育意义的物质载体，能够增强校园文化底蕴，浓郁办学环境氛围，使更多师生、员工、校友在了解、关注校史中陶冶情操，激发热情，激励大家为学校建设增砖添瓦。

本文拟从文化角度切入，以高校校园人文景观建设为研究对象，列举国内外众多高校校园人文景观建设典型案例，试图分析通过挖掘大学档案，增强文化底蕴，优化立德树人环境的重要性。

1 环境育人

对于环境育人的重要性，古今大量的教育学家及论著已广泛认同，如《荀子·劝学》曰，“居必择乡，游必就士”；晋代傅玄《太子少傅箴》载，“近朱者赤，近墨者黑”；唐代杜甫《佳人》曰，“在山泉水清，出山泉水浊”；《三字经》道，“昔孟母，择邻处”；著名教育家郭秉文也曾经说过：“教育贵于熏习，风气赖于浸染”；英国首相丘吉尔更是以“先是人创造了建筑，建筑反过来创造人”对建筑环境与育人的关系给予直观诠释；美国斯坦福大学校长约旦也曾说道：“长长的连廊和庄重的列柱是对学生教育的一部分，四方院中每块石头都能教导人们要知道体面和诚实”[4]……这些经典语录充分说明环境对人的行为和心理起到潜移默化的作用。

校园环境更是如此。建筑优美的校园环境，静谧和谐的艺术氛围，能够对学生产生潜移默化的影响，能够让他们在不知不觉中受到春风化雨的熏陶和感染，养成高尚的道德观念，培养正确的行为规范。美国康奈尔大学在1985年制定的校园规划准则中评述："校园环境是人们选择美国康奈尔大学重要因素之一，是该校仅次于学术声誉的第二选择理由"。

2　大学档案和立德树人的关系

档案的信息性、知识性、价值性、历史性和权威性决定了档案具有立德树人的功能。这一功能在大学档案中体现得更加充分。大学档案是高校发展历程的反映和总结，内容涵盖学校发展过程中教学、育人、科研、服务社会等诸多方面，凝聚了历代大学教师辛勤耕耘的智慧，荟萃了杰出校友的英姿风采，总结了学校优秀的办学经验和成果，体现着学校优良的办学传统和独特的精神内涵[3]。翻开大学档案，各级各类学校都有着自己光辉灿烂的历史。这些都是发挥文化育人作用的绝好教材。大学档案可以让学生们受到理想和人生观教育，爱国主义和革命传统教育，爱校敬业教育，知识创新教育，科研能力教育等[5]。

要实现档案育人必须深入挖掘档案资源，构筑档案育人环境，培育档案育人文化氛围，创设有教育意义的物质载体，组织有人文意义的活动，潜移默化之间取得培养学生良好的思想品德和文化素养的教育效果。

3　大学档案服务校园人文景观建设举例

3.1　校园建筑风貌

建筑风貌作为校园文化特色体现的载体，具有举足轻重的支撑地位，它可以从建筑风格、建筑材料、建筑色彩等方面发挥引导作用。校园建筑是校园的固有文化体现，更是校园艺术的综合表现。独具特色的校园建筑风貌会加强人们对校园的识别感，增强师生的归属感。

例如青砖、黛瓦、白柱建成的中国美术学院就像镶嵌在西子湖畔的一幅水墨画，"西湖涌金、清波粼粼、象山叠翠、白鹭点点"，南山校区成就了水墨美院的现代演绎，象山校区则孕生了艺术家园的望境塑造，独具匠心的校园成为杭州历史文化名城的新名片，校园特色实至名归；又如华东政法大学松江校区，欧式建筑群古朴典雅，巍峨壮观，明法楼、崇法楼、明珠楼等标志性建筑群气势雄伟，与欧式古典建筑交相辉映，相得益彰，很多建筑风格像极了英国的剑桥大学，堪称“近现代中国大学校园建筑的佳作与典范”，被誉为上海乃至全国校园建筑最美丽的大学；再如上海海洋大学沪城环路校区，从历史与文化的双重角度出发，将书院文化、庭院空间、山水园林、自然生态等建筑艺术元素融入新古典历史主义风格的总体设计蓝图，“简致和美、清雅隽逸”，富有历史文化气息和人文关怀，非常利于莘莘学子学习成长。

3.2　专业文化设施

高校图书馆、博物馆、校史馆等具有独特的教育、启迪及审美功能，是精神文化的传播基地，是校园文化的重要体现。建设好高校图书馆、博物馆、校史馆等专业文化建筑，能够为大学厚重的学术氛围增添浓墨重彩的一笔，有利于服务高校教育教学，培养各类人才；有利于学校传统教育和优良校风教育，激励学生继承严谨治学、艰苦奋斗的好传统；有利于增强学生对母校的认同感和凝聚力，以及为学校发展作贡献的使命感；有利于提高学校影响力和知名度，为高校建设创造更为有利的条件。

如上海交通大学的钱学森图书馆，整体为方鼎式的赭红色建筑，外墙上刻有钱学森头像浮雕，其外形采用“大地情怀、石破天惊”的设计理念，既以“方正的石头”寓意钱老心系祖国大地的赤子情怀，又以“裂开的石头”，描述东二甲导弹的建筑空间场景，寓意钱老“两弹一星”的“石破天惊”的伟大事业。又如东北大学的汉卿会堂，是集人物纪念、校史展览、会议服务等多功能为一体的现代化建筑物，是东北大学向现代化大学发展的标志。

3.3　人物与小品雕塑

人物与大师雕塑已逐渐成为大学精神与文化的象征载体。好的人物雕塑能够浓郁文化环境，能够以人为本，润物无声，构建独具特色的空间感受和文化氛围，提升文化内涵，提高校园景观的文化品味。

如北京大学的雕塑《蔡元培》，既纪念蔡元培先生曾任北京大学校长的历史，更是表达对他为北京大学的发展和中国教育事业所做出的卓越贡献的崇敬和感激之情；复旦大学的雕塑《陈望道》，他翻译了中国第一部《共产党宣言》，雕塑既纪念他是新中国诞生后复旦大学首任校长的历史，更以他为弘扬教育事业，培育栋梁之材，倡导学术研究，树立优良学风而倾注毕生心血的感人事迹来激励一代代复旦学子不忘初心，继续前行；再比如宾夕法尼亚大学的雕塑《富兰克林》，弗吉尼亚大学的雕塑《杰斐逊》，哈佛大学的雕塑《哈佛》等等，这些都传递着大学开创者的期望与追求，以其历史记忆传承大学精神，推动大学文化建设的发展。

小品雕塑也是非常重要的。例如上海海洋大学 700 米长的朝海路历史文化长廊，通过七道复原校门和雕塑默默讲述着学校历经 5 次搬迁 11 次更名的坎坷历程。中间穿插着的雕塑又巧妙地将学校水产（雕塑《元鼎骨》《志行八方》等）、食品（雕塑《美味》）和海洋（雕塑《渔歌》《绞钢机》《六分仪》等）三大主干学科紧密联系在一起；既有纪念主题的《饮水思源》《走向世界》，又有把握现在的《风华正茂》，亦有展望未来的《创新石》等。这些小品雕塑的设计灵感均来自学校数万卷的档案资源，例如《饮水思源》《元鼎骨》《渔歌》等，都是深入研究大学档案，从档案中汲取精华，再经过深思熟虑和精心设计制作而成，既满足校园景观视觉美的直观感受，又体现学校深层次的文化内涵。

3.4　特定符号标识

符号标识不仅是城市建设中不可或缺的细节要素，还是校园文化要素体现的特点之一。这个符号标识并不局限于某些图形，而是可以广泛地认定为象征校园的任何事物，如某个品种的树木、某种建筑材料、某种颜色和某种平面构成等[6]。

例如华东师范大学的丽娃河，它不仅是华东师范大学的校河，还是华东师大的文脉所在。“岁月被人带来，又带走。千万个学生进来，就有千万条丽娃河被记忆。”作家李颉的小说与丽娃河同名，他曾说，“在我离开学校之前，几乎天天早晨跑到河边对着河水，坐在河岸边的草地上静心，打坐。谈人生，跟女孩子聊噩梦美梦白日梦”。再如斯坦福大学的棕榈大道，北京大学的一塔湖图，清华大学的荷塘月色，武汉大学的樱花零落，中山大学的树影成林，厦门大学的滨海风光[7]……这些都是大学校园中独有的文化特色，发挥其标识导向作用，提高了学校的感染力。

3.5 文化氛围营造和校园精神引导

习近平总书记在2016年全国高校思政会议讲话中强调“要坚持把立德树人作为中心环节，把思想政治工作贯穿教育教学全过程，实现全程育人、全方位育人，努力开创我国高等教育事业发展新局面……高校立身之本在于立德树人。只有培养出一流人才的高校，才能够成为世界一流大学……更加注重以文化人以文育人，广泛开展文明校园创建，开展形式多样、健康向上、格调高雅的校园文化活动，广泛开展各类社会实践。”纵观国内外著名高等院校，每所大学都以其悠久的校园文化和历史文化以及独特的办学理念和校园精神激励影响着一代代人。

比如以“为国家和世界培养领袖”和“保护、传授、推进和丰富知识与文化”为办学使命的耶鲁大学，培养出了老布什、小布什、克林顿等五位美国总统，墨西哥和德国总统、韩国总理、日本外交部长，以及很多一流大学杰出的校长；以“通过教学与科研相结合，扩充人类知识与造福社会”为办学理念的加州理工学院，其鲜明特色是在交叉学科的氛围中，研究科学技术中最富有挑战性的基本问题，同时教育一批杰出的学生成为社会上富有创造性的成员。正是在这种文化内涵影响下，加州理工学院拥有31位诺贝尔奖获得者，共获得32次诺贝尔奖[8]。又如北京大学为我国培养了大量优秀人才，其中很大因素就在于“民主与科学”的办学环境为北大学子提供了丰富的思想源泉[10]。再如斯坦福大学广场内的人物雕塑，描绘了一幅思考与辩论的场景，使人联想到斯坦福的悠久的校园历史文化与思辨学术精神[9]；澳大利亚昆士兰大学，在很多建筑入口处都刻有醒目的名言警句，例如FORGAN Smith Building门口的“a place of light，of liberty，and of learning”（一个光明，自由和学问的场所）；“great is truth and mighty above all things"(伟大的真理凌驾于一切之上)；MICHIE Building门口的"all our knowledge is ourselves to know"(己所知乃为智)等等。

4　结语

应用大学文化所蕴含的核心价值、人生信仰、道德观念、审美情趣等文博育人理念来塑造和推广校园人文景观，对于建设先进、高尚、健康、文明的校园文化，对于弘扬大学精神，推进素质教育，促进科学发展，具有十分重要的意义[11]。大学档案蕴含着深厚的文化精髓、时代精神、历史渊源和人文知识，对大学生良好素质的形成有着不可替代的作用。高校校园应当充分挖掘大学档案资源，从办学主体、办学思想、管理方式、所处地域历史、学校的历史文化背景等多角度综合分析，将校园特色文化、历史文脉、校友名人等文化信息在校园人文景观中得到传承和加强，务必体现深层次的文化内涵，切实发挥环境育人的作用。

参考文献：

[1] 马晨曦.浅议和谐大学校园中的隐性文化建设[J].长春理工大学学报(社会科学版).2014,27(5):136—138.

[2] 王虎森.浅析高职院校校园景观设计的文化表达——以三门峡职业技术学院为例[D].陕西:西北农林科技大学,2013.

[3] 陈秀花.开发档案信息资源致力学校历史研究——从福建龙溪师范学校校史编研谈起[J].闽西职业技术学院学报,2008,10(2):59—63.

[4] 马锦义,薛亮,王雅云.浅析大学校园人文景观与环境育人[J].中国农业教育,2010(2):35—37.

[5] 陈宁宁.要重视高校档案的育人功能[J].河南社会科学.1999(3):94—96.

[6] 郭子成,甄玮.校园规划视角下的文脉传承规划策略——以上海交通大学闵行校区校园规划为例[J].规划师论坛,2014,20—24.

[7] 陈帅.校园文化在大学校园景观设计中的实现途径研究[D].湖南:湖南师范大学,2011.

[8] 柴松青.大学校史文化的思想政治教育价值研究[D].西安:西安建筑科技大学,2014.

[9] 宁波,封金章,万峰.校园环境教育与大学生成才[J].思想理论教育,1999(20):41—43.

[10] 李香云.弘扬北林大学精神,构建先进校园文化[J].北京林业大学学报(社会科学版),2009,8(s2):154—156.

[11] 刘建现.基于文脉思想的美国高校校园景观文化研究[D].重庆:重庆大学艺术学院,2012.

数字阅读在档案编研中的应用思考

上海大学档案馆 洪佳惠

摘 要： 在互联网和电脑使用普及的推进下，各类和计算机相关的技术蓬勃发展。在这样的大环境之下，人们的阅读习惯也发生了巨大的转变，数字阅读器已经成为了一种日常的信息获得载体。档案庞大的信息容量和文化含量，以及档案管理机构目前都在大力推进的信息化进程，都为数字阅读进入档案编研工作提供了切入口。本文从数字阅读的概念、成果形式及应用优势几个方面，探讨数字阅读在档案编研中的应用前景。

关键词： 数字阅读 档案编研 应用

在互联网和电脑使用普及的推进下，各类和计算机相关的技术蓬勃发展。在这样的大环境之下，人们的阅读习惯也发生了巨大的转变，中商情报网于2013年初推出的《2013—2017年中国数字杂志电子书发展前景与投资机会分析报告》显示，截至2012年底中国电子图书总量达200万种，电子图书网站总数达1502个，数字阅读的接触率为40.3%，比2011年上升了1.7个百分点①，数字阅读是一种全新的阅读模式，是信息载体从内容到形式上的全面革新。2013年1月，亚马逊通告称“历

① 杨志刚、张新兴、庞弘燊：《电子书阅读器在国外图书馆的应用现状及存在问题》，大学图书馆学报，2011年第4期。

经五年时间，电子书正成为我们十亿元级别的业务，并还在快速增长——去年增长了70%。相比之下，我们的实体书销售出现了我们作为图书销售商17年以来最低的月增长率，仅有5%的增长”①，这说明电子书已经呈现出逐步取代纸书的趋势。从读者方面来看，根据2013年4月18日，中国新闻出版研究院发布的第十次全国国民阅读调查结果数据，“数字化阅读方式的接触率为40.3%，比2011年的38.6%上升了1.7个百分点。”②数字阅读器已经越来越剥离了潮流时尚的外壳，与纸书一同被广大读者接受为日常的信息获得载体。而将数字阅读同档案编研联系在一起，还是一个较为陌生的课题。但实际上，档案庞大的信息容量和文化含量，以及档案管理机构目前都在大力推进的信息化进程，都为数字阅读进入档案编研工作提供了切入口。鲜活的数字阅读为古老的档案提供了一个全新的平台，以一种更为简便、丰富的形式，使得档案编研在推动人文历史、促进社会科学研究、保护档案史料等方面发挥更大的作用，更为高效地为后人提供档案资料，扩大档案工作部门在社会上的影响力。

1 数字阅读及两个方面

1.1 数字阅读

造纸术的发明结束了甲骨、兽皮、竹简、布帛等作为传播介质的时代。纸张作为信息载体在全世界已经沿用几千年，人们世代都已习惯了以“书”来作为阅读对象。而随着网络、手机、平板电脑等数字载体的出现，数字阅读逐渐进入人们的文化生活，“书”已不仅仅只有著于纸张上一种形式，数字阅读也就是是阅读的数字化。互联网的广泛覆盖、信息的高度数字化、移动阅读设备的普及，都为数字阅读提供了可能。

---

① Amazon2012财年Q4财报：《电子书业务增长70%》，2013年1月30日. http://www.csdn.net/article/2013—01—30/2814010—amazon-reports-increased-profits。

② 《第十次全国国民阅读调查》，2013年4月18日. http://baike.baidu.com/view/10481213.htm? fr=aladdin。

1.2　信息资源的数字化

数字阅读的第一个方面是信息资源的数字化，这也是数字阅读得以应用于档案编研的前提条件。在编研对象中，又分有两种情况：一是以纸质形式为载体的档案，这部分档案就需借助数字技术的转化，数字技术是指借助一定的硬件设备，如个人电脑、扫描仪等，结合一定的程序软件，如图像捕获软件、录音录像软件等，将各种信息，包括图、文、声、像等，转化为电子计算机能识别的二进制数字“0”和“1”后进行运算、加工、存储、传送、传播、还原的技术，经过数字技术的处理，纸质档案就转化为数字档案，可用于档案数字编研，进一步应用到数字阅读中来。二是以数字形式为载体的档案，“双套制”作为一种归档制度已经推行多年，在各个档案管理部门已拥有大量本身以数字形式存在的档案，尤其是档案编研使用较多的照片档案，这也是未来数字阅读能够被应用于档案编研成果的一种先天优势。

1.3　阅读载体的数字化

数字阅读的另一个方面是阅读载体的数字化，也就是说阅读对象的载体不再是传统的纸张，而是屏幕显示的数字机器，尤其是手持设备，例如手机、平板电脑和电子书阅读器等。智能手机作为当下人们最常使用的一种移动设备，在数字阅读方面有着极为明显的优势，在繁忙的都市生活中，随处可见手执手机阅读的人们，阅读的范围包括时事新闻、电子书籍等，也可借助手机进行实用信息的获取。平板电脑是一种小型、方便携带的个人电脑，以触摸屏作为基本的输入设备，用户通过手指或触控笔来进向电脑输入信息和发送指令，平板电脑的功能作用与智能手机相似，而由于其屏幕比智能手机更大，在文本阅读、图片观赏方面提供给用户更好的观看和操作体验，平板电脑目前流行的尺寸是 9 英寸和 7 英寸。电子书阅读器是一种采用电子纸为显示屏幕的新型数字阅读器，可以阅读网上绝大部分格式的电子书比如 PDF、CHM、TXT 等，由于其使用了电子墨水技术，能提供用户类似纸张的舒适阅读感受，电子纸技术采用电泳显示技术作为显示面板，其显示效果接近自然纸张效果，免于阅读疲劳。电子阅读器上使用的电子纸还应用到了电子墨水技术，电子墨水是一种新型材料，它是化学、物理学和电子学多学科发展的产物，这种材料可被印刷到任何材料的表面来显示文字或图像信息。由于电子纸和电子墨水的显示效果为黑白双色，所以图片浏览是它的软肋。

2 成果形式

2.1 电子图书

与传统书本相同，电子图书也包含一定的文字、插图，拥有一定的信息量，为了适应读者的阅读习惯，其编排也按照传统书籍的排版。但作为一种新形式的书籍，电子书又拥有众多与传统书本不同的，或者是传统书本不具备的特点，例如必须通过电子设备读取并通过屏幕显示出来、多维性、易检索、信息含量巨大等特点。

目前常用的电子书格式有 txt、PDF、ePub、CEB 等。txt 是电脑上常用的电子书格式，其最大的特点就在于阅读方便、制作简单，所以无需安装专门的阅读器就可以阅读，对运行环境并无很高的要求，但 txt 格式的电子书界面较为简单、功能也比较单一，所以不推荐为档案编研的成果形式。PDF 文件格式是 Adobe 公司开发的电子文件格式，这种文件格式与操作系统平台无关，这一特点使它成为在 Internet 上进行电子文档发行和数字化信息传播的理想文档格式。越来越多的电子图书、产品说明、公司文告、网络资料、电子邮件开始使用 PDF 格式文件，PDF 格式文件已成为数字化信息事实上的一个工业标准，PDF 格式的特点在于，文件格式可以将文字、字型、格式、颜色及独立于设备和分辨率的图形图像等封装在一个文件中，该格式文件还可以包含超文本链接、声音和动态影像等电子信息，支持特长文件，集成度和安全可靠性都较高；在读者方面，用 PDF 制作的电子书具有纸版书的质感和阅读效果，可以“逼真地”展现原书的原貌，而显示大小可任意调节，给读者提供了个性化的阅读方式。对于档案编研来说，PDF 是一种很适合的格式，但由于其在屏幕小于 7 英寸的移动设备中无法获得舒适的阅读体验，故一般应用于屏幕较大的设备中。ePub是一个自由的开放标准，文字内容可以根据阅读设备的特性，以最适于阅读的方式显示。ePub格式的电子图书编辑便捷，阅读体验佳，是档案编研的首选格式。CEB是完全高保真的中文电子书的格式，由北京方正阿帕比技术有限公司开发的全新的电子图书阅读工具Apabi Reader使用的格式，其特点在于能够保留原文件的所有信息、文件的数据体积小。从2000年推出以来，方正CEB版式文件技术已在电子书、电子公文领域得到广泛应用，同时方正CEB版式文件技术可以方便的应用到方正在传统印刷出版领域的产品中，由于其这个特点，CEB格式比较适用于同时具备实体图书和电子图书两种形式的编研成果。

2.2　电子展览

目前，大部分档案管理机构的网站都设有图片展览这一栏目，这其实已经是一种初步的数字阅读形式。相比于电子书主要以文字来传递信息，电子展览主要以图片为主要形式来作为传达媒介。这是一种更适合当下阅读习惯和档案收集状态的编研成果形式。由于数字影像设备(包括照相机、摄像机摄入设备及任何带有屏幕可以观看图像和视频的播放设备)使用的普及，人们已经进入了“读图时代”，相比于文字，图片有着更丰富的信息含量和更直接的冲击力。对于档案收集工作来说，每年的声像档案的比重越来越大，更多的照片被收集入馆。收集工作的“内部条件”和人们阅读习惯的“外部条件”都为电子展览作为一种档案编研形式创造了有利条件。电子展览可融入图像，文字，声音、视频等信息元素，相互动态结合来呈现给读者。这既是一种信息含量丰富的编研形式，也是一种读者乐于接受的阅读形式。

2.3　专门APP

APP是Application的缩写，也就是应用程序，时下又特指智能手机的第三方应用程序。随着智能手机、平板电脑等移动终端的普及和网络的大面积覆盖，APP取代WAP网站成为手机主流移动应用，人们逐渐习惯了使用 APP 客户端上网的方式。对于渐渐习惯了电子阅读和手指操控的现代人，档案管理 APP 是档案编研的全新平台，是电子图书和电子展览的集成及进一步的发展状态。电子图书和电子展览在文字和图像上各有侧重，而专门的 APP 则可兼顾到两者。如果说电子图书和电子展览的呈现是平面的，那么 APP 对信息的表现则是立体的，对于同一个选题的编研，APP 可以拥有文字、图像、视频、音频等大量信息。除此之外，交互功能也是 APP 的一个重要特点，在这方面，上海音像资料馆 APP 为档案编研提供了一个极佳的范例，在网络环境下，利用摄像头扫描上海音像资料馆名片或“SAVA”标志，即刻观看音像资料馆简介视频，而扫描宣传册中带有黄框的图片，则可观看与该图片相关的视频资料。这种互动方式将部分自主权交予用户，用户得以根据自己的实际需要获取更多的信息，使得档案的呈现方式更为生动、易于接受。

3　应用优势

3.1　易于携带

从重量上看，目前常用的移动设备中 iphone4s(3.5 英寸屏)为 140g，iphone5(4 英寸屏)与 iphone5s(4 英寸屏)均为 112g，iPad Air(9.7 英寸屏)为 469g，iPad mini2(7.9 英寸)为 331g(wlan 版本)、341g(wlan＋Cellular 版本)，kindle paperwhite(6 英寸屏)为 203g，而一本 300 页的 16 开杂志重量约为 1000g，一本 600 页的 32 开图书重量约为 500g，即便是其中最重的 iPad Air，也只有一本杂志重量的一半，一本图书的重量甚至相当于 4 个多的 iphone5s。不仅如此，数字阅读设备依据其容量的大小，可以储存几十甚至上千本电子图书，几乎相当于一个移动图书馆，而对于档案编研的利用者来说，一次往往需要查阅多种编研成果，在这种情况下，一个数字阅读器的便携性相对于多本图书来说无疑是不言而喻的。

3.2　无纸环保

电子图书以数字化方式制作，从选题、组稿、编著、审读、校对、加工到成书出版，完全都是无纸化的流程。这种“无纸化”的特点既保护了森林植被资源，又避免了在造纸、印刷、运输等环节中对的环境造成的二次污染。另一方面，大部分档案编研有特定的阅读群体，并非是覆盖面很广的书籍种类，以往的纸书往往会存在囤积量过大的情况，而电子书则可根据用户需求，可以做到有的放矢，避免了盲目编研，有效地减少库存囤积，从而避免资源浪费。并且电子图书的利用基本不会对书本本身造成损坏，这点也是纸质图书难以比拟的。

3.3　信息容量巨大

数字阅读一般采用多媒体的形式，集成了多种媒体形式，这既可以说是人们多种感官的集体调用，也可以理解为多种媒体表现手段的集合。如果说传统媒体，例如纸媒、声媒，只是用一种方式来刺激人的视觉或者听觉的话，多媒体就是同时以多种方式来调动人的多个感觉器官，使其做出反应。把传统媒体比作二维的平面的话，多媒体就是立体的、更具体的。在数字化程度日益提高的今时今日，各种形式的信息资源已经呈现出爆炸的态势，而这些信息形式互相交叉配合，提供给人们的更是成倍增长的信息资源。一个机遇数字阅读平台的编研成果，和一项相同内容的传统编研成果，其信息含量可能天差地别。

3.4　查阅时空开放

查阅时空的开放是针对部分档案管理机构内部保存的编研成果和展览来说的，对于这些类型的编研形式，以往人们就必须在档案馆或者展览场地开放的时间内来查阅资料或参观，既受到时间显示，又受到地域限制。而数字阅读则可依靠网络的覆盖优势打破这种时间的限制，人们可以在任何时间，任何地点，使用移动阅读终端进行信息的获取。并且，如展览一类的编研形式，往往只展出一段时间，宣传的作用也受到时间的限制，而采用电子展览的形式，历次展览都可以永久保留，人们可以随时观看可能是多年之前的展览内容。

3.5 利用效率提高

数字阅读的内容都是"数字"的形式存在的，这是一种计算机可以识别的语言，这也就是决定了数字内容都是可搜索的，并且目前常用的数字阅读设备和电子阅读软件也都自带了搜索功能，这在档案编研成果的利用中是相当实用的。档案编研工作无论是编写参考资料、汇编档案文件，还是参与编史修志、撰写论文，形成的成果形式基本都是实用性的，也就是说人们来使用这些编研成果，可能只需要参考其中一部分的内容，而在大量相关的编研中要寻获这部分内容不仅工作量巨大，依靠肉眼也很容易遗漏。而数字阅读的搜索功能很轻易地解决了这个问题，利用者只需在搜索框内输入关键词，便可迅速查找到相关信息。

不过当前，数字阅读应用于档案编研中仍旧存在不小的阻碍。虽然档案管理机构内的数字化程度日益提高，但是档案工作人员对新型的电子产品的使用思路仍旧比较狭隘。并且，虽然电子图书由于省略了印刷等环节，开发成本大幅降低，但是相对而言对档案编研人员提出了更高的技术要求，档案编研人员除了需要常规的计算机及办公自动化软件的操作，还需熟练掌握多种照片、音频，甚至视频编辑工具的使用。另外，开发一款专门的档案编研 APP 也并非档案管理机构力所能及，必须借助专业技术人员，开发成本较高。不过这当中并不存在技术瓶颈，问题仅仅存在于人们的接受层面和经费层面。随着数字阅读对人们文化生活的进一步渗透，和人们阅读习惯的改变，以及产品开发成本的进一步降低，数字阅读在档案编研工作中将有着良好的应用前景。

抗战烽火中的沪江大学

上海理工大学档案馆　杨佐平

摘　要： 在1931—1945年这长达14年的中国人民抗日战争中，上海沪江大学的师生，坚持"读书不忘爱国，爱国不忘读书"的爱国报国情怀，用青春、热血和生命，谱写了慷慨悲壮、爱国爱校的抗战诗篇。

关键词： 抗战　爱国爱校　沪江大学

沪江大学是上海理工大学的前身，是由美国基督教新教南、北浸礼会于1906年在上海创建的一所教会大学。1931年9月，日本发动侵略中国的"九一八"事变，拉开了大规模全面侵华战争的序幕。"国家兴亡，匹夫有责"；"读书不忘爱国，爱国不忘读书"。沪江大学的师生，用青春、热血和生命，谱写了长达14年的慷慨悲壮、爱国爱校的抗战诗篇。

1　以歌声为武器　宣传抗日救亡

1931年9月，日本帝国主义发动侵略中国的"九一八"事变，中国立即面临一场民族危机的严峻考验。沪江大学虽然是一所教会大学，但"九一八"事变同样激起了沪大学生强烈的爱国主义热情。他们不但像其他学校一样组织了自己的抗日救国会，而且沪大一度成为上海学生抗日救亡运动的中心之一。9月22日，来自上海30多所高校的代表在沪大集会，成立了领导上海学生救亡运动的上海高校学生抗日救国会联合会，号召去南京请愿并举行无限期罢课。沪大学生代表也积极参加了赴南京的请愿活动，以此表达抗日救亡的坚强决心。

1946 年的沪江大学校门

“九一八”事变后，沪江大学的进步学生刘良模组织同学陈维姜、陈仁炳、陈贤凡和姚贤慧等到农村去，宣传抗日主张，从事救亡运动。1934 年，刘良模在基督教青年会办起了民众歌咏会，组织青年群众高唱抗日救亡歌曲《打回老家去》、《松花江上》和《义勇军进行曲》等，以歌声为武器，宣传抗日，从而激发了许多青年走向抗日救国的民族革命之路。

1936 年 6 月 7 日，刘良模指挥千人学唱《义勇军进行曲》

2 日军侵占学校 校园惨遭涂炭

1932 年 1 月 28 日，侵华日军发动对上海的狂轰滥炸，战火也波及到了宁静的沪江校园，一颗炮弹将沪大的水塔炸开了一个大窟窿，幸未造成人员伤亡。随后，侵华日军司令部和机场就设置在紧邻校园的南侧(今上海理工大学南校区)，日军控制了通往市区的道路，进出都必须持有他们颁发的通行证。因此,沪江大学只得在 4 月初转移到位于圆明园路上的沪江大学城中区商学院的校舍开学,并借用上海租界内四川路上的青年会大楼上课,直到日军撤去封锁才于 6 月 1 日回到杨树浦校区。

沪江大学校园南侧的侵华日军机场

1937 年 8 月,侵华日军发动"八一三"事变,淞沪抗战爆发。沪江大学在战火中被迫撤离杨树浦校区,把位于公共租界内圆明园路 209 号真光大楼的城中区商学院作为全校的临时校舍,杨树浦校区随即成为了侵华日军的兵营和军用机场设施地。被日军侵占后的沪江校园,昔日的美景荡然无存,只见一片遭劫后的凄凉惨相:几幢被炸弹损坏的房屋在风雨中怒吼抗争,控诉着日军的暴行;十几棵与学校同龄的香樟树惨遭日军拦腰砍断,光秃秃的树干在默默地诉说着日军的残忍。

被日军炮弹击中的水塔

遭到日军破坏的音乐堂

3　成立中共地下党支部　开展抗日“反汪”运动

1937 年 7 月，日本帝国主义对华发动了全面侵略战争，中国人民开始了全民族的抗战。在抗日战争初期的烽火硝烟中，中共沪江大学地下支部秘密成立，从此沪江大学爱国进步师生的斗争有了党的正确领导。当时沪江地下党支部遵照中央对白区工作的指示，采取了“长期隐蔽、保存实力、积蓄力量、等待时机”的方针。积极发展进步学生入党，扩大党的群众基础，秘密领导进步学生进行革命斗争。如：支持学生参与“上海联”发起的在各校义卖银质小国旗活动，以此宣扬民族正气，反对日伪统治；“开展布尔什维克竞赛”活动，扩大党的影响力；领导学生参加在中共上海市“学委”领导下的全市学生“反汪”运动；发动社会系和教育系的学生创办义务小学，免费招收附近地区的工厂学徒和贫苦子弟进行文化教育；支持党员施纫秋（施景兰）任沪江大学改造教育会会长，组织“中国教育往何处去”等主题讨论；选派进步学生高景平（谢超）担任进步刊物《中学生活》的编辑，并兼任党小组组长；推荐中共沪江大学支部书记张耀祥任教会大学区委委员；动员学校进步师生到抗日根据地江淮大学工作、学习等。

4　坚持救亡抗战　校长湛恩遇难

抗战全面爆发后，校长刘湛恩被推选为上海各界救亡协会主席和上海各大学抗日联合会的领导人。他负责当时租界难民救济工作，展开国际宣传工作。1938 年初，南京汉奸“维新政府”成立时，日伪曾多次派人游说刘湛恩出任伪教育部长，他都严正拒绝。1938 年 4 月 7 日晨，刘湛恩在静安寺路戈登路口（今南京西路江宁路）公共汽车站被暴徒狙击身亡。后据凶手供认，这是日本特务组织指令汉奸帮会头子所策划的暗杀阴谋。当时上海各报都报道了这条悲痛的新闻。噩讯传出，全市都为之震动，沪江大学和附中师生更是悲痛万分，立即停课悼念。国民政府在获悉刘湛恩遇刺后，由行政院长孔祥熙颁布了给刘湛恩以国葬并抚恤刘氏家属的命令。4 月 9 日下午，在衡山路美国礼拜堂为刘湛恩校长举行隆重的葬殓仪式。上海各团体的挽幛“为国牺牲”悬于中间，左右挽联为“长校十年，苦辛备至”，“成仁一旦，中外同悲”。国内外著名人士和团体也来电吊唁。参加悼念的包括中共驻沪代表在内的各界和各校代表以及沪江大学的全体教职员和学生等共计 3000 余人。长长的送殡队伍，前往虹桥公墓，成为一次规模较大的抗议日伪暴行的活动。

刘湛恩

劉湛恩遭暗殺

劉湛恩訃告

昨日安葬

劉湛恩傳

媒体纷纷报道刘湛恩遇难消

刘湛恩惨遭暗杀遇害，激起广大爱国人士的愤慨，沪江大学的师生更是满腔悲愤，并化悲痛为力量，积极投入刘校长生前所走的抗日之路。

5　保存沪江“火种”　“孤岛”艰难办学

1937 年 11 月，淞沪抗战失利，上海沦陷，公共租界成为了“孤岛”。沪江大学被迫撤离杨树浦校区后，只得在租界里办“没有校园的大学”。沪江大学和沪江附中的师生，全部搬入处在上海外滩圆明园路 209 号真光大楼的沪江大学城中区商学院内继续办学。由于大学、附中和城中区商学院都挤在了一起，不得不采用三班轮流的办法上课，规定上午为中学，下午为大学，晚上为商学院。后来，随着学生的增多，又增租了同在圆明园路上的广学会大楼三楼和亚洲文会大楼五楼办学。

失去校园对于学生、教师和学校都是巨大的损失。所有学生都只能走读，对于学习自然很不利。对于教师来说，校园的丧失也等于家园的丧失，教职员只能自己去租房，因而实际收入和居住环境大为下降。对于学校来说，办学条件极其艰难，学校经过美国驻沪总领事与日本多次交涉，直到1938年11月才从杨树浦校园运出了区区80卡车的教学物资，其中包括2万册书籍、14架钢琴和少量实验设备。

1941年12月，太平洋战争爆发，日寇冲进了租界，“孤岛”不复存在。1942年1月15日，沪江大学被迫作出了学校无限期停办的决议。

当沪江大学决定停办后，1942年1月21日，沪江大学同学会在香港路银行公会举行常务委员会议，由朱博泉、虞秉镛、陈椿葆、徐振东、巢纪梅等委员出席，沪江大学董事长鲍哲庆、校董于寿椿、戚正成以及沪大的主要负责人郑章成、郑世察、林卓然、李好善等列席会议。会议根据各方面意见，为了保存沪江“火种”，建议“由同学会出面，组织新校，继续办理，但母校校名必须避免，同时学校经济亦须与校董会独立。”最后决议成立“沪江书院”，并选出9人院务委员会，委员会中推举朱博泉任主席。“沪江书院”历尽艰辛，艰难办学，直至抗战胜利，迎来沪江大学的战后复兴。

圆明园路209号真光大楼

1948届校友浦文荣回忆绘制的

1942 年 1 月沪江大学宣布停办后，虽然由沪江书院继续其事业，但书院并非大学本身，许多关注沪江大学命运的有识之士，均认为必须采取一些措施来保障大学的未来。他们向政府建议，安排沪江大学在国统区的重庆进行复校事宜，并表示，这所在国统区代表沪大的学校，可以与其他学校合作办学，但这种合作办学必须保持大学的行政完整地位；而且，沪大方面的所从事的教学活动要尽可能适用于上海。经过各方努力，1943 年 2 月 25 日，国民政府教育部正式批准成立“东吴大学沪江大学联合法商学院”。于是两校在重庆市中心区的保安路 214 号卫理公会社交会堂内建造了合用的校舍，于 3 月 8 日举行入学考试，15 日正式上课。最初的校舍是一层的平房，有一座礼堂，七间教室、两间办公室和一间图书室。1943 年夏又在原房上加建了一层，以增加教室。办学条件十分简陋。

6　持久抗战胜利　沪大终于“回家”

1945 年日本宣布无条件投降，中国抗战胜利。在上海的沪江大学校董会立即恢复活动，于 8 月 27 日召开会议，决定：“自即日起本校恢复沪

修复整理满目疮痍的沪江校园

江大学继续办理。"历时 4 年的沪江书院完成了保存沪江"火种"的历史使命，宣布结束。在重庆的"东吴大学沪江大学联合法商学院"也迅速分离，准备回沪复校。

被日寇占领过的沪江大学杨树浦校园，一片凄凉荒芜的景象，不但建筑遭到严重破坏，而且"实际上所有可拿的物品，如桌椅、黑板、床、风扇、金属装置等都已荡然无存，甚至大小树木也已被砍伐一空。"(注：沪江大学档案 150 号)经过半年的简单修复，基本具备了复校的条件。1946 年 4 月，大学部教职员和 900 多名学生，欢欣鼓舞、高唱校歌，终于回到了阔别 8 年之久的上海杨树浦校区，开始了重建校园、复兴沪大的新征程。

李公朴沪江印迹考

上海理工大学档案馆　吴禹星

摘　要：从1924年秋到1926年6月，李公朴在沪江附中完成了高二和高三的学业，随后升入大一。李公朴离开沪江的时间，颇难确定，但根据文献史料，1926年12月中旬，李公朴仍在积极参加沪江大学的各项校园活动。在沪江大学附中和大学部求学期间，李公朴已展现出出色的社会活动能力。他先后担任过中学部青年会副会长、附中学生自治会委员会副委员长、大学学生自治会学生部部长、一九三十级(高三)级长、扩充中文图书运动总务委员会副委员长和善后委员会委员长、扬镇同乡会副会长、常州同乡会书记、感亲会庶务、中文言论会干事。他也是一个校园演说的好手，参加过江苏省演说竞进会演说比赛、大一与大预英文辩论赛、中文言论会演讲比赛等。

关键词：李公朴沪江大学印迹

1937年5月30日，李公朴在日记中回忆，十二年前的五卅运动中，他曾代表沪江大学出席上海学联会，担任工人科长，组织各处工人事务。这是确认李公朴曾就读于沪江大学的最有力证据。另据周天度、孙彩霞著《李公朴传》所附《李公朴生平活动简表》，李公朴于1924年22岁时进入沪江大学附中学习，1925年升入大学，1926年24岁时离开沪江大学，南下广州，参加国民革命军，分配在东路前敌总指挥部政治部做宣传工作。

但由于上海理工大学档案馆馆藏档案资料的缺乏以及其他一些因素，我们一直未能找到李公朴在沪江大学求学的文献记载。李公朴原名永祥，字晋祥，他在沪江大学求学期间应该是比较活跃的，但查遍1925年前后的学生名单，既不见“李公朴”，也不见“李永祥”和“李晋祥”。

不久前，武进李公朴研究会赵玉泉会长来电催促年底研讨会的论文，笔者又把相关资料搜索一遍，终于发现了李晋祥的名字。

沪江大学停办后，遗留的文件资料经过“停办高等学校联合办事处”的整理移交给了上海市档案馆，但一直由学生自治会主办的校刊《天籁》，却没有归档，而是流散到了全国各地的图书馆。在最近得到的1925年6月1日出版的《天籁》第14卷第15期，笔者发现“校闻及运动新闻”栏记录了中学青年会的两条消息，其中一条是：“新职员一览本会下年度之新职员，亦经会众举定，兹将其结果录下，会长王吉科，副会长李晋祥，书记严有序，书启梁昭泉，人才济济，不禁为本会前途贺。”李公朴曾在镇江润州中学受洗，并担任青年会德育部长，在基督教青年会系统资历颇深。他到沪江附中后担任青年会副会长，应该是顺理成章的。但这样一来，1925年秋到1926年初夏的这一学年，李公朴应仍在沪江附中就读，而不是如上文所引《李公朴生平活动简表》里讲的，1925年升入大学。于是，通过改变搜寻的思路，重新在沪江附中的相关资料中寻找李晋祥的信息，结果大有收获。综合《天籁》、《沪江年刊》、《申报》等处发现的相关文献记载，大致可以勾勒出李公朴求学沪江前后的人生轨迹，从而为李公朴的生平和思想研究填补一些空白。

1 求学沪江的起讫时间

依照《李公朴传》的描述，1920年秋，李公朴考入美国长老会创办的镇江润州中学。1923秋，初中毕业后，考入武昌文华大学附中。读了一年半，因参加反对校医虐待学生的学潮，被校方开除。不久，又辗转进入沪江大学附中，继续高中学业。可以推算，如果李公朴在武昌一年半，则他进入沪江附中的时间应在1924年年底前。

但李公朴在润州中学时的学弟闻谅直在《李公朴青少年时代》(收入《镇江文史资料》第14辑)一文中则提供了另一种说法:“李公朴在润州中学旧制三年级时,即转入杭州之江大学附属高中二年级攻读。1927年春,国民革命军北伐抵达杭州,十四军的政治部主任即陈斯白,李往见陈要求工作,陈即派其为政治部总务科交际股股长。这时李离开之江附中,已不用李晋祥,而用李长啸的名字了。”

1928年下半年,蒋介石清党,国民党党员重新登记,陈斯白是镇江的党务指导委员会常务委员,闻谅直则在党务指导委员会秘书处任干事。8、9月间,李公朴曾到访镇江,与陈斯白和闻谅直都有过长谈。但闻谅直在回忆中却只说到李公朴离开镇江后转入之江附中读书,未提及他在武昌和沪江求学的经历,也许李公朴确实未曾和他细述分手以后各处求学的经历,但这个例子说明,回忆录和口述史材料不能作为精确的史料来运用。

《沪江大学1926年年刊》收入了李晋祥穿着军装的中学毕业照,旁边是同学写的赠言,署名斯昭的同学提笔写道:“甲子秋,君由之江转学本校。”由此可知,李公朴是在1924年秋进入沪江附中的。在《沪江大学1925年年刊》的《沪江大学中学部学生名单》中,李晋祥归属高中二年级。1926年6月20日,《申报》有篇报道《沪江大学昨日之大会纪》,记载6月19日沪江大学庆祝念周纪念并举行毕业典礼,篇末是大学部和中学部毕业生姓名录。李晋祥名列中学部毕业生姓名录。

根据上述史料可以推断,李公朴1923年秋离开镇江,其后一年他应该在武昌文华附中或杭州之江附中短暂求学。从1924年秋到1926年6月,李公朴在沪江附中完成了高二和高三的学业,随后升入大一。

至于李公朴离开沪江的时间,颇难确定。《李公朴生平活动简表》中说他1926年即离开沪江,南下广州。《天籁》第16卷第6期记载,1926年12月10日,大一与大预举行英文辩论赛,结果大一年级以二比一获胜。大一参加辩论的代表是李晋祥、罗凤超、刘荣恩三君。题目为《解决中国学生在如此环境之下应参与政治运动》。同时李晋祥还被选为刚成立的中文言论会的干事和演讲代表。可见至少 1926 年 12 月中旬，李公朴仍在积极参加沪江的各项校园活动。

到了 1927 年 4 月 3 日，《申报》报道《白崇禧昨与各团体领袖重要谈话》："东路军前敌总指挥白崇禧自宁返沪，因日来反动分子制造谣言，深恐外界不明真相有碍革命工作之进行，特于昨日下午六时在尚文门省立第二师范邀请本埠重要团体领袖开谈话会，……由李公朴纪录，兹将白氏谈话详志如次……"

这是《申报》上第一次出现李公朴这个名字。说明 1927 年初，大一的课业尚未完成，李公朴即加入了国民革命军，参加了北伐。

陈斯白遗稿《我与十四军》(《镇江文史资料》第 5 辑)有"关于李公朴"一节，文中回忆，1927 年 1、2 月间，陈斯白当时任十四军政治部代理主任，驻扎在杭州，有一天不速之客李公朴来访。他们原是镇江反帝斗争中的战友，已四五年不见了。李因在报纸上看到陈斯白的名字，就立刻前往要求参加革命工作。陈斯白便把他留在政治部担任交际股长。

但李公朴干了不到一个月就离开了。离开的原因，陈斯白说是因为在当时席卷全国的反基督教潮流之下，李公朴坚持为基督教作辩护士，受到同事的指摘，一时转不过弯，愤然离去。

李公朴离开杭州后，陈斯白在报上看到李公朴担任了陈群政治部的情报股长。陈群在北伐开始后任国民革命军东路军总指挥部政治部主任，所以李公朴离开十四军，应是到了东路军总指挥部政治部任职。这样，在 4 月初为东路军前敌总指挥白崇禧谈话做记录，就是李公朴的职责所在了。

李公朴有没有在之江大学求学过呢？可能性不大。李公朴 1927 年初从上海往杭州去见陈斯白，肯定会告诉陈，自己离开镇江后在沪江附中读书。但陈斯白晚年在回忆时沪江之江早已停办多年，他很可能因是在杭州遇见李公朴，而误认为李公朴是从杭州的之江大学附中前来投奔的。而前文提及的闻谅直估计是在看了陈斯白在《镇江文史资料》第 5 辑上的遗稿后，才写了《李公朴青少年时代》一文。

2　校园生活的文献记载

李公朴在沪江附中时，已经22岁，明显比同级同学年长。在镇江，他参与过组织抵制日货的团体“爱国团”，也曾在中学青年会任职。由于有这些经历，所以他在沪江同学中很有号召力，成了学生社团和校园生活的热门人物，在青年会、学生自治会、级会、同乡会等社团组织都担任过职务。

上文提及，根据《天籁》第14卷第15期，1925年5月，李公朴被选为1925至1926年度中学部青年会副会长。

在五卅运动中，李公朴也有很突出的表现。根据1925年6月1日出版的《天籁》第14卷第15期，沪江大学学生自治会学生部大会消息记载：“本会学生部，因五月三十日南京路发生惨变后，当于是晚九时，由学生部召集全体大会于大礼堂，由本部部长阮维扬主席，并由严万里、倪征燠、汪树庆三君，用京沪粤三语报告，复有李锦伦先生及同学多人，自由发表意见，并举定大中学各五人，以便筹划一切，而利进行。……”事实上，5月30日当天，作为沪江附中高二年级学生的李公朴和不少沪江的同学都参加了上海工人和学生举行的援助纱厂工人的街头宣传讲演和示威游行。据记载，当日有朱耀翰、朱耀燮等12个在沪江大学就读的朝鲜学生参加了游行，并从上午10点开始在租界外的闸北一带散发传单，发表演讲。朱耀燮10年后回忆道：“随着国歌声的结束，有人站在肥皂箱上，悲愤慷慨地发表演讲。演讲者情绪激愤，许多听众不待演讲结束，便捶胸大泣。……女学生们卷起衣袖，挑着装有饭团的担子，穿行在工人中间的情景是当时能见到的幻想曲之一，至今也能在梦中见到。”1937年5月30日，李公朴在日记中写道：“今日又是五卅纪念日。回想十二年前之今日，正代表沪江大学出席上海学联会，担任工人科长，组织各处工人事务。惨案爆发后，事务更忙，未几即全国响应。”这段日记所记述的历史细节，也可以从沪江大学的档案文献中得到印证。1926年初夏中学毕业时，署名斯昭的同学写给李公朴的毕业赠言是：“甲子秋，君由之江转学本校，同学以君品学兼优,热心服务,备极推崇。故乙丑五卅事起,众举为代表,出席上海学生总会,长工团,领袖群众。工团秩序,赖以维持。说者谓君办事之魄力与识见,实有过人处也。秋间,沪大附中学生自治会告成,一切筹备事宜,君力居多。语云学以致用,君之谓欤?"可见,作为中学生的李公朴在五卅运动中所发挥的能量,并不比沪江大学大学部的朝鲜学长们小。

从 1925 年下半年起,李公朴又担任了本年级级长。《沪江大学 1925 年年刊》的《一九三十级级史》记载:"自从这学期开始以后,一级里面稍为有点更动了,因为王君辞了班长一席,由李君晋祥承乏。"王君即王吉科,班长也就是年级级长。级史之外,年刊上还登了当时同年级学生的合影。

1926 年初,沪江大学附中学生自治会成立。根据《沪江大学 1926 年年刊》,李晋祥任自治会委员会副委员长,委员长是王吉科。

李晋祥当时还曾担任沪江大学扩充中文图书运动总务委员会副委员长和扬镇同乡会副会长。

沪江大学早期,图书馆的馆藏主要来自各界的捐赠,其参考书尤其是中文图书相当匮乏。1925 年秋,当时的大四学生发起了一场"扩充中文图书运动"。后来该运动得到全校同学的响应,发展成为全校性的运动,并成立了扩充中文图书运动总务委员会,拟于 1925—1926 学年在沪江师生、家长和校友中进行募捐。总务委员会委员长是大四年级的张文昌,高三年级的李公朴担任副委员长。1926 年 5 月,校内外中文图书运动募捐结束,李公朴担任了中文图书运动善后委员会委员长。根据 1926 年 6 月 16 日出版的《天籁》第 15 卷第 15 期记载,当时已募得一千四百九十七元,存入浙江实业银行生息,备购商务印书馆即将出版的四库全书。

《沪江大学 1926 年年刊》的《一九三十级级史》两处提及李晋祥。一处是:"迨夫五卅案起,本级王李诸君奔走最力,师友之间多啧啧称道。"一处是:"以吾人应有自制之能力,乃倡设中学自治会,旋得学校及各级之同情,卒以成立,所有规划及建设,多出本级李晋祥之手。而膳厅部长亦由本级王佐卿负责,厅内秩序井然,一扫以前只积弊焉。"

英文版的 Class History 则有如下记述:"The Students' Self-government Association has done and is doing much for the students, under the earnest leadership of Li, our class president, who sacrifices much of his time for his duty, in spite of the demands of his lessons."

此时正是一九三十级中学毕业季，同学间相互赠言，李晋祥为瞿重英、唐士煊、刘业勤、刘祖谋、叶凤山等同学赠言，感情真切，溢于笔端。

有三个同学为李公朴写了赠言。除了上文所引斯昭的赠言外，李英芳陈赞他："学谙中外，才调纵横，具莲花之舌，遵耶圣之行。君名已洋溢乎内外，焉用传而始闻！"严万里说他："历任艰巨，谈笑出之。妙在虚心，维道是持。陶新熔旧，适合今时。蔚为大器，勉兹勉兹。"

进入大一的李公朴仍然很活跃。根据1926年11月3日出版的《天籁》第16卷第3期，沪江大学常州同乡会在9月30日召开成立大会，职员名单中，会正是张汝梅，会副诸寿祥，李晋祥是书记。在《沪江大学1927年年刊》上有常州同乡会合影一张。

李晋祥的名字还出现在《沪江大学1927年年刊》的"大学学生自治会"职员名单中，担任的是学生部部长。年刊上还附了一张王开照相馆摄的"大学学生自治会委员会"的合影，李公朴应该也在其中。

由于1927年刊社社长王湘林在《卷头语》中提及，该年刊1926年秋季开学后即开始筹备，有一部分摄影在1926年10月下旬即已完成，所以我们很难根据这些名单和照片断定李公朴1927年还在沪江，只能说在1927年，李晋祥在沪江的影响力还相当大。

1926年03月，"三一八惨案"的消息传来，沪江大学学生举行追悼活动，李晋祥是组织者之一。这次活动当时有详细的记录："本校于三月廿九号，自治会特请学校当局停课，追悼北京死难诸烈士。一切布置，先由自治会举出筹备委员会四人措置。下午一时半开会，大中学生齐集大学礼堂。当时礼堂四壁，满系各团体挽联，气象哀静。叶君宗恺主席，唱国歌开会，次则默然哀思三分钟，继由张文昌君读祭文，彭君善彰报告惨案经过，董兆熊君、宋汉华君、李晋祥君各发表其对于此番惨案之意见及筹备追悼情形。復有朱经農先生演讲我国人救国之策略和国民应取之途径，至四时散会云。"(《天籁》第15卷第10期，《北京死难诸烈士追悼会》)

这一阶段,《申报》上也有多条关于沪江李晋祥的记载。

1925年11月25日,《沪江大学感亲会今日开十周纪念会》,“该会本届职员,会长周文钦,会副俞德焕,文书王佩贞女士,会计陈俊德,庶务凌志扬、李晋祥。”

1926年04月26日《苏省演说竞进会昨日预赛》,预赛分甲乙二组,沪江中学部李晋祥名列乙组讲员名单,演说题目为《何谓真正民意》。

这次演说比赛还有一段插曲。1926年04月28日《申报》刊登了《参加江苏省演说竞进会各学校演讲代表反对约翰演讲代表参加宣言》,“江苏省教育会演说竞进会于本月二十六日在松江举行,事前约翰大学暨附属中学亦报名加入,当经光华大学学生自治会、南洋大学暨附中学生会、光华附中学生自治会,沪江大学、复旦大学、东吴二中等校演讲代表于四月二十三日拟就宣言签名盖章,胪列理由并致函省教育会反对约翰参加……”宣言指称,五卅时,约翰现在之学生于宣誓脱离该校后背盟返校,行动全无国家观念,已不齿于教育界,各校代表羞与约翰学生为伍。沪江大学演讲代表严万里和沪江附中演讲代表李晋祥都在宣言上签了名。

1926年05月14日,《华东各大学运动会今日预赛》,第十二届华东各大学运动会于当日下午二时在杨树浦沪江大学操场举行,李晋祥名列运动会职员名单,担任报告员。

根据上述文献史料,在沪江大学附中和大学部求学期间,李公朴已展现出出色的社会活动能力。他先后担任过中学部青年会副会长、附中学生自治会委员会副委员长、大学学生自治会学生部部长、一九三十级(高三)级长、扩充中文图书运动总务委员会副委员长和善后委员会委员长、扬镇同乡会副会长、常州同乡会书记、感亲会庶务、中文言论会干事。他也是一个校园演说的好手,参加过江苏省演说竞进会演说比赛、大一与大预英文辩论赛、中文言论会演讲比赛等。

由于沪江大学的早期档案资料在抗战中损毁较多,本文对李公朴沪江印迹的发掘还有两点缺憾。一是李公朴的学业情况不明。李公朴刚到沪江附中时,沪江在中学也开始设立专科,分文、理、商三科,以便分科就学，因材施教。目前尚不明确李公朴选的是哪一科？二是关于李公朴在五卅运动中的表现，目前也只找到他本人和同学的一些简略的描述。热切希望有新的更详尽史料出现，以弥补这些缺憾。

高校声像档案利用现状分析及对策探讨

——以上海交通大学为例

上海交通大学档案馆　陈海燕

摘　要： 本文以上海交通大学为例，就目前我国高校档案馆声像档案利用率低的现状进行了原因剖析，阐述了声像档案征集困难、缺乏主动服务意识以及信息化建设滞后是声像档案利用率低的主要原因，在此基础上针对性地提出了增强高校声像档案意识、提升声像档案服务水平、加快声像档案信息化建设进程等建议，以期进一步发挥高校声像档案的功能，从而更好的服务高校发展。

关键词： 声像档案　高校　利用率

高校声像档案是指能反映高校教学、科研、管理及各类重大活动和历史发展，具有保存价值的各种以影像、声音等方式记录的专门载体及配套的文字说明材料。声像档案从资料载体上有照片、录音制品、录像制品、影片、幻灯片、影视胶片、缩微胶片、磁盘、光盘、移动硬盘等存在形式，大致可以分为照片档案、光盘档案、录音录像档案等。声像档案作为大学历史的真实记录，具有直观性、特殊性、补充性等特点[1]。

高校声像档案不仅映现了事物的原貌，留住了历史的记忆，并且对学校和社会当前与长远发展具有参考价值和凭证作用。但目前声像档案在高校档案管理中的现状不甚理想，由于历史习惯、认识差距、技术条件等方面的原因，高校声像档案资料还没有引起足够的重视，声像档案的收集、检索、开发利用等过程中仍然存在问题。

1　声像档案利用现状

随着高校的发展和办公条件的不断改善，在各类活动中形成了大量的声像档案。但是在高校中存在着重纸质档案、轻声像档案的现象，声像档案的完整性、安全性堪忧，收集渠道不畅，信息化进程缓慢。由于声像档案意识不强，对声像档案管理缺乏重视，高校的声像档案利用中普遍存在着重存储、轻利用；内容广、检索难；重技术、轻人资；多被动、少主动等问题[2]。相比其他档案门类，高校声像档案的开发利用还处于一个起步阶段。

截止 2016 年底，上海交通大学已拥有馆藏照片档案 4 万余张，并且仅 2016 年度档案馆就有 88 卷声像档案归档，其中照片占 42 卷共计 2612 张，光盘 45 盘（卷）。但在档案利用方面，上海交通大学声像档案的利用率较低。2016 年上海交通大学声像档案利用情况具体见表 1。

2016 年度上海交通大学档案馆查阅档案共计 2051 人次，而从表 1 可知，针对声像档案的为 59 人次，仅占 2.88%，其中 56 人是通过内阅查询的，通过电话、传真等方式查询的仅为 3 人，大部分的声像档案开发利用还停留在形式单一的传统利用形式上通过查询、借阅等形式为利用者提供原件或拷贝。另外，该年度共利用声像档案案卷数仅为 293 卷。从声像档案利用的目的看，因为工作查考原因利用声像档案的占绝大多数，约占 66.11%，为进行学术研究和编史修志所利用的声像档案也为数不多，利用声像档案进行宣传教育的仅为 3.39%，主要局限在上海交通大学钱学森图书馆所进行的宣传教育。说明社会公众缺乏到高校档案馆查找资料的意识，具有很高的历史文化价值、宣传教育价值、教学科研价值等的声像档案一经归档，往往被“束之高阁”，隐藏在库房里，较少查询利用，没有发挥出应有的服务师生和社会、对学校发展决策、对教学科研活动的作用，不得不说是极大的浪费。

表1 上海交通大学档案馆2016年度声像档案利用情况统计

<table>
<tr><td rowspan="2" colspan="2">利用档案目的</td><td>利用案卷数（卷）</td><td>利用档案人次</td><td>所在单位</td><td colspan="2">利用方式</td></tr>
<tr><td>293</td><td>59 人</td><td rowspan="6">校内:50 人(其中本馆 20 人)
校外:9 人</td><td>内阅</td><td>电询</td></tr>
<tr><td>编史修志</td><td>13.56%</td><td>59</td><td>8</td><td rowspan="5">56 人</td><td rowspan="5">3 人</td></tr>
<tr><td>工作查考</td><td>66.11%</td><td>197</td><td>39</td></tr>
<tr><td>学术研究</td><td>5.08%</td><td>3</td><td>3</td></tr>
<tr><td>宣传教育</td><td>3.39%</td><td>13</td><td>2</td></tr>
<tr><td>其　他</td><td>11.86%</td><td>16</td><td>7</td></tr>
</table>

数据来源:上海交通大学档案馆统计数据

因此,如何进一步发挥声像档案的功能,提高声像档案的利用率,让声像档案更好地服务于高校的各项发展与建设,提高声像档案的管理水平是十分必要的。

2 声像档案利用率低原因分析

2.1 声像档案收集渠道不畅

相比行政档案、党群档案等其他门类的归档工作已经较为成熟,声像档案归档积极性较低,征集工作较困难。由于收集不完整,会造成声像档案馆藏贫乏、单一。馆藏声像档案资源不足影响着利用者利用需求的实现,给利用者造成无档可用的现象,制约着高校声像档案的利用工作[3]。

出现收集不全的原因首先在于收集上的信息不对称。档案管理部门相对独立,与学院和其他机关部门等出了有档案收集和查找上的业务联系鲜有其他互动,档案馆不了解学院和机关部门有哪些具有存档价值的一手资料,学院和机关部门不了解声像档案归档的具体细节要求,造成了声像档案收集上的信息不对称。

其次是声像档案分散保管,归档意识不强。部分院(系)、部、处、直属单位等配备的兼职档案员认为所拍的照片等声像材料等只属于个人或单位,对高校各类活动中形成的照片、音频、视频等材料没有及时加以整理、归档，移交到学校档案馆保存，致使很多本来很珍贵的声像资料，失去了其应有的保存价值和利用价值，导致部分声像资料长期在个人或本单位内部保存。当负责归档人员变动或单位机构调整时，极易造成声像档案的失控或流失。

最后是因为声像档案自身的特殊性。声像档案的归档工作其实从摄录环节开始就已经启动，但因摄录人员对声像档案性质不够了解，拍摄过程中没有对原始声像信息加以记录和说明，增加了日后声像档案实际归档操作的难度。声像档案相对传统纸质档案资料来说，保管条件更为严格，需要具备恒温、控湿、防磁等特殊的保存环境，如未能及时移交或妥善保管则更容易遗失或损毁，在搜集和管理上更具专业性和复杂性。

2.2　缺乏主动服务意识

声像档案利用率低的现状和档案馆长期以来的缺乏主动服务意识也有一定的关系。从表1可以看出，利用声像档案进行宣传教育的仅为3.39%，主要局限在我校钱学森图书馆进行的宣传教育，利用者以校内人员居多，校内校外人员比例为50∶9，校内人员中馆内人员占到40%。说明师生及社会公众都缺乏到高校档案馆查找资料的意识，这在一定程度上和档案馆长期以来的被动服务也有很大的关系，即永远都是等待利用者上门而不是主动宣传档案馆的功能。社会公众对高校档案、档案馆不了解、对档案内容不感兴趣，甚至不清楚高校档案馆所藏究竟是何物，也不知道能给他们提供什么样的服务。高校档案馆的服务仍停留在以师生校友公众到学校档案馆查找获取有关信息为主，不了解师生及社会公众真正的档案查询需求，尚未开展更加多样化、亲民化的服务形式，如在档案网络服务、手机应用、专题广播等方面的工作开展还不够完善。对于档案馆工作人员而言，缺乏量化的考核机制，因而也没有最大限度的激发主动服务的积极性。

2.3　声像档案信息化滞后

由于声像档案的信息化建设进程缓慢，对广大师生、校友和社会公众的档案查询利用存在诸多不便，无法满足多元化的档案利用需求，影响工作效率，这也是利用率低的原因之一。虽然上海交通大学档案馆信息化建设起步较早，乐于将新技术、新手段运用于高校声像档案管理的尝试中，经历了从录像带、录音磁带、照片到电脑光盘、移动硬盘、服务器、云存储平台等，确实提升了声像档案的管理效率和水平，其数字档案馆系统经过多年的完善，已经成为全国典范，获得了无数的好评，但随着新一轮信息技术的飞速发展，大众对档案利用需求的不断变化，现有的档案馆在利用方式上相对比较传统和落后，在服务模式上比较单一，信息化进程滞后。

首先是档案信息化工作缺乏顶层设计，在信息化建设初期尚未做好统筹规划，引进的档案管理信息系统往往处于一种孤立状态[4]。近年来高校各个部门、院系等自行开发了各种办公系统，而档案管理信息系统未能从源头上进行介入，导致无法与其他部门院系的工作很好的配合，而需要事后进行对接，有些甚至由于系统的相互不兼容无法实现无缝对接。

其次在声像档案的利用上，还缺乏完善的档案利用检索系统，缺乏完善、舒适的查找、浏览、利用环境。仅仅是通过光盘、移动硬盘等拷贝到电脑上，尚未进入系统进行统一的管理利用。目前针对声像档案的查找利用大多数还是依赖于手工目录检索，这就造成查找效率十分低下。如果需要从音频、视频档案中捕捉一句话或一段录像而并非整个文件，但这些详细的信息无法体现在文件名中，只能按文件逐一查看，往往需要从头开始查听查看，方能查找到所需的录音录像内容，造成准确率不高，而且工作量大，效率低。

3 提升高校声像档案管理利用水平的建议

3.1 增强高校声像档案意识

声像档案具有真实性、历史性、生动性等特征，这些资料不仅是学校辉煌历史的客观见证，也是学校制作宣传片、专题片，编印宣传册及相关图书，举办展览、校史馆陈列等非常重要的素材，在招生宣传、新生报到、师资引进、教学资源社会化等多方面是宣传学校最生动、最具有说服力的材料。因此档案馆需要抓住机遇服务学校的重大活动。2016 年 4 月在上海交通大学 120 周年校庆之际,档案馆通过挖掘校史资料,为校庆活动提供了大量珍贵的史料照片。校庆期间推出《百廿交大,多少人曾爱慕你年轻时的容颜》微信专题,通过一张张照片,让照片背后的故事鲜活了起来,点击量超过 21 万,人民日报等多个官方微博相继转载,多个网站首页大幅刊登,引起了社会媒体的强烈关注,大大提升了自身的影响力。

要做好高校声像档案的管理工作,提高声像档案的利用率,仅仅依靠档案馆是不够的,还需要提高高校的整体档案意识,以师生对声像档案的需求推动声像档案的开发利用工作。因此档案管理部门可以通过各种途径宣传来提高声像档案的影响力和认知度。档案管理部门在展示自我的基础上,要积极争取学校领导和各职能部门的重视支持,使全体师生和各个部门积极配合,收集、保存和开发利用好声像档案资料,充分认识到高校声像档案资料的重要价值,使其真正成为一项常规性工作。档案馆需要跳出档案馆,注重与各个院系部门的合作互动。调动所有兼职档案员的归档积极性,更好的捕捉到在归档范围内的照片等声像资料,丰富和优化档案馆声像档案馆藏。而档案馆又可以反哺这些部门,为其提供有需要的最完整、最真实的素材,达到双赢的效果。

3.2　提升声像档案服务水平

高校声像档案的利用者包括师生、校友及社会公众等。收集声像档案的最终目的是为了利用,而不是让声像档案一直沉睡在库房。所以,高校声像档案要走近师生,走向公众,以一种更加开放的、亲切的姿态迎接各类利用者。

首先,档案馆在档案利用方面需要进行服务创新,进一步简化服务手续,努力提高服务质量,尽最大可能满足利用者的需求。如在一门式服务上,主动向师生公众公开相关服务窗口的联系方式,开展电话预约查档或网上预约查档服务;利用微信功能向公众进行推送信息,提供相关业务服务系统的对接,使档案馆公众平台在推广方面更具优势,打破档案馆自身长期以来的默默无闻形象，吸引全校师生的注意力。

其次，以学校新馆建设为契机，在馆内设计上应当从服务于档案利用者的角度出发，加强人性化设施的建设，向声像档案利用者提供良好的借阅查询环境；在馆内配备多媒体阅览室，提供可供开放浏览的档案影片、音频等，满足借阅查询者对“影片、照片、录音档案”、“电子版档案”等声像档案的利用需求；在配套服务方面，加设一些声像档案文化产品小铺，出售与档案、档案宣传有关的档案科普读物或档案声像资料、具有代表性的文化礼品、纪念品，通过这种形式提高公众的声像档案意识。

再者，进一步细化考核内容，即将档案利用的数量和服务质量等指标纳入管理人员的工作量考核中，唤起档案管理人员的主动服务意识，以更热情的姿态、更开放的思维接待档案利用者，并与其进行交互，积极引导其利用各类声像档案资源和服务内容。此外，加强对利用者需求的分析，除了需要吸纳常规的声像档案利用者之外，还需要全面考虑到潜在利用者的利用诉求，吸引更多的人来接触、认识并重视声像档案服务工作。

3.3 加快声像档案信息化建设进程

在声像档案管理信息化建设方面，必须加强对声像档案管理工作的顶层设计。需要从高校全局的角度，对声像档案信息化建设的各方面、各层次、各要素进行统筹规划。档案管理部门要有强烈的融入意识，主动参与到各部门信息化建设中去。让高校的各大院系、各个职能部门等掌握着大量信息化建设资源的相关方都参与到这项系统性工程中，从源头上实现匹配与有机衔接，实现理念一致、功能协调、资源共享、整体关联、操作性强。

完善声像档案管理系统，在硬件和软件基础设施建设方面做好支撑，例如为了快速检索所需的影像资料，在声像档案的归档过程中，充分运用语音识别及人像识别等技术，将声像档案中所对应的音频信息录入查询系统中，如人物的姓名、活动的时间和地点、演讲的底稿、内容摘要、录音文稿等，便于利用者通过关键词、主题词等查找关键信息，为档案利用者提供便利化、快捷化的声像档案查询方式，帮助档案利用者减少档案信息的查询、获取时间，消除其利用顾虑。

在声像档案信息化建设方面，传统的档案借阅方式效率比较低下，查看不够便捷，而且存在着被盗和丢失的风险。这方面，国外有许多经验可供借鉴，如美国德州档案馆采用的“超市”式借阅模式，即开架借阅，让不同的阅览者在有效的空间里自由挑选所需要的声像档案，最后，把满意的档案在出口处统一进行扫描[5]。在国内采用 RFID 技术，完善档案管理系统，通过每件声像档案中安装的电子标签中的微芯片和天线，跟踪并记录档案的流动全过程，并且可在任何一台内部网络电脑上显示。通过该系统，用户可以快速知道自己所需要查询的档案存放位置，确认档案的最新动态，大大提高档案管理人员的工作效率。

声像档案的宣传也应该顺应信息化这一趋势，拓展宣传广度，利用互联网渠道选择网站、微博、微信公共服务平台等方式进行宣传，以更加趣味、亲近、易懂的方式向广大师生校友及社会公众推送内容，以便能够更全面、更便捷的了解声像档案、了解档案馆和档案利用。

大数据时代对声像档案管理工作提出了新的要求，声像档案的工作任务、服务对象、管理方式等都发生了巨大的变化。为了迎接这些变化，档案管理部门需要做好声像档案人才的培养和储备，除了引进具备档案管理专业素养和信息技术能力的复合型人才，也需要通过不同的途径来加强现有档案管理工作人员的专业知识和技能培训，改变知识老化和技术落后情况，为做好声像档案信息化管理工作打好基础。

4　结语

高校的档案管理制度虽然已经比较完善，但随着高校的发展使得声像档案更加丰富多样，给声像档案的管理工作带来了新挑战，高校声像档案管理工作也是一项涉及面较广的工作。因此，要真正做好声像档案管理工作，需要抓住机遇，服务学校中心工作及重大活动，争取各级部门领导支持，增强声像档案管理意识；做好声像档案的宣传工作，使师生能够广泛关注这项工作，创造良好的工作环境；加快声像档案信息化建设进程，为广大利用者提供便捷化的服务，提升声像档案的服务质量和水平。

参考文献：

[1] 陈正娇.高校声像档案工作思考[J].文山学院学报.2016(2):86—88,112.

[2] 聂敏.高校声像档案管理现状与改革设想[J].电脑编程技巧与维护.2016(17):45—46,54.

[3] 刘社文. 高校档案利用障碍及对策分析[J]. 云南档案.2012(9):50—53.

[4] 张英奎. 大数据时代的企业档案信息化建设[J].北京化工大学学报(社会科学版). 2014(3):32—36.

[5] 李佳,陆梅. 对美国声像档案开发利用的认识与思考[J]. 兰台世界. 2016(4):57—58.

云计算在高校数字档案馆建设中应用探讨

上海交通大学医学院档案馆　水漪静

摘　要：在数字化校园时代，高校档案馆作为数字化校园信息资源统的重要组成部分，正面临着数字时代的挑战。因此，建设高校数字档案馆为全社会服务，是大势所趋，也是高校档案工作进入信息时代的必然结果。本文根据数字档案馆平台建设、数据存储、开发利用等内容，针对目前阶段数字档案馆出现的问题，从档案数据的特点，云计算的优势等角度探讨如何利用云计算突破这些问题。

关键词：高校　数字档案馆建设　云计算　大数据

目前，对于数字档案馆的理解，基本上可以概括为广义和狭义两大类。“广义的数字档案馆是指存储和利用档案信息资源的信息空间，是一个由众多档案资源库群、档案信息资源处理中心、档案用户群构成的数字档案馆群体。狭义的数字档案馆指其中的个体档案馆，其含义除了馆藏档案数字化的工作外，还涉及档案信息的采集、整理、存储、检索、传递、保管、保护、利用、鉴定、统计等全过程，代表的是一种信息环境和基础设施的构建(包括软硬件系统的设计和组织实体的建立)。”[4]本文所指的数字档案馆主要是狭义的数字档案馆。

1　数字档案馆的概念

可以看出，数字档案馆依然是一个实体档案馆，是依托传统档案馆建造的新型档案馆，同样具备了传统档案馆的各项功能，只是在信息化的背景下，运用技术革新，其管理对象、手段及方式发生了巨大变化。因此，我们可以把数字档案馆的定义描述为："数字档案馆是以计算机技术为基础，利用各种信息技术手段将原有的馆藏档案信息数字化，并收集、捕获有价值的数字信息资源，通过宽带网络相连接，建立分布式、跨地域的有序的信息资源系统；该系统以用户需求为中心，提供各种信息服务。"[5]

由此可见，数字档案管理平台的建设，是高校数字档案馆建设的核心。其总体性能指标主要包括可靠性、易用性(用户界面)、集成性、可维护性、可扩展性、可管理性和软件时间效率等，为更好的实现档案数据"收、管、存、用"一体化，档案管理平台软件应包括档案收集、整理编目、表格打印、档案划控、查询借阅、档案编研、鉴定销毁、统计报表、系统管理和档案数字化加工等功能模块，系统可在线升级，能够跟随网络技术的发展而发展。同时，作为数字化校园建设的一部分，在数字档案馆建设中，数字档案管理系统应预留接口以实现档案馆与其他应用系统如网络办公、教务管理等的数据信息互通等。

2 数字档案馆在运行中系统存在的问题

虽然数字档案馆在数字化建设的道路上已经取得了相当的成就，但在实际系统的运行中也暴露出了一些问题。

2.1 对数字档案数据的利用与挖掘不够

已有系统主要的侧重点依旧是数字化档案的采集录入、编辑与整理。而数字化档案更大的意义在于基于档案数据的各种潜在应用，如基于历史的档案数据对学校将来的建设、科教研发展趋势等方面提供量化的依据等，则很少涉及。

2.2 维护硬件设备的难度大

以存储系统为例，大多数数字档案馆系统所采用的磁盘阵列产品在结构及硬件组成上是冗余设计，不存在单点故障，确保整套系统的安全运行；而且磁盘阵列采用不同的RAID保护级别，保证用户的不同需求；所有硬件均可支持热插拔，保证系统应用的连续性，这一切都是为了给电子数据提供一个可靠的存储环境，但同时也给硬件维护带来了相当的复杂性，当故障发生时，调试设备的难度也非常大。

2.3 维护硬件的成本大

维护难度大带来的直接后果是使用的成本上升。另外随着数字档案信息量的不断增大，在将来不可避免的需要在软硬件性能及磁盘存储能力等方面进行升级以适应对越来越多，越来越复杂的数字档案信息的处理，这时便需要更多的人力物力的投入以保证所有已有的数据应用能够安全完整的升级。

3 使用云计算作为解决方案

3.1 云计算的概念

云计算并非是新技术，本质上它所倡导的只是人们对计算资源的使用方式的改变。在云计算出现之前，个人或企业需要使用计算资源时，他们必须要购买具有相应计算能力的硬件以及软件。这种方式的主要问题是：首先，这些软硬件价格昂贵；其二，硬件的闲置率非常大；其三，维护成本高昂，无论院校或企事业单位都要雇佣IT人员来搭建自己的信息系统，这些搭建过程不仅复杂，而且绝大部分是重复性劳动，这也带来了完全不必要的开销。

与之相反，云计算依托云计算服务提供商提供数据的收集、存储、归纳、汇总等一整套解决方案，并通过互联网为媒介向所有个人或企事业提供服务并依据服务提供的规模向用户收取适当费用。这样做的好处是多方面的，其一，省去了用户自行搭建软硬件的开销；其二，服务提供商可以在不同用户间动态的调配软硬件资源使得软硬件可以得到更加充分的利用，因此更加经济；其三，特定领域的服务提供商往往可以做得比用户自行搭建计算资源更加专业，如更加健壮可靠的存储设计，更加高效的负载平衡设计，更强的横向扩展能力等等；其四，软硬件升级由服务提供商全权负责，无需用户介入。

服务提供商虽然会收取一定的服务费，但与用户自行购买搭建升级维护系统的总体成本相比通常会低很多，因为服务提供商通常同时向许多用户提供服务，会产生“团购”效应从而降低成本。

3.2 云计算适合处理档案数据

高校档案的数据类型涵盖结构化和非结构化的数据。比如，每年毕业生的档案归档，就是相对结构化的数据，每条记录都由预先定义好的字段来定义。而来自于高校办公自动化系统及网上预立卷系统归档的档案则绝大多数是非结构化的文本、图片、视音频等。档案数据的另一个特点是量非常大，每年上千人数的毕业生需要归档自不用说，还有每日来往于各院系、部门间的各类文件，这使得档案数据的量级很轻易的达到 TB、PB 甚至更高量级。另外，不同档案数据的热度是不一样的，有些数据可能会很热门被经常查询，而有些数据则比较冷门，在存储管理上需要区别对待这些数据以达到查询性能和经济性要求的最佳平衡，例如通常考虑把量小但热门数据放在速度快吞吐量大但却价格昂贵的分布式随机存取存储设备里，多数的冷门数据则应放在速度慢但价格便宜的磁带里。最后数据在整个的生命周期中也通常会经历由热门到热度减弱到冷门的阶段，好的存储设计会依据数据在生命周期中处的不同阶段将数据放在不同的存储介质中。总之档案数据的所有这些特点决定了其存储方案设计是非常复杂的。由用户自行解决这种复杂性不仅难度大，性价比差而且没有必要。相反，独立的云计算服务供应商可以通过向大批用户批量租赁档案服务从而大幅节省自身和用户的总体成本，并向用户提供更加专业的整套解决方案。

在服务提供商的选择上，档案数据由于其本身的特殊性，对服务商需要有一定的要求，这需要详细考察业内已有的服务提供商的能力，报价等相关因素。此外，结合校园本身的文化和环境采取开源软件的策略，结合国内多所院校志愿者的力量开发院校通用的档案管理软件也是可选策略之一。

3.3　基于云计算进行档案数据的挖掘及其应用

目前大多数数字档案馆对于档案数据的处理还只是停留在相对简单的关键字全文检索阶段。事实上，在有了一个经济可靠的基于云计算的数据平台后，可以做的应用分析远远不止这些。例如，对近几年院校生源去向的统计就可以为下一步师资力量的投入方向做一个很好的指引。又比如，对论文引用次数或关键字的统计则可以成为衡量教学质量的重要依据。近年来数据挖掘一直是业内的热门学科，特别是基于大数据的深度学习技术(机器学习的一个重要分支)在人工智能，医疗等领域取得了突破性应用。最有名的当属谷歌开发的 Alpha Go，人工智能程序终于可以和人类的高手一绝高下。这类聪明的应用其实并不具备智能，但它们非常善于从杂乱繁多的数据中发现有规律可循的模式，一些模式甚至人类从未探索过。档案数据从很多方面而言都非常适合做数据挖掘，首先，档案数据量非常大，这为很多已有的数据挖掘算法提供必要的“营养池”，受限于当前的技术瓶颈，几乎所有的机器学习算法都非常低效，需要大量的数据进行训练才能得到有限的成果。其二，数据的内联性较高，比如，特定主题的档案，其内容无论是文字，图片又或是视音频，都会紧密与该主题相关。理论上这非常适合数据挖掘算法找到特定模式。其三，数据的覆盖领域广，档案数据通常会涉及校园学习生活的方方面面，这为数据挖掘算法挖掘不同领域之间关联提供了可能。总之，开发更加聪明的数据挖掘应用无疑能释放数字档案馆的位置力量，也必将成为数字档案馆未来的发展方向。可以预期，借助深度的数据挖掘技术，当人们需要查阅特定主题的档案内容时，计算机除了能够基于语义理解给出更加精确的检索结果，还能“聪明”地推荐出查询人可能感兴趣并与之相关的归档声像材料，使得人们的查询效率得到极大提高。更进一步的，当有新的数据被归档时，计算机还能基于已经“学习”到的知识，自动的对数据进行分类和建索引，甚至是在缺乏关键字的情况下。而这会在很大程度上减轻档案工作人员的工作负担。

基于云计算平台的档案管理系统的简明建构如下图所示：

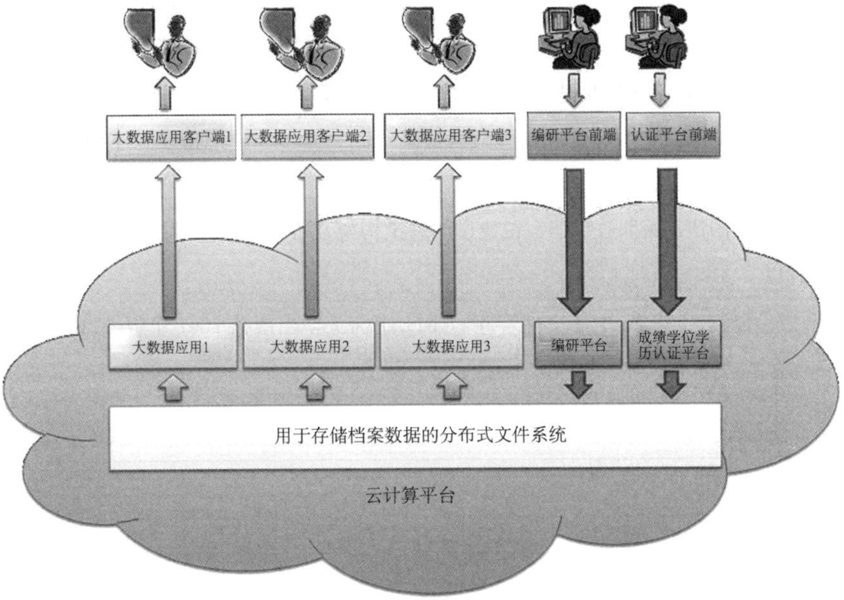

图中区分了位于云端的用于存储档案数据的分布式文件系统，基于该文件系统的各种大数据应用和传统的档案编研系统，与位于云平台之外的档案数据的编辑与整理及与大数据应用对应的客户端应用。图中的单项箭头表明数据的流动方向。

4　结语

云计算本质上是由单一部门集中提供软硬件资源，并以租赁的方式借与人使用。使用者通过租赁的硬件资源的多少来支付租赁的成本。由于软硬件设备由服务提供商集中维护，这省去了使用者维护硬件的重复劳动，也意味着降低了使用者的成本。档案数字化的重要意义在于对档案数据的利用，而由于档案数据的量非常大，需要强大的硬件对应用提供支持，这正是云计算非常适合的场景。而且通过在教育网内搭建私有云可以同时满足使用者对于档案数据机要性、私密性的顾虑。

参考文献：

［1］胡凤华，袁继军．高校数字档案馆信息资源整合交换的策略及应用［J］．档案学研究，2011(1)．

［2］周美兰．基于信息共享的高校档案信息资源建设［J］．山西档案，2013(4)．

［3］刘小明，贾长云．云计算与高校信息资源整合［J］．中国信息技术教育，2013(4)．

［4］李国庆．深圳数字档案馆建设的理论构架及阶段性成果［J］．中国档案，2003(03)：11．

［5］金波，丁华东．电子文件管理学［M］．上海大学出版社 2007 年版，211．

新形势下医院档案信息化工作浅析

上海交通大学医学院附属第九人民医院档案室　张　红

摘　要：医院档案是医院各项工作的真实和客观的记录，承担着为行政管理临床医疗、科研研究等各项工作的信息服务的重任。现代社会信息化快速发展，档案工作数字化是医院档案工作面临的迫切需求。针对新形势下医院档案工作面临的问题，加强宣传，提高医务人员档案意识，加强数字化档案建设，重视培养档案专业人才，积极做好档案服务工作，是做好医院档案信息化管理工作的有效途径。

关键词：医院档案　信息化　专才培养

医院档案是医院各项工作的真实和客观的记录，是医疗工作中不可缺少的信息资源，是在医药卫生工作中形成的具有保存价值的各种文字、图表、声像以及其他不同载体、不同形式的历史记录。上海交通大学医学院附属第九人民医院院作为三级甲等综合性教学医院，工作涉及医疗、教学、科研、管理等，档案的管理尤为复杂和重要。承担着为本院行政管理、临床医疗、科研报奖等各项工作的信息服务任务，为医院各级领导科学决策、制订规划、总结经验、落实政策，及接受各项审计、检查、个人职称评定、报奖等日常工作提供大量的工作指向的原始依据。

现代科技发展日新月异，信息化成为改造传统产业的一场革命，信息化冲击着医院传统的管理模式和经营理念，新技术，特别是网络数字技术发展迅速，为充分发挥医院档案室的职能作用，提高档案管理水平，拓展档案资源的再利用渠道。提供了技术上的支持。因此,医院档案部门必须根据环境的变化,更快、更多、更好地运用高水平的网络资源和技术为现代的医学研究、科研研究、医院管理及救死扶伤提供更好的知识数据的保障。

1 新形势下医院档案工作面临的主要问题

1.1 对档案信息化认识不足,宣传不力,重视不够

以往医院档案工作受传统档案工作方式的影响,长期以来档案人员一般起到一个简单的收集、保管作用,并不十分注重于充分合理利用现有的资源为临床一线医务人员提供服务。大多数医务员工,甚至某些管理人员的档案意识相对淡薄,不重视档案管理,以致医院某些部门和人员连最基本的档案工作性能和职能都不甚了解,更谈不上了解档案信息化。因此档案信息化工作无法得到理解和支持,也导致了目前许多医院档案室整体工作不被承认,不受重视,无法形成自己的信息化特色资源。[1]

1.2 档案信息化管理手段还不完善

随着科技进步,计算机及网络技术虽然在医院管理中已慢慢得到了应用。但是,很多医院在档案管理中还没有更深入运用信息技术,档案管理的信息化和数字化程度不高,主要还停留在手工收集、整理、检索的阶段,不利于档案广泛的利用和开发,大大降低有价值的档案信息的利用效率。

1.3 档案信息化工作需的专业精神和专业素质有待提高

在档案信息化工作中,档案室工作人员,要具备基本的档案常识和较强的档案意识外,还要有一定的计算机操作技术,熟练运用 word、excel、powerpoint 以及初级的图像甚至音频处理技术,当然还要具备相当外语水平以及相关网络应用的操作技能。只有具备更广泛的各种领域知识才能更好地捕捉、分析、筛选、传递及运用信息数据。[2]另外,医院档案室不同于公共档案馆,作为医院档案室工作人员如果能懂得相关的医学知识那么对医疗、科研档案收集及利用工作会有更大的帮助。这样,就能迅速

掌握和处理好医院的文件及相关信息，准确快捷地为医务人员服务、为广大患者疾病得以尽快救治起到积极作用。

1.4 加强档案信息化服务意识

从以往传统意识来讲，档案普遍被认知为保密的。因此，很多档案资料的“只保存不利用”被视为档案工作前辈们心照不宣的传统习惯。其实档案固然有其保密性，甚至有些内容确属密不能宣的内容，但科学的档案管理早已告诉我们，档案工作要适应社会发展，要使档案变为更珍贵而有用的工作，“利用档案”、“档案信息化”工作应运而生，并终将取代传统档案管理的认知。档案已被赋予新的内涵、更新观念和思维模式，实现档案工作由单纯为政治服务向社会主义市场经济建设这个中心服务的根本性转变。[3]

1.5 海量档案数据操作风险

2017 在国际档案日期间，国家档案局局长李明华明确提出了“强化风险隐患治理”的要求，指出要“牢固树立风险隐患就是安全事故的观念，把构建风险分级管控机制和隐患排查治理双重预防机制作为进一步做好档案安全工作的重要抓手，筑牢档案安全防控体系，严防因风险发酵演变隐患累积叠加而导致档案安全事故”。对一个国家来说，档案数据一旦出现丢失或损坏，必然会给一个国家各项事业及百姓带来无法预料的灾害。可想而知，如果一个医疗单位其信息资料遭遇泄漏与破坏，则其日常的医疗及其他相关工作也受到巨大的影响，甚至危及到患者生命的救治。这些危害可能来自人、物(硬件载体、设备等)、技术及自然灾害等。

2 对医院档案信息化工作的对策

2.1 系统管理，将档案信息化工作纳入规划与日常管理不断提高档案意识

随着知识信息时代的来临和爆发，档案信息资源的开发和挖掘在工作中的作用越发被重视。同时，随着新的多媒体技术的传播，如何利用大

量的档案信息资源来树立医院的品牌也成为工作之重。我们的档案工作在这样的大形势下必然面临更多的机遇和挑战。其重要性远超以往。因而，要做好新形势下的档案工作，首先必须通过各种方式、各种渠道加强档案宣传工作，使医院领导和广大职工在思想上充分认识档案工作的重要性，获得他们的理解和支持，将档案管理工作自觉化。目前，上海市三甲医院的复评中已明确将档案工作纳入其中，并强调档案工作的情况要纳入医院总体规划中，因此我们在重视医疗业务建设的同时，也必须将档案管理、档案室专职人员配备、档案用房及设备投入等也重视起来，不要将政策条目留于空文，努力使档案管理水平和医疗业务同步发展，为医院档案事业发展创造良好的外部环境。同时要在规划的同时，将档案工作纳入日常管理工作当中。作为一个上海市三甲综合性医院，上海第九人民医院的档案工作由党委书记直接分管，可见医院对档案工作的重视，也由此保证医院档案工作的高效及健康的发展。

2.2　主动服务，以医院核心工作和社会需求为中心，服务大局

上海市档案事业发展“十三五”规划中提出：要突出服务导向，服务能力与水平显著提升，要求各级档案部门采取情况专报、摘报等多种形式，向党委、政府及时反映情况，发挥档案资政服务功能，在服务上海经济社会发展和社会稳定大局中发挥积极作用。

目前，上海部分三甲医院档案室已经从以前相对封闭、保守的旧观念中慢慢解放出来，逐步摆脱以前的坐等上门的状况，与此同时也对医院档案专业人员在专业素质、理论水平，对现代化技术及网络服务熟悉程度等方面都提出了较高的要求。

档案工作是一项专业性、服务性很强的管理工作，涉及文书档案、科技档案、专题档案等各种门类和文字、图片、影像资料等多种载体，其服务领域广泛，管理方法复杂，其价值是通过提供利用来实现的。为了适应新形势下医院发展需要，档案室工作需要树立良好的档案意识，强化服务观念，改变服务模式，从传统的被动服务变为主动服务，要将医院核心工作

和社会需求为中心，在此基础上不断调整档案工作内容，挖掘档案信息资源，提供档案服务。目前医院的总体思路是：本市深化医药卫生体制改革的关键时期，坚持市级公立医院改革公益性，以患者需求为导向，以信息化为支撑，以推进有效落实为目标，使我院全面、协调、可持续发展，着力凸显八个方面：一是深入推进"六个中心"建设工作；二是重视学科规划和布局，提升医院总体实力；三是改善医疗服务、提高医疗质量、调整医疗结构、促进医疗业务发展；四是加强临床创新能力建设，加强人才建设；五是以信息化为支撑，建设数字化现代医院；六是重视提升教育质量，改进教育管理模式；七是着力医院内涵建设，促进医院健康发展；八是重视文化引领作用，深化精神文明和行风建设。档案室结合医院发展的核心目标和内容，积极配合，提供更好、更快、更全面的资料信息。

2.3　建立和完善服务反馈机制

医院档案室还要加强并逐步完善主动服务的反馈机制。档案室的服务对象主要有医院领导、医院行政管理人员及广大医务人员，由医院行政人员及医务人员来评定服务工作也会更有说服力。用户反馈机制也可以考虑，通过读者满意度调查、征询意见等方式来建立，一方面，可以发放纸质问卷或者通过数字化档案网络进行反馈。主动的反馈机制，可以促进医务人员对档案工作的知晓度，另一方面，促进医院档案工作的地位提高，进而医务人员的需求也会不断上升，使医院档案室工作走上良性循环。九院有一个相对完整和高效的档案网络人员队伍，这些人员分散在每个行政职能科室，并由科主任指派，作为医院兼职档案人员他们负责收集和初步排查本科室的档案资料，每年医院综合档案室都会对他们进行一对一的业务指导与培训，并建立了医院档案微信群，以便进行更及时的交流与沟通。[4]

2.4　加快数字化建设，推进电子全文数据库和特色数据库建设

就长远发展来看，医院档案室首先要以信息服务为基础，加快数字化

档案的建设，尤其是要逐步推进电子全文数据库建设，在医院内网上实现电子文件的实时管理与利用。建立目录管理数据库或是电子文件中心，在一定范围内公开部分档案目录，方便查询、检索。相应的也要对用户进行网络、联机数据库等检索系统的培训，并设计、制定最佳检索途径和策略。其次，抓好原有纸质资源的数字化。第三，抓好档案编研成果的数字化，筛选出符合医院建设发展的珍贵编研材料，并完成其数字化转换、存储、标引与检索输出等任务。比如，在医院档案信息化平台建立了一个“先进”查询端口，各科或者相关人员在业务工作时可以通过“姓名、获奖年度、获奖名称”等信息进行全方面的查询，作为参考提高了很多行政工作方面的效率。[5]

每所医院都有自己的专长和特色。就我院来说，口腔颌面外科、整复外科、骨科就是专业特色，这就为特色人物和专业档案数据库的建设提供了可能性和必要性。医院档案室可以充分利用这些资源，将专家队伍的各项研究课题、研究成果、项目最新进展等归结起来，构建具有本医院特色的人物和专业档案数据库，并以此逐渐形成发展规模。医院编有“博导风采”一书，此书对医院每个博士生导师进行分篇描写，印制成册后业内外进行发放和推广，有效地提高了医院形象，同时也提升了医院文化建设，起到了良好的宣传作用。

2.5 重视培养档案专业人才

在信息社会，医院档案人员不再单纯是档案的保管员，还应是档案信息财富的拥有者和提供者。档案室也不再是单纯的收藏机构，而是档案信息的聚集中心、交流中心。档案人员的素质直接影响档案管理水平及整个单位的发展水平和速度。

特别是数字化档案的建设，不仅要求档案人员具备数字化、信息化的技术能力，还要熟悉各学科的背景知识，具备较高的开拓创新能力。医院对档案室应有计划、分层次地组织档案人员通过多种途径，强化计算机和网络知识及操作技术、现代信息技术与应用知识技能的培训，在实践中提高综合素质。

2.6　利用多媒体技术，树立档案品牌

用微信推送、网站宣传，服务大厅的门诊多媒体宣传等等，一个是可以挖掘档案资源，另外利用新技术推送，效果形式多样。宣传效果更好等。

随着科学技术的进步和医疗事业的快速发展，医院档案室作为医疗知识、科研成果等档案资料的保管基地和提供场所，越来越受到广大医务人员的欢迎与重视。分析医院档案管理薄弱环节，认真分析存在的问题，采取可行的办法，用知识创新带动医院档案室的建设使医院档案室走科学化、信息化发展之路，是做好医院档案管理工作的必要途径，也会给档案室带来新的发展机遇。

参考文献：

[1] 缪莺.信息化建设对档案从业者的要求[J].福建档案，2005，6.

[2] 谭波.医院档案室工作现状及对策[J].现代医药卫生，2004，7.

[3] 王维瑄.医院档案工作面临的挑战及对策探讨[J].工会论坛，2009，11.

[4] 胡均兰.医院档案管理走向规范化发展[J].中华现代医院管理杂志，2003，1.

[5] 蔡天昊.浅析医院档案管理[J].中国现代药物应用，2008，18.

互动论视角下的档案资源建设与档案文化传播

华东师范大学档案馆　胡　琨

摘　要：信息技术的发展和"互联网＋"时代的到来，促进了档案文化传播的繁荣，同时也促使档案资源建设领域产生变革。档案文化传播与档案资源建设相辅相成，"动态互动"。档案文化传播依赖于档案资源的积累，档案资源的建设也需要以档案文化传播为镜来进一步反思其内核、结构、类型等要素。本文结合"社会互动论"的理论视角，窥视档案资源建设和档案文化传播之间的"互动"关系及其实现。

关键词：互动论　档案资源　档案文化　档案传播

在"社会互动论"中，"社会互动"被解释为在一定的社会关系背景下，人与人、人与群体、群体与群体等在心理、行为上相互影响、相互作用的动态过程。在微观社会学层面，"社会互动论"又被称为"符号互动论"，其核心主张是"动态互动"。档案文化传播与档案资源建设之间的关系，应是互动共生，相辅相成。因而，在倡导加强档案资源建设的同时强调档案中的文化资源开发与传播，实为基于"互动"的统一性战略思考。档案文化传播依赖于档案资源的积累，同时也能进一步促进档案资源建设的可持续发展，而档案资源建设也需要以档案文化传播为镜来进一步反思其内核、结构、类型等要素。

1 以“文化价值”为内核的档案资源建设

1.1 档案资源建设的结构与趋势

档案的资源结构本已十分复杂，近年来，伴随信息时代的跨界与融合，又有越来越多的资源进入档案视域。从档案资源建设主体维度，可将档案资源分为国家档案资源和社会档案资源；从档案资源建设类型维度，可将档案资源分为行政-司法档案资源（包括公文档案资源、民生档案资源等）和社会-文化档案资源（包括口述档案资源、非物质文化遗产档案资源、名人档案资源等）；从档案资源建设地域维度，可将档案资源分为城市档案资源和乡村档案资源；从档案资源建设介质维度，可将档案资源分为实体档案资源和数字化档案资源。

在我国，国家档案资源概念由原国家档案局局长毛福民在2002年提出。后有学者提出了社会档案资源的概念，即“由社会组织、家族家庭或公民个体形成、所有并管理”，并认为社会档案资源“区别于国家档案资源，倾向于公民个体个性化档案服务的新型档案资源，具有明显的服务性、开放性和社会性”[1]。这与国际档案界积极倡导的社会-文化档案资源建设理念相一致。近几十年来，西方档案界从强调档案的司法-行政属性逐渐转向重视档案的社会-文化属性，尤其注重档案文化资源的建设和档案的社会公众教育功能。按照“符号互动论”的观点，人们采取行动，或者对别人的行动做出回应，或者以共有和交互的方式行动。社会互动构成了人类存在的主要部分。文化是人们在交流中创造的，但人类互动的形式又来自于对文化的共享[2]。文化是人类群体或社会的共享成果，而这些成果又必须通过档案的记录和保存得以传承。因此，笔者认为未来口述档案、非物质文化遗产档案、名人档案等社会-文化资源将成为我国档案资源建设的重要组成部分，让档案的官方文化回归到社会记录的本质上来，突显档案资源的“文化价值”。

1.2 档案资源建设的“文化价值”内涵

国外学者U. O. A.埃思认为：保存档案，首先也是最重要的一点，就是档案对产生它们国家的文化价值，档案是人民的文化财富，在文化领域上占据一定的位置。从文化角度出发，一个国家的档案是研究社会政治、经济、历史和发展的最重要的信息资源[3]。档案资源建设围绕"文化价值"内核，将有助于我们深入理解档案资源收集的具体实践缺乏统一性的问题，澄清关于档案本质属性及其对社会价值的模糊与混乱认知。

符号互动论的代表人物米德认为，人类互动在很大程度上受文化意义的影响，并且多数文化意义是象征性的。人类在日常生活中，不断地学习由社会建构并由大家共享的象征意义。人类互动是基于有意义的符号之上的一种行动过程。文化是人类群体或社会的共享成果，这些共有产物不仅仅包括价值观、语言、知识，而且包括物质对象。档案资源建设的"文化价值"内涵就包括文化的各项构成要素，符号、价值观、规范、约制和物质文化等。

符号是指一群人所认可的任何能有意义地表达其自身之外的事物的东西，有语言、文字、校徽、旗帜等。如上海市教委通过建立上海话语音档案，把上海话尽可能"原汁原味"地保存下来。价值观是一个社会中人们所共同持有的关于如何区分对与错、好与坏、违背意愿或符合意愿的观念。价值观可从民间传说、艺术、娱乐及其他媒介得到体现。如我国中央档案馆等7家单位共同整理的南京大屠杀档案入选世界记忆名录，这些档案体现了人们热爱和平、珍惜生命的价值观。规范是人们在特定环境下被要求如何行动、如何思考、如何体验的期望。规范包括社会习俗、民德和法律。如云南省曲靖市为记录和保护"刘兴帮把式舞"、"彝山上的弦音"等特色习俗，专门建立"曲靖市少数民族非物质文化遗产保护项目影像档案"。约制是人们被迫遵从社会文化，或者说以一种社会可接受的方式去行动。如各级各类档案馆都将部门工作条例、规章制度纳入归档范围。物质文化是一个社会普遍存在的物质形态，如书籍、衣服、工具等。如我国众多高校档案馆都设置了实物档案分类，收集名人字画、奖杯奖状、荣誉证书等。

2 以“档案资源”为基础的档案文化传播

2.1 档案文化传播新的时代特征

档案工作的最终目的在于档案信息资源的社会利用，档案文化传播是实现档案资源全民共享的最有效举措之一。进入21世纪，伴随信息技术日新月异的跨越式发展，档案文化传播日益普遍和活跃[4]。同时，档案文化传播也呈现出新的时代特征。

首先，“互联网＋”时代的到来为档案文化的大众传播提供了现实性与可能性。近年来，档案的社会记忆观逐渐被档案学界关注并接受。档案文化的社会记忆与社会建构离不开社会大众的主体参与。传统的档案文化传播模式是以官方为主体的自上而下式，社交媒体的迅速崛起，可以让任何人“在任何时间、任何地点、对任何人群”进行大众传播。因而，新型的档案文化传播模式将是官方为主的自上而下式与大众为主的自下而上式的结合。其次，“互联网＋”时代的到来改变了档案文化传播的途径与内容。在前互联网时代，档案文化传播途径主要依赖报纸杂志、电视等传统媒体，传播的内容多以文字为主，图片为辅，形式较为单一。而在“互联网＋”时代，伴随微博、微信、移动客户端等社交自媒体的兴起，档案文化传播的途径得以拓宽，录音、录像将与文字、图片共同构成立体丰富的档案文化传播内容。最后，“互联网＋”时代的到来丰富了档案文化传播的形式。传统时代，档案文化传播以编研书籍和图文展览为主。“互联网＋”时代的档案文化传播借力新技术，可通过网上展览、开放电子档案信息、及时与大众互动等形式展开。

2.2 档案文化传播的基础资源构成

档案文化传播必须依赖基础的档案资源，否则就是“无本之木”。新时代“互联网＋档案”的文化传播模式，不仅是简单地通过互联网“传递”档案文化，而是利用互联网平台的开放性与丰富性，加深档案文化传播与档案资源建设基础工作的紧密结合。笔者认为，档案文化传播的基础资源构成包括以下几个方面。

第一,传统的纸质档案资源。以文字为主的纸质档案是档案文化传播的"恒定"资源,如果没有语言文字,大部分人类的思想和文化将不复存在,更谈不上传播。第二,新兴的数字档案资源。数字化时代档案资源多样化与丰富化已成为趋势。电子文件、声像档案等资源的形成为档案文化传播提供了便利。同时,在"浅阅读时代",声像档案资源丰富了档案文化传播的内容,提高了档案文化传播的速度与效果。第三,特色的实物档案资源。实物资源因其"文物"属性,在很长一段时间内并不是档案部门的主要资源建设范围。事实上,由于部分文物和档案难以区分,一般采用服从事实原则,即由文物部门发掘和保存者,即归属国家文物部门,反之,则归属国家档案部门。第四,非遗、口述等文化档案资源。非物质文化遗产和口述历史等是档案文化传播的重要历史文化资源基础,若将对这些资源的保护与文化传播运用得当,可构成相辅相成的正相关关系。

3　档案资源建设与档案文化传播的"互动"

3.1　档案资源建设与档案文化传播的"互动共生"

按照社会互动系统论的观点,社会系统是一个开放的自组织系统,常常通过与外部环境系统的相互作用,形成自身的结构、功能并发生作用。同样,档案也是一个巨大的复杂系统,有很多子系统构成,形成合力并发挥功能。其中,档案资源和档案文化都是该系统中的一个子系统,共同对该系统功能的发挥起着积极作用。因而从理论上来说,档案资源建设与档案文化传播应该是互动共生的,档案资源建设奠定了档案文化传播的基础,档案文化传播的发展又促进了档案资源建设的实践统一性。

"教育工作坊(Education Workshops)"是英国国家档案馆特色的档案文化传播项目,旨在开发利用馆藏历史档案资源向中小学生传播英国档案文化,其教育团队通过在线数字教育课程可以与包括中国在内的全球学生进行互动。其中,不列颠与大屠杀(Britain and the Holocaust)课程通过向学生展示外交部 1942 至 1944 年间收到的电报、无线电广播和报告等档案，让他们了解纳粹的侵略事实以及英国政府的反应[5]。

浙江省湖州市南浔镇是中国档案学创立者和奠基人吴宝康的家乡。2017 年，为纪念吴宝康先生百年诞辰，湖州市南浔区委、区政府充分挖掘档案资源，拍摄了以吴宝康为主题的国内档案界首部知名人物纪录片《他是一座山——新中国档案教育开拓者吴宝康》，通过镜头向大众传播了中国档案学界一代宗师的革命生涯和他为新中国档案教育和档案事业发展鞠躬尽瘁的一生经历。与此同时，在拍摄纪录片的过程中，通过采访吴宝康的多名亲属、同事、学生和生前好友，也留下了大量的口述档案和声像档案，以文化传播为契机，开启了档案界知名人物档案资源建设的新篇章。

3.2 发挥档案文化传播对档案资源建设的反向指导作用

社会互动论的“镜中我”理论认为，人的行为很大程度上取决于对自我的认识，而这种认识主要是通过与他人的社会互动形成的，他人对自己的评价、态度等等，是反映自我的一面“镜子”，个人通过这面“镜子”认识和把握自己[6]。该理论提出者库利认为，“镜中我”也是“社会我”，传播特别是初级群体中的人际传播，是形成“镜中我”的主要机制。一般来说，这种以“镜中我”为核心的自我认知状况取决于他人传播的程度，传播活动越活跃，越是多方面，个人的“镜中我”也就越清晰，对自我的把握也就越客观。由此看来，档案文化传播犹如档案资源建设的一面“镜子”，加强档案文化传播，能够反观档案资源建设，随着文化传播的广泛与深入，档案资源建设的定位也将越来越清晰。

2011 年，我国颁布实施《中华人民共和国非物质文化遗产法》，第三条规定“国家对非物质文化遗产采取认定、记录、建档等措施予以保存，对体现中华民族优秀传统文化，具有历史、文学、艺术、科学价值的非物质文化遗产采取传承、传播等措施予以保护。”由法可知，对非物质文化遗产的保护除了采取认定、记录、建档等措施予以保存外，还应采取传承、传播的措施对其进行保护。

江苏省张家港市在非遗传承人传播中华优秀传统文化过程中发现，为推进非物质文化遗产的保护、传承和发展，需要重新审视非物质文化遗产的档案资源建设。于是，他们将家庭建档和非遗建档相结合，组织并指导非遗传承人家庭开展建档工作，通过文字、声像、实物及口述档案等形式，全面、客观、真实记录非物质文化遗产多元的艺术内涵。截止 2017 年底，张家港市 48 位非遗项目传承人已全部建立家庭档案，并完成档案的数字化，市档案局也建立了专门的非遗档案数据库，实现对非遗档案的信息化管理。在第二届中国(张家港)长江流域民间艺术博览会上，张家港市非遗项目传承人家庭档案更是登上民博展台，向来自长江流域 12 个省市的 200 多位民间艺术家和非遗传承人展示了档案在非遗项目传承保护中的独特作用。

4　结语

信息技术的发展和“互联网＋”时代的到来，促进了档案文化传播的繁荣，同时也促使档案资源建设领域产生变革，以适应新时代文化发展的需求。十八大以来，习近平总书记在多个场合谈到中国传统文化，表达了自己对传统文化、传统思想价值体系的认同与尊崇，也多次提到文化自信。在十九大报告中，习总书记指出“文化自信是一个国家、一个民族发展中更基本、更深沉、更持久的力量”。档案记录、保存、保护、传播文化，是国家、民族乃至全人类的文化财富。在这样的时代背景下，档案资源建设和档案文化传播共同作为“记忆工程”和“文化工程”受到国家上下各级各类档案馆的重视。档案资源建设重点在于记录文化、保存文化，而档案文化传播的重点则是保护文化、传播文化、共享文化。若二者能够建立起长效互动机制，抓好档案各类原始资源的积累，注重传播让全民共享档案的历史文化价值，则无论对发展我国档案事业还是提升全民族的文化自信都大有裨益。

参考文献：

[1] 赵爱国，任文娜. 现代化进程中的社会档案资源的结构与服务体系初探[J].

档案学通讯，2011(6)：73—76.

[2]（美）戴维·博普诺著，李强等译.《社会学》[M]. 北京：中国人民大学出版社，2007，129—152.

[3] U. O. A. 埃思. 档案学：国家和文化传统，还是一门国际学科？第十三届国际档案大会文件报告集[C]. 北京：中国档案出版社，1997，206—212.

[4] 胡琨."互联网＋"时代档案文化传播的"立"与"困"[J]. 档案学研究，2017(5)：82—85.

[5] Britain and the Holocaust｜ Education｜ The National Archives [EB/OL]. [2018—01—03].

http://www.nationalarchives.gov.uk/education/sessions/holocaust/.

[6]（美）查尔斯. 霍顿. 库利著，包凡一等译.《人类本性与社会秩序》[M]. 北京：华夏出版社，1999，135—149.

[7] 潘玉民. 论国家档案资源的内涵及其构成[J]. 北京档案，2011(1)：17—20.

[8] 韩英，章军杰. 论非物质文化遗产的档案资源开发[J]. 档案学通讯，2011(5)：72—75.

[9] 郭庆光.《传播学教程》[M]. 北京：中国人民大学出版社，1999.

档案全媒体概念及应用现状综述

上海交通大学医学院档案馆　汤黎华　江浩艳

摘　要： 全媒体时代的到来已经成为社会共识，全媒体时代的工作方式和技术必然会影响到档案工作的变革，那么什么是全媒体，它的特点、应用现状如何都是我们档案界所必须了解和研究的，只有在充分了解的基础上，我们才能在全媒体时代中，将档案工作推向新的进程。

关键词： 档案　全媒体　特点　应用现状

全媒体时代的到来已经成为社会共识，全媒体时代的工作方式和技术必然会影响到档案工作的变革。近年来，全媒体这个时髦词汇频繁出现在档案学界，并在档案工作中掀起了一股风潮。那么什么是全媒体？它的特点、应用现状如何？它将会档案工作带来怎样的变革？

1　全媒体概念界定

"全媒体"这一名词最早可以追溯到英文的"omnimedia"，来源于一家在美国成立的名为 Martha Stewart Living Omnimedia 的家政公司。[1]在国内，"全媒体"一词最早出现在《中国经济日报》的一篇《消费真无热点?》的文章中。在该文中第一次提出了"全媒体"这个词，但其描述仅限于人们从声音与效果方面的追求[2]。自 2007 年开始起，对"全媒体"这一词开始广泛使用，但到目前也还没有形成一个权威的、明确的定义。主要有四种代表性的看法。第一,媒介形态说。认为全媒体是一种全新的媒介形态。[3]第二,媒介运营说。认为全媒体是一种媒介运营模式,不再是单落点、单形态、单平台的,而是在多平台上进行多落点、多形态的传播,报纸、广播、电视与网络是这个报道体系的共同组成部分。[4]第三,媒介整合说。认为全媒体是指全部媒体的综合,其所指并不是一个个体概念,而是一个集合的概念。[5]第四,媒介营销说。认为全媒体作为一种全新的媒介营销管理观念,是建立在媒介融合基础上的媒介营销策略,包括整合性的媒介内容生产平台的创建,以及相同媒介内容的不同呈现方式的组合性使用。[6]

综合学者们的观点,可以认为,全媒体作为一种全新的观念,其产生与通信技术和信息技术的发展密切相关,是一种综合运用各种表现形式如文、图、声、光、电,全方位、立体的展示传播内容,同时通过文字、声像、网络、通信等传播手段进行传输的新的传播形态。它是"媒介融合"的产物,是传统媒体与新兴媒体走向融合的结果。

2 全媒体的特点

全媒体是指全部媒体,是所有单一媒介形式的总和,与多媒体等其他媒体有着明显的区别。

首先,全媒体是广义的多媒体,是载体形式、内容形式以及技术平台的集大成者。除了传统的纸质、声像外,全媒体还包括报纸、杂志、广播、电视、音像、电影、出版、网络、电信、卫星通讯等;基于互联网络和电讯的有 WAP、GSM、CDMA、GPRS、3G、4G 及流媒体技术等[7]。

其次,全媒体包容了各种传统媒体的特性。它并不排斥任何一种传统媒体的单一的表现形式,将其视为"全媒体"中"全"的重要组成部分,并在整合运用全媒体的同时仍然十分看重传统媒体的单一表现形式。

再次,全媒体强调了各种媒体的整合,使人们的信息感知得到了全面实现。全媒体对感觉媒体、表示媒体、存储媒体、传播媒体和显示媒体进行全方位融合,通过全媒体传播,受众的信息感知得到了全面覆盖,满足了人们对信息全面接收和感知的基本需要。

此外，全媒体是一个开放的系统，实现了对受众市场的超级细分。全媒体可以针对受众的不同需求，选择最适合的媒体形式和渠道，实现最佳效果。同一条信息在全媒体平台上可以有各种纷繁的表现形式和传播方式，满足不同个体受众的个性化需求，一方面实现了信息内容的全面呈现，同时也实现了对受众需求的全面满足[8]。

3　档案全媒体的应用现状

3.1　全媒体在其他领域的应用研究

全媒体的概念出现以后，国外先后涌现出许多全媒体的应用实践案例。例如：美国 1996 年通过电信发，开放电信与广电的混业经营。现在美国已经实现电信网、广播电视网和互联网的相互连通，采用统一监管机构，并制定了较为成熟的相关法律。[9]法国也投入了大量资金和资源到三网融合的建设当中。法国预计到 2014 年将有 50％以上的家庭选择三网融合服务。这些应用的实例证明了全媒体时代的来临，它从方方面面正在逐步改变我们的生活。

在国内，全媒体最先在传媒与出版界成为一个新的流行概念。新华社新闻研究所课题组在 2010 年上半年发布的《中国传媒全媒体发展研究报告》中指出：近年来，为适应媒介融合的趋势，我国各级媒体机构纷纷进行内部资源整合，积极利用新技术、新传播手段广泛开展合作，在发展全媒体业务方面积累了一些经验。指出在全媒体时代传统媒体集团纷纷开始向全媒体集团转型发展，包括报业集团积极介入数字领域；广电部门利用原有音视频资源优势，大力发展新媒体；通讯社加快推进新业务，朝着全媒体业态迈进。[10]

除了在媒体报业外，在图书馆领域，全媒体也成为了一个热门新名字。在中国期刊网，以“全媒体＋图书馆”做主题检索，共出现相关文献 123 条。通过梳理，全媒体在图书馆中的研究涉及全媒体概念、全媒体时代图书馆的定位、服务模式、宣传推广、应用现状和对策等多个方面。在国家层面，2010 年 12 月 15 日，国家数字图书馆推广工程开始建设。借助电信网、广播电视网、互联网等网络通道，建设数字图书馆虚拟网，并建立了面向不同用户的开放信息服务平台。[11]同时，全国各地方图书馆也陆续开始建设并投入使用。2010 年 12 月 29 日，杭州数字图书馆率先将互联网、手机、电视三种媒介融合并向市民开放。在平等免费全民共享的服务理念下，依托先进的技术、舒适的阅读环境、多元化的服务方式及人性化的服务手段，成为国内首家实现免证阅览免押金免服务费的大型公共图书馆。同时将数字电视平台、智能移动终端平台与网站平台整合成综合性的杭州数字图书馆——“文澜在线”，并针对不同的受众层面开设了不同的服务方式，实现了把杭州图书馆这个“市民大书房”搬回家中的构想。[12]2011 年 7 月，江苏省常州市建成了全省首家电视图书馆，用户通过数字电视即可进入常州市图书馆检索和阅览书籍，又通过数字电视频道，为市民打开了工作和生活之外的“第三空间”——图书馆，进入特定频道后，用户可随意点播屏幕左边的视频菜单，还可以免费观看“名家大师讲堂”等精彩内容。此外，常州市图书馆还与国家图书馆、上海图书馆、龙源期刊网等展开资源合作，将一流的馆藏资源、精美视频、海量杂志搬上荧屏，让用户足不出户便可一览天下。[13]

3.2　全媒体在档案领域的应用研究

全媒体在档案界的研究相对较少。在中国期刊网，以“全媒体＋档案”做主题检索，剔除非相关共出现相关文献 13 条。具体内容如下：

2011 年，魏厚琴最早在《全媒体电子档案管理发展趋势及特点》一文中指出全媒体时代，档案人员要加强电子问价的收集和保存、提高档案人员的电子归档运用素质、注意电子文档的保密性等。[14]此后，档案学界开始有众多学者开始全媒体的研究和探讨。内容主要集中在全媒体档案概念；全媒体时代对档案工作的正副影响；全媒体时代的信息资源建设，包括信息的开发利用、整合、信息服务模式以及档案文化传播等方面。

3.2.1　全媒体概念研究

张大伟指出全媒体是广义的多媒体，它兼容各种传统媒体，并强调各种媒体的融合，它还是一个开放的系统。[15]柳溪则提出全媒体是以信息数字技术发展为基础的各种媒介深度融合而形成的媒介传播形态。[16]陈昕燕认为全媒体的“全”字体现了它与多媒体、新媒体的最大不同在于它是多媒体的集成体，它不仅涵盖了传统的纸质、声像媒体，还包括电视、出版、网络、卫星通讯等。指出全媒体时代强调个性化，即根据不同受众群体作出不同需求的反应。[17]郭艳认为全媒体是信息、通讯及网络技术条件下各种媒介实现深度融合的结果；是在具备文字、图形、图像、动画、声音和视频等各种媒体表现手段基础之上进行不同媒介形态之间的融合；是通过提供多种方式和多种层次的各种传播形态来满足受众的细分需求，使得受众获得更及时、更多角度、更多听觉和视觉满足的媒体体验。[18]

3.2.2 全媒体对档案工作的影响研究

张大伟学者提出了全媒体时代给档案档案事业发展带来的正能量与副作用。全媒体时代增强了档案信息的还原能力、增强档案业务的驾驭能力、增强了档案内容的表现能力和档案资源的传播能力。同时全媒体时代也导致了档案的碎片化，档案形式、档案流程和档案环境的碎片化等负能量。[19]陈昕燕认为全媒体时代给档案事业带来正能量包括馆藏资源更多元、价值更凸显、互动更立体等。副能量主要集中在内容琐碎，形式繁；传统管理模式瓶颈凸显，传统的查询、借阅服务不能满足全媒体时代多样化个性化的需求；跨界竞争愈演愈烈等方面。提出在新时期要档案事业要通过过拓宽档案宣传、创新立体化、个性化服务、着眼档案信息素质教育等方式抓住机遇，跨越发展。[20]

3.2.3 全媒体时代信息服务研究

郑少俊在全媒体档案信息平台建设做了探索，他认为全媒体作为新兴载体形式、内容以及技术平台的集大成者，将全面推动高校数字档案馆在信息化建设中迈上新台阶。在此基础上，提出了全媒体数字化档案管理平台的构想。并介绍了浙江经济职业技术学院在全媒体数字化档案管理平台的实践与探索。[21]刘玉兰等学者从高校学籍档案信息服务的现有模式及存在问题分析，指出对于全媒体时代的档案用户而言，单一的服务内容和信息形式不能适应信息时代的用户特点；单一的信息传递模式与当前用户对学籍档案的信息需求特点不相适应；单一的信息服务手段和服务平台与新信息环境下的信息服务严重脱节。指出全媒体时代信息服务具有了信息载体和表现形态变丰富、信息服务平台扩展、传递方式改变；复合型信息共享空间的理念和实践导入公共管理和信息服务。指出高校学籍档案信息服务新模式的建立要主要包含层次化服务内容、立体化服务平台、双向性信息传递方式。[22]柳溪撰文对全媒体时代的档案信息开发和利用进行了研究。认为全媒体时代具有融合性、开放性、数字化和个性化的特征，从媒介、受众和传播者三方面给档案信息的开发和利用带来了深刻的影响。提出档案信息工作需要从理念、制度和传播平台全方位进行范式转换，以开放理念为基础，服务为核心，传播理念为关键，用法律保障档案信息开发，用政策推进档案服务，用产业引导档案传播，与大众传媒媒体合作共建公众参与的全媒体平台。[23]陈蓉莉在《对农业科技档案实现全媒体管理的探讨》一文中阐述了全媒体与农业科技档案管理的关系，指出了当前农业科研档案管理工作的现状，提出了农业科技档案管理全媒体化的应用模式和实现农业科研档案全媒体化管理对策。[24]

3.2.4　全媒体时代信息资源整合研究

张鉴远在《全媒体时代图书档案数字化建设困境与对策》中指出高职院校图书馆图书档案建设面临领域、类别及数目快速增加；使用率逐年攀升；使用覆盖面和领域不停扩容等困境，指出高职院校图书馆图书档案数字化建设要建章立制，加强图书档案管理制度建设；科学规划高职院校图书馆图书档案数字化建设方向和目标；建立健全图书档案数字化建设风险控制制度。[25]姚雪在《全媒体时代档案图书情报信息资源整合》一文中从医学院档案、图书及情报信息资源整合的建设出发，科学分析了档案、图书及情报信息资源整合的客观性。指出要破旧立新，树立创新思维；要打破常规体制，确立新机制、新体制。[26]郭艳则撰文提出高校信息资源整合策略要从三方面实行，首先要构建档案、图书、情报全媒体数字化资源服务平台；要为资源整合提供保障机制，认为要充分创建新体制，利用新技术实现高校信息资源的集约化管理。其次，多学科综合业务人员的参与和培训。再者，要建立健全高校档案、图书、情报信息资源整合风险控制制度。[27]郭峰从图书、档案融合的历史根源及现实政策基础指出图书、档案融合具有实践基础。提出全媒体时代通过制定出台全国标准化政策；突破传统的条块分割管理；紧密加强档案、突出的合作基础等方面加速图书、档案的融合。[28]

3.2.5　全媒体时代档案文化传播研究

毛天宇、常杰总结了北京电视台"档案"栏目成功创办的经验，提出了"全媒体"时代档案宣传的新思路。即利用多种媒体互组，实现档案立体化宣传；紧密结合当下时事，充分利用"余光策略"，注重灵活借用"视链技术"，推动档案宣传新发展；挖掘档案宣传潜力，保障档案宣传内容高质量。[29]陈微撰文从全媒体时代对档案文化内容、档案媒介及档案文化影响力的影响等方面分析了全媒体时代与档案文化发展关系。[30]

档案界对全媒体的研究仍然处于起步阶段。全媒体时代对档案工作以及档案事业的发展有着重要意义。全媒体时代在新理念、新技术运用下，档案工作方式有着极大的变化。我们通过全面综述全媒体的概念以及阐述全媒体的特点和应用现状，有助于我们研究和进一步推动全媒体时代的档案工作的进程。

参考文献：

[1] 罗鑫. 什么是"全媒体"[J]. 中国记者，2010(03)：82—83.

[2] 消费真无热点？[N]. 中国经济时报，1999，6.

[3] 刘光牛. 走进全媒体时代—中国媒体转型研究[M]. 北京：新华社新闻研究所，2010，21.

[4] 阮藐藐. 全媒体时代都市报发展战略研究[D]. 四川外语学院，2011，6.

[5] 张大勇. 共赢高清全媒体运营新时代[J]. 广播与电视技术，2010(4)：139.

[6] 姚君喜，刘春娟. "全媒体"概念辨析[J]. 当代传播，2010(9)：14—15.

[7] 张大伟. 全媒体时代给档案事业发展带来的正能量与副作用[J]. 上海档案，2013(09)：20—23.

[8] 姚君喜，刘春娟. "全媒体"概念辨析[J]. 当代传播，2010(06)：13—16.

[9] 韩冰. 三网融合及其对图书馆的影响[J]. 农业图书情报学刊，2011(08)：

85—88.

[10] 新华社新闻研究所课题组，刘光牛．中国传媒全媒体发展研究报告[J]．科技传播，2010(04)：81—87.

[11] 曹平．我国公共图书馆“三网融合”应用研究[J]．图书与情报，2011(04)：109—111，115.

[12] 杨向明，寿晓辉．全媒体时代图书馆建设与服务创新——以杭州数字图书馆“文澜在线”为例[J]．河南图书馆学刊，2012(01)：77—79.

[13] 江苏：常州数字电视图书馆为市民打开“第三空间”[J]．中国有线电视，2012(10)：1205.

[14] 魏厚琴．贵州日报报业集团．全媒体电子档案管理发展趋势及特点[N]．经济信息时报，2011—11—18A02.

[15] 张大伟．全媒体时代给档案事业发展带来的正能量与副作用[J]．上海档案，2013(09)：20—23.

[16] 柳溪．全媒体时代档案信息的开发与利用[J]．云梦学刊，2015(01)：151—155.

[17] 陈昕燕．全媒体时代档案事业的新思考[J]．商，2015(34)：206.

[18] 郭艳．全媒体时代高校档案图书情报信息资源整合策略[J]．兰台世界，2016(20)：77—78.

[19] 张大伟．全媒体时代给档案事业发展带来的正能量与副作用[J]．上海档案，2013(09)：20—23.

[20] 陈昕燕．全媒体时代档案事业的新思考[J]．商，2015(34)：206.

[21] 郑少俊．基于媒资管理的全媒体档案管理平台研究[J]．厦门城市职业学院学报，2012(01)：75—79.

[22] 刘玉兰等．全媒体时代高校学籍档案信息服务模式探讨[J]．山西档案，2016(04)：61—62.

[23] 柳溪．全媒体时代档案信息的开发与利用[J]．云梦学刊，2015(01)：151—155.

[24] 陈蓉莉．对农业科技档案实现全媒体管理的探讨[J]．价值工程，2012(27)：188—189.

[25] 张鉴远．全媒体时代图书档案数字化建设困境与对策[J]．中国科技信息，2015(10)：36—37.

[26] 姚雪. 全媒体时代档案图书情报信息资源整合[J]. 中国科技信息，2015(09)：133—134.

[27] 郭艳. 全媒体时代高校档案图书情报信息资源整合策略[J]. 兰台世界，2016(20)：77—78.

[28] 郭峰. 全媒体时代如何加速图书、档案融合探析[J]. 科技传播，2015(10)：172—174. 郭艳. 全媒体时代高校档案图书情报信息资源整合策略[J]. 兰台世界，2016(20)：77—78.

[29] 毛天宇，常杰. 全媒体时代档案宣传的新思路——以 BTV“档案”栏目为例[J]. 档案管理，2012(04)：39—41.

[30] 陈微. 全媒体时代与档案文化发展关系浅析[J]. 兰台世界，2016(10)：6—7.

高校档案收集工作之我见

上海大学档案馆　郑　维

摘　要： 高校档案收集工作是高校档案工作的基础，如何进行有效收集是每一个档案收集人员必须思考的问题，本文分析了高校档案收集工作的目的，未来收集工作的发展趋势，并在此基础上提出高校档案收集工作的重点和使这些目标得以实现的有效途径。

关键词： 高校　高校档案　收集管理　趋势研究

高校档案收集工作是文件材料转化为档案的重要环节，是高校档案工作的基础。目前，随着高校的迅猛发展，档案收集工作如何实现"对历史负责，为现实服务，替未来着想"的要求，在工作中把握好为"过去、现在和未来"服务的尺度，真实地反映高校在招生、教学、科研、管理等各项活动的发展轨迹，再现学校发展的历史和记忆，弘扬、展现校园文化精神和文脉，最大限度地满足利用者的利用需求，是高校档案收集工作必须思考的问题。笔者觉得要厘清这一问题，必须重新审视高校档案收集的目的、研究它的发展趋势，调整高校档案收集工作的重点并通过多元化、有效的路径使这些目标得以实现。

1　高校档案收集工作的目的

1.1　再现学校发展历史

档案具有凭证价值，文件成为档案一般都结束现行使用价值，它留存的主要目的就在于存史，以备后世查考利用。明朝邱睿曾说，档案是“今世赖之以知古，后世赖之以知今”。档案和图书、情报等信息资源相比具有原始性、真实性等档案所独有的特性，肩负着为当今和未来社会全面保留“社会记忆”这一独特而重大的使命。高校档案收集工作就是要为后人留下高校发展的历史记录，全面、真实地反映学校的职能活动，真实记录学校在招生、教学、科研和管理等活动的情况，通过档案收集工作使后人了解学校发展的轨迹和实践过程，为后人留存学校的记忆。

1.2　传承、弘扬校园文化

大学是一个具有悠久历史传统和深厚文化底蕴的独特组织，我国高校发展的历程就是一部浓缩的中国近、现代史，很多高校都有自己光荣的历史。校园文化反映了一所学校独有的思想观念、价值取向、行为准则和思维方式，体现了一所学校浓厚的人文情怀和氛围。同时，高校拥有大量的知名人士，作为校园文化的一部分，他们都是在国内外享有盛誉的科学家、教育家，他们成长的过程就是把自己个人的理想、奋斗和祖国的发展紧密结合在一起，具有现实的教育意义。大学校园文化内容博大精深，高校档案收集工作就是要使高校深厚的文化底蕴代代相传，成为维系大学运转的内在力量，增强学校的凝聚力和向心力，推动学校在继承中发展。同时，高校校园文化还包括学校为满足学生文化生活的需要，以课余时间为主，以校园为空间，由学生参与的各项文化活动。

1.3　最大限度地满足利用者的需求

高校档案收集工作的目的就是为了最大限度的提供利用。高校档案利用的对象为学校管理者、教职工、学生、研究者和普通市民，教职工和学生是学校档案利用的主体，他们利用的重点也应成为高校档案收集的重点。我国档案学者朱荣基认为有关人生、家世、家庭以及个人学历和履历、业绩等方面的档案，都是人类长久需求查询和利用的史料资源，高校档案收集工作也应体现这一要求，应以人为本，关注民生，加强与教职工和学生密切相关的档案的收集工作，这也反映了高校收集工作的价值观。

2　高校档案收集工作的趋势

2.1　档案收集工作始终突出本校特色，弘扬学校文化、传承学校历史

随着高校对自身文化建设和校史研究的深入，高校档案收集工作必须反映本校的历史和弘扬、传承本校的校园文化精神，否则档案收集工作也就失去了最基本的意义和作用。收集工作要始终坚持反映本校特色和亮点，把学校在招生、教学、科研和行政管理活动中形成的重大活动、重要事件和重大项目的档案留存、记录下来，同时把反映学校文化内涵建设的精髓留存下来，使后人通过这些档案史料能知道前人做了些什么，学校代代传承的文化底蕴和文脉是什么。

2.2　档案收集工作将向精细化发展，将更多考虑编研工作的需求

档案编研工作是档案提供利用的重要手段之一，也是档案馆进行自我宣传的最佳途径，档案编研工作在档案馆今后的发展过程中将发挥越来越大的作用，档案馆要获得更多的话语权也必须要有自己的研究型人才产生，因此在进行档案收集时，心中要想到用，有编研这根弦。高校档案工作由于信息的相对滞后性，在对学校重大活动或发展沿革的大事件的把握上可能不像学校职能部门这么清晰，档案编研工作在反映波澜壮阔的学校大发展、大变革的立意点也可能不是很高，但档案编研可以另辟蹊径，以小见大，通过写小事反映学校的发展，写大事件中的一个小插曲、小趣事反衬大事件，因此在档案进行具体的收集过程中，需要独具慧眼，在大事件、大活动的收集过程中要注重一些小细节的收集，这小细节可能成为我们今后编研的选题。对小细节的收集需要档案收集人员动脑筋，与部门的沟通，了解活动和事件发展的基本脉络，这样才能发现有趣的细节。因此，档案资源建设将向精细化方向发展，不仅要有还要做到全，不管事件的大小，只要把这一事件方方面面的档案都收集完整，就能在档案

编研时提供有用的选题。

2.3　档案收集工作将打破地域、空间限制，档案将不再唯原件是从

随着高校的发展，高校希望重塑校园文化精神，传承校园文化内涵，了解“我从哪里来”，对学校自身发展的历史研究越来越重视，各个高校都掀起校史研究的热潮，但是很多高校的发展历尽沧桑，最初建校的历史档案资料可能不在中国，而在国外；有的学校经过迁徙，学校相关的档案资料可能不在本校在中国别的省市，因此，档案收集工作面向的对象将打破了地域的限制，到国外、到国内的综合档案馆、到相关方面收集本校的档案资料。同时档案收集工作也将不受空间限制，可以通过互联网收集大量的有价值的资料，因此，大家更多地关注收集的齐全、完整，而不再要求档案必须是原件。

2.4　档案收集工作将以专题进行，收集方式灵活，真正实现归档的齐全和完整

专题收集将成为高校档案收集工作的常态，只要是关于某一主题的内容，收集的范围将从校内到社会、从纸质到电子、实物、从有形实体到网络、从兼职档案员到社会相关人士和相关活动，收集的方式也日益灵活，可以是捐赠、可以是寄存、可以是代为保管、也可以是提供复制件保存。同时高校之间的资源也将越来越多地获得共享，档案收集工作将就一个专题，形成一个最大半径的圆，对相关资料进行全方位收集。

2.5　档案收集工作将始终贯穿民生理念

档案收集工作最终是为档案提供利用，高校档案利用群主要是学校管理者、教职工、学生、研究者和普通市民，其中高校教职工和学生主要是为了自身需要利用档案。同时，随着时代的发展，高校档案也必然会向社会开放，显示它文化事业机构的本质，因此高校档案收集工作必须牢牢抓住民生，服务民生，以人为本，建立覆盖本校的民生档案资源，只有利用者

需要了，档案馆才有生命力和活力，高校档案馆才能真正成为利用者需要来、愿意来的文化机构。

2.6 档案收集形式发生变化、载体形式呈现多元化趋势

档案收集工作随着时代的发展，载体形式将不断变化，纸质档案作为一种静态载体将依然存在，但是新型载体形式如照片、视频、书画和实物档案、电子文件、动态数据库的收集将越来越受到重视。照片、视频、书画和实物档案都具有极强的直观性，同时，实物档案还具有载体多样性的特点，可能是木制的、可能是玻璃制品也可能是布质结构的，这些特点也为档案多维度、全方面反映学校生活提供了可能。同时，为了今后举办展览的需要，口述档案也将是档案馆今后收集的一种重要方式，口述档案使人闻声如见人，比纸质档案生动、形象，具有纸质档案不可取代的价值，口述档案也是档案收集工作面对重大事件、重要任务进行抢救记录的重要方式。口述档案访谈的同时也是进行人物档案收集的契机。今后高校档案工作要取得应有的地位必须对档案载体形式扩容，为档案提供多途径利用做好物质准备。

3 完善高校档案收集工作的有效路径

3.1 档案收集工作和收集人员必须观念创新，收集工作建立一定的考评机制

任何一项事业的发展都需要创新，档案收集工作必须在创新中找准发展定位，必须和学校整体发展的思路相衔接、相融合，只有投入到学校的大发展中才有机遇。收集工作人员必须清醒地认识到“坐、等、靠、要”是永远没有发展前途的。同时，任何的创新都是痛苦的，同时工作也是需要压力的，有压力才会有动力，因此必须建立一套完善的考评机制，对具体收集工作的质和量进行考核，通过入库案卷的随机抽检不断调动收集人员工作的积极性和创造力，提高收集人员的工作能力、工作水平，因为人才是事业发展的第一推动力。

3.2 统筹兼顾、完善档案工作制度

档案收集工作是一项经常性、长期性、连续性的工作，同时由于高校各部门职能的交叉，同一活动往往涉及多个部门，因此必须建立完善的制度保障，使工作制度化。首先是岗位保障，部门档案管理工作落实到具体的岗位和人员，使责任到岗、到人，健全校园兼职档案员管理网络，使档案资源建设在源头上得到制度保障。其次是用计划来保障，根据学校中心工作，拟订档案工作的年度计划和中短期规划，经分管领导审批后，使档案收集工作纳入学校整体工作之中。再次是用制度统筹。根据学校实际情况，建立健全相应的规章制度，报批学校审核后成为全校性的行为规范，使今后"执法"时有法可依。最后是管理职能的保障。高校档案部门的设置决定其在高校档案管理中应具有行政职能，档案部门应理直气壮地行使行政职能，使档案"隐性"管理转变为"显形"管理，确保档案收集工作的开展。

3.3 建立动态的档案归档范围

目前，高校档案归档的依据仍然是国家教育委员会 1994 年施行的《高等学校档案实体分类法与高等学校档案工作规范》所确定的归档范围，但这一归档范围已不符合目前高校的发展形势，同时归档范围一旦确定也不会经常进行修改。但是事实上，每年高校归档的内容是会有所变化的，因此必须建立动态的档案归档范围来保证学校特色档案的归档。笔者认为动态的档案归档范围即我们俗称的预立卷类目表，收集人员应每年做好学校各归档单位的预立卷类目表，该类目表分为两项，一项为各归档单位的基本工作情况，另一类则为归档单位的特色活动和亮点工程，这样通过每年建立动态的归档范围，保证学校重大活动、重大事件和重大项目的归档。同时，该动态的归档范围明确归档载体包括纸质、电子和实物。

3.4 采用灵活的收集方式开展档案收集工作

高校很多重大活动都临时组织一个机构，活动结束，临时机构也就撤

消。因此,收集人员应时刻关注校园网,了解学校动态,为重大活动、重要事件、重大项目的报道建档,及时与有关部门联系,从源头上保证材料的齐全。同时,档案一般采用次年归档的方法,由于时间跨度长,容易造成档案材料的遗失。因此,档案资源建设必须采用灵活的收集方式。在收集时间上,做到常规收集和实时收集相结合,集中收集和专题收集相结合,不仅收集纸质档案也注重电子文件、口述档案和实物档案的收集。同时,由于高校档案来源的广泛性,有些档案非常珍贵,收集方式可采用移交、捐赠、寄存和代为保管的方式。

3.5 以档收档,完善高校档案收集工作

高校档案收集工作可以利用档案进行完善,保证归档材料的齐全、完整。如各部门的工作计划和工作总结对本部门当年的中心工作有详尽的描述。在收集过程中可参照本部门的工作计划、工作总结,了解哪些重要档案缺失,把遗漏的重要档案收集起来。对高校官方网站、年鉴、校报的收集也能起到完善档案收集的目的。网站首页、年鉴和校报上选用的照片具有代表性,一般为重要会议、重要活动和重大成果的照片,在照片档案的收集过程中,应对照收集,保证重要照片档案的归档。同时,通过查阅年鉴内容,对收集不全、遗漏的档案补充收集,保证档案收集的完整齐全。

3.6 档案收集人员工作职业化

档案收集人员今后将实现工作职业化。档案收集人员职业化是指档案收集人员从事档案收集工作应当具备一定的职业素养和修养。首先,档案收集工作是一项与人交往的工作,档案收集人员应具有良好的沟通能力和亲和能力;其次,档案收集是为未来存史,因此,收集人员应具有职业的敏锐,具有收集前瞻性;再次,档案收集人员应具备一定的业务素养,养成每天关注学校网站的新闻、关注归档部门的网站、查阅学校校报的习惯,加强对学校工作了解,加强对归档单位的了解,在收集时知道部门、学院会产生哪些文件,哪些文件具有归档价值;具有学习新事物、新技术的

能力，特别是信息技术的能力，目前电子档案双套制的归档模式今后必然被“单套制”所取代；最后，由于档案收集有业务指导的要求，档案收集人员不仅要有实践经验，更应具有档案理论水平，这样在档案收集过程中才能言之有物、言之有理、使人信服。

参考文献：

[1] 谢怡. 高校档案在大学文化建设中的作用[J]. 兰台世界，2007(6)：24—25.

[2] 钟立扬. 新媒体技术背景下高校档案工作的创新路径[J]. 浙江档案，2010(4)：35—36.

[3] 蒋娟. 高校档案收集存在的问题及对策探讨[J]. 重庆教育学院学报，2011(24)：159—161.

[4] 康胜利. 档案收集工作中问题意识刍议[J]. 档案，2019(9)：53—55.

[5] 龙宇光、叶竹楠. 大数据视野下的高校档案收集管理变革[J]. 产业与科技论坛，2016(20)：279—280.

高校档案开放鉴定中存在的问题及其对策

上海海洋大学档案馆　汪　洁

摘　要： 档案开放是实现档案价值的重要手段，是衡量社会文明和进步的重要标志。档案开放的前提是做好档案的开放鉴定。随着我国社会民主化进程的发展、高校信息公开化建设的不断推进及社会对档案部门服务能力要求的提高，加强高校档案开放鉴定工作势在必行。本文分析得出高校档案开放鉴定中存在的3个问题：1. 受“重藏轻用”、“以藏为主”传统观念的束缚；2. 档案鉴定力量不足；3. 档案鉴定理论与标准缺乏可操作性。由此就做好高校档案开放鉴定提出3点对策：1. 树立公共服务的理念；2. 完善档案工作鉴定机制；3. 加强档案鉴定理论与档案利用需求研究。

关键词： 高等学校　档案　开放鉴定　问题　对策

档案开放是实现档案价值的重要手段，是衡量社会文明和进步的重要标志。档案开放的前提是做好档案的开放鉴定。近年来，高校档案开放取得了一定的进展，但由于档案开放鉴定的滞后，档案开放率仍较低。本文拟对高校档案开放鉴定中存在的问题及其成因做些探讨，以期为进一步做好高校档案开放鉴定工作提供参考。

1　高校档案开放鉴定的必要性

高校档案开放鉴定是指高校档案部门按照国家有关规定，对高校馆藏档案中保存一定期限的档案，在分析其档案内容的基础上，决定向校内或社会开放与否的工作。

2008 年 8 月 20 日，教育部、国家档案局联合颁布《高等学校档案管理办法》(教育部、国家档案局第 27 号令，以下简称“27 号令”)。“27 号令”第四章第二十七条、第三十一条分别规定：“高校档案机构应当按照国家有关规定公布档案”、“高校档案开放应当设立专门的阅览室，编制必要的检索工具，提供开放档案目录、全宗指南、档案馆指南、计算机查询系统等，为社会利用档案创造便利条件”。由此赋予了高校档案向校内或社会开放的职责。

近年来部分高校进行了积极探索，大胆实践，已取得了可喜的成绩。例如上海交通大学档案馆成立了以馆长为首的档案开放鉴定工作组，对历史档案逐卷、逐件进行了开放鉴定，经校领导批准，于 2009 年 9 月在校园网上开放自 1896 年建校之初至 1949 年建国前学校教学、科研、管理活动等共七大类档案。

目前高校档案开放鉴定工作虽然取得了一定的成效，但从整体上看，高校档案开放的数量与高校馆藏资源相比，开放率仍较低。据报道，2007 年 72 所直属高校开放档案 1432328 件(卷)，仅占馆藏档案总量的 23.96％[1]。

随着我国社会民主化进程的发展、高校信息公开化建设的不断推进以及社会对档案部门服务能力要求的提高，加强高校档案开放鉴定工作势在必行。

2　高校档案开放鉴定中存在的问题

2.1　受“重藏轻用”、“以藏为主”传统观念的束缚

高校档案部门是学校的一个内部管理机构，主要承担学校各部门形成档案的收集和保管工作。长期以来，在主观认识上，有关部门通常将档案看作是学校和部门的私有财富，更多地注重档案的收藏和保管，从而导致了高校对档案开放不力和对档案开放鉴定的重要性认识不足。

2.2　档案鉴定力量不足

首先档案开放鉴定是一项政策性、专业性很强的工作。高校档案开放鉴定不仅是实现高校档案价值、公平享用高校档案资源的问题，还涉及到国家利益、信息安全、高校权益、知识产权、公民知情权和个人隐私等法律问题。如在高校十一大类档案中，科研类、产品开发类和设备类档案涉及知识产权、技术秘密，学生类和财会类档案涉及个人隐私，教学类、基建类档案涉及学校权益，外事类、党政类档案涉及国家利益、信息安全等。由于高校档案部门人员的能力、水平及知识面有限，完全由档案部门人员对馆藏各类别的档案独立行使鉴定、准确把握其内容、精确划控可能会产生偏差、存在风险。其次，档案开放鉴定是一项需要长期坚持开展的业务工作，需要人、财、物的保证。据调查，我国许多高校档案开放鉴定工作还未正常开展。如北京地区 36 所高校中，仅有 13.9％的高校定期开展档案鉴定工作，仅有 16.7％的高校落实了鉴定人员[2]。高校档案部门作为学校内部管理机构，在人员编制、财力、物力上短期内大量增加是不现实的，面对数量庞大的待开放鉴定档案以及鉴定后带来的一连串具体业务问题，如案卷的重新组合、装订、排列，卷内目录的重新编制，开放件与控制件检索工具的编制等，高校档案部门常常感到无力鉴定。长此以往，馆藏待开放鉴定档案越积越多，开放鉴定的工作量越来越重，高校档案部门更是力不从心。

2.3　档案鉴定理论与标准缺乏可操作性

档案开放鉴定需要国家政策的支持、档案鉴定理论的指导和档案开放鉴定标准、规范等的制定和实施。然而，我国的《档案法》与《各级国家档案馆开放档案办法》中只对档案开放鉴定提出了原则性规定，没有详细的说明和可操作性的条款。《高等学校档案管理办法》中对高校档案开放鉴定也没有给予具体的解释，相关部门也没有出台过相应的标准和规范，导致高校档案开放鉴定的可操作性不强。例如哪些人、哪些部门有权代表利用者的利益，客观、公正地进行档案开放鉴定；高校档案开放鉴定工作的程序;高校档案部门在开放鉴定中应承担的义务以及档案开放鉴定工作的监督机制等。

在档案鉴定理论方面,目前对档案鉴定的研究较多的仍停留在归档鉴定和存毁鉴定上,开放鉴定的文章多数局限于实际操作层面上的工作总结,上升到理论层面的研究较少,特别对高校档案开放鉴定的研究更少。

3　加强高校档案开放鉴定的对策

3.1　树立公共服务的理念

档案向社会开放,是世界各国档案利用工作的发展趋势,当今欧美多数国家档案开放率已达到或超过60%[3]。2010年9月14日,第42届国际档案圆桌会议上一致通过的《档案共同宣言》中提出:在遵守相关法律并尊重个人、形成者、所有者和利用者权利的前提下,向所有人提供利用档案。

在这方面欧美国家的一些理念和做法值得我们借鉴。欧美档案界普遍认为,公共服务是档案馆的核心职能。档案是保存在档案馆中的公共物品,只有更多的档案被利用才能体现档案馆的存在价值。如美国耶鲁大学档案手稿部为了让每个档案工作人员重视公共服务,了解服务流程和利用者的需求,增强公共服务观念,实行员工轮流接待服务制度,规定每个档案工作人员每周最少接待咨询服务利用者两小时。美国的各级各类档案馆都有着强烈的公共服务意识,除了对涉及国家安全和个人隐私的文件开放期从严控制外,各级公立档案馆能开放的档案都尽可能地开放,并且依法对开放档案利用限制少、解密时间短,只要持合法身份证明,无论是美国人还是外国人,在利用档案方面享受同等权利[4]。

欧美国家的理念和做法值得我们借鉴,要树立高校档案资源为学校、为社会共享的公共服务理念,进一步加强开放鉴定工作,充分实现高校馆藏档案的价值。

3.2　完善档案工作鉴定机制

要组建有效的档案鉴定机构。建议由上级主管部门、高校档案协会相关专家组成高校档案鉴定工作指导机构，由本校档案工作主管领导、档案形成单位部门领导、档案部门人员、部门档案员组成学校鉴定工作小组。在高校档案鉴定工作指导机构的指导下，由学校鉴定工作小组实施具体的档案开放鉴定工作。这样可从一定程度上减缓档案开放鉴定给档案部门造成的压力和对内容划控不准的问题。

此外，高校档案开放鉴定工作应稳步推进，在同一地区（省、直辖市）宜选择 3 至 4 所不同规模、具有代表性的高校进行试点，再将试点学校的经验加以推广。

3.3　加强档案鉴定理论与档案利用需求研究

由于各国高校管理体制不同，我国高校档案开放鉴定应在借鉴国外先进理念和做法的基础上，结合自己的国情进行，加强研究，勇于探索。

高校档案部门要善于整合档案、法律、信息等方面的专家、学者，主动争取上级部门的支持，积极承担档案开放鉴定方面的课题，完善档案鉴定理论，加快解决高校档案开放鉴定中的瓶颈问题，应重点加强高校档案开放鉴定办法、原则、标准，规范等研究，提高高校档案开放鉴定的可操作性。

要加强高校馆藏档案和利用需求的调查研究。高校档案开放鉴定应结合高校馆藏档案的特色进行，如高校主要活动是以教学、科研为主，应充分发挥高校教学档案和科研档案的馆藏优势，优先开展教学档案和科研档案的开放鉴定工作，及时提供相应的开放档案目录，为高校教学改革、科研选题立项等提供借鉴和参考。此外，高校档案开放鉴定应建立在高校档案利用需求调查研究的基础上，有所侧重地进行。以上海海洋大学为例，笔者通过对近五年来档案利用统计分析发现，社会对高校档案的利用需求主要集中在学生成绩、录取情况、毕业去向、学历真伪等涉及个人的档案，利用档案数量占整个社会利用档案的 90％以上，其次是高校历史研究和高等教育研究等。因此，应分期分批优先开展此类档案的开放鉴定工作，及时满足社会需求。

总之，高校档案部门应充分认识档案开放鉴定工作的重要意义，进一步解放思想，勇于实践，不断提升高校档案部门的公共服务能力，增强高校服务社会的功能，为我国社会民主化建设、高等教育事业的发展、国家安定、社会稳定作出应有的贡献。

参考文献：

[1] 蔺海波. 亟待加快发展步伐提高管理水平——关于高校档案工作的调查与思考[N]. 中国教育报，2008，6，18(12).

[2] 张桂兰，李洪梅. 高校档案价值鉴定研究——北京地区高校档案价值鉴定情况调查[J]. 档案学研究，2010(3)：36—38.

[3] 刘鸿浩，邹华. 档案开放鉴定刍议——困境和出路[J]. 档案学研究. 2011(2)：46—50.

[4] 孙保锋. 从公共服务视角看美国档案工作[N]. 中国档案报，2009，9，7(3).

浅谈网络环境下高校档案服务个性化

上海立信会计金融学院　顾丽佳

摘　要：高校档案的服务个性化研究是为顺应网络环境下，档案馆发展需要而提出的。本文从高校档案服务个性化建设的涵义、制约因素以及如何实现高校档案服务个性化几个方面提出了个人的认识及见解。

关键词：高校档案服务个性化

随着信息技术发展的突飞猛进，档案信息的生产、加工及传递越来越呈现出数字化和网络化趋势，高校师生、科研人员、管理人员等不同层次的档案用户，对档案信息的需求也呈现出个性化和多样化的趋势，这就为高校档案馆服务工作带来了机遇和挑战。目前大多数高校档案馆的档案服务工作在信息化、服务个性化方面仍处于较低水平，传统的档案服务模式已不能适应网络环境下的服务需求。因此，积极开展档案信息服务模式创新，充分利用网络信息技术，挖掘用户潜在的档案信息需求，实现高校档案服务个性化应成为当前各高校档案馆的发展方向。

1　高校档案服务个性化的涵义

高校档案服务个性化，区别于传统的等待用户上门的被动提供利用的服务模式，其根本出发点是“以用户为中心”，在对档案用户的身份、行为、工作内容、特定需求分析的基础上，通过运用现代网络信息技术，主动挖掘用户潜在的档案信息需求，向用户提供满足其个性化需求的、有针对性的信息内容和服务功能的一种服务模式。在当今网络环境下，高校档案馆开展个性化服务无论从档案用户信息需求的角度，还是从高校档案馆自身建设发展的角度来看，都有着极其深远的意义。

2　制约高校档案服务个性化的因素

2.1　服务观念落后是制约高校档案服务个性化的主要因素

高校档案馆多年来主要采取的都是等待用户上门的服务形式，只是被动的提供利用。而在网络环境下，这种传统的服务方式已明显不适应市场竞争，高校档案馆只有调整服务观念，变被动为主动，根据用户的需求整合档案信息资源，提供个性化的、有针对性的档案信息服务，才能不断适应档案馆开拓创新、自身不断壮大的需求。

2.2　缺乏稳定和高素质的档案管理人员队伍

档案工作是一项需要很强的工作耐心，细心和长期稳定性的工作，本身比较枯燥又不易出成绩的特性，导致这个岗位对高素质年轻人才缺乏吸引力，极易造成人才流失。如果档案工作人员没有对学校的校史，办学理念，特色有较为完整深刻的认识，是无法收集到完整反应学校各方面工作情况的材料形成档案的，调查证明，频繁更换档案工作人员的单位，纵观其档案，会发现有很多“断层”(内容缺失)，正如“书到用时方恨少”，而档案材料没有及时归档，再要补齐就不是那么容易了，这些就是没有稳定的档案管理队伍的代价。

另外，网络环境下，用户需求对高校档案管理工作人员的要求也不再是单纯的档案管理，是否能够利用现代技术，整合档案信息资源变得尤为重要。

2.3　档案管理方式落后，数字化程度不高

目前，高校档案馆管理方式落后，档案材料普遍以纸质查阅为主，虽然运用了档案系统，因数字化程度参差不齐，普遍以标题检索，无法达到

所有档案全文检索的要求，这样的管理状况，严重影响查全率和查准率，降低档案的利用服务效率。

2.4 馆藏档案“个性化”不足

高校档案工作，不能是简单的按照归档范围，机械的收集材料。要提供个性化服务离不开馆藏档案的个性化，高校档案应体现学校自身独特的办学定位和理念，突出反映本校教育教学特色。

3 如何实现高校档案服务个性化

3.1 加大宣传，引起领导重视，获得工作支持

高校领导对于档案工作的重视与支持，极大影响着一个高校档案管理的质量。因此，学校档案部门要主动介绍档案工作先进管理思路，汇报本校档案工作现状。尽力获得学校领导对于档案工作的理解与支持，领导的档案管理意识提高，就会起到一种示范效应，促进各部门负责人对档案收集工作的重视与支持，从而愿意将部门内突显学校特色的材料整理移交档案部门，促进高校档案馆藏的个性化建设。

3.2 加大投入，软硬件“两手抓”，提高利用效率

高校档案部门应及时向高校领导宣传先进的档案管理设备和技术，以获得学校对档案软硬件设施的投入。一方面，学校应定期更新和添置必要的档案设备，尤其要顺应学校档案现代化管理工作的需求，配备档案管理现代化专业设备，使学校档案真正实现数字化管理；另一方面，应改善档案工作受重视程度，提高管理人员待遇，吸引并留住人才。稳定和高素质的档案管理人员，加上先进的管理设备会让档案工作能真正为高校的教学、科研和管理工作提供专业的信息服务。

3.3 深入调研，用“发现”的眼光，以用促管，丰富馆藏

如今的档案收集工作，仅仅根据高校归档范围机械化地收集材料，已

经无法满足校内外用户利用的需要。学校和社会对于高校档案的利用需求,要求档案人员紧跟学校发展步伐,重视办学传统,理解办学思想,深入调查研究,注重收集能够突显专业特色,体现办学精华的档案材料。因此,个性化的馆藏,是实现个性化服务的基础。个性化馆藏体现在两点:一,馆藏档案本身是否具有个性化,能否突出本校特征。二,档案信息是否经过加工整合,专题汇编。无论是馆藏档案还是汇编档案都要档案人用“发现”的眼光,以用促管。找到用户的兴趣点,根据档案利用率,利用面,有针对性的收集,征集,整理,汇编,设立专题档案数据库,建立名人校友人物档案等。

3.4　树立一支专业的档案信息导航服务队伍

专业的档案信息导航人员区别于普通提供档案利用人员,不仅是简单的查档,取档,办理手续,而是能真正了解档案信息内涵,为用户提供专业信息检索建议和意见的信息导航员。这支专业队伍中的人员,不仅需要对学校校史,特色以及档案内容了如指掌,还具有根据信息需求,有针对性的进行档案信息汇总编辑,提供加工后档案信息的能力。

总之,网络环境下,高校档案服务个性化能体现一所高校的特色和整体水平,把握好档案管理的“新、旧、特”,最大限度的收集新资料,挖掘老资料,搜集特色材料,并“以用户为本”提供个性化的利用服务,能使高校档案信息这笔宝贵的财富,更好地为学校各项工作的持续发展和打造学校品牌服务。

档案走进课堂:国外档案资源教育功能开发的实践探索

上海理工大学档案馆　黄少梦

摘　要: 档案资源具有独特的教育功能,档案部门应让档案走进课堂,让档案更好地为教育服务。文章介绍了三个国外档案资源教育功能开发实践案例的主要特点,并分别从谋求多方参与、为各学科服务、建构开发层次和重视信息伦理四个方面阐述国外案例对我国实践的启示。

关键词: 档案资源　教育功能　开发

计算机技术、网络技术等信息技术的出现与普及,使教学过程中信息的获取和利用更加便捷了。然而却出现一个问题,"信息爆炸、信息污染给公众选择有价值的信息资源带来了极大困境"[1]。特别在教学过程中,更加需要对通过各种途径获取的信息进行筛选与鉴别。加拿大学者特里·库克曾指出:"档案的专业性不能被颠倒,而应该在更为清晰的方向上不断前行。……新的交流方式和媒介不能掩盖档案所承载的信息。档案绝对不能沦为'麦当劳式'快餐性的信息资源"[2]。档案资源作为人类在社会实践活动中形成的原始记录,真实生动地反映了整个社会发展的方方面面,具有独特的教育功能。

长期以来,很少能在我国课堂上寻觅到档案资源的踪影。因此,如何充分利用现有的各种信息技术,以生动有趣的形式开发档案资源的教育功能,让档案走进课堂,让档案更好地为教育服务,成为摆在档案部门面前的一大挑战。近年来,一些国外的档案和教育机构在档案资源教育功能开发方面进行了一系列的实践探索，对我国的档案部门开展相关实践具有积极的借鉴作用。

1 “亚历山大数字地球原型”项目

“亚历山大数字地球原型”(Alexandria Digital Earth Prototype，以下简称 ADEPT)项目是美国加州大学圣芭芭拉分校依托亚历山大数字图书馆各类地理学相关的原始信息资源，基于其本科课程的教学内容，开发出的一套教学系统。通过该系统提供的强大工具和服务，地理学教师可对包括档案资源在内的各种学习材料进行创建、检索和显示，学生也可获得专业的地理学学习资源。

1.1 地理学档案资源

地理学是一门非常适合针对其进行档案资源教育功能开发的学科。对教师来说，档案资源是首要的信息资源。在教学过程中，地理学教师会利用到大量的原始图片、文件、视频等。对学生来说，地理学教学已经成为一种探究性学习，它强调学生需要“像学者一样‘思考’或‘工作’”，通过检索与学者所利用的相同的原始档案资源，即档案资源，进行调查研究[3]。

1.2 课程教学工具与服务

1.2.1 各类信息资源的导入导出

地理学教师可从常用的应用软件或设备中将所需的信息资源导入 ADEPT 系统，从而使其在系统中得以集成。相应地，存储在系统中的各类信息资源也可以导出到其他应用软件或设备，从而丰富其展示形式。

1.2.2 图片与数据的处理

根据对课件的预期设计，教师可以对导入的图片和数据加以处理，最终制作成适用于课堂教学的课件。例如，对导入的档案图片，教师可根据需要，对图像进行放大、缩小或选取部分，还可给图片加上注释。

1.3 个人数字图书馆及其共享空间

个人数字图书馆是教师管理数字学习材料、应用课程教学工具与服务的个人空间。通过将各类信息资源导入 ADEPT 系统，教师可以创建自己的个人数字图书馆。此外，个人数字图书馆还是一个知识共享空间，它使一名教师可以获取其他教师制作的教学大纲、课件和其在教学过程中所使用的原始信息资源等。

2 “文献教学”项目

“文献教学”(DocsTeach)项目是美国国家档案馆网站教育分部的一个优秀成果，分为“探索”、“发现”和“创建”三大板块，其目标在于鼓励更多的教师和学生利用该项目提供的档案资源和“活动”进行历史教学。“自 2010 年 DocsTeach 项目首次推出以来，其网络版页面被浏览 1250 万次，可用于 iPad 的移动 App 被下载超过 580000 次。超过 35000 的注册用户创建了超过 20000 个活动。”[4]

2.1 创新的“活动”创建工具

“活动”是以 DocsTeach 项目提供的档案资源为基础创建的教学工具。通过“活动”创建工具，用户可以创建自己的“活动”。由此，用户不仅是档案资源与“活动”的利用者，更成为共建者和参与者。目前，该项目提供了十一种用途各异的“活动”创建工具。每一种“活动”创建工具都注重发展学生某几个方面的历史学思维能力。

2.2 丰富的资源获取形式

2.2.1 检索与浏览

用户可通过关键词或条件检索筛选出所需的档案资源或“活动”资源。通过放大、缩小和上下左右平移，用户可观察档案资源的细节部分。

2.2.2 管理与利用

对所需的档案资源或“活动”资源，用户可直接下载或打印，注册用户还可加入收藏夹或复制到“我的活动”。每一件档案下还会标注其原件的保管地点与档号，以便有需要的用户查阅原件。

2.2.3 传播与共享

依托美国国家档案馆网站强大的“社交媒体战略”，DocsTeach 提供了相关链接，使用户能够将感兴趣的档案资源或“活动”资源分享到 Facebook、Twitter、Linkedin 等社交媒体上，从而扩大其传播与共享。

2.3 合理的知识产权保护

DocsTeach 项目非常重视保护每一份档案资源与“活动”资源的知识产权，但也不完全限制其共享和利用，它基于“知识共享”(Creative Commons)组织的“署名-非商业性使用-相同方式共享 4.0”(BY - NC - SA 4.0)国际许可协议。根据该协议的规定，在不以商业性为目的的前提下，DocsTeach 上的大部分档案资源来自国家档案馆的馆藏，属于“公共领域”，其利用可不受限制；至于创建的“活动”资源，其作者可根据需要选择是否公开发布，一旦发布，其他用户的利用就不受限制。

3 “虚拟阅览室”项目

“虚拟阅览室”(Virtual Reading Room，简称 Vrroom)项目由澳大利亚国家档案馆开发，是获取澳大利亚国家档案馆数字档案资源用于课程教学的新方法。2006 年，该项目赢得了“澳大利亚出版社协会”的“卓越教育出版奖”[5]。

3.1 适用于多个学科的教学

除了普遍认识到的历史学外，Vrroom 项目提供的档案资源还涉及多个学科的教学。首先，它为澳大利亚中学的公民学课程教学提供了丰富的档案资源，涵盖政府治理过程、政府政策以及公民与政府互动等方面。其次，该项目提供的大量不同类型的档案资源可作为学生学习英语的阅读文本。最后，由于澳大利亚一直非常重视科学研究与发展，形成了大量与科学研究相关的档案资源，该项目从中选取了与前沿科学、科技发明、通信相关的档案文本与图片，对科学课程的教学有很大帮助。

3.2 与专业教育机构的合作

澳大利亚国家档案馆与澳大利亚教育公司(Education Services Australia，简称 ESA)共同合作，对 Vrroom 提供的大约 290 份档案进行选择、编目，并为每一份档案资源创建了学习内容。ESA 是隶属于澳大利亚教育部的一家非盈利性公司，其团队由资深的项目经理、教育专家和技术专家组成，他们对于创建基于信息技术的产品和服务以支持教育和学习，拥有丰富的实践经验。

3.3 对信息伦理规范的遵守

Vrroom 项目严格遵守个人隐私和知识产权方面的信息伦理规范。在个人隐私方面，该项目服从联邦隐私委员会对政府网站的指导方针。除非涉及到违法行为，网站后台不会试图识别用户的浏览行为，或因其他任何目的使用或泄露个人信息。在知识产权方面，该项目遵循《澳大利亚联邦版权法案》，用户出于非商业性目的，对档案资源及其学习内容的利用不受限制，但必须保留版权声明并引用参考号码。

4 对我国档案资源教育功能开发实践的启示

我国的档案部门应当在立足自身特色的基础上积极借鉴国外的优秀经验，完善自身的不足之处，从而更好地开展我国的档案资源教育功能开发实践，真正让档案走进课堂。

4.1 包容合作，谋求多方参与

档案部门应坚持包容合作，谋求多方参与，借助专业的力量为档案资源教育功能开发服务。

4.1.1 与教育机构合作

学校是教学的第一线，拥有丰富的教学经验，专业教育机构往往拥有教育与技术方面的人才。档案部门与教育机构合作开发档案资源的教育功能，能够充分发挥各自专业优势，实现双赢。

4.1.2 与其他文化事业机构合作

这一合作基于信息资源的集成理念，将反映同一教学课题的各类信息资源进行整合并开发其教育功能，能够充分发挥各自资源优势，实现资源互补。

4.1.3 用户参与

从事档案资源教育功能开发的工作者往往从自身的角度出发，不可能完全了解教师、学生或其他研究人员等用户的需求。用户参与档案资源的教育功能开发，能够充分调动其积极性，让用户的教学需求得到自我满足。

4.2 集思广益，为各学科服务

档案资源对历史学教育的价值不言而喻，但同时，其内容涉及到政治、经济、文化、科技、地理、军事等社会发展的方方面面，对相关学科的教学也非常有帮助。因此，我国档案工作者应打破固有的理念，集思广益，积极开发档案资源的教育功能为各学科服务。至于如何开发，关键在于立足馆藏，深入挖掘有价值的内容，找到档案资源与各学科之间的契合点，并以各种形式最大限度地将档案资源的教育功能呈现出来。

4.3 优化创新，建构开发体系

档案资源教育功能开发的实践应立足自身实际，在优化国外开发经验的基础上，建构档案资源教育功能开发的体系架构，为我国实践的创新提供拓展空间。

图1是本文建构的档案资源教育功能开发的体系架构示意图，分为

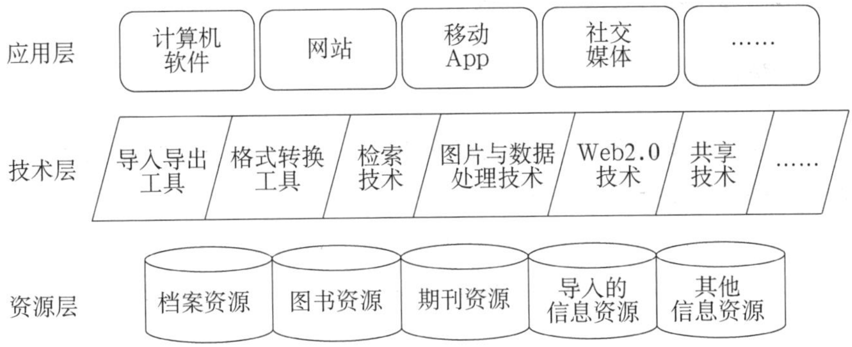

图 1 档案资源教育功能开发体系架构示意图

三层,由底层至顶层分别为资源层、技术层、应用层。各层次之间相互联系相互作用,构成一个有机的体系。资源层通过技术层实现档案资源和其他各类信息资源的整合、管理和存取;应用层通过技术层实现用户对档案资源和其他各类信息资源的访问、参与开发和共享;而技术层作为连接资源层和应用层的中间层,通过多种技术的融合,将档案资源以各种极富创意的形式呈现到教师、学生和其他用户面前,呈现到教学过程当中,真正实现档案走进课堂。

4.4 合理利用,重视信息伦理

档案资源教育功能开发不可避免会涉及到信息伦理问题,无论是知识产权还是个人隐私,档案部门都应坚持合理利用,通过法律和技术的手段建立档案资源教育功能开发的信息伦理准则,避免出现信息伦理失范的情况。

在合理利用知识产权方面,档案部门可同类似"知识共享"的组织合作,恢复著作权体系中"平衡、折衷和适度,同等重视创新和保护"的价值理念[6],从而在"所有权利被保留"与"权利被非法利用"这两种极端情况之间找到一个平衡,既可不侵犯创作者的权益又可实现对知识产权的合理利用。

在合理利用个人隐私方面,档案部门必须遵守相关法律法规,并经用户授权同意,且对能够利用的个人信息和利用目的做严格限制,仅限于为用户对档案资源的访问提供便利。

参考文献：

[1] 谭必勇.如何拉近档案馆与公众的距离——解读西方公共档案馆公众教育职能的演变[J].图书情报知识,2013(4).

[2] "Terry Cook. Viewing the World Upside Down:Refections on the Theoretical Underpinnings of A rchival Public Programming [J]. Archivaria, 1990, 31: 123—134.

[3] Christine L. Borgman,Laura J. Smart,Kelli A. Millwood,et al. Comparing Faculty Information Seeking in Teaching and Research:Implications for the Design of Digital Libraries[J]. Journal of the American Society for Information Science and Technology,2005(4):636—657.

[4] Stephanie. Introducing the Newly Redesigned DocsTeach. org[EB/OL].

[5] About the site[EB/OL]. http://www. vrroom. naa. gov. au/about/,2016—9—9.

[6] 知识共享中国大陆宗旨和历史[EB/OL]. http://creativecommons. net. cn/about/history/,2016—9—18.

高校档案信息资源深度开发利用工作探析

华东理工大学档案馆　程栋梁

摘　要：本文从高校档案信息资源深度开发利用工作的内涵与意义入手，分析了当前高校档案信息资源深度开发利用工作的重点，并对深度开发利用工作作了一些自己的思考，以期有一定的借鉴意义。

关键词：高校档案　深度开发　信息反馈

1　高校档案信息资源深度开发利用工作的内涵与意义

1.1　高校档案信息资源深度开发利用工作的内涵

档案开发，就是档案机构根据实际需要，按照一定的原则、方式、方法和要求，采取专业化和现代技术，对馆（室）藏档案中所蕴含的各种有价值的信息进行系统的挖掘与揭示，使之服务于社会各项活动或工作，满足人们的各种需要。高校档案信息资源深度开发利用，就是高校档案机构秉持以人为本的理念，以利用者需求为导向，越过已有的开发利用层次，多形式、深层次地开发系列档案产品，最大限度地挖掘高校档案信息资源的潜在价值与功能，以满足利用者的需求。

1.2　高校档案信息资源深度开发利用工作的意义

档案工作是高校工作的重要组成部分，也是党和国家教育事业的重要组成部分，加强高校档案信息资源深度开发利用工作，具有重要的意义。

首先，对高校档案机构来说，它是高校档案工作的重要内容之一，是检验高校档案收集、整理、鉴定、保管等工作效果的重要环节，是衡量高校档案工作好坏的主要标志，也是高校档案工作的基本出发点、中心环节和最终目的。同时，高校档案工作的各项基础业务都是围绕这一中心目的而开展并通过其得以实现，可以说，只有通过档案开发利用工作，高校档案、档案工作者以及档案机构的价值才能得到社会及各方面认可。

其次，对高校来说，通过开展档案开发利用工作，一方面为学校的各项事业发展服务，为学校的发展提供借鉴和依据，促进学校各项工作的开展，推动校园文化及和谐校园建设；另一方面，高校档案馆(室)作为一个对外窗口，通过开展档案开发利用工作，架起学校与社会之间的“桥梁”，促进学校与社会的沟通和交流。同时，通过高校档案信息资源深层次开发利用工作，发掘高校档案在校园教育、校史文化建设等方面的功能，对内对外起到一个很好的宣传，为学校的发展营造良好的内外部环境。

再次，对社会来说，通过开展高校档案信息资源开发利用工作，一方面向社会提供档案利用，服务社会各项事业，为社会主义经济文化建设等各方面服务；另一方面，通过开展高校档案价值深度开发与挖掘工作，提供档案编研产品及智力成果，服务于“四化”建设，尤其是对高校科研档案的开发与利用，能够产生极大的经济与社会效益。

2 高校档案信息资源深度开发利用工作的重点

2.1 高校特色档案的开发利用

高校特色档案是指高等学校在教学、科研及各项管理活动中直接形成的，具有高校独特内涵和反映学校办学特色并具有查考利用价值的各种历史记录。高校特色档案是学校在创建和发展过程中形成的具有特色的历史记录，作为高校发展轨迹的记忆载体，真实地记录了学校的发展历程，反映了学校的管理水平、师资队伍、教学质量、科研水平、学生培养等特征。通过特色档案，可以直观、便捷地了解一所学校的办学特色与治学精神，弘扬了学校的办学理念，彰显了学校的文化底蕴。因此，应该高度重视对高校特色档案的开发与挖掘，在平时的收集归档过程中，要注重对特色档案资源进行收集、整理、归档，通过设立特色档案库、陈列室、展览馆等，对特色档案的实物、图片、声像等资料配以文字，配备解说员，对学校师生员工、校友等进行开放宣传，还可以通过与学校或社会相关部门紧密联系，结合特殊专题进行特色档案的展示与交流等，从而推动高校档案信息资源的深度开发。

2.2 高校档案编研工作

编研工作是高校档案部门主动提供档案信息资源为利用者服务的一种重要的开发形式，强化档案编研工作对于深化高校档案资源的开发与利用，提升档案资源的价值有着重要的意义。开展高校档案编研工作，一方面高校档案部门要树立强烈的同步意识，摸清学校档案利用需求的趋势，及时了解、掌握学校以及社会发展动态，系统收集有关的档案资料，增强工作的主动性、预见性、创造性并选择新颖、富有创意、能发挥高价值的选题，及时、主动、有针对性地开展档案编研工作；另一方面要注重编研成果的质量，做到“编”“研”结合，既“编”又“研”，要依托高校的智力优势，对档案信息资源进行开发、编辑、评价与深加工，加大“研”的分量，编写出融资料性、研究性、服务性于一体的有一定内在质量与深度的编研产品，使编研成果包含深层次的信息，有较高的利用价值。同时，在编研方式上可采取联合编研，不仅能解决单个档案部门馆(室)藏信息不够全面系统以及资金短缺问题，还能集各家所长，提高档案编研成品的质量，增强档案编研成果的社会影响力，可以是高校档案机构与校内其他部门进行联合编研，也可以与兄弟高校的档案机构进行联合编研，还可以与社会上其他信息机构或个人联合承担某项课题编研。

3　做好高校档案信息资源深度开发利用工作的几点思考

高校档案是高校在教学、科研、管理等活动中形成的各种有价值的材料，对档案信息资源进行开发利用使之服务于学校、社会与公众是高校档案工作的中心环节，也是最终目的。如何对档案信息进行有效开发，挖掘其内在的价值，实现档案价值的倍增，让档案发挥更大的作用，产生更大的经济和社会效益，是广大档案工作者必须面对的一个重大课题。

3.1　提高认识，强化高校档案信息资源深度开发利用意识

高校档案信息资源深度开发工作是一项系统工作，涉及到方方面面，高校档案机构与工作人员要更新观念，调整工作思路与重心，深化对开发利用工作重要性的认识，明确档案信息资源开发利用的重要意义，创造性地开展工作，最大限度地发挥档案信息资源的价值与作用。

一是要树立“需要”意识。一方面高校档案机构需要通过开发深层次的档案信息资源去提升自己的“地位”，扩大自己的影响力，彰显自身价值，另一方面社会也需要高校档案机构开发深层次的档案信息以满足各方面的需求，从而促使高校档案信息开发利用工作从封闭状态开放出来，实现档案的潜在价值及作用，成为学校及社会的财富。

二是要树立“精品”意识。高校档案信息资源开发利用要彰显和提升地位与影响力，开发的成果应该是满足社会需要的具有高水平的文化产品，在讲究开发成果的内在知识含量与科技含量的同时还应该注重成果的特色性与实效性，要树立精品意识，实施精品战略，对开发成果要精心组织、精心设计、精心编制，以满足社会需求的高标准。

三是要树立“效益”意识。作为一种重要的信息资源，高校档案信息资源的开发利用工作也必须要树立效益观念，不论是社会效益还是经济效益，都必须要以创效益为目的，从而适应市场经济发展的客观需要。

3.2 加强档案收集工作，丰富优化馆(室)藏，为深度开发利用夯实基础

收集工作是整个档案工作的起点，是基础性也是关键性的工作，收集工作开展的好坏，直接影响着档案工作的开展，也影响着档案信息资源深度开发利用的质量与效果，因此，要高度重视档案收集工作，丰富并优化馆(室)藏结构与内容。

一要建立、健全高校档案收集归档工作管理制度。首先要根据《档案法》、《高等学校档案管理办法》等中关于档案收集的相关规定和办法，结合学校实际，制定适合学校情况的档案收集管理办法；其次要建立目标管理责任制度，由主管档案的领导将档案工作列入议事日程，督促各部门按照要求做好档案收集归档工作，做到责任到人，分工明确；再次要完善校内专兼职档案员的考核、监督机制，在主管档案的校领导的指导下，由高校档案部门具体负责实施，开展档案收集评比工作，对成绩突出的部门与人员给予一定的物质与精神奖励，而对考核不达标的部门或个人，给予必要的通报或点名批评，情节严重的给予相应的处罚。

二要丰富档案收集的方式方法。一方面做好高校档案的常规接收、归档工作，严格按照相关制度进行年度或学年度归档，确保接收、归档的档案齐全、完整、准确、系统；另一方面要加强不定期收集工作，专兼职档案员在平时工作中要做到随时随地的收集，及时掌握学校动态，对学校重要活动、重大项目的档案要主动介入、现场采集并及时收集，对于一些重大但不是定期举行的活动如校庆、院庆、党代会、学代会、教学评估等，为了确保档案材料的齐全、完整、系统，更为了方便日后的查阅利用，也可以采取专题收集的方法。同时，还要加强高校档案的征集工作，这是对档案接收工作的有效补充，是扩大和丰富馆(室)藏的重要手段，也是档案机构的重要职能，对一些散落在个人(如教职工、校友、退休教职工等)及社会上的能够反映学校历史、活动的重要的、极具特色、有保存价值的档案，要指派专人，加大投入，通过捐赠、购买、寄存、复制原件、接受移交等方式，积极接收进馆(室)。

三要着重优化馆(室)藏档案质量。接收进馆(室)的档案材料,难免存在"良莠不齐",这就要求一方面要加强对进馆(室)的档案材料的鉴定工作,要"清源截流"地严把质量关,做好专兼职档案员的指导和业务培训工作,提高他们对档案保管期限和档案价值标准的鉴定水平,准确划分文件的保管期限,确保进馆(室)档案的质量;另一方面要注意清除馆(室)藏档案的过量重复,及时剔除失去保存价值的档案,克服馆(室)藏臃肿现象,对一些内容上、形式上或同一档案的不同稿本等不同程度重复的档案,要及时加以清理整顿,加强鉴定工作,对一些保存价值不大或者在社会发展过程中失去保存价值的档案,要坚决加以清理或销毁,从而确保馆(室)藏档案的质量。

3.3　加强人才队伍建设,构建深度开发利用人才保障体系

生产力诸要素中人是决定性因素,高校档案信息资源深度开发利用工作是一项涉及面广、综合性强的系统工程,因而,建立一支高素质的档案工作队伍至关重要。

一是加强高校兼职档案员队伍建设。高校档案是在教学、科研、党政管理及其他活动中形成的各种不同形式的历史记录,这些档案的收集、整理、立卷等都有要依靠各部门的兼职档案员,如果离开他们,高校档案工作将失去强有力的基础。因此,建立一支稳定、高效的兼职档案员队伍,能够极大地提高高校档案信息资源的深度开发利用工作。一方面高校档案管理机构与各职能部门要高度重视兼职档案员队伍建设,明确岗位职责,严格考核制度,完善激励惩罚措施,合理安排兼职档案员的工作,把兼职档案员的档案工作纳入年度考核内容中,与职务聘任、职称评定及年终评优等挂钩,从而确保兼职档案员队伍的稳定;另一方面,积极创造条件,加强对兼职档案员队伍的业务指导与培训,提高其业务水平,建立兼职档案员定期培训制度,强化业务指导工作,尤其是要加强对新兼职档案员的业务指导与培训,通过有针对性地采取"请进来"与"走出去"相结合的学习手段,开展业务交流与学习,从而提高兼职档案员的素质与业务水平。

二是加强专职档案员队伍建设,尤其要重视复合型人才的引进与培

养。首先，高校应根据学校发展规模及馆（室）藏量具体情况，按照国家档案局人员编制的有关规定，适当增加专职档案员的配备以满足高校档案工作发展的需要，特别是要吸引和引进高水平的档案信息开发利用方面的人才，扩大档案管理队伍，改善档案队伍人才结构，提升高校档案队伍整体素质。其次，要高度重视专职档案员队伍的稳定与升级，将高校档案队伍建设纳入到学校整体规划中，完善激励考核评价竞争机制，通过制定优惠政策、改革分配制度、增加收入、给予关心关注、营造温暖和睦氛围等，做到“政策留人、待遇留人、情感留人”，稳定档案队伍，同时要积极创造各种条件，加强档案人员专业知识和业务技能教育，提高档案人员的知识水平和业务素质，重点培养和提高现代化管理与信息开发能力，使档案人员不断拓宽知识领域，提高工作效率和服务效益。

3.4　做好高校档案信息资源深度开发利用信息反馈工作

档案工作的最终目的是为了利用，将档案进行收集、整理、加工、开发等再提供给利用者利用是档案工作的重要内容。高校档案信息资源开发利用后的信息反馈工作，是调整档案馆（室）工作内容的客观基础，一方面能够及时了解开发利用工作中的利弊，纠正开发利用工作中的偏差，提高开发利用工作的质量；另一方面能够及时准确的了解利用者的需求，拓宽开发利用渠道，最大限度发挥高校档案的价值与作用；同时，通过信息反馈工作，能够检验高校档案收集、整理、鉴定、保管等工作环节的好坏，促进高校档案基础工作的开展。

一是建立健全档案信息深度开发利用反馈工作制度。高校档案机构应结合本馆实际情况，建立健全科学、规范且具有可操作性的规章制度，将档案信息开发利用反馈工作纳入日常工作轨道，做到责任到人并定期汇报，形成反馈报告，在交流中促进今后工作的开展。

二是加强反馈信息收集，拓宽信息反馈渠道。开展反馈工作，高校档案机构应转变工作态度，变被动为主动，积极拓宽反馈渠道，除了传统的设置意见箱、摆放利用情况登记表、分发利用信息反馈表、电话采访等，还应该积极利用现代信息通信网络技术，如通过电子邮件、手机微信、博客论坛、档案馆网站开设“网上留言”、“网上咨询”等，扩大反馈信息收集渠道，积极加强反馈信息收集工作。

三是做好反馈信息的分析。反馈信息分析是对反馈到档案机构的利用信息做出科学判断，去粗取精、去假存真，剔除原始反馈信息中混入的虚假成分，筛选出有价值的信息。[1]对收集来的反馈信息，档案机构要建立系统完善的分析处理机制，制定严格的制度，明确分析处理的时间、内容、程序、要求和方法等，并组织专人负责，从而确保收集来的反馈信息能够得到及时、有效的处理，防止出现偏差。

四是加强反馈信息的再反馈。档案机构将各行为主体的反馈信息收集后应及时的进行登记、保存并传递给相关人员，对于产生了重大经济效益或社会效益的典型事例要及时汇编成册，重返社会，而不能将之束之高阁，仅仅作为内部交流资料，拒绝向利用者开发，档案机构根据利用者对利用过程中提出的建议或意见做出改进的，要及时地再反馈给利用者。[2]通过反馈信息的再反馈，能防止档案工作者“只收集资料不改变现实”的做法，能进一步宣传档案的价值和作用，提高档案部门知名度，提高利用者的反馈积极性，形成良性循环。

随着我国教育事业的蓬勃发展和高等教育改革的不断深化，高校档案数量急剧增加，种类日趋繁多，内容也越来越丰富，对高校档案信息资源进行深层次的开发是时代赋予高校档案工作者的艰巨任务，也是高校档案工作深入发展的必然要求与结果。高校档案机构与人员要高度重视深度开发利用工作，抓住开发重点，做好收集归档工作，抓好人才队伍建设，从而深度挖掘高校档案的潜在价值与功能，为学校及社会服务。

参考文献：

[1]郭君、李洪喜、丛喜权．试论档案利用工作的信息反馈[J]．机电兵船档案．2001(5)：11.

[2]周耀林、张露．论档案利用的信息反馈工作[J]．档案管理．2013(4)：20.

新形势下民办高校档案工作的探索与实践

上海思博职业技术学院　孔红珍

摘　要：学习中共中央办公厅、国务院办公厅印发《关于加强和改进新形势下档案工作的意见》(中办发[2014]15号)，作为民办高校，怎样在新形势下做好档案工作，探索档案工作新方法，上海思博职业技术学院综合档案室，几年来，在学校档案管理实践中，通过完善体制、理顺思路、确定方法，达到了档案管理目的，在学校各级领导重视下，加大了对档案基础设施建设的投入，从完善体制机制入手，不断开拓工作思路，探索档案工作方法，在提高档案管理上，取得了一定的成绩。

关键词：保障关键方法

《国家中长期教育改革和发展规划纲要》确定了"大力发展职业教育"和"大力发展民办教育"方针，为职业教育和民办教育的健康而长远发展指明了方向……档案工作作为高校重要的基础性工作，它对学校的发展和校园文化建设的形成有着不可替代的作用。继2008年9月1日，教育部、国家档案局联合颁发了《高等学校档案管理办法》(简称第27号令)之后，2014年，中共中央办公厅、国务院办公厅印发《关于加强和改进新形势下档案工作的意见》中办发[2014]15号(以下简称《意见》)，《意见》的颁布，是在全面深化改革的新形势背景下对档案工作的纲领性文件，是党和国家对档案工作的新要求。该《意见》的出台，从完善档案工作体制机制、建立健全档案资源体系、建立健全档案利用体系、建立健全档案安全体系、加大对档案工作的支持保障力度等五个方面作出了全面的阐述和部署，具有极其重要的指导意义。作为高等教育中的民办高职院校，怎样在新形势下做好档案工作呢？笔者通过学习《意见》，结合工作中的实践，谈谈自己的体会。

1　完善体制是做好档案工作的保障

《意见》明确指出："坚持并不断完善党委和政府领导、档案部门归口负责、各方面共同参与的档案工作体制，确保分工明确、各司其职，密切配合、形成合力，促进档案事业协调发展"。这一表述充分揭示了我国档案工作管理体制的内在含义和档案工作运行机制的本质要求。

一个学校要完善档案工作体制机制，就是要真正做到档案工作由学校统一领导，档案部门归口负责，遵循"统一领导，分级管理"的原则；真正形成各部门共同参与档案工作的工作格局。我校是 2003 年经上海市人民政府批准建立的独立设置的高职民办院校，学校的档案室是 04 年建立的，2008 年之前一直由图书馆兼管，2009 年校长办公会议决定，设置专职档案员，现任的学校领导(分管档案工作)，把档案工作提到了学校的议事日程，成立了档案工作领导小组和工作小组，聘任了具有档案专业职称人员任档案室主任，各部门(二级学院)配备兼职档案人员，形成了校领导、各职能部门负责人、二级学院院长和兼职档案人员的三级档案工作网络。2010 年档案室独立，并定为主任级单位(独立核算)，正式编制为 1 人，2011 年 11 月，接受上海市档案检查组检查，评定为优，去年入选为上海市高校档案专业理事单位。目前，我校有 5 个二级学院、职能部门 18 个，共有兼职档案人员 24 位。

2　理顺思路是做好档案工作的关键

俗话说："思路决定出路"。笔者是 2009 年进入该校档案室的，至今已有七个年头了，当时档案室的情况用二个字来描述："严峻"，学校领导要求是:“档案室要成为达标单位”,目标确定后,理顺思路是做好工作的关键。首先,档案室先后实地走访几所高校,初步了解公办高校与民办高校档案管理的模式和现状,在开阔眼界的同时,掌握了第一手资料,为开展档案工作做好实践前的准备;其次,在参观、学习兄弟院校档案管理工作的基础上,取他人之长处,补自己之短处,回校后进行比较、对照及分析,并听取同行意见和建议,逐步理清了适合本校档案管理工作的思路,形成了总体的框架,为打造全新的档案室把好起点这一关。档案管理框架的形成,要有制度的支撑,才能得以具体的实施,通过学习上级有关档案工作法律、法规和方针政策的前提下,结合学校自身实际情况,制定了以档案法规、归档指南及档案操作三大板块为主的《档案工作制度汇编》;第三,2009 年 9 月,对照“27 号令”自查评分,自查约 30 分,到 2011 年 2 月自查约 70 分。在短短一年多的时间里,档案管理工作提高了 40 个百分点,学校领导评价说:“档案室正以自己的专业知识,加快了档案管理的速度”。本人的体会是自信与自觉。首先是自信,自信心来之于不断的学习和探索,增加自己的底气,其次是自觉,自觉来之于奉献。档案提倡的是奉献精神,档案工作在一个单位,由于它的性质关系,平时与大家接触不多,大家不会太关注。多干不一定叫好,少干也不一定受到责难,只有把做好档案工作作为自觉的奉献,才能耐得住寂寞,守得住清贫;第四,一个学校的任何一项工作,如果得到了领导的支持,就能使这项工作顺利的开展,档案工作也不例外,档案人员的工作态度、效率、质量以及成果,是让领导支持(重视)的主要原因。一要多做宣传。可以通过学校档案中心网页(可以创建),让档案工作在学校有一席之地。二多作沟通。在与领导汇报工作时,多谈一些搞好档案工作对学校的益处,双管齐下,得到领导的重视;第五,有作为才有地位。我们要努力在本职岗位上有所作为,除做好常规工作外,要积极参与上级布置的工作,借助于上级的力量,寻找突破口。尤其是我们搞档案工作的,在学校比较弱化,又是冷门岗位,上级来检查,是检验自己成果最好的突破口。通过自己的努力,上级的肯定,来得到领导的认可,取得地位。

3 提高档案工作效率重在选对方法

管理学中常说："细节决定成败"、"最简单的方法就是最好的方法"。笔者所在院校是一所民办高职院校，在近十年档案工作管理的实践中，笔者总结出一套切实可行的，即：抓住"基本点"、"基本面"，实施"收得全"、"理得顺"、"管得住"，"二基"、"三得"的方法，大大提高了工作的效率。

第一基本点就是抓住归档范围。《意见》指出："完善归档制度。各单位档案机构要认真履行职责，建立健全文件材料归档制度，及时制定或修订本单位各类文件材料的归档范围和保管期限表，报同级档案行政部门审核后实施，做到应归尽归，应收尽收"。一个学校的归档范围一层不变的，不是一个好的归档范围，归档范围应该随着学校的发展不断修订，应归尽归，这样，才能使室藏有所增量。2009 年，笔者刚去的时候，档案室现用的归档范围已不符合 27 号令所规定的要求，经过几年的调研，2012 年根据学校的实际情况，作了一次较大的修订，报主管领导审核后实施，效果良好。而随后每年在听取一线部门意见的基础上不断完善归档范围，使有价值的文件材料做到应收尽收。

第二基本面就是抓住档案培训。《意见》指出："各级党政机关、企事业单位，要根据工作实际需要，加强档案管理工作……开展档案业务交流、人员培训等……，提高工作效能。"由于民办高校的特殊性，人员流动较快，档案培训已成为档案部门一项常规工作，为做好这一工作，从最初的一般基础档案知识培训，通过不断摸索，发展到目前的订单式、反馈式及个别式的多种形式的培训，效果良好。所谓订单式培训，就是对部门（二级学院）各个兼职档案人员在上一年归档材料中，根据收集、整理到上交过程中存在的共性问题，每年组织一次归档前的培训；所谓反馈式培训，就是对部门（二级学院）各个兼职档案人员在上一年归档材料中，根据收集、整理到上交过程中存在的个性问题采取反馈单形式发到兼职档案人员手中；所谓个别式培训，就是对部门（二级学院）新进的兼职档案人员，手把手的进行个别辅导。通过以上几种培训形式的实施，使错误率逐年下降,提高归档的准确率。

第一个"得"就是收得全——接受档案。《意见》指出:"各地区各部门各单位要把档案工作与其他工作同规划、同部署、同落实,做到全覆盖"。为做好这方面的工作,要求并督促部门(二级学院)日常做好预立卷,把好档案资源建设这一关。笔者所在的档案室的材料上交的时间分为二个时间段,行政类、教学类分别在 6 月底和 10 月底前上交。档案室会在第一学期及第二学期的期末发通知提醒兼职档案人员,这样做的好处是让新进人员和平时预立卷做得不够好在假期中有个缓冲。一方面使材料不丢失,另一方面也方便自己的日常工作(领导需要材料),有些部门,刚开始做得不怎么好,后来尝到甜头了自然就做好了。另外,通过"一对一"方式,就是把存档这一年学校每周的安排打印出来,这其中包括一些会议、活动、外校来访等内容,在部门上交材料时,实行"对接",未存档的,要求补齐,想尽办法尽可能收全、收齐。

第二个"得"就是理得顺——整理档案。《意见》指出:"各级党政机关、企事业单位,要根据工作实际需要,加强档案管理工作,做好本单位本系统的文件收集、整理、归档工作……"民办相对公办院校而言,人员配置紧,而且管理人员身兼数职,由部门立卷尚有困难,为解决这一问题,档案室编制了部门"归档条目单",即解决了部门分类问题,又减轻了档案部门的负担。档案室根据归档范围设计了两张"归档条目单",第一张由部门填写,比较简单,内容包括类目名、类目号、序号及材料内容,这样,既解决了第一道分类问题,又可以让兼职档案人员学习了档案术语,一举二得。第二张是由档案部门填写,它的内容更细化一点,除上述内容外,还增加了材料起止日期、保管期限、归档号及案卷号,它解决了勤工助学学生电脑输入的问题,几年操作下来很管用。大大提高了工作效率。

第三个"得"就是管得住——档案保管。《意见》指出:"严格按照有关规范和标准加快改造或新建、扩建档案库房,进一步提高档案库房的安全防灾标准……确保档案安全保密"。笔者所在的院校领导十分重视档案工作,2011 年档案库房在原来的基础上作了扩建,今年将再一次新建,在硬件设施上基本满足档案所需,达到"八防"要求。在案卷保管方面,档案室每年对档案信息输入后，打印《本年度案卷统计表》，并及时复制到移动硬盘做到异质备份保管；案卷整理入库后对前来利用(查阅或借阅)者，要求填写《档案利用登记》；每学期对档案库房进行检查，并填写《档案和资料保管情况登记》，通过以上的的工作，确保档案安全。

档案工作是“收藏昨天”的事业，无数个昨天成就了今天，收藏昨天既是延续历史，更是为了服务现在，无论国家政权如何，发达程度怎样，均无一例外的日积月累形成和保存着并将其世代流传。随着我国高等教育改革的不断深入，民办高校获得了蓬勃的发展，但因体制、经费、观念上的不一致，导致民办高校的档案管理工作与公办高校相比，仍然存在较大的差距，而就档案工作本身而言，并不存在“公办”和“民办”两种质的差异，档案工作对民办高校同样具有特定的价值和作用。所以，作为民办高校的档案人，要尽职责，敢担当；业始于勤，勤于精；笔者曾经看到过这样一句话：“有些事情不是看到了希望再去坚持，而是坚持了才能看到希望”。

参考文献：

[1] 国家中长期教育改革和发展规划纲要(2010—2020 年).
[2] 中办发[2014]15 号《关于加强和改进新形势下档案工作的意见》.
[3] 中华人民共和国教育部令第 27 号《高等学校档案管理办法》.
[4] 档案学字典，上海辞书出版社.

浅谈高校档案部门勤工助学模式的创新

上海理工大学档案馆　刘淑娟

摘　要：高校档案部门开展勤工助学，是贯彻上级和学校的要求，积极参与学生资助工作，融入高校“中心”工作的要求。高校档案部门勤工助学模式，一方面可以克服自身“工作强度大，工作人员不足”矛盾，更好的服务师生，另一方面能够帮助贫困学生，促进档案宣传。档案部门工作的专业性和保密性特点使档案部门勤工助学模式开展过程中矛盾重重，正确处理好这些矛盾才能促进高校档案部门勤工助学模式的创新，实现档案部门和勤工助学学生的双赢。

关键词：档案部门　勤工助学模式　保密性　专业性

高校档案部门勤工助学模式是指高等学校的档案管理部门为贯彻上级和学校要求，向学校勤工助学学生提供一定的工作岗位，并按照学校相关规章制度对参加勤工助学的学生进行岗位培训、工作考核、计算薪酬、奖惩、权益保障等管理，以实现档案部门和勤工助学学生双赢的工作模式。

1　高校档案部门勤工助学模式形成的原因

1.1　贯彻上级文件精神，融入高校“中心”工作

高校档案部门作为高校中的基础服务部门，承担着保管、利用高校在

从事招生、教学、科研、管理等活动中直接形成的对学生、学校和社会有保存价值的各种文字、图表、声像等不同形式、载体的历史记录的职责，同时还要服务于高校人才培养、科学研究和社会服务的大局，切实融入高校中心工作。长期以来，高校档案部门一直处于高校三大中心任务的大后方，处于高校的"边缘"地位[1]。从"边缘"融入"中心"是高校档案部门实现自我突破的不二法门。勤工助学工作是高校人才培养工作的重要一环，《中共中央国务院关于进一步加强和改进大学生思想政治教育的意见》[2]，《共青团中央、教育部关于进一步做好大学生勤工助学工作的意见》[3]，《教育部、财政部关于印发〈高等学校勤工助学管理办法〉的通知》[4]都强调了高校勤工助学工作的重要性，对高校勤工助学工作的开展提出了一系列办法和要求，明确提出"各高校要把勤工助学工作作为一项日常工作和深化高校改革的重要内容予以高度重视，并采取切实措施，加强组织领导。要建立学校党委领导、行政负责、各职能部门参与、团学组织协助的管理体制"[5]。档案部门积极参与开展勤工助学是融入高校"中心"工作，提升自我地位的重要途径之一。

1.2 克服自身"工作强度大，工作人员不足"矛盾，更好的服务师生

高校的扩招和学校的发展，使高校档案部门每年收集的档案资料迅速增加，社会对档案的利用也日渐频繁，档案部门工作量不断上升。而由于档案部门处于高校的"边缘"，经费、设备、人员配备与其他中心部门都有一定差距，加上其他部门对档案工作重要性认识不足，归档不及时，造成档案部门专职工作人员工作难度加大。开展勤工助学，让学生承担一部分工作量，可以有效帮助专职档案员减轻压力，及时完成工作。同时，勤工助学的学生有着不同的专业背景，思想活跃，能将现代大学生的先进理念与自身的专业特点融入档案工作中，为档案工作带来新思想、新思路，促进专职档案员自身观念的更新和工作的创新，使档案部门的服务更符合师生的需求。

1.3 促进档案宣传,帮助贫困学生

档案部门在高校地位普遍不高,很多高校没有开设档案课,学生档案意识比较薄弱,对档案及档案管理部门知之甚少。档案馆通过勤工助学活动,每年从各学院各年级招收不同的学生,让学生将自己工作过程中的所了解到的档案知识向周围同学传播,特别是通过BBS、微信等平台,广泛宣传档案,可以使学生更好的了解到档案的保密性、重要性以及档案利用程序,逐步培养起学生的档案意识。

档案部门为大学生提供若干勤工助学岗位,能帮助贫困家庭学生获得一定经济收入、缓解经济困难,帮助他们自立自强,同时,能够帮助他们培养劳动观念和职业道德,锻炼品格毅力,提高综合素质。到档案部门参加勤工助学的学生,不仅能学到档案知识、校史知识及法律知识,培养起档案意识、保密意识、服务意识,还能锻炼交际能力、语言表达能力、动手能力等,在耳濡目染中树立正确的劳动观。此外,参加勤工助学的学生来自不同的年级和学院,工作过程中可以相互交流,相互帮助,共同促进学习进步。

2 高校档案部门勤工助学模式普遍存在的矛盾

高校档案工作自身的专业性、保密性、隐私性等特点,使得档案部门在勤工助学岗位设定、工作内容、规章制度等方面与其他部门的勤工助学情况有明显不同,带有很强的档案特色,从而形成特有的档案部门勤工助学工作模式。而各高校档案部门的行政权属划分、业务类别、工作人员配备等情况的不同又使各高校档案部门的勤工助学模式有所差别。各高校档案部门勤工助学模式普遍存在的如下矛盾:

2.1 档案部门亟需勤工助学学生与勤工助学管理不完善、制度不健全之间的矛盾

档案部门工作量大、人手少,亟需勤工助学学生帮忙完成繁重工作任

务，但勤工助学的管理不完善、制度不健全，在一定程度上制约了勤工助学作用的发挥。高校的勤工助学工作一般由学校专门的资助机构进行集中管理，负责每个部门勤工助学学生的数量、招聘、工时、薪酬发放等。受经费所限，资助机构下批给档案部门勤工助学学生的名额数量往往不能满足实际需求，致使档案部门的大量工作不能如期完成。有些高校档案部门不能掌握自主招聘权，只能被动接收资助机构派过来的学生，会出现学生不适合档案工作，甚至学生在工作中屡屡出错的情况。大多数高校档案部门对勤工助学学生的管理是沿袭其他部门的岗位责任制度、合同制度、考核制度、薪酬制度等，很少针对自身工作的专业性、保密性、隐私性等特点制定单独的管理制度，如保密制度、责任制度等。加之专职档案员工作繁忙，疏于对勤工助学学生培训和管理，容易导致学生工作中出现疏漏，甚至出现丢失、损坏、涂改档案的恶性事件。

2.2　档案工作的保密性与勤工助学学生保密意识不强、流动性大的矛盾

保密性是档案的重要属性。档案馆每年收录的档案材料的密级主要有五个级别，即公开级、限制级、秘密级、机密级、绝密级[6]。其中公开级是可以在国内外发行和交换的；限制级是指不涉及国家秘密但在一定时间内限制其交流和使用范围；秘密级、机密级和绝密级都是是涉及到国家秘密的，在一定时间内只限一定范围的人员知悉的事项。如上级划定的绝密文件；学校具有国际先进水平的科学技术成果和重大发明创造的核心部分等机密文件；一般干部及学生的档案不属于国家秘密，但属隐私，不准擅自扩散。勤工助学的学生没有档案工作基础，对档案密级搞不清楚，而且流动性大，一般做一个学期就不做了，容易引起无意识或有意识的泄密行为。

2.3　档案工作的专业性与勤工助学学生专业性不强的矛盾

档案部门工作具有极强的专业性，文件整理、立卷、归档、保管、利用、销毁等都需要专业的档案知识。而勤工助学的学生来自全校各个专业，

很少是档案学专业的，需要参加档案专业培训才能顺利开展工作。但是培训需要较长的时间，档案部门往往采用一边工作一边指导学生的方式，致使出现老师稍不注意，学生就会出错的情况，需要老师重新返工，客观上增加了专职档案人员的工作量。

3 促进高校档案部门勤工助学模式创新的建议

高校档案部门勤工助学模式的创新，归根到底是管理的创新。以上矛盾的存在是高校档案部门勤工助学模式创新的源动力，只有在实践过程中不断探索、总结经验，使各项规章制度、各相关部门及责任人的管理行为和方式能够深入满足工作需要并最大限度贴合学生的需求，才能促进勤工助学模式的不断创新，实现档案部门和勤工助学学生的双赢。

3.1 完善勤工助学管理体系，完善档案部门勤工助学管理制度

高校负责勤工助学的资助机构根据档案部门的实际特点，下放一定的管理权限给档案管理部门，如在学校经费不足的情况下，允许档案部门自己出资招聘勤工助学学生，完成大批量的档案工作；允许档案部门自主招聘勤工助学的学生，真正做到用人单位和学生双向选择等，使档案部门能及时解决勤工助学工作管理过程中出现的问题。

高校档案部门要在高校勤工助学制度的基础上，根据《中华人民共和国档案法》、《中华人民共和国保密法》、《高等学校档案管理办法》等法律法规制定专门的档案部门勤工助学管理制度，推动档案部门勤工助学模式的顺利开展。档案部门勤工助学管理制度应该包括：岗位责任制度，明确勤工助学岗位的职位要求，责任到人；培训制度，实行岗前培训和实时培训相结合，在勤工助学的学生上岗之前对学生进行档案专业知识、法律法规的培训，同时加强具体工作中的实时指导培训；考核制度，定期对勤工助学学生的工作表现进行考核，奖优罚劣，并将考核结果反馈给其所在院系作为学生综合素质评定的依据；保密制度，将档案密级划分清楚，要

求勤工助学学生保守档案秘密，并明确泄密的后果；合同制度，与录用的勤工助学学生共同签订用工合同，合同中明确岗位职责、工作时间、薪酬、保密措施、违规处罚措施、违约后果等条款，保障双方的权益；建立勤工助学学生档案，将参加勤工助学学生的具体工作情况记入档案，作为以后就业的参考记录。

3.2 严格录用勤工助学学生，落实保密防范措施

为防止出现档案泄密、遗失、篡改等恶性事件的发生，档案部门要严格招录勤工助学学生，层层筛选，试用合格后再录用。初选时，不仅要考察参加勤工助学学生的专业知识、计算机操作水平等硬性条件，而且要严格考察应聘学生的政治面貌、思想政治素质、诚信表现情况、家庭经济状况等情况。初选结束后，让学生试用一段时间，根据试用期表现择优录用。同时，对工作难度、强度大的一些岗位适当的增加薪酬，以吸引更多优秀的学生。这样一来，可以有效保证勤工助学学生的素质，减少有意识泄密事件的发生。

参加勤工助学的学生大多没有档案管理工作经验，而且人员流动性大，在工作中难免出现疏漏甚至无意识的泄密行为，因此专职档案人员要加强对勤工助学学生的指导监督工作，杜绝档案泄密事件的发生。首先，专职档案员不能将涉密档案材料整理工作交给学生来做，不能让学生进入库房，主要安排给学生一些简单、量大的学籍、学位档案的整理、系统著录等工作；其次，专职档案员要言传身教，以自身的职业素质影响学生，使学生懂得档案保密的重要性，同时做好监督指导工作，随时查看学生的工作情况，一旦发现违规操作及时制止；最后，通过技术手段加强监督，如在库房配备摄像头、报警器等，严防窃密行为发生。

3.3 加强培训，帮助勤工助学学生成长

加强对勤工助学学生的培训是弥补勤工助学学生做好档案工作的有效措施，岗前集中培训和实时培训缺一不可。岗前集中培训时，专职档案员首先要将档案工作中需要的专业知识、注意事项耐心的向学生讲解；其

次，向学生灌输档案法律知识，提高学生的档案保密意识，培养学生从事档案工作的职业道德，增强学生的工作责任心；最后，要开展思想政治教育和心理健康教育，帮助勤工助学的学生树立正确的价值观、劳动观，引导学生正确看待生活上的困难和压力，培养积极乐观的心态，帮助学生成长。在日常的工作中，专职档案员要根据每个学生的工作情况进行实时培训，手把手教会学生一些常用的档案工作技巧，及时纠正学生工作中出现的一些错误；开展与学生的单独谈话，及时了解学生思想动态，在思想上引导学生积极向上，树立正确的价值观、劳动观。此外，档案部门还可以适时的组织学生开展集体活动，促进专职档案员与学生的交流与沟通。

参考文献：

[1] 蔺海波.高校档案工作如何由边缘走向中心[N].中国教育报，2008，5，29(9).

[2] 中共中央国务院关于进一步加强和改进大学生思想政治教育的意见[Z].中发(2004)16.

[3] 共青团中央、教育部关于进一步做好大学生勤工助学工作的意见[Z].中青联发(2005)14.

[4] 教育部、财政部关于印发〈高等学校勤工助学管理办法〉的通知[Z].教财(2007)7.

[5] 教育部、财政部关于印发〈高等学校勤工助学管理办法〉的通知[Z].教财(2007)7.

[6] 文献保密等级代码与标识[S].2003(9).

浅谈高校基建档案管理

华东师范大学档案馆　冯　珺

摘　要： 高校基础建设攸关师生人身安全和国家财产安全，基建档案在建筑物修缮和重建中作用重大，所以基建档案归档是高校档案工作的重中之重。在高校档案检查中，基建档案首当其冲，成为检查重点。基建档案涉及多个部门，承建公司、城建档案馆，学校基建处和档案馆(室)，主体较多，材料繁杂，在管理中会出现众多问题。通过梳理这些问题，以期对基建档案归档更加完善顺畅，利用更加便捷高效。

关键词： 高校　基建档案　管理

高校基建档案是对学校范围内建设项目管理活动中产生的有保存价值的文件、图纸、声像材料等各种载体的材料。它是学校基本建设历史和现状的真实记录，是学校规划、建设和管理工作的重要组成部分。为了提高高校基建档案工作的质量和管理水平，充分发挥基建档案在工程建设、维护和改扩建中的作用，必须加强对高校基本建设档案的管理。

1　高校基建档案的主要内容

基建档案主要分为前期、施工和竣工三个阶段的材料。前期文件包括准备阶段和工程监理的文件，准备文件由工程立项、勘察测绘、招投标、各种用(征)地和开工等审批文件等构成；施工文件包含土建、安装、电气、给排水等配套工程的施工技术管理资料和工程质量保证资料;竣工文件包括竣工图和竣工验收资料等。

2　建设严格有效的基建档案保障机制

高校应当建立基建档案管理办法确保基建档案完整和规范性归档。基建档案管理办法应当包含归档制度、交接制度和岗位问责制度等内容。

制定严格的归档制度是基建档案完整和齐全的重要保障手段。高校基建档案来源有两个,学校基建处和建筑公司。无论是高校还是建筑公司均要制定严格的基建档案归档制度。

归档制度一般情况下规定建设工程竣工后所有的材料均须归档。但是对于有些耗资巨大,项目众多,时间跨度长的工程,建议制定分阶段和分单体归档制度。分阶段归档是每个阶段的工作完成后立即归档。例如在前期工作结束后就将前期文件、设计报告等材料归档;中期工程结束后将各项检验、试验等检测文件归档;后期工程结束后将项目验收、竣工图等材料归档。分单体归档是在项目众多的工程中每个单体竣工后立即归档。分阶段和分单体归档可以避免因工期跨度长而造成材料遗失,最大程度上保证材料的完整性。

基建档案人员尤其是建筑公司档案员流动性大,交接不清,出现问题后无从追查。为避免前后档案人员相互推卸责任,给国家和公司造成损失,严格的交接制度必不可少。离职人员务必与接替人员完全做好工作移交才能正式离职,接替者必须承担此后的责任。

岗位问责制度也是不可或缺的保障制度之一。赏罚分明才能激发工作人员的责任心和工作热情,避免和杜绝工作拖沓,相互推诿。

3　建立健全档案归档业务培训机制

档案人员的业务素质是保证档案工作顺利进行的重要因素之一,要通过完整有序的理论培训和业务操作培训,使档案人员尽快熟悉和掌握归档业务。

3.1　培训应当提前介入

高校建设项目招投标结束、确定建设公司后，学校档案馆和基建部门应当在工程开工之前，对承建公司档案员和分管领导进行归档业务指导。指导内容主要针对本校基建档案归档的范围、存在的问题、应当注意的事项和学校对该项目档案的要求等。让承建单位清楚学校的具体要求，并照此整理材料。提前介入工作比事后补救更为有效。此外，档案馆和基建处还需在工程建设过程中实时指导归档工作，查漏补缺。

3.2　对档案人员的培训

基建档案员流动性比较大，业务培训非常必要，建议将参加业务培训纳入其工作考核之中。以上海市为例，上海市档案局每年都会对重点建设项目单位的档案人员进行归档业务培训，培训的内容以国家标准和上海地方标准为主。笔者认为，培训中除了讲解归档标准外，更重要的是教给档案人员具体的操作方法。例如，将归档的过程和注意事项制成书面操作指南和视频影像，通俗易懂，即增加直观性，又有很强的可操作性。即便是新手也容易掌握。培训形式应不拘于课堂讲解，参观和交流等直观方式也是重要的学习途径。在观摩中获得反思和改进，取他人之长补自己之短。多样化的培训形式可以提高档案人员参加培训的积极性和学习效率，取得事半功倍的效果。

3.3　对分管档案工作领导的培训

相对于档案员尤其是建筑公司档案员极大的流动性来说，每年一次的培训远远跟不上实际需求。无论在建筑公司还是高校，领导比档案员的稳定性要强的多，所以这里强调的是要加强对分管领导归档业务的培训。每次业务培训时，学校务必要求分管领导参加学习。领导参加归档业务培训不仅可以增强对基建档案的熟悉程度，督促和检查本单位工作。而且可以在新老档案员交替的时，指导新的档案人员，使其尽快熟悉和胜任工作。

4 建立基建档案的全过程管理体系

学校档案部门要与基建部门密切配合，在工程计划立项初期就着手项目档案管理，争取在整个建设过程中实现全过程管理。档案工作要与基建项目建设同步进行，申请立项时，基建部门就应当开始进行文件积累，工程建设开始后，档案部门还应当督促和监督施工部门档案的收集和整理，项目竣工验收时同步完成所有文件的归档和验收工作。基建档案的管理应当贯穿于立项、设计、施工、监理、验收全过程的各个环节。基建档案的全过程管理，使归档步骤程序化，归档内容标准化和规范化。这样，档案资源的收集和积累便与工程建设同步展开，最大限度地保证专门档案的完整性和准确性。

基建档案的全过程管理给档案人员提出了更高的要求，不仅需要掌握档案基础知识，更要熟悉工程建设知识。要结合工程建设的特点，了解工程项目相关的业务标准、规范，明确各部门、各阶段应当归档材料的范围，提出整理要求。基建档案全过程管理，将档案管理从后期的被动管理转向前期的主动控制，将工作的着眼点提到整个工作的最前端。通过前期主动控制，使档案的收集、整理工作伴随工程进展逐层深入。档案人员对基建档案工作提出专业意见、建议和要求，指导材料逐步积累，当业务人员收集档案疏忽时，可以及时、主动地提醒工作人员，避免事后难以补救。打破了档案管理常规的“给什么，收什么”的被动局面，从后期到前期，由被动变主动，通过对基建档案进行前端控制，实现跟踪指导管理，使基建档案收集时更加便捷、全面。

5 及时处理归档中存在的问题

5.1 归档中最大的问题是材料不完整

基建档案涉及面宽，材料众多，收集难度大。建设单位、高校基建处和档案馆均应严格按照国家标准和地方标准全收集材料。

建设单位是资料源头，是保证档案完整性的重中之重。高校制约和督促建设公司收齐资料的有效方法之一是财务处按照档案目录来支付工程款项。承建公司将档案全部交至基建处和学校档案馆，档案馆认真检查材料完整无缺，整理入库后给承建单位出具归档案卷目录清单，学校财务处依据案卷目录清单支付承建单位工程款。

5.2　归档内容质量需要提高

在整理基建档案中，出现的最大问题就是复印件。档案强调原始性，复印件、传真件不能作为档案永久保存。某些建设单位，只做一份材料，交给城建档案馆后就没有备份了，为了应付学校档案馆只能给出复印件。这种做法是错误的。建设单位本着对国家、学校和公司负责的态度，在建设项目开始后，所有的材料都应当一式三份，一份交给城建档案馆，一份交给学校档案馆，一份自己留存。有的归档的文件书写不符合归档要求。工程施工单位一般不重视材料的规范性，书写很随意，有的用圆珠笔、铅笔，甚至是红色笔进行书写，这些笔迹不能长久保存，不能归档。有的竣工图纸制作不规范或者没有加盖竣工章。这些都需要施工单位对工作人员进行岗前培训，提高归档文件质量。

5.3　电子文件归档不齐全

现在档案利用中电子档案利用频繁，应当尽量将基建档案的电子版归档。以竣工图为例，如果制作图纸时就备份一份归档，那么整理时就不需要再次逐张扫描，节省了档案人员整理档案的时间。同时查询和借阅图纸时也能节省时间、提高效率，以及更好的保护图纸。

5.4　聘用学生助理整理档案

在高校中，档案馆和基建处因为工作繁忙，有时会聘请学生助理整理档案。学生助理虽然能在一定程度上解放专职人员，但是也会造成许多不良后果。学生不熟悉建设工程情况，不懂归档准则，整理的材料零乱无序，不合标准。有些学生责任心不强，整理的档案错误百出，严重影响档案质量和外观。修改档案比整理档案更加费时费力。一般建议档案人员自己整理，如果实在忙不过来需要聘请学生帮忙，一定要做好培训、监督和检查工作。

6　基建档案利用时尽量提供电子档案

基建档案，尤其是图纸部分，在建筑物修缮和重建中利用频繁。目前档案馆大多以纸质档案利用为主，档案员从库房调取纸质文件以供查看。这种利用方式还是处于原始阶段，费时费力，查询者往往要等待很长时间。更严重的是容易损坏纸质档案，尤其是图纸，频繁的打开、折叠，折痕处极易破损。在现代化的工具下，基建档案电子化是必然趋势。档案馆可以将电子版档案（或者纸质文件扫描后）制作成不可修改文件（例如PDF格式文件），链接到前面提到的基建档案数据系统中。分别给档案馆、基建处、后勤处等部门设定利用权限，不同部门、不同人员有不同级别的利用权限（修改权限或查阅权限等）。基建档案数据系统即节省了档案人员查找档案的时间，提高工作效率；又方便了基建处、后勤处等部门远程利用档案，无须到档案馆就能查阅案卷；同时也保护了纸质档案，达到一举多赢。

参考文献：

[1] 王娅.高校基建项目档案全程管理模式研究[J]兰台世界，2012年5月中旬，46—47页.

新媒体环境下对高校兼职档案员队伍整合的思考

上海交通大学医学院档案馆　张丽萍

摘　要： 高校兼职档案员是高校档案工作者队伍的重要组成部分，是做好高校档案工作不可或缺的有生力量。本文指出，新媒体环境下，高校兼职档案员在管理对象、管理平台及沟通方式方面发生了变化，并呈现出档案生成速度快、载体多样化、传播速度快及工作流程效率化的特点，新媒体环境下提出了兼职档案员队伍整合的建议，即建立绩效测评与激励机制、拓展业务培训和搭建沟通平台。

关键词： 新媒体　高校　兼职档案员　整合

高校兼职档案员是高校档案工作者队伍的重要组成部分，是做好高校档案工作不可或缺的有生力量。随着互联网技术的发展和电脑、手机、数字电视等各种新媒体的出现，高校档案工作在档案管理方面发生了变化，新媒体技术对兼职档案员的管理对象、管理平台及沟通方式等方面产生了影响，兼职档案员队伍整合在新媒体环境下有新的意义。

"档案的新媒体是建立在新一代互联网 WEB 技术、移动通信技术等平台上的新型传播媒介，实现了数据的去中心化、去权威化与交互化、平等化。"[1]新媒体是一个相对的概念，是相对于报纸、广播等传统媒体的新的传播媒介，笔者把本文中的新媒体环境界定为运用电脑、手机、数字电视等媒介，借助网络技术生成、存储和传播信息的形态。

1 新媒体环境对高校兼职档案员队伍的影响

1.1 管理对象

高校兼职档案员是高校档案收集、整理、归档的最基层档案工作者，除了传统媒介的纸质档案，新媒体环境下形成以新媒介为载体的档案也应加强收集和归档。数字化校园建设直接促进了高校的教学管理工作向数字化、信息化过渡，办公自动化系统在高校广泛建立和应用，使兼职档案员的档案管理对象不仅包括纸质文件，而且增加了配套的电子文件，目前 OA 系统归档和网上预立卷系统就是电子文件归档的一种实现方式。高校各教学部门根据业务需要建立了各种管理系统，在系统内生成的业务活动的电子文件，应完成纸质电子双套制归档。高校学生是新媒体技术的实践者，对于学生利用手机、平板电脑等移动终端的各类应用软件（如微博、QQ、微信等）形成的反映学习、兴趣爱好的各种档案，也需要兼职档案员关注并及时收集归档。新媒体环境拓展了档案的载体和范围，载体上包含纸质载体的档案和新媒体环境中生成的电子档案，范围上增加了教学部门在各类教学管理系统中生成的电子档案以及学生利用新媒体产生的成长档案。新媒体环境下档案管理对象在范围和载体的变化，对兼职档案员的档案管理业务技能提出了更高的要求。

1.2 管理平台

在新媒体环境下，高校兼职档案员的管理对象发生了变化，相对应的档案管理平台也有新的技术。传统媒介下兼职档案员对收文和发文档案的管理主要依靠收发文登记簿，新媒体环境下，电子文件在网络、计算机环境中生成、传阅，兼职档案员对电子文件的收集和整理主要依赖网络平台和计算机技术。例如高校传统的纸质文件是通过人工流转、承办、整理和归档，而新媒体环境下电子文件的收发文是通过高校 OA 管理系统进行传阅和处理，兼职档案员通过 OA 管理平台归档，并在档案管理的网上预立卷平台进行文件整理、组卷和归档。档案管理平台的这种变化，要求高校兼职档案员除了掌握传统的档案管理方法，还要熟练运用网上预立卷归档系统，对兼职档案员的计算机水平、档案管理技术水平提出更高的要求。

1.3　沟通方式

沟通方式是就兼职档案员与专职档案员的互动性而言，在新媒体环境下，兼职档案员与专职档案员的沟通方式呈现出即时性、交互性的特征。即时性体现在新媒体技术下，利用电脑、移动终端等工具，兼职档案员与专职档案员的沟通突破时间和空间的限制，使沟通即时、有效。交互性体现在借助新媒体平台，例如飞信、微信、QQ 等社交软件，专兼职档案员可以进行双向交流，促进自由沟通并及时解决档案收集、整理及归档中碰到的问题。相对于传统的面对面沟通、电话沟通方式，新媒体环境拓展了专兼职档案员的沟通渠道，需要专兼职档案员能熟悉并综合使用各种沟通方式，提高档案归档效率。

2　新媒体环境下高校兼职档案员档案管理特点

2.1　档案生成速度快

新媒体环境下，文件在办公自动化管理系统中生成、流转和归档，加快了电子文件从生成到成为档案的过程。学生利用电脑、移动终端等电子设备形成的具有保存价值的各类档案，需要兼职档案员及时关注、收集、整理并归档，由于学生思想的活跃性、内容发布的便捷性和快速性，决定了这类学生档案的生成速度快。高校教学管理活动过程中，依赖网络平台发布与传递教学信息、与学生进行沟通，也加快了教学、学生类档案的生成速度。由于档案生成速度加快，需要兼职档案员在档案收集过程中提前介入、及时收集并整理归档，时刻保持档案收集意识，才能保证档案的及时、完整、齐全归档，同时对兼职档案员的档案意识和档案管理技能也提出了更高的要求，加强培训和学习，及时更新档案管理知识、提高业务水平，才能适应新媒体环境下高校档案管理要求。

2.2 档案载体多样化

“档案载体是档案信息存储的介质，它具有两种主要的功能，一是存储，保存各种形式的信息，起到信息保存的作用。二是传播，使得信息可以被更多人得知，起到文化传播的作用。”[2]档案载体经过最初的结绳记事、甲骨、泥板、纸草等发展，最终形成了以纸张为主要载体的形式，档案存储和传播方式以纸质载体为主，纸质档案存储时间相对较长、信息不易更改，使得档案信息得以保存和流传，但由于纸质档案实体需要占用物理储存空间，经年累月保存的纸质档案也对档案库房空间的容量提出了挑战。新媒体环境中，借助网络技术，依托电脑、手机、数字电视等移动终端，产生了大量电子文件，这类电子文件依托网络云存储以及光盘、移动硬盘等载体储存档案信息，大大丰富了以纸张为载体的档案类型。

2.3 档案传播速度快

新媒体环境下的档案传播速度远大于传统媒体。传统的广播、电视、报刊等媒体对于档案的传播受到时间的限制，传播速度相对较慢。广播、电视和报刊的播放、出版及更新需要一定周期，客观上减缓了档案的传播速度。新媒体环境中的档案传播，在互联网技术的支持下，高校专兼职档案员、学生、教师也是档案信息的传播者和生成者，直接促进了档案的快速传播。高校档案网站、档案微信公众号、档案微博等即时发布档案信息，突破了时间限制，加快了档案的传播速度。同时利用者也可以对发布的档案信息转发和宣传，提高、扩大了档案的传播速度和范围。

2.4 档案工作流程效率化

相对于新媒体而言的旧媒体时代，档案主要以纸质载体为主，兼职档案员对纸质档案进行收集、整理和归档的手工操作流程完全适用。在新媒体环境下，利用办公自动化系统和档案一体化管理系统，兼职档案员档案管理的工作流程侧重于在线实时收集、整理及归档。兼职档案员主动介入文件的生成、传阅、收集等环节，利用计算机等电子设备及网络，在线完成电子档案的预立卷和归档，提高了档案归档工作的效率。

3 新媒体环境下对高校兼职档案员队伍整合的建议

3.1 建立绩效测评与激励机制

建议借鉴企业管理中的关键绩效指标（KPI）概念，即“用来衡量一个企业的管理成效和员工工作业绩的最重要的指标”[3]，对兼职档案员的档案归档工作进行绩效测评。高校考核兼职档案员的关键绩效，即档案归档及时率、齐全率、完整率、电子文件配套率及预立卷质量，并结合学校实际情况加入其他绩效测评指标，力争全面、客观且有重点考察兼职档案员的归档绩效。通过新媒体（高校档案网站、微信群等）发布兼职档案员工作绩效测评指标，促使兼职档案员在平时归档工作中有目标、有针对性地收集档案（尤其加强对新媒体环境中的电子档案的收集归档）。根据兼职档案员的绩效测评结果，专职档案员及时反馈并指导其归档工作，对兼职档案员的档案工作是一种督导与激励。

绩效测评的目的是为了激励兼职档案员的工作热情和工作动力，高校档案部门利用高校档案馆网站、微信群或飞信群等平台，每月或每季度公示学校各部门档案归档情况及预立卷质量（包括案卷数、文件数、照片数、视频时长等）。在高校门户网站及高校档案馆网站宣传兼职档案员在立卷归档工作中的先进和典型，并给予精神鼓励和物质奖励，增加兼职档案员的责任感和荣誉感，对其他兼职档案员的工作也是一种借鉴和鼓舞。

3.2 拓展业务培训

受到知识结构、专业水平、业务能力以及年龄等因素的影响，高校兼职档案员在对新媒体档案的理解和收集方面存在不统一的情况，这会影响到高校档案部门对新媒体档案的收集、整理、开发和利用。为了保障新媒体环境下归档的档案质量，高校档案部门要拓展对兼职档案员的业务培训，除了传统媒体档案（主要是纸质档案）的收集、整理、预立卷等工作的培训，要增加新媒体档案的培训内容，使兼职档案员明确新媒体环境下档案的归档范围、要求和流程。建议在高校兼职档案员队伍中推行分众培训的机制，对于年轻化、能熟练使用网络技术的兼职档案员，着重培训如何科学收集和归档新媒体档案的内容，对于年龄大、网络技术操作能力相对较弱的兼职档案员，除了要培训新媒体档案的归档内容，还要加强网络技术的培训，对网上预立卷归档要分步骤和方法进行培训与指导，使其达到熟练运用计算机和网络技术进行新媒体档案的整理和归档。高校档案部门要加强对兼职档案员网上预立卷的指导，并宣传高校档案网站的工作平台的使用功能，提高高校档案网站、微信、微博等新媒体的影响力，增强并提高兼职档案员的新媒体档案意识和对新媒体档案的收集、整理水平。

3.3　搭建沟通平台

高校兼职档案员是高校档案工作者队伍的重要组成部分，成员之间需要交流与沟通，同时也需要团队归属感。搭建兼职档案员沟通平台，一是为提高档案管理业务水平，二是培养兼职档案员作为档案工作者的责任感和归属感。利用新媒体载体搭建沟通平台，如飞信、微信等社交软件，建立兼职档案员工作群。通过工作群平台，兼职档案员可以随时提出在档案归档工作中碰到的问题，能及时得到专职档案员的指导，同时也可以将自己对档案工作的体会与其他群成员进行分享，增强兼职档案员归档的责任意识和团队归属感，也提高工作效率。高校档案部门利用群平台，一方面宣传档案工作的业务知识，及时指导兼职档案员的归档工作，加强了专兼职档案员的沟通和交流，提高了兼职档案员整体的档案管理水平；另一方面推广档案编研成果，主动向兼职档案员推送档案成果，提高档案工作的影响力，进一步提升兼职档案员在新媒体环境下的档案意识。

在新媒体环境下，档案工作者不再处于封闭状态，需要积极参与到新技术的进步中，增强新媒体档案的观念，提高新媒体档案的管理能力，积极交流和学习，开阔视野，相互促进。

参考文献：

[1] 尹宝君. 大数据时代档案管理中新媒体与传统纸媒的融合研究[J]. 兰台世界，2015(8)：114.

[2] 滕春娥. 试论新媒体环境下档案信息载体与传播方式的变革——兼论档案馆服务的适应与创新[J]. 档案时空. 2016(6)：12.

[3] 周昕. 对 KPI 考核指标体系的分析与研究[J]. 现代商业. 2014(03)：174.

高校档案征集工作初探

上海交通大学医学院档案馆　江浩艳

摘　要： 档案征集工作，是高校档案资源建设的重要途径，也是高校档案部门的重要职能。本文从高校开展档案征集工作的必要性入手，分析探讨了目前高校开展档案征集工作所面临的困境，进一步提出了解决方法和途径。

关键词： 高校　档案征集　档案资源

档案征集工作，是高校档案资源建设的重要途径，也是高校档案部门的重要职能。通过向本校校友，离退休职工及教职员工等征集反映学校各个历史时期发展面貌的有保存价值的档案资料，以更加完整的保存高校发展记忆，丰富和补充馆藏，使馆藏资源结构更加优化，从而能更好地为高校的各项工作顺利发展提供档案信息服务。

1　高校开展档案征集工作的必要性

1.1　是保护高校历史文化遗产的必然要求

在高校的办学历程中形成了丰富的历史档案，这些档案史料，能反映高校从建校至今的完整历史，是高校历史文化的积淀。高校档案馆是学校重要原始资料的保存机构，具有保护和传承学校历史文化的职能。开展档案征集工作，能征集到许多散存在社会和个人手中的珍贵的档案资料，从而留存学校发展记忆，传承学校的优秀历史文化。

1.2 是丰富高校档案馆馆藏资源的有效途径

依法接收档案是丰富馆藏的一个主渠道，而征集工作则是丰富和充实馆藏的一个重要补充[1]。高校档案馆作为学校历史文化积淀的宝库，对反映本校历史面貌资料的主动征集负有不可推卸的责任，做好档案征集工作，征集高校各个历史发展时期不同门类、不同载体形态的档案资料，对于抢救学校历史文化财富，丰富和改善高校档案馆馆藏具有重要的作用。

1.3 是开展高校校史研究的资源基础

高校校史档案作为记载和传承教育发展和学校文化的载体，越来越受到学校重视。校史档案价值珍贵、稀有，是进行校史研究的重要史料。由于一些历史原因，进行校史研究所能利用的馆藏档案资料有限，有相当一部分的校史档案仍分散保存在一些个人手中。开展校史研究，离不开对档案资源的开发和利用，只有具备了丰富的档案资源，校史研究才能成为有本之木，有水之源[2]。校史资料的征集，丰实了档案"记忆库"，为高校校史研究提供了可靠的资料支撑。

1.4 是开展高校文化教育的有效补充

高校档案真实地记录着学校的历史发展过程，记载着师生员工在不同历史阶段所做出的英雄壮举和辉煌业绩，具有丰富的政治、思想、历史和文化内涵，是高校开展德育教育的内容。通过档案征集，可以将体现学校历史渊源、杰出校友等收藏利用价值的档案收集进馆，构建反映高校文化特色的档案馆藏结构，通过展览展示等方式，充分发掘、有效利用、深度提炼档案库中丰富的校史资源，激发师生员工以校为荣、尊师爱校的荣誉感和自豪感。

1.5 是发挥高校社会功能的重要保证

面向公众为社会提供档案服务是高校档案馆的职能之一，但高校档案馆馆藏通常以只被领导机关利用的文书档案为主，实物档案、声像档案等不多，可为社会公众所用的档案很少。而档案征集工作面对的范围较广，不只面对高校内部领导、机关部门、科研群体，还要面向社会，通过征集方式进馆的档案从价值上来说更具有社会性，是高校档案馆发挥社会功能的重要保证。

2 目前高校开展档案征集工作面临的困境

2.1 对档案征集工作的重视程度不够

近年来，随着高校校史研究工作的积极开展，档案征集工作也越来越受到重视，但是由于对档案馆工作还是缺乏了解和信任，一些散落在个人手中的学校不同发展历史时期形成的比较珍贵和有价值的档案资料宁愿自己保存也不愿放在档案馆，对档案馆的保管能力和保管条件表示怀疑[3]。此外，领导重视程度不够、经费投入不足也在一定程度上制约了高校档案征集工作的开展。

2.2 开展档案征集工作的主动意识不够

接收与征集是高校档案馆档案来源的两个方面，接收是高校档案馆档案来源的主要途径。《档案法》第十一条明确规定“机关、团体、企事业单位和其他组织必须按照国家规定，定期向档案馆移交档案”。依法接收档案成为高校档案馆的一项日常工作，一般处于被动等待的状态。而征集则是高校档案馆接收工作的补充形式，是需要主动进行，主动出击的，但是由于某些高校档案征集人员受传统观念影响，主动征集档案的意识不够，往往通过发放征集通告或利用媒体发布征集信息，就“坐等上门”，缺乏工作积极性，制约了档案征集工作的顺利开展。

2.3 档案征集工作的机制不够规范

随着《档案法》、《档案法实施办法》及《高等学校档案管理办法》的出台，促进了高校档案征集工作的开展，但是由于涉及档案征集方面的相关法律制度还不够完善，缺乏具体的、规范的、有指导性的档案征集工作制度，档案征集工作的随意性较大，没有长期的较为合理的规划，对征集人员的征集行为也没有相应的工作规范，档案征集工作的力度受到了影响。

2.4　档案征集工作的开展途径比较单一

由于观念及经费方面的制约，高校档案征集工作的方式仍然以主动宣传、被动接收为主，宣传的范围也仅限于教职员工及部分离退休人员及校友[4]，征集方式滞后，开展途径单一，档案征集效果不明显。

3　高校开展档案征集工作的方法与途径

3.1　加强宣传，增强档案征集的意识

加强宣传，是做好档案征集工作的有效途径[5]。高校档案馆可以通过印发征集工作文件，寄发征集信函，让广大师生及社会人士清楚地了解征集工作的目的、范围、意义等。引起学校领导、广大师生及校友家属对档案征集工作的重视和支持。其次，可以充分利用网站、微信等媒体对征集工作亮点进行宣传报道。此外，可以开展多种形式的档案专题展览，提高高校档案馆的知名度，增强档案征集的意识，使档案征集工作有序开展。近年来，笔者所在的高校档案馆以“国际档案日”活动为契机，深入挖掘档案征集线索，积极开展知名学者、校友人物及院史档案征集工作，征集到一级教授、早期毕业学子的照片、在读期间的手写日记等珍贵的档案资料。

3.2　完善机制，加强档案征集规范化

档案征集工作是一项技术性、政策性都很强的工作[6]，要提升档案征集工作水平，就必须要严格按照相关法规加强档案征集工作的规范化管理，要结合高校自身实际，制定档案征集的相关制度，对档案征集工作程序、方法、奖励制度等做出明确规定。通过制度约束，对征集人员行为进行规范，提出道德、行为方面的要求。笔者工作于档案征集工作岗位，深

感档案征集工作规范管理的必要性，有规可循、有法可依，使档案征集工作顺利、规范的进行，促进高校档案征集工作的发展。

3.3 大胆创新，拓宽档案征集的渠道

高校档案馆更新观念，要改变被动等待为主的征集方式，主动出击，积极做好宣传工作，让学校师生和广大校友了解档案征集的重要性，支持档案征集工作。同时，要深入调查，从学校的历史文化记录中去挖掘线索，追踪征集。通过捐赠、售买、原件复制、寄存等方式将档案征集入馆。对于自愿捐献档案资源的人要给予一定的物质奖励，对于有捐赠意向的人，由于身体原因无法上门捐赠的，在征得本人同意的情况下，主动上门开展档案征集。此外，在开展档案征集工作中，要注重加强重要题材口述档案的采集，要结合编研项目进行档案征集。

3.4 注重学习，提高征集人员专业素养

档案征集人员的综合素质、专业素养在一定程度上决定了高校档案征集工作的效率。高校档案馆要选派责任心强、综合素质高、不畏困难、有较强沟通协调能力的人到档案征集工作岗位上。档案征集人员也要不断学习，提高专业技能和文化素养，通过不断总结，探索档案征集工作的规律，减少工作的随意性和盲目性。

综上所述，高校档案是高校历史文化的见证，是开展校史文化研究的基础，档案征集工作则是丰富高校档案资源的重要途径。笔者认为，档案征集工作具有系统性、技术性和规范性的特点，因而要做好这项工作，首先要更新观念，改变“坐等上门”的工作方式，变被动为主动。其次领导的重视、经费的保证及人员设备的配置是提高档案征集工作有效性的重要因素。同时，档案征集工作作为高校档案馆的一项长期任务，需要建立一支能力强、素质高的征集队伍以保证征集工作能更加高效、规范而又持续的开展。

参考文献：

[1] 施国芬. 加强档案征集工作丰富优化馆藏[J]. 档案与建设，2004(10)：

41—42.

[2] 金灿灿.论校史文化研究与档案资源建设的互动发展[J].兰台世界,2013(17):91—92.

[3] 田玲,孙大伟.浅谈档案征集工作存在的问题及解决的途径[J].兰台内外,2006(04):33—34.

[4] 陈敏.高校档案征集工作存在的问题及其对策研究[J].科技经济市场,2015(04):217—218.

[5] 张淑琴.加强档案征集工作的有效方式[J].北京档案,2004(10):36—37.

[6] 王光玉.档案征集工作规范化管理初探[J].档案学研究,2009(02):20—23.

从档案视角浅议高校校园文化建设

上海电力学院档案馆　施颖燕

摘　要: 本文首先阐述了高校校园文化的内涵,并从导向、激励、约束、凝聚四个维度剖析档案在当前高校校园文化建设中的作用,随后构建了档案服务于高校校园文化建设的路径。

关键词: 档案　高校　校园文化　建设

档案作为人类文明发展到一定历史阶段的产物,是社会发展的宝贵财富,是我国文化建设的重要基石。同样,高校档案作为校园文化的重要组成部分,是见证高校历史变迁的历史凭证。当前,在各高校积极全面推进校园文化建设的进程中,重视档案的价值,发挥档案文化功能,对于高校校园文化建设具有重要的现实意义。

1　高校校园文化的内涵

高校校园文化,是指高校在办学过程中,为促进高校学生健康成长,为提高高校师生文化素质、道德品质和审美情操,实现高校教育发展目标,由高校师生在教学科研活动中创造的物质文化、精神文化、制度文化和活动文化的总和。[1]

高校校园文化包括以下几个层面:作为载体形式出现的包括校容校貌、建筑布局和规划、科研条件等在内的物质文化层,其决定高校校园文化建设的内容和形式，也关系学校未来和走向；随着时代的发展，党中央提出了要建设体现社会主义特点、时代特征和学校特色的校园文化，形成优良的校风、教风和学风，即以传统精神出现的精神文化层，这是校园文化的内核和灵魂；以制度保障形式出现的包括高校管理体制、组织机构与结构、规章、制度和课程在内的制度文化层，其维系高校正常秩序必不可少的保障机制，是加强高校校园文化建设的重要保障；以一定形式组织广大师生开展的体现时代精神和校园特色的活动文化层，其有利于营造特有的校园风气和校园精神，形成一定的文化观念和文化环境。对高校校园文化建设而言，应以物态文化为基础，以精神文化为灵魂，以制度文化为规范，全方位、多形式地加强高校特有的活动文化建设。

"高校校园"特色是高校校园文化区别于一般文化形态的显著标志：在空间范畴上，高校校园文化必须根植于高校，生长于高校，离开一定的地理环境，就失去了生存和发展的土壤；在特定主体上，高校校园文化是由高校师生集体创造和发展的；在目的指向上，高校校园文化是为实现高校各项职能服务的。

2　档案在高校校园文化建设中的作用剖析

随着档案信息化建设的发展和高等教育改革的推进，档案在高校校园文化建设中呈现出自身不可替代的作用。本文仅从导向、激励、约束、凝聚四个维度剖析档案在当前高校校园文化建设中的作用。

2.1　导向作用

校园文化作为一个开放包容的系统，各种思想观念都在这里汇集和碰撞。相对于校园文化而言，高校校园文化的优势主要体现在高校师生的文化层次较高，相应地他们创造出来的文化产品的层次也较高。由于大学生正处在世界观、人生观、价值观得以确立并逐步成熟的时期，所以他们成长的校园环境显得尤为重要。高校档案馆以自己独特的人文环境，营造一个浓郁的文化氛围，创造高层次的文化产品，对高校大学生的世界观、人生观、价值观起着积极的引导作用。

2.2 激励作用

高校档案记载了一大批献身教育事业的专家学者、科研人才、知名教授、优秀教师、青年志愿者、三好学生等等，他们努力奋进的事迹、自强不息的奋斗史，就是生动具体的档案。把典型人物的先进事迹编辑成书或制作专题图片集，可以使大学生在追忆往昔的同时，对周围的现实产生更深刻的体味，激励他们脚踏实地学习。档案这种“第二课堂”的形式比传统课堂的说教形式来得更为生动、客观，使高校师生们受到学术的熏陶，调动他们的积极性和创造性。因而高校档案在激励功能方面具有特殊而深远的作用。

2.3 约束作用

高校的各项规章制度，是高校档案的一个重要组成部分。《高等学校学生行为准则》明确要求高校学生“志存高远，坚定信念；热爱祖国，服务人民；勤奋学习，自强不息；遵纪守法，弘扬正义；诚实守信，严于律己；明礼修身，团结友爱；勤奋节约，艰苦奋斗；强健体魄，热爱生活”。此类规章制度的建立和完善，约束高校学生行为举止和健康需求，引导学生追求卓越，净化高校校园环境。

2.4 凝聚作用

高校档案作为学校整体文化的奠基石，忠实地记录了学校的发展历程，凝聚了学校的办学理念和办学精神，是高校宝贵的精神和物质财富。利用高校发展史进行传统教育，举办富有教育意义的报告会和实物展览会，建立校史陈列室，制作各类主题展板、编纂大事记、年鉴等等，为高校师生提供文化精品服务，让全体师生员工以及社会各界了解高校历史，积淀校园文化，以潜移默化的形式使广大师生对校园文化产生认同感，增强师生荣誉感、责任感和使命感，从而形成思想上和行为上的巨大凝聚力和向心力。

3　档案服务于高校校园文化建设的路径构建

高校档案馆当积极发挥其在高校发展过程中不可替代的优势，找准档案工作切入点，彰显校园文化特色，弘扬档案文化魂，积极构建档案服务于高校校园文化建设的路径。

3.1　树立服务理念

档案工作是通过提供档案信息为社会实践活动服务推动社会发展和进步。这种实现自身价值的特殊途径，决定了它是一项服务性工作，这也是与其他服务性工作的本质区别所在。服务性是档案工作的基本属性之一，是档案工作赖以生存和发展的基本因素。[2]一直以来，档案工作者只注重档案的收集和保管，强调档案工作的政治性和保密性，阻碍了档案服务工作的开展。这就要求高校档案工作者树立服务理念，重视档案工作在校园文化建设中的时有"缺位"现象，从意识上摒弃档案部门参与文化建设无用论的思想。

高校档案工作者应树立服务理念，进一步解放思想，开拓创新，以学校发展和满足广大师生需求为目的，服务于校园文化建设大局，积极主动消除档案工作在服务中的各种消极因素。在服务内容和范围方面，树立和谐发展意识，不仅要研究当前的利用者，还要研究潜在利用者，最大限度地消除档案利用过程中存在的障碍，发挥档案的"递延效应"，充分实现高校档案的利用价值。[3]

以上海电力学院为例。根据《27 号令》的要求，学校制定了档案用房和设施配备规划，将杨浦校区老图书馆作为校档案馆新馆。目前，上海电力学院杨浦校区档案馆新馆已经投入使用。新馆库房面积是平凉路校区库房面积的三倍之多，同时配备了电脑密集架、温控仪、灭火系统等设备。档案馆新馆的历史文化墙，生动形象地诠释了学校的发展史，展示了学校名人事迹。在寒暑假期间，校档案馆都安排工作人员值班。只要学校师生有查档需求，档案馆工作人员都会克服各种困难及时赶到学校，为利用者提供服务。在档案利用情况记录簿上可以看出，档案馆为六十周年校庆活动、教学评估、新建校史馆、编写校史、硕士点申报准备工作、综合大楼装修、暑期社会实践、挂职锻炼、解决教职工信访问题、教职工个人情况证明、学生学籍证明等等提供了大量有效的档案信息，取得了良好的社会效益和经济效益。

3.2 完善利用手段

档案编研作为高校档案工作的重头戏，是档案参与高校校园文化建设最直接体现。高校档案馆通过收集高校发生的重大事件、机构历史沿革、学科及专业设置的发展、历届毕业生情况等方面的资料，编写校史、学校历年大事记、出版画册等，对高校师生进行系统性的校史教育，有利于激励学生严谨治学、开拓创新，提高大家对学校的使命感、责任感和自豪感。[4]

上海电力学院是一所具有电力特色的高校，以培养电力工程师的摇篮为办学方向。上海电力学院档案馆紧抓电力事业发展大局，充分挖掘档案资源，加强电力特色档案的编研工作，参与编写《上海电力学院校史》、《上海电力学院党史》、《上海电力学院年鉴》、《上海电力学院科研成果汇编》等。这批体现电力特色的校园精品文化，有利于发挥档案文化的增值功能，推进档案工作的内涵建设，扩大档案工作的影响力。

3.3 创新工作机制

高校档案馆在充分履行档案工作的行政管理和保管利用职能的同时，应当积极探索新的工作方法，实现档案工作机制的创新，更好地服务于高校校园文化建设。

在丰富馆藏资源上，高校档案人员应当采取灵活的收集方式，提高档案收集工作的力度，增强档案馆的文化底蕴，从物质上保障高校档案馆文化功能的实现，更好地服务于校园文化建设。校史馆中存放的国际、校际等友好往来的礼品。如：2011 年上海电力学院 60 周年校庆以及其他纪念活动的徽章、纪念品、校友的赠品，都是上海电力学院历史变迁的活化石。这些珍贵的实物档案有利于加强对全体师生的系统性校史教育，激励全体师生严谨治学、开拓创新，增强他们对学校的使命感、责任感和自豪感，形成强大的校园凝聚力。

在开发档案资源上，高校档案馆可以借助校内各方面的力量，积极开展联合编研工作，这是高校档案馆扬长避短，充分利用现有条件的有效之举。联合编研可以采取多种形式，比如利用兼职档案员队伍，建立联合编研工作网络；积极建立与校内各部门、各院（系）的合作协调机制，如：上海电力学院档案馆与科研处合作编写《科研成果汇编》，与校办合编《年鉴》等实行校园文化资源共享，在此基础上共同完成某些编研项目，齐心协力致力于高校校园文化建设。[5]

4　结语

档案服务于高校校园文化建设，是档案文化的属性要求，也是高校校园文化建设的内在要求。发挥档案文化功能，彰显高校校园特色，让高校师生感受到独特校园文化的激励和熏染，是高校档案工作者不可推卸的责任。

参考文献：

[1] 郭广银，杨明等著. 新时期高校校园文化建设的理论与实践[M]. 南京：南京大学出版社，2007(2)：112.

[2] 冯惠玲，张辑哲编. 档案学概念[M]. 北京：中国人民大学出版社，2006，101.

[3] 刘远，肖金良，王桂华. 档案与校园文化建设之浅见[J]. 兰台世界，2010(12)：26—27.

[4] 邬雪军. 发挥高校档案在校园文化建设中的作用[J]. 档案与建设，2003(6)：34.

[5] 丁进. 高校档案参与校园文化建设的思考[J]. 档案与建设，2008(6)：49.

从档案史料看章钜林教授的体育教育思想与实践

上海体育学院档案馆　贾颖华

摘　要：我国著名体育教育专家章钜林，一生从事体育教育工作，为我国高等体育教育事业的发展做出了应有的贡献。本文通过对档案资料的研究，拟对章钜林的体育教育思想及其实践活动做一分析阐述，以揭示其体育教育思想发挥的作用和产生的影响。

关键词：章钜林　体育教育思想与实践　档案

章钜林(1919—2013)，浙江诸暨人，二级教授，享受国务院特殊津贴专家，我国著名体育教育家，上海体育学院第二任院长，国务院学位委员会学科评议组一、二、三届成员，是新中国第一所体育高等学府上海体育学院的创建人之一，是"文革"后上海体育学院复校后的首任院长。1987 年被批准为我国首批体育博士生导师，为党和国家培养了一大批优秀人才。

章钜林先生一生从事体育教育工作，特别是在"文革"后担任上海体育学院院长期间，肩负拨乱反正、复校重建的重任，带领全院师生探寻新时期高等体育教育发展之路，为我国高等体育教育事业的发展做出了突出的贡献。本文通过对档案史料的研析，拟对章钜林的体育教育思想及实践活动做一阐述，以揭示其体育教育思想及其在体育教育中的作用和对学院发展的影响。

1　章钜林体育教育思想形成的历史背景

章钜林于 1919 年 12 月出生在浙江省诸暨市，自幼勤奋好学，刻苦钻研，奋发上进。1942 年毕业于湖南国立兰田师范学院体育系，毕业后留校任教。1946 年夏到上海体育专科学校任教。

这一时期的上海，是中国近代体育的发源地和中心，各类体育思想在此汇聚、碰撞，尤其以强调体育运动要适应人的生理和心理特点，注重对体育教育规律和方法研究的实用主义体育思想；[1]以主张体育为教育服务，达到教育目的为代表的自然主义体育等思想[2]对后期的学校体育教育发展影响深远。早期受到这些思潮的熏陶和影响，也为章钜林形成自己的体育教育思想奠定了基础。

新中国成立后，章钜林先后在上海东亚体育专科学校和华东师范大学体育系任副教授。20 世纪 50 年代初，党和国家为了培养体育专业人才，决定在全国高等学校院系调整中建立体育学院。1952 年 8 月，章钜林作为 7 人筹备组成员之一参与新中国第一所体育高等学府——华东体育学院的创建工作，并与吴蕴瑞、张汇兰、吴邦伟、金兆钧、刘天锡等共 6 人组成专家组，研讨制定了第一份教学计划。章钜林先后担任学院副教务长、科研室主任、球类系主任、体育系主任等职，长期在学校体育教育一线工作，积累了丰富的教育教学实践经验。

受“文革”影响，1972 年 5 月，上海体育学院被并入上海师范大学体育系长达 6 年之久，直至 1978 年 5 月得以重建，章钜林受命担任上海体育学院院长，贯彻党的教育方针，践行体育教育思想。

2 章钜林体育教育思想的基本内容

2.1 “以人为本，全面发展”的体育教育观

章钜林在 1957 年出版的著作中，对体育与体育教育两个概念有明确的界定：体育是“我国改善人民健康状况，全面发展人的体能，提高运动技巧，以及创造有关体育的精神物质财富等方面所获得成就的总和。”而体育教育，则是“教育的有机组成部分”，是指“全面发展人民体能的有组织的教育过程”，并提出：“通过体育的教育过程，给学生和运动员的身体、个性以多方面的影响，增强他们的健康，发展他们的身体，同时也是他们能

掌握生活中必须的技能和运动技术，并培养共产主义道德品质。”[3]

他认为体育是全面发展教育中不可缺少的一部分，体育教育的目标也是培养全面发展的人。他指出，随着社会发展的需要必然要解决人的全面发展的问题，只有把教育中的智育、德育、体育、美育和综合技术教育几个方面互相密切结合起来，才能培养出社会所需要的全面发展的人。因而体育已成为增进人的健康，促进人的体能的全面发展重要手段之一，是全面发展教育中不可缺少的一个组成部分。[4]不仅如此，他还认为体育应该从“少年儿童抓起”，因为“少年时期是学习的黄金时期，抓好这一时期的教育，充分开发他们的智力与体力，对人的发展具有决定性的意义”。而要从少年儿童抓起，已“决不仅是体育战线的事，整个教育战线都应引起重视”。[5]

不仅如此，他还以发展的眼光看到“体育，作为一种社会现象，是社会实践的产物，是社会文化教育的重要内容。”“体育的根本任务是增进人民健康，增强民族体质，使人的身心得到全面的发展”体育已经“随着社会的进步和文明的发展，全面地进入了人的生活领域”，并预见“体育在人的全面发展的教育事业中，在人民的精神生活中将会起越来越重要的作用。”[6]

2.2 “因材施教，循序渐进”的体育教学观

章钜林主张体育教学应“因材施教，循序渐进”。提出应按照“可接受性原则”，并要“根据动作技能形成的规律确立教学原则”，要求教师了解学生特点，个别对待、因材施教，选择最有效的教育和教学方法；应按照“系统性和连贯性原则”，要求教学内容或教材必须系统地连贯地安排好，运动量必须循序渐进或逐步增大。[7]

他强调应“根据少年儿童身心发展的特征，结合国家的要求和地区、学校的特点，正确处理全面与重点的关系，精简教材，把普及与提高，课内与课外有机的统一起来，改变目前课内课外脱节的状况。”并“充分运用游戏与竞赛法，把教学搞得生动活泼，富有生气，以激励少年儿童进行体育锻炼的兴趣与积极性，使之从小养成自觉进行体育锻炼的习惯。”[8]

面对当时体育教育无计划、不负责，或教员会什么就教什么那种“放羊式”的教学形式，他提出了学习苏联经验，进行教学改革。应制定教学大纲，改进体育科的组织结构和教学方法。保证循序渐进，系统连贯而有计划地来进行教学和对学生的全面身体训练。[9]

2.3　“教师主导，全面提高”的师资队伍建设观

章钜林认为，以教师为主，不断改进教法，是提高教学质量的重要环节。他要求理论课应贯彻理论联系实际的原则，加强实验课，增强教学直观性，注意培养学生分析问题和解决问题的能力。面对当时体育教师队伍文化科学知识基础较差，专业理论水平不高的状况，他提出教育者必先受教育，加强体育队伍基础理论与专业理论是很有必要的。他指出，体育教学是很复杂的教育过程，有掌握与提高运动技术及其有关知识技能的问题；有培养道德情操、意志品质的问题；尤其重要的是解决发展身体、增强体质这个根本任务。这些任务既矛盾又统一，统一于完成根本任务之中。从实际出发，不断研究这个矛盾运动，是不断提高教学质量的关键。

他还指出，体育涉及的知识面既有自然科学特别是生物科学方面的知识，又有社会科学特别是教育科学方面的知识因此要坚持理论与技术并重，正确处理好红与专、理论与技术、理论与实践、全面与专项、教学与训练之间的关系，注意防止片面性是十分重要的。[10]

2.4　“一专多能，服务社会”的体育人才培养观

体育学院究竟应该培养哪些体育人才？当时这个问题的认识不同，说法也不一。章钜林分析指出，体育学院不仅应该继续培养体育师资特别是中等学校体育师资，更需要培养高水平优秀运动员、教练员与体育科学研究人员。因此，他要求学生要“一专多能”，在全面学习的基础上有所专长，防止学生因“专”得过窄而不符合中学体育教师要求的现象。面对在培养人才方面长期存在的“重技术轻理论、重专修轻普修”的思想，他提出要全面提高教学、训练质量，正确处理基础理论课与运动实践课，“多能与一专”与“教学与训练”的关系。他提出技术课需要达到“三基”“四会”

的要求，即掌握基本理论、基本技术与基本技能，达到会做、会教、会组织竞赛、会做裁判。他认为“三基”教学是提高教学质量的重要基础，要抓好“三基教学”全面完成教学任务，出成果，出经验，出人才，为攀登世界体育高峰做出贡献。[11]

3 章钜林体育教育思想的具体实践

3.1 实施教学改革，确立上体发展方向

3.1.1 顶层设计，确立上海体育学院发展规划

章钜林在任期间，对刚复校的上海体育学院未来发展做好设计和定位，主持制定了上海体育学院六五发展规划，对体院未来五到十年的发展进行了充分的酝酿，确立复校阶段以贯彻“调整、改革、整顿、提高”的八字方针为指导思想，积极提高教学质量、科学研究和运动技术水平；以为国家培养更多更高水平的师资、教练员、科研人员、运动员等各科体育专门人才为目标，把学校建设成教学、科研、训练三结合中心的发展定位。[12]七五发展规划则更进一步提出要把上海体育学院办成多功能、开放型、高效率、有特色的体育大学。

3.1.2 大刀阔斧，大力开展教学行政体制改革

为了更好地调动师生教和学积极性，按教育规律办学，使学校日趋符合现代化办学要求，章钜林领导上体开展大刀阔斧的教学体制改革。首先，整顿机构，调整设置，建立新的教学行政体制。打破原有体育系、运动系的设置，按专业分拆为田径游泳系、体操武术系、球类系，并将外语、体育理论、运动解剖学、运动生理学、运动医学、思政等教研室合并，创建基础部，更好地解决了培养目标和教学计划的一致性，教师分工管理合理等问题。[13]

在教学方面，他主张制订好教学文件，编写教材，不断改进教法，并大力开展运动竞赛，放手让学生按照计划独立地举办各种比赛，建立一套比较完整的竞赛制度，把课内与课外有机结合起来，把比赛与教学训练结合起来，加强对学生实际工作能力的培养。

3.1.3　合理布局,积极推进学科建设

章钜林认为:“与生物科学及医学卫生学的关系和体育理论关系最密切的是解剖学和生理学。解剖学是生理学的基础,不懂解剖学,就不能学习生理学。所以这二门课程是体育学院最重要的基础课程”,“在体育理论与实践的发展过程中,解剖学、生理学、心理学、医学和卫生学都已经建立起专门为体育服务的生物力学、运动生理学、医疗体育和医务监督、运动卫生学等独立的科目,无疑的,这些科目的建立,对体育理论和实践的发展有着非常重要的意义,它将把体育这门科学推进到更高的科学水平上去。”[14]

1980年,上海体育学院在《上海体育学院的任务、学制、规模以及重点学科的设想》文件中明确确立运动生理学、运动生物力学、田径、重竞技为重点学科。同时增设研究生部,着眼高端人才的培养,翌年获得教育学体育学、教育学体育学体育人文社会学、教育学体育学运动人体科学三个硕士学位点授予权。[15]

3.2　繁荣学术空气,积极倡导科学研究

与此同时,他积极倡导开展科学研究,在他看来,当时的体育事业发展,科研是最薄弱的一环。他认为高等体育学校,对开展体育的科研工作,负有主要的责任。因此,应当大力开展科学研究。[16]

因此,他主持学校工作伊始,科研工作就得到了相当的重视。建立健全科研机构,恢复和建立了院、系两级学术委员会和学术小组,重新修订科研计划;复刊《上海体育学院学报》和《译报》,1978年,首次科学论文报告会在校举行,反响热烈,掀起了学术研究的高潮,仅1979年上半年,各教研室和有关部门举办的各种学术报告会达70余项之多。科研工作作为考核教师业务水平内容之一,要求教师将科研和教学训练相结合,广泛开展科学研究;开设研究生班,把培养研究生作为培养高级体育人才的重要措施。根据研究方向建立指导小组,订好培养方案与教学计划,组织编写教材,抽调水平较高的教师,充分发挥集体力量,保证培养质量。

3.3 重视运动训练,打造优秀运动员训练基地

章钜林主张基础理论和运动训练不可偏废,并把提高运动技术水平作为体育学院的主要任务之一。[17]为了提高运动技术水平,复校后建立了竞赛委员会和各项运动的院代表队,改进竞赛制度,发动师生,组织开展各种竞赛活动,并在物质相对紧张的情况下,尽力改善和保障运动队物质条件,调动教师与学生加强专项训练和提高运动技术水平的积极性。经过努力,上海体育学院在各类竞技体育比赛中取得了可喜的成绩。1980 年,为更好的培养竞技性运动人才,构建培养德智体美全面发展的优秀运动员训练基地,附属竞技体校成立,开学典礼上,他作《培养目标和体育形势》的报告。在之后的若干年里,竞技体校培养出了大量的优秀运动员。

3.4 多形式多渠道,大力培养师资力量

章钜林认为,大力培训师资是提高教学质量的关键。复校后,学校采取多种形式或多种渠道大力培养在职教师,如专职、兼职、脱产、半脱产、业余等等。重点抓好中年教师的进修工作,分期分批安排进修。积极邀请国内外专家讲学,保证重点,创造条件,制定师资培养规划,组织好教师进修和提高工作。同时,对教师的政治表现和教学、科研、进修等学术水平和业务能力进行全面考核,建立和健全教师工作量制度、教师考核制度、教师晋升制度等,逐步建立业务档案加强教师队伍建设,提高教学质量,经过几年努力,各学科都培养出了一批学术带头人。[18]

4 章钜林体育教育思想的意义和影响

第一,进一步弘扬和发展著名体育教育家吴蕴瑞体育教育思想的传承。中国现代体育教育事业的开拓者吴蕴瑞先生是上海体育学院的首任院长,其在长期的体育高等教育研究和实践中形成的体育思想精炼为“身

心一统、德技相长、文理兼修、服务社会”，[19]已成为了校训，深深的扎根在上海体育学院的土壤里。章钜林体育教育思想既是对吴蕴瑞思想的良好继承，更是结合中国社会和体育教育发展实际情况不断演进发展，逐步形成的现代体育教育思想。

第二，为上体体育学成为国家一流建设学科发展奠定了良好的基础。作为上海体育学院第二任院长，复校后首任院长，章钜林肩负重任，带领师生不断践行，主持制定发展规划，明确定位，确立上海体育学院阶段性发展蓝图；实施教育教学改革，整顿组织，恢复教学秩序，迅速扭转遭文革破坏后的颓势，开创了上体办学的新局面，也为创办世界一流体育大学奠定了基础。

章钜林的一生为探索中国体育教育之路做出巨大努力和杰出贡献。上海体育学院是新中国第一所体育院校，章钜林在长期的体育教育工作中始终深怀探索中国体育教育之路的历史使命。早在1958年，章钜林就曾在校报上发表《为建立我国的球类学派而奋斗》一文，提出要“树立我国自己的球类学派”[19]并努力践行，他的晚年也一直关注上海体育学院和中国体育教育的发展，可以说，他的一生都贡献给了中国的体育教育事业，并为后人留下了宝贵的经验财富。

参考文献：

[1] 崔乐泉，杨向东主编：《中国体育思想史》，首都师范大学出版社，2008，P197.

[2] 崔乐泉，杨向东主编：《中国体育思想史》，首都师范大学出版社，2008，P238.

[3] 吴邦伟、章钜林等合编：《体育理论基本知识》，人民体育出版社，1957，P2.

[4] 吴邦伟、章钜林等合编：《体育理论基本知识》，人民体育出版社，1957，P31.

[5] 章钜林：《体育要从“少年儿童抓起”》，上海体育学院学报，1984，8(4)：P2.

[6] 章钜林：《充分发挥体育在精神文明建设中的作用》，上海体育学院学报，1982(4)：P1—2.

[7] 吴邦伟、章钜林等合编：《体育理论基本知识》，人民体育出版社，1957，P91—96.

[8] 章钜林：《体育要从“少年儿童抓起”》，上海体育学院学报，1984，8(4)：P3.

[9] 章钜林：《教学相长，改进教法，革新内容，提高质量》，上海体育学院报，

1959,3,28.

[10] 章钜林:《充分发挥体育在精神文明建设中的作用》,上海体育学院学报,1982,4,4.

[11] 上海体育学院档案文件:《关于体育学院"系科与专业设置"问题的意见》,1980,1,13.

[12] 上海体育学院档案文件:《上海体育学院1981—1990年教育事业发展规划说明》,1981,8,23.

[13] 上海体育学院档案文件:《关于教学行政体制变动的情况报告》,上体院(78)党字第021号,1978,10,5.

[14] 吴邦伟、章钜林等合编:《体育理论基本知识》,人民体育出版社,1957版,29.

[15] 上海体育学院档案文件:《上海体育学院的任务、学制、规模以及重点学科的设想》,1980,5,5.

[16] 章钜林:《科研也要为十年赶上世界水平而大步跃进》,《上海体育学院报》1958,4,12.

[17] 上海体育学院档案文件:《一九七八年下半年工作总结》,1979,2,7.

[18] 上海体育学院档案文件:《中共上海体育学院委员会一九七八年九月至一九七九年二月工作要点》.

[19] 姚颂平、肖焕禹:《身心一统　和谐发展——上海体育学院首任院长吴蕴瑞体育思想论释》,上海体育学院学报,2005(5).

[20] 章钜林:《为建立我国的球类学派而奋斗》,《上海体育学院报》,1958,8,28.

档案专题片的文献学方法和纪录片范式

上海政法学院　方乐莺

摘　要：作为影视类编研产品的档案专题片是指带有档案编研主体意识的，基于档案主体材料进行编辑、整理、分析、评论等前期加工和拍摄、剪辑、效果等后期制作的，以影视载体呈现的，本身具有文献价值的影片。在编研撰写阶段，档案专题片的文本采集、鉴别、解读和整序四个环节中主要采用文献学方法。在拍摄制作阶段，其影像叙事、历史陈述、画面特效以及文本解读等方面体现出明显的纪录片范式特征。

关键词：档案编研　文献纪录片　文献学方法　纪录片范式

传统的编研产品以某一主题或某一线索的文件汇编为主，偏重于档案形成机关的工作利用和查阅，因而档案编研工作一直以来被人们视为是枯燥、寂寞的过程，即使花费巨大人力物力编研出来的产品也常常乏人问津。大众媒体的发展极大地丰富了编研产品的形式，传播渠道的多样化也为档案编研成果的传播带来了全新的契机。图文并茂的书籍画册、文字与声音(CD)结合的视听产品以及影像类专题片等等形式多样的档案编研产品随着市场经济浪潮被推向广大受众，且获得了前所未有的传播效果和经济效益。在这众多种类的档案编研产品中，尤其以影视类档案编研产品——档案专题片(有些被市场称为“文献纪录片”)颇为引人注目，其轻松活泼的视听方式完全颠覆了以往阅读历史的枯燥厚重感。此类影片似乎为沉闷的历史找到了一条通往大众视界的捷径。

然而,档案专题片就是文献纪录片吗?所有市场化大众化的文献纪录片都能视为是档案编研产品吗?档案专题片到底是历史的影像还是影像的历史?档案在多大程度上反映真实的历史?而对档案进行二次编辑的档案专题片又在多大程度上能反映真实的历史?这是跨越文献史学界和新闻传播学界的课题。

1 定义:作为档案编研产品的档案专题片

自从摄影机广泛使用以来,影像档案大大丰富了历史的保存手段和再现可能,它使历史更加鲜活、直观、立体地呈现出来。档案部门显然充分认识到了影像叙事的直观和便捷性,且传播范围广、传播速度快,于是编研制作了很多影视类的档案编研产品。目前国内被视为影视类的档案编研产品以党史、近现代史、名人传记等为主,如国家档案局组织拍摄制作的《中国共产党历史档案(90 集)》《开天辟地 1990 年(30 集)》和《毛泽东 110 个故事(110 集)》等,中央文献研究室编制的《中国道路》、《信仰——我们的故事》、《让祖国检阅》、《辉煌六十年》、《情系长江:老一辈无产阶级革命家与武汉》《旗帜》等等。这类影片在类型上被归类为"文献纪录片"。

1.1 关于文献纪录片

文献纪录片是一个独具中国特色的纪录片类型,国际上则没有一个通用的定义。纪录片英文为 Documentary,本身就带有即档案、文献、文件、文档的意义,从词根上看,其定义涵盖历史的、现行的档案和文件(素材),是"一种用纪录片的影像介入历史事件,最终成为一种见证历史事件的选择与方式。"[1]在国内,文献纪录片又被进一步细分为:历史文献纪录片、理论文献纪录片、汇编纪录片。[2]

1.1.1 历史文献纪录片

狭义上的"文献纪录片"等同于"历史文献纪录片","所谓文献纪录片,是指围绕特定目标和主题,利用实物性历史文献(包括以前拍摄的影音资料、搜集的档案文献等)、实地拍摄的空镜头(历史遗址、人文地理和自然生态等)、再生性影像(计算机技术复原和再现的历史场景)或当事人的口述材料编辑而成的具有较高文献价值的纪录片。"[3]此定义表明"文献"一词有两个指向:一是纪录片的素材主要来源于文献;二是指纪录片本身具有的文献价值。这就意味着,文献纪录片在叙述和逻辑上要求严肃且严谨,无论采用什么样的编纂、剪辑、配音技术和音乐渲染技巧,文献纪录片的首要价值在于"文献"二字。

1.1.2　理论文献片

欧阳宏生在《纪录片概论》一书中称理论文献纪录片是指"是利用现代传媒技术对人类活动的原始记录,即对档案资料进行编纂公布,并辅以现场采访、实地拍摄、后期制作等多种手段而形成的高品位的'精神产品'","理论"二字突出创作者普遍想渗透和表达的是对某种理论的电视化诠释。[4]理论文献片着重于理论二字,重点在于以某种理论作为阐述的主线和材料串连的依据,如中共中央党史研究室、中国教育电视台联合制作推出的十集电视理论文献片《重托》,出发于历史事实,着眼于理论高度,通过大量历史资料和实景拍摄,充分用视觉语言阐释了科学发展观提出的时代背景和依据、科学发展观的基本内涵、重大意义及实践基础。理论性强是理论文献片的重要特色,以阐述理论为主线,兼顾历史叙事。

1.1.3　汇编纪录片

汇编纪录片这一概念是国外学者早期对于以历史资料和素材进行取舍和剪辑创作的纪录片提出的,包括历史资料片、地理人文类纪录片等。汇编型纪录片注重对固有素材的取舍和剪辑,将相关的来源不同的素材进行汇集和编纂。

另外值得一提的是,有许多纪录片以历史为题材,但却不是以文献资料作为主要创作来源,只能称之为"历史题材纪录片",却不能归类为文献纪录片。如 12 集纪录片《长城,中国的故事》,以现实拍摄、模拟 3D 和再现历史的方式讲述有关长城的故事。影片很少用到历史文献和档案资料,大量采用空景镜头和真人表演来演绎历史。这一类几乎不使用或很少使用文献档案的纪录片显然不能称之为文献纪录片。

1.2 文献纪录片与档案专题片

《中国道路》《旗帜》等这些档案类编研产品被市场称为文献纪录片。那么，反过来看，是不是以上所有三种类型的文献纪录片都可以看成是档案的编研产品呢？显然不是所有的文献纪录片都可称之为档案编研产品。文献纪录片带有明显的历史色彩，历史档案文件或实物虽然为拍摄对象的首选，但同时有一些以市场化为导向、以收视率为目的、批量化制作的纪录片或档案类电视节目却往往忽视档案的使用和呈现，无法被归类为档案编研产品。它们或内容以真人演绎为主，以达到所谓"还原历史"的叙事目的；或档案资料极少出现，仅作辅助旁证；或以现场采访为主，通过专家口述和主持人评价来认识历史。这些都无法把它归类为档案编研产品。以国宝档案节目《正说后宫——香妃》为例，节目对于档案查阅考证环节几乎忽略不计，仅以几张照片作为辅证，全片以专家访谈、主持人推演和空镜头贯穿始终，制作过程略显草率，其"正说"的严谨性和真实性有待商榷。

从档案学的角度，笔者认为，有必要给作为影视类档案编研产品的档案专题片的定义进行重新梳理：档案专题片是指带有档案编研主体意识的，基于档案主体材料进行编辑、整理、分析、评论等前期加工和拍摄、剪辑、效果等后期制作的，以影视载体呈现的，本身具有文献价值的影片。

1.2.1 档案编研的主体意识

文献纪录片包括纪录片电影、电视节目等，其制作主体可以是制片公司（或市场化制片团队）、电视媒体本身的制作团队，也可以是档案部门。影视类档案编研产品严格来说，只是文献纪录片的一种。能被视为档案编研产品的文献纪录片，其最首要且最重要的特征应该是由档案部门组织（或联合）组织编辑、拍摄、制作的，带有明显的档案编研主体意识的，而纪录片只是一种范式。其他由市场化团队制作的、基于市场或收视率为出发点进行拍摄制作的所谓文献纪录片则不应定义为档案编研产品。

主体意识是一种主体的自我意识，是主体对于自身的主体地位、主体能力和主体价值的一种自觉意识。档案编研的主体意识就是指档案部门工作人员对于档案编研工作本身的重要性、可行性和价值性的一种自觉意识和自觉判断。“档案编研主体意识是档案编研实践的出发点,它反映着档案编研主体的价值取向,决定着编研主体以何种方式去实现对档案编研客体的优化。”[5]

对于文献纪录片来说,辨别其主体意识可以从其制作的发起者、组织者,其拍摄制作的初衷和主要目的等角度。可以说,区分具体的某文献纪录片是否能称之为档案编研产品的重要标志之一,就是辨别其是否是档案部门发起组织的、是否具有档案编研的主体意识、是否以档案资源的进一步开发和研究为目的。

1.2.2 作为编研客体的档案资料

档案的编研产品首先是要基于档案文件资料的基础之上,“编研工作以档案为自己的主要工作对象,是它区别于古籍整理、史学研究的一个极为重要的标志。”[6]档案编研的客体是档案文献资料,作为影视档案编研产品的文献纪录片也同样要以档案文献资料为编研客体。时间认为,衡量一部汇编纪录片(文献纪录片)是否成功主要有两个标准:一是内容上的文献,二是表达上的文献感。他强调此类影片中文献材料要占相当的比重,并尽量隐藏作者的主观性叙述。[7]档案专题片虽以影像为主要编辑对象,但其影像的采集大部分基于档案资料以及由此而引出的现实场景的影像采集。档案的客体性体现在影片中主要是档案资料相关的影像所占的片比。一般影视业界的“片比”是指最后成品片子的时长与所有拍摄素材时长的比值。这里借用“档案片比”来指档案文献相关资料的影像时长与整个成品片子的时长的比值。这个比值有助于我们了解档案资料影像在整个纪录片中的所占的比重,以此来体现档案资料的客体重要性。但是这个比重究竟要达到多少,目前在国际上还是有所争议的。

笔者统计了六集文献纪录片《长征纪事》全片的各类画面的片长,也许可以作一参考。具体数据如图(下表)所示。从图中可看出,档案资料和空景镜头是最长的,也是占比最大的。其中档案资料的片长内容包括文书档案资料、照片和实物档案的拍摄图景等,所占全片比例在29.71%—58.25%之间。历史旧址等现实场景有时和空景镜头连在一起，难以分割。如果把档案部门的现实场景和实物档案的画面计入档案资料片比，至少可达到30%—60%。

集数	全片长	档案资料片长	采访口述片长	特效动画片长	空景镜头片长	其他（转场字幕等）	档案资料片比
第一集	47′04″	27′21″	5′17″	2′53″	10′38″	55″	58.25%
第二集	47′20″	14′4″	7′28″	10′14″	14′41″	53″	29.71%
第三集	47′03″	21′50″	4′16″	7′25″	12′37″	55″	46.40%
第四集	46′20″	16′12″	5′57″	5′41″	17′24″	1′6″	34.96%
第五集	46′07″	14′41″	4″	10′30″	14′55″	1′05″	31.85%
第六集	46′01″	25′50″	2′46″	1′53″	7′11″	9′10″	56.15%

（《长征纪事》每集各类影像画面片长统计）

1.2.3 编研产品本身的文献性

首先，档案编研产品基于档案文献资料，档案资料本身带有的原始性和真实性特征使得编研产品本身带有文献价值。这种文献价值首要地体现在影片本身对于档案资料文本的真实呈现和客观解读。

其次，影片本身是否具有文献性还要看影片在表达上是否具有“文献感”。表达上的文献感“就是作者的主观意图要靠调动材料自身的意义和组合后的含义来完成，在对事实的描述上求细、求近，在思想和情感的抒发上，保持客观、冷静的态度，尽量隐藏作者的主观性叙述”。档案资料的特点之一是比较分散，如何依托丰富的档案资源，调动和组合分散的档案文本，使之“留给后人以整体印象——历史感”，就是编研产品本身的文献性实现的过程。

由档案资料和叙事的历史感带给观众对影片的信任感，最终成全了档案专题片最大的价值——为历史提供证据。

1.3 档案专题片的种类

从上述的定义来看，衡量一部文献纪录片是否是档案编研产品有三个标准：是否具有档案编研主体意识，是否以档案资料为主要编研客体，影片本身是否具有文献性。显然，由国家档案局、中共中央文献研究室等档案文献部门制作(或联合制作)的文献纪录片(类型上包括历史文献纪录片、理论文献片和汇编纪录片)均具有以上三种特性，可以被归为档案专题片。这一部分影片由于有传播渠道的支持，可以在大众视野中广泛传播，并取得了良好的收视效果。

但是还有一种小范围传播的档案专题片，一直被学界所忽视，即一部分由具体某机关、企事业单位档案部门制作(或联合制作)的、用于特定目的的专题片，如用于某专题工作汇报的汇报专题片、用于展现某单位发展历程的历史宣传片、用于某一重大活动展示的汇编影像等。此类专题片由于不需要大面积传播，也不需要公开出版播放，如同单位内部汇编文件一样，具有文献价值，也是档案编研产品的一种。

2　文献学编研方法

现实题材的纪录片往往是先拍尔后有素材，再根据素材进行后期编辑和解说(如有需要)。档案专题片则恰恰相反，先有脚本然后才进行拍摄制作。从档案部门的角度来看，制作一部专题片，在程序上分成两个主要阶段——前期脚本资料的整理编纂与后期影像的拍摄制作。

传统的档案编研过程类似，第一阶段整理编纂是对于档案资料的充分占有、整理、分析、辨伪、编辑、纂写的过程，这一过程呈现出明显的文献学特征。可以说，这一阶段的档案编研方法主要采用文献学编研方法。

2.1　档案与文献

档案是对国家和社会有保存价值的原始文件，文献是记录知识的一切载体，因此也可以说，档案是再现历史真实面貌的原始文献。档案与文献虽然不是完全一样的概念，但二者在外延上存在着大面积交叉。围绕着某一历史主题进行的档案编研，除了需要大量查考文书类原始档案以外，也需要查阅大量档案以外的其他文献，因此档案专题片的前期编研过程离不开外延更广的文献资料。

2.2 文献学方法

具体来说，文献学研究方法是一个方法体系。文献学从古典文献学发展到现代文献学，其方法论体系随着文献学学科理论体系的发展而发展。最早关于文献学方法的论述出现在《文献学讲义》中，王欣夫在该书中指出“广义的文献学指的是目录、版本和校雠。”可见早期的古典文献学研究方法多专注于具体的工作方法，洪湛侯也在《中国文献学新编》中指出：文献学“使用的方法，包罗较广，主要有文字、音韵、训诂、版本、目录、校勘，还有辨伪，辑佚、编纂、标点、翻译、典藏等。”随着文献学研究方法吸收其他学科研究方法，在文献研究中开始运用马克思主义哲学方法、系统论、信息论、控制论、数量方法、统计法、分析法、历史法等。[8]在具体工作中，陈界、张玉刚提出，文献学的研究方法有时间分段法、调查方法、统计方法、控制法、比较法等。[9]到了信息时代，现代文献学方法结合信息技术，“除了传统的调查研究方法外，又根据研究任务的需要，采取系统方法、数学方法、历史方法、逻辑方法和比较研究方法等。”[10]

2.3 档案编研过程中采用的文献学方法

相对于档案编研这一学科分支的发展，文献学方法论体系相对比较成熟、系统。影视类档案编研，从主题确定、寻找资料、编写脚本全过程，是一个对档案文献进行发现、编写、比较、研究、分析、统计等创作的过程。同时，档案与文献的亲缘关系，以及档案和文献共同拥有的零星、分散等特点，使得档案编研过程中运用到的方法与文献学研究方法较类似。因此可以说，档案编研过程中主要采用文献学方法。

“文献学方法始终是围绕着四个主要方面展开的，即文学文本的采集、鉴别、解读和整序。”[11]同样，档案编研过程中的文献学方法体现在以下四个环节。

2.3.1 档案文本采集，以真实为原则

文献学方法，首先是历史唯物主义方法，尊重历史、尊重事实。档案

的首要特性是原始性、真实性，关于档案的编研也必须以真实的历史档案为指导，从诸多分散的档案信息中发掘历史真相。

档案文献资料的采集，一般是围绕某一具体主题，对档案原始资料进行全面的检索和编录。在最初的检索中，重点是目录的利用，目录是文献学的基础学科之一，是“导路之南针，照迷的明灯”，可以减轻“暗中摸索之苦”。档案检索的第一步，与文献检索寻求目录的第一步，有异曲同工之处。

寻找到相关的资料后，则可进行部分或全部的摘录。摘录有一些格式要求。有的档案编研还形成了固定的资料采集格式，如年鉴史志的编纂过程中，就要编录资料卡片、资料长编等。这一类格式需要编者详细注明资料内容时间、整理时间、标题、来源、资料整理者和内容等，以确保资料来源可靠真实，并有据可查。

在影片中，为展示档案材料的真实性，如历史手稿、照片等，往往会在片中明确指明档案存放的地点，如《长征纪事》中，第一集开篇就指明了《长征回忆录》手稿这一重要档案存放在上海鲁迅纪念馆，其后使用的许多影像资料也会注明其来源，比如有的存放于美国国家档案和纪录影像局，有的图片来自台湾国史馆等。

2.3.2 档案文本鉴别，以整体为系统

摘录完成后，要形成整体性的历史叙事，就要采用系统、联系的方法，把材料放在系统的历史整体中去考察。文献学中的“鉴别”是“根据文献与文献之间材料比对和呼应，寻找真实的历史事实，包括真伪的鉴别和优劣的鉴别。”[12]档案编研过程中对于材料的鉴别虽然无须严苛到使用辨伪学与版本学的理论与方法，但在不同全宗之间、不同案卷之间寻找同一历史事件的不同陈述并进行鉴别与联系，则恰恰是档案编研过程中经常采用的方法，以达到追求文本的真与善的目的。

2.3.3 档案文本解读，以准确为基础

古典文献学对于文本的正确解读主要依赖于准确的校勘、标点和注释。校勘确认文本的准确性，标点是断句和节奏，注释则在于意义的阐释。档案编研过程同样倾注了这一文本解读的三大要素：校勘——通过

档案文本之间的相互呼应和印证，寻找历史真相；断句——则是对编研主题的展示进行整体节奏的把握和控制；注释——即后人的评说和分析，包括作者和被采访者的观点。影像的注释是专题片的重要组成部门，主要依赖调查取证，即指跳脱于档案资料以外，寻找相关领域的专家学者，或寻找相关的历史证物或证人，进行分析或佐证。通过专家的分析和亲历者的口述来解读历史，使影片的讲述更具真实感和立体感。

2.4　档案文本整序，以逻辑为准绳

如果说，对于档案资料文本的解读是档案编研工作中最主要的内容，为整个编研工作打下坚实基础，而文本的整序则是最重要的，因为它决定着最终编研产品所呈现出来的整体面貌。

材料采集解读完成后，如何把分散的、处于无序状态的众多文本按照一定的逻辑顺序整编在一起，这就是文献学中的“整序”环节需要解决的问题。整序一方面使分散的材料有序地编排在一起，使观众或读者明白其中的逻辑顺序；另一方面有时能使文本与文本之间产生新的意义，或互相印证、或解释说明、或层层推进，增强可读性。档案专题片制作第一阶段的文本整序最终形成的成果体现为专题片的解说词脚本。它是重构专题片所要展示的某特定主题的历史的基本框架，也是专题片主题表达的最主要也是最重要的手段。这是因为：第一，专题片所依托的档案文本素材无法为自己“代言”，它们虽然承载着大量的信息，但却无法一一在屏幕上展示，并形成“故事”；第二，由于寻找过去历史的亲历者将会越来越困难，因此除了口述或访谈的部分，所有对文本素材的鉴别和解读都只能通过解说词进行；第三，无论是文字叙事还是影像叙事，故事的整体性和逻辑性都要求创作者对分散的材料进行串联，这不仅是对观众负责，也是对历史负责。

当然，文本的采集、鉴别、解读和整序四个环节并不是割裂开来各自按顺序进行的，而是互有交叉互相印证的。如文本的采集要在初步的整序逻辑下有目的地搜索和寻找，采集的过程中同时进行着鉴别和解读，画外的解读也常常出现在最后的文本整序的环节中。

3 影像的纪录片范式

从理论上来说，作为影视类档案编研产品的档案专题片，其编纂和制作过程的严谨性和严肃性都要求所有的情节和分析均需基于真实的档案文本或文本之间产生的合理联系，绝不允许出现虚构的、无根据的揣测和推理。然而影片是需要讲故事的，讲故事的过程中，必然地会带入制作者的主观意图、带入执笔者的视角选择、带入被访者的理性评论……而同时在这个影片中，它如何恰当地表达它的主题思想、如何组装故事情节、用什么样的人物类型来叙事、采取什么样的剪辑方法来表达、配有什么风格的音乐来渲染……这些就是一个范式的构成。

范式（或类型）这一词汇原本是用来指称文学样式。类型的观念被借鉴到电影领域，电影被分门别类，渐渐形成了不同的电影类型。所谓类型电影就是某些在主题表达、情节设置、人物特征、剪辑特效等方面相似的一类电影。纪录片是电影的一个类型，其本身同时也可以被划分成好几种类型，这一点本文不予论述。本文着眼点是作为编研产品的档案专题片所具有的纪录片范式。

3.1 影像叙事——宏观叙述和微观细节

作为档案编研产品，档案专题片呈现出与其他类型的编研产品迥异的特征就是基于专题片这个载体所呈现出来的特征——影像叙事。因此，其纪录片范式的首要表现就是它的叙事手法，即用影像讲述故事的方法。

与喜欢制造悬念，设置生动曲折情节的电视节目相比，叙事风格更加严肃、考证更加严谨、分析更加理性的档案专题片在叙事手法上显得平淡无奇，往往按照事件的时间顺序逐一罗列。这恰恰正是历史的宏观叙事在时间轴上的定位需求。纵观国家档案局、中央文献研究室所拍摄制作的影响力颇大的档案专题片，无一不是以时间为主轴的历史的宏观叙事，辅以微观的细节使得情节更加生动，人物更加丰满。

历史的宏观叙事在档案专题片中有其必然的需求。第一,档案专题片往往以历史或历史人物为题材,历史的宏观叙述有利于主题的表达。即便是工作汇报片,也常常使用从整体到细节的表现方法。第二,档案专题片既以档案资料作为主要的编研客体,历史的宏观叙述有助于体现历史的厚重感和档案的真实感。第三,历史的宏观叙述有助于提升影片的观赏价值,更易于获得观众的认可。当然,这种叙述方式同时也增强了档案专题片的文献价值。

同时,档案专题片的另一类型,工作汇报片或宣传片也呈现出同样的特征,常常以某一具体主题的宏观(相对宏观)叙事为主线框架,细节叙述或材料佐证填充血肉,以打造一个主线明确、细节丰满、材料丰富的档案专题片。

3.2 历史鸿沟——主观意识和历史真实

档案编研是一个主观行为的过程,必然地带有档案编研工作人员的主观意识。这也正是体现历史真相与档案实体所呈现出来的历史面貌之间的鸿沟的一个过程。

档案记载的是历史真迹,而不是历史真实。所有的叙事文本在被表述出来时就是一种解读,一种解释:“解释,即是一种意识形态的介入。”[13]迈克尔·弗里登也说:“任何一种阐释,每一种意识形态,就是这样一个强行加入的方式,决定了我们如何理解(或者误读)政治事实、事件、趋势、行为,也决定了我们如何制造形象、听到声音。通过意识形态,我们才知道了事实意味着什么”。[14]

就像档案在表现历史方面远不如历史表现自身那样真实,影片也同样无法展示历史的全部真相。所有观众看到的影像,听到的解说,感受到的渲染,都是创作者主观构想并得到实践的结果。这是所有档案编研人员、历史工作者以及所有纪录片导演都无法改变的逻辑,因为对于历史题材的专题片来说,“意图”永远先于“事实的记录和呈现”。创作者们所能努力的方向是,尽可能让影片呈现出来的“真相”都建立在档案文本以及文本之间的联系上,尽可能让评说与分析都有见证者的口述或专家的论证，以最终达到尽可能缩小历史鸿沟的目的。

3.3 画面特效——档案资料和空景镜头

据笔者对《长征纪事》六集影片的统计（见上图表一），档案资料和空景镜头是组成档案专题片最常用的两大类主要画面，几乎占到了全片80%以上。这两者的后期剪辑拼贴手法已经远胜于电影诞生初期的简单蒙太奇，而是充分利用了现代电影画面处理技巧，大大提高了可看性。

例如《指点江山——毛泽东诗词故事》中，有许多场景是将历史照片作立体化处理。照片内的场景、人物被现代技术剥离出来作分层处理，在画面的推拉摇移中自由切换，非常立体，大大丰富了原本显平面化的传统历史资料的可视效果。文书档案资料也重点标注需要展示的部分，其他无关的内容则虚化隐去，既突出了档案的历史价值，又强调了档案的保密原则。

实景拍摄空镜头是填充影片时间轴的主要素材。从文件生命周期理论来看，这类素材可以看作是现行文件的一种表现，只是没有按照正常的归档流程进入库房并上架成为档案。资料文献与现实场景互相穿插，使得历史故事的讲述在过去与现在之间起承转合，引人入胜。

后期特效处理还有一种画面也时常被使用，即 3D 或 2D 的动画技术。在档案专题片中，这一技术经常用于区域平面地图的绘制和运动、数据图表的展示和运动、特殊元素的展示和运动等。在以历史为题材的大部分档案专题片中，动画技术主要展示了战场、行军路线的运动和变化。

需要特别指出的是，档案专题片不提倡使用真人演出的所谓“情景再现手法”。这种带有表演性质的虚假景象一方面会削弱影片的文献感，另一方面容易误导或限制观众对历史景象的想象，这些都是严谨的史学研究和呈现所不推荐的。

3.4 文本解读——解说词、同期声和背景音乐

专题片“依托于影像旁白的艺术处理，就不得不接受载体本身所带有的美学特征”。如果一部情节电影失去语言，也许故事的表达可以大致通

过人物的动作来完成。试想一下，如果一部文献纪录片没有解说词，那就是一部很奇怪的新旧画面交替出现的影像汇编，完全失去了表达的能力。影片中解说词与画面是两套不同的语言体系，解说词承载着绝大部分的信息。

解说词对于档案专题片的重要性，无异于眼睛对于人的重要性，它带领人们了解影片所要表述的历史，带领人们探索未知的奥秘。解说词有以下三大作用。一是把存储在分散的档案资料中的信息有序地整合成影像所要叙述的“故事”。档案专题片文本整序后的最终表达是借助语言来叙事。二是表达画面以外的信息。一定是有很多文本信息不能找到相应的影像材料来呼应或说明，这时就必须借助解说词来明确，可以说这是解说词的最主要的功能。三是烘托渲染全片的基调和氛围。这是画面和文字所无法表达的。解说员的语言特色、感情饱和度、节奏快慢等都影响着整个片子叙事感的表达，也影响着片子文献感的表达。虽然说档案专题片如同纪录片一样强调不能带入创作者的主观情感，力求叙事冷静、客观，然而即便是没有情感的情感基调的表达也一样需要依托解说员的语言感染力。

专题片语言除了解说词还有访谈同期声。访谈分为两种，一种是采访事件当事人，一种是采访专家。采访历史亲历者的实践被称为“口述历史”，可以促使观众产生更真实的代入感；专家访谈则提供专业观点，增强影片表达的观点的信服力。

背景音乐则渲染全片的基调，对画面起补充、强调或解释作用，有时配合解说词进行情绪的渲染，增强感染力。

作为影视类编研产品的档案专题片具有档案编研主体意识，在编研撰写阶段主要采用文献学方法，成果体现出明显纪录片范式。多媒体时代正在对传统的档案编研工作提出更高的要求，也为档案编研成果的制作和传播提供了更大的机遇。如何进一步做好档案编研工作，加强档案资源开发利用，在全社会范围内推动档案意识建设，最终达到以编促建、以建促编的良性循环，是档案管理部门需要进一步思考的问题。

参考文献：

[1] 肖平:《纪录片历史影像的制作基础及实践理论》,中国广播电视出版社,15.

[2] 陈克:当代文献纪录片的定义.电影评介:2012,01.41.

[3] 张宗伟:论文献纪录片的发生和定义,当代电影.2014,9.130.

[4] 欧阳宏生《纪录片概论》[M].四川大学出版社,2010,7.103.

[5] 档案编研主体性特征初探,樊如霞,档案学通讯,2004(5):57—59.

[6] 上海:上海档案局编,《档案编研工作 2002 年》,上海社会科学院出版社,8.

[7] 简论汇编性纪录片,中国广播电视学刊,1997(1):28—32.

[8] 金恩辉,关于文献学基本问题的研究.文献工作研究,1994(3):18—22.

[9] 新编文献学.北京:军事医学科学出版社,1999.13—15.

[10] 王瑞珍,我国文献学研究方法之探析.新世纪图书馆,2007(5):63—64.

[11] 论古代文学研究中的文献学方法,潘树广 1999 年第 1 期常熟高专学报.

[12] 论古代文学研究中的文献学方法,潘树广 1999 年第 1 期常熟高专学报.

[13] 卡尔·曼海姆 Karl Mannheim. Ideology and utopia. Publisher:London:Kegan Paul & Co. 1936.

[14] Michael Freeden. Ideology:a very short introduction. Publisher:Oxford and New York:Oxford University Press. 2003. P. 2—3. 转引自《中国音乐》2016 年第 2 期魏小石:归档、现代性思维以及音乐的现象学.

高校毕业生档案转递

——EMS与机要之争

上海理工大学档案馆　许振哲

摘　要：毕业生档案转递工作是高校档案馆的重要任务之一，一直以来，高校毕业生档案通过机要的形式进行转递；2015年，教育部办公厅、人力资源社会保障部办公厅、国家邮政局办公室联合发布了《关于高校毕业生档案转递有关事项的通知》，《通知》指出，毕业生档案可采用"邮政EMS标准快递"形式转递。EMS的使用，对机要转递形成了一定的冲击，在各地人才交流中心及高校档案馆也产生了不同的反响。本文围绕这个问题展开，分为三个部分：首先对机要和EMS分别进行理论描述，并对《通知》本身进行解读；接着从安全性能、便捷程度、经济成本三个方面将二者进行对比；最后就毕业生档案应该采用何种形式进行转递提出自己的见解。

关键词：EMS　机要通信局　安全性能　经济成本

1　引言

学生档案工作是高校档案工作的重要组成部分，而每年的毕业生档案转递工作则是学生档案工作的关键性环节。一直以来，毕业生档案通过机要的形式进行转递，直至2015年4月，中国邮政集团公司发布了名为《关于规范邮政机要通信渠道传递大学生档案等有关工作的通知》的业务函，函件指出："'大学生档案'不属于国家秘密载体，也不属于邮政机要通信的传递范围……有关单位将原由邮政机要通信渠道传递的‘大学生档案’转由‘EMS标准快递’等方式传递。”通知下发以来，引发了各地人才交流中心的强烈反响：部分人才交流中心负责人表示，并未收到上级主管部门的通知，且邮政集团发出的为普通业务函，该新规是否与教育部、人社部达成共识尚未可知；另有部分地区的人才交流中心则以“学校寄递大学毕业生档案没走机要路径，也没专人专车专送，不符合人事档案寄递规定”为由，拒绝签收通过EMS邮寄的学生档案；还有部分档案从业人员则在担忧：该通知的下发，是否意味着我国60余年递寄大学生档案走机要的历史画上句号[4]。2015年6月25日，教育部办公厅、人力资源社会保障部办公厅、国家邮政局办公室联合发布了《关于高校毕业生档案转递有关事项的通知》，《通知》指出：高等学校可通过邮政机要通信转递高校毕业生档案……已与邮政部门签署协议的高校，毕业生档案可采用“邮政EMS标准快递”形式转递。《通知》的下发，标志着上级主管部门对EMS用于档案转递这一问题已达成了共识，也意味着多年来使用机要转递毕业生档案的传统受到冲击。相比于机要转递，EMS具备了哪些优势？在使用EMS转递毕业生档案的过程中，暴露出哪些问题？机要与EMS，哪一种方式更适用于毕业生档案转递工作？这些问题都值得我们加以探究和反思。

2　理论概述与政策解读

在分析对比EMS与机要之前，首先有必要对二者的概念、特征等因素有一个简单的认识和了解。再者则是要深入剖析《通知》的内涵：分析EMS的投入使用，究竟是为了全面取代机要转递，或是希望建立二者并存的局面，抑或是单纯为了提升毕业生档案投递效率做出的一次尝试？唯有弄清了这些问题，我们才能够对EMS和机要做出更为理性的比较。

2.1　机要理论概述

想要明确机要转递的特征，首先必须确定何为机要件。为了便于工作的开展，国家邮政局局办于2006年的第174号文曾提出了机要件的定义:“在内部业务处理中,通过机要通信传递的国家秘密载体和经集团公司批准寄递的其他重要物件的简称,包括机要文件、机要刊物、机要物品(含磁介质、光盘等)等。”2009年修订的《机要通信业务处理规则》将“机要邮件”正式更名为“国家秘密载体”,并在总则中添加条款指出:“应当严格控制非国家秘密载体流入机要渠道”,进一步缩小了机要件的外延。根据《干部档案工作条例》规定,干部档案属于国家秘密载体。学生档案作为干部档案的雏形,本身并不属于国家秘密载体,不应当纳入机要转递的范围。通过机要转递学生档案,有可能影响国家秘密载体的处理转递时限,这显然有悖机要通信服务的初衷。笔者认为,这也是导致《通知》下发,EMS投入使用的一个重要诱因。

笔者在查阅资料时发现,围绕机要转递撰写的档案学论文数量稀缺,且极少对机要及机要局的性质做出详尽的阐释。笔者参考网络释义后认为:机要转递是由国家机要部门通过机要交通或派专人送取的邮件传输形式之一。作为一种特殊的邮件种类,其有着与普通邮件不同的交寄、分拣、投递、接收方式,邮局有专门途径保障其安全[5]。论及机要,人们普遍存在一个误区,认为机要件的接收和转递工作是由机要局完成的;事实上,机要局是党和国家重要信息传播与保护的重要部门,是政府的从属机关,它的职能是用先进的密码技术与现代高科技信息通讯手段来传输国家重要机密。而我们日常所说的“机要局”,隶属于邮政公司,其名称是“机要通信局”,主要负责机要通信业务的管理及办理,承担着为党、政、军机关单位提供秘密载体传递的特殊使命[6]。“机要局”和“机要通信局”存在本质上的区别,将机要通信局简称为机要局是十分错误的说法,二者决不可混为一谈。

2.2 EMS理论概述

EMS,全称为“全球邮政特快专递”(WORLDWIDE EXPRESS MAIL SERVICE),创办于1980年,是万国邮联管理下的国际邮件快递服务,主要负责传递紧急信函、文件资料等各类物品。在我国,提供EMS服务的为中国邮政速递物流公司,它是中国邮政集团公司的直属公司。

因此机要和 EMS 均隶属于邮政系统，仅在部门和权责分工上有所差异。在快递行业中，EMS 属于创办时间最早，覆盖范围最广的快递形式，配送对象也极具多元化；2015 年《通知》下发以来，EMS 的业务得到了进一步拓展。为此，EMS 专门制作了印有“高校学生档案专用”标识的封套封条，并为学生档案派送开辟绿色通道，单独处理，保证学生档案转递工作的安全、便捷、高效。EMS 用于转递毕业生档案，虽然仍处于起步阶段，然而其多样化的运输渠道与多年来的快递配送经验使其具有了得天独厚的优势，档案转递业务也日渐趋于成熟。

2.3　政策解读

《通知》的下发，极大地转变了毕业生档案转递的格局：2015 年以前，几乎所有的毕业生档案都是通过机要进行转递，2015 年及 2016 年，70％以上的高校采用 EMS 的形式邮寄档案，但仍有一部分高校沿用了机要的形式进行转递。笔者不禁困惑：既然已经明文规定档案应通过 EMS 的形式转递，为何仍有部分高校使用机要的方式予以投递？在对比中国邮政集团公司发布的《关于规范邮政机要通信渠道传递大学生档案等有关工作的通知》的业务函与三部门联合下发的《通知》后，笔者发现了端倪：邮政的业务函认为，大学生档案不属于机要传递范围，应该使用 EMS 全面取代机要进行档案转递工作；而《通知》则指出，高校毕业生档案既可以通过邮政机要通信转递，亦可采用 EMS 的形式转递，实际上是要构建二者并存的局面，并没有禁止机要的使用。这也诠释了为何在 EMS 盛行的今天，机要转递仍然牢牢地占据了一席之地。

一个困惑解除了，笔者又产生了新的困惑：新事物取代旧事物往往需要一个漫长的过程，机要用于转递毕业生档案已有 60 多年的历史，各部门多少已经产生了一定的惯性与依赖。然而为什么 EMS 初步投入使用，就会迅速得到大量高校的认可和使用呢？以上海市为例，笔者经过调研后了解到，《通知》下发后，各区的机要通信分局就不再提供大批量毕业生档案转递服务，而上海市机要通信总局仍然提供此项服务，因此与各区机要通信分局具有合作关系的高校无法再通过机要的途径转递档案;直接与上海市机要通信总局存在合作关系的高校则依然可以,这部分高校毕竟是少数,绝大多数的高校在机要通信分局不提供转递服务的情况下,只能使用EMS转递毕业生档案。这就是为什么EMS能够投入使用并迅速升温,而机要的使用率则十分有限。

使用EMS转递毕业生档案以来,各地各高校碰到的一个新问题就是"快递"概念的泛化。《通知》指出,毕业生档案可采用"邮政EMS标准快递"形式转递,一些高校对这项条款存在误读,将"EMS快递"泛化地理解为所有形式的快递,因此笔者在接收档案的过程中,收到了中通、圆通、申通、韵达等各种形式的快递。另有一些高校,出于节约运输成本考虑,将毕业生档案多人一件打包后邮寄,极大地提升了档案遗失的风险:河南某高校今年就将9份被同一院校录取为研究生的毕业生档案打包后装入纸箱,胶带封装后使用顺丰快递整箱寄送。EMS作为一种快递形式可以被用于档案转递,并不意味着所有形式的快递都可以用于转递档案:普通的快递并没有为毕业生档案设置专门的绿色通道,也没有制作专门的封套封条标明内件是学生档案,且运送过程中将档案与其他物流快递混在一起,有些快递甚至不提供派送服务,需要档案接收人员前往快递点取件,无形中极大地增加了档案损毁和丢失的可能性,这明显有悖《通知》的初衷,使用EMS以外的快递寄送档案,应当严令禁止。

3 EMS与机要对比分析

自EMS投入使用以来,已成功转递了2015、2016两届毕业生档案。相比于机要,EMS展现出了一定的优势,但也暴露出一些问题。本文主要从安全性能、便捷程度、经济成本三个方面将二者做出对比分析。

3.1 安全性能

毕业生档案作为学生在校期间情况的真实反映和原始记录,其重要性不言而喻，因而安全性能是衡量转递方式优劣的首要因素。邮政机要通信作为国家保密通信的一个重要组成部分，以 2009 年修订版的《机要通信业务处理规则》作为行动指南，始终奉行"保密安全第一，准确迅速传递"的工作方针[7]。机要通信由于其业务的特殊性，决定了它对安全性的要求特别高：机要系统运行于一个独立的平台，物理上与其他系统完全分离，且各地市机要系统互不连接，各地市独立运行。在实际工作中，对机要件的交寄、保管、运输、投递等各个环节都做出了严格的规定，全力确保机要件的准确安全转递：交寄环节将营业室收寄人员工作场地与交寄人员活动场所严格分开，实行封闭作业；保管环节中，各机要通信局凡有留存过夜机要件的，设专人值班看守；运输过程必须严格遵守机要件汽车押运双人押运制度，且押运途中不得离车，火车接发必须配备双人，使用机动车辆的司机有监护机要件的责任；投递环节，地(市)以上局要全部使用汽车投递，边境边防及少数民族地区，在道路允许的条件下要采用汽车投递；交接时，需要凭机要通信自取证、领取机要邮件通知单、收件单位证明、工作证以及自取用户证件来局领取，所有机要件与自取人当面点清，确认无误后由自取人在投递单上逐页加盖机要收发章或公章并签字，一联由自取人随机要件带回，一联留存备查。临时自取单位应留存其介绍信，并将自取人有效证件号填入介绍信与相关投递单一并归档，确保日后查询时有据可考。

EMS 作为特快专递，在提升效率的同时，也简化了大量的交接程序，这就导致在安全性能上，EMS 逊色于机要通信。在交寄、保管、运输环节上，EMS 的程序不如机要交接那么严谨，但也基本足以保证档案的安全性。EMS 的安全隐患主要表现在投递和交接两个环节：在全国大部分地区，EMS 使用的是单人投递的方式，使用单人投递存在较大弊端：多数情况下快递员需要离开车辆，车辆中的档案处于无人看护的状态，难以确保其安全性，这也是对学生档案不负责任的表现；在交通工具的选取上，机动三轮及电动三轮车得到了广泛应用，学生档案则被置于车后的开放或半开放式车厢。这样一方面容易造成档案的损坏，另一方面可能会因道路颠簸导致档案遗失，快递员根本无从发觉。交接签收作为档案转递的最后一环，却是 EMS 投递最为疏忽的一个环节。大部分的快递员对取件人的身份核查并不重视，代签的现象十分普遍且无需任何书面证明材料。有些快递员甚至直接将档案丢给收件单位门卫，至于之后门卫是否将档案转给收件人，并不在投递员的考虑范畴。笔者对已投递的学生档案 EMS 单号查询后发现，档案被签收后，会有三种状态备注：本人收，他人代收，单位收发章。被本人签收或是盖有单位收发章的档案，基本可以确保档案安全到达，而他人代收是由何人签收？签收后有没有转交给收件人及时归档？若档案因此遗失应该找何人问责？今年河北省某县的 EMS 在转递学生档案的过程中就因他人代签造成了学生档案的遗失：根据 EMS 快递员的说法，该学生档案是由当地人社局的门卫代为签收的，然而当地人社局则表示，签收的邮件中，并无该生档案。间隔了几个月的时间，这份档案的去向已经无从查起，当地邮政部门表示，愿意积极配合该生办理相关档案材料的补办手续并提供一定赔偿。档案作为一种特殊形式的载体，其价值难以衡量，无法作为贵重物品进行保价，一旦遗失，其造成的损失也绝非金钱所能衡量，不严谨的签收流程存在极大的安全隐患，应当引起邮政 EMS 的高度重视，必须防患于未然。

机要通信的安全性能全面高于 EMS，程序的严谨，工作人员的细致固然是一方面因素，但更主要的还是责任认定较为明确。机要转递的过程中，每一个步骤都有明确的记录，一旦某个环节出现问题，可以直接追究到相应责任人，予以处分乃至免职的处理，因此机要通信人员都具备极高的责任意识和安全意识。而 EMS 对学生档案方面的规定还存在大量的空白，权责界定不甚合理，例如快件在转递过程中遗失，追究收寄人员的主要责任，派寄人员作为主要过错方，不承担主要责任。权责界定不明，必然会导致安全意识的缺失，从而极大地降低 EMS 的安全性能。

3.2 便捷程度

便捷程度可以分为方便程度和快捷程度两个方面。笔者将档案装帧和去向查询作为衡量转递方式是否方便的标准。由于使用机要转递不需要收件方地址即可投妥，所以只需将学生档案材料清点完毕后封袋，加盖骑缝章并在档案袋正面标明收件城市及单位名称即可；使用 EMS 转递则要增加很多工作量：档案封袋盖章后，需要将档案袋放入印有“高校学生档案专用”标识的封套内，并粘贴封条，封条上需二次加盖骑缝章。EMS 投递还需要收件方的单位、地址、联系人、联系电话、邮编等具体信息，这些信息是根据学生的就业派遣信息汇总而来，其中地址信息存在大量的空白、简略、谬误，需要档案馆逐一加以补充、完善、修正后方可投递，仅这一点就使档案馆工作量倍增，为日常工作带来极大的不便。去向查询方面，机要通信的查询效率远不如 EMS。机要通信局是“公对公”的单位，只允许单位对机要件的状态进行查询，通常不接受个人查询。查询手续上，必须由机要寄出方持机要交寄单和机要号，在机要件寄出一个月之后，向机要通信局发函进行查询，查询结果反馈至寄件方一般需要十几个工作日。因此档案通过机要转递，获知其去向最少需要一个半月的时间。通过 EMS 转递毕业生档案，每一件档案都会有一个对应的 EMS 单号，通过单号即可在网上进行查询，随时能够获知档案转递的最新信息。

转递是否快捷，一方面取决于转递手续是否简便，另一方面取决于交通工具的选择。机要转递采用的是层级转递的方式寄出档案的：首先由发件单位将机要信件送到当地机要通信部门；再由机要通信部门以专门渠道送达本省省会，由省机要通信部门接收；省机要通信部门将机要件发送至目的地省份的省会城市，由当地通信部门接收后，最后派专人派送至接收单位。在交通上，机要通信使用汽车和火车作为主要交通工具。转递程序繁琐，交通工具缓慢，导致机要件到件通常需要半个月乃至一个月的时间；EMS 采用点对点的形式寄送档案：由寄件城市直达收件城市，在程序上大大简化，运输途径包括航运和陆运，通常能够确保大城市次日到件，偏远地区 2 日到件。

总体而言，在档案装帧上，机要相对方便，在去向查询及运输效率上，EMS 则占据了明显的优势。毕业生档案转递工作，归根到底是服务于毕业生的，能否为毕业生提供便利才是衡量转递方式优劣的根本指标。机要虽然在装帧上可以为高校档案馆节约很多精力，但与毕业生的利用并无关联。当前的毕业生，档案意识普遍较为薄弱，“档到用时方知找”，往往是在用人单位催办的前提下，才会办理档案离校的相关事宜，“档案是否寄出？”“档案多久寄达？”是毕业生最关心的两个问题。毕业生的档案利用需求具有极强的时效性，EMS 转递快捷、易于查询的特征最能满足毕业生的诉求。因此在便捷程度上，EMS 优于机要通信。

3.3 经济成本

比较 EMS 和机要的优劣，还需要考虑的一个重要因素就是经济成本。机要转递毕业生档案，不用额外封装，其经济成本主要来源于邮寄资费。毕业生档案按照文件类标准收费：首重 100 克，本埠资费 0.6 元，外埠资费 0.8 元；续重 101 克—2000 克，每重 100 克，本埠资费加收 1.2 元，外埠资费加收 2 元；每件毕业生档案还需另收 1 元机要保密费[8]。以此为标准，按毕业生档案重 1000 克计算，则机要通信本埠资费每件为 12.4 元，外埠资费每件为 19.8 元。EMS 的收费标准如下：起重 500 克，资费统一为 20 元，续重每 500 克按寄送距离加收资费，500 公里以内加收 4 元、500—1500 公里加收 6 元、1500—2500 公里加收 9 元，2500 公里以上加收 10 元[9]。同样寄送重量为 1000 克的毕业生档案，省内运费平均每件约 24 元，省外运费从 26 元至 30 元不等。由于 EMS 要求毕业生档案必须使用印有“高校学生档案专用”标识的封套封条，因此成本核算时还需加上封套封条的费用。EMS 制作的高校档案封套有三种材质：普通快递塑料袋，纸质快递信封袋以及快递塑料气泡袋。普通快递塑料袋材质偏薄；快递信封袋偏小，档案袋稍大或稍厚都难以放入；因此快递塑料气泡袋应用最为广泛。塑料气泡袋成本较高，每一个价值 2 元，加上封条每个 0.5 元，总体核算，EMS 省内寄送成本为每件 26.5 元，省外寄送成本每件从 28.5 元至 32.5 元不等。平均下来，本埠资费 EMS 每件比机要高出约 14 元，外埠资费 EMS 每件比机要高出约 10 元。将这个数字乘以庞大的毕业生人数，高校档案馆每年会多出一比不小的支出。另外，一些地市的人社局至今仍然拒收 EMS；还有部分 EMS 因地址不明确无法递送。使用 EMS 以来，每年被退回的档案有数十件之多，这些退件只能通过机要的途径二次投递，这无疑为 EMS 本就高昂的成本又添上了重重的一笔。相较 EMS，使用机要的途径转递毕业生档案，经济成本更加低廉。

4 结语

毕业生档案转递，表面看来是 EMS 与机要之争，实际上则是高校档案馆、中国邮政以及毕业生之间的三方博弈。高校档案馆通常倾向于使用机要转递，不仅成本低廉，出错率低，而且在毕业生档案的整理过程中省时省力；中国邮政在 EMS 的推广普及中起到了很大的助推作用：每年数以百万的毕业生档案流入机要通信，确实有可能对国家秘密载体的运送造成一定影响，将这部分业务转包给 EMS，不仅可以有效提升转递效率，也能为邮政系统创造更多收益；毕业生的档案利用需求具有极强的时效性，EMS 的简洁高效因此备受青睐。那么这是不是意味着 EMS 可以取代机要，全面普及使用呢？笔者以为不然。机要用于转递档案已有 60 余年的历史，各地档案部门围绕机要已经形成了一套相对稳定的工作模式，无论是出于情感还是出于习惯，机要转递的方式都不会被轻易遗弃。笔者整理各单位开具的调档函后发现，几乎所有调档函的末尾都会注明：请将××同志的档案通过机要转递至我处，还有部分地市的人才交流中心特意备注：档案禁止邮寄，禁止使用 EMS，禁止自带，否则一律拒收。从这一点就可以看出，机要依然是准确安全的代名词，也是被默认的转递形式；EMS 虽然已投入使用一年有余，但仍未从根本上得到各地档案部门的认可。

时代在进步，技术在发展，效率的提升成为各行各业的必然。然而效率并不等于速率，尤其对于学生档案而言，准确安全高于一切。EMS 对于毕业生档案转递中可能出现的法律纠纷，参照《邮政法》的相关条款执行，然而《邮政法》对于档案转递的规定几乎一片空白；使用机要转递毕业生档案，机要号却可以保留 2 年，EMS 单号有效期仅 4 个月，超过 4 个月就无法获取相关物流信息。转递安全没有法律条款跟进，物流信息没有存根可供查询，EMS的准确安全性着实令人堪忧。《通知》的下发，营造了EMS与机要并存的局面，这个局面或许只是一个过渡，终有一天，EMS将取代机要全面用于转递学生档案。但可以肯定的是，在EMS的安全性得到确保之前，机要转递的形式不可能被取缔，二者并存的格局还将持续很长一段时间。

以上均为笔者个人之见，欢迎各位同仁多多批评指正。

参考文献：

[1] 詹罗成，戚杨. 高校毕业生档案机要投递探讨[J]. 云南档案，2013(5)：47—48.

[2] 谢鹏. 高校本科毕业生档案机要邮寄的思考[J]. 兰台世界，2009(12)：27.

[3] 王静，荆秀琴. 毕业生档案机要转递与自带转递之比较[J]. 山西档案，2015(2)：114—116.

[4] 秦岭，雷倢. 大学生档案邮寄由机要改快递，人才交流中心拒签[N]. 华西都市报，2015，06，08.

[5] 机要邮寄[EB/OL]. https://zhidao.baidu.com/question/454712396526332605.html，2013，10，20/2016，11，23.

[6] 车耀明. 河南邮政机要通信系统的设计和实现[D]. 北京邮电大学，2010(5).

[7] 车耀明. 河南邮政机要通信系统的设计和实现[D]. 北京邮电大学，2010(5).

[8] 机要邮寄[EB/OL]. https://zhidao.baidu.com/question/454712396526332605.html，2013，10，20/2016，11，23.

[9]特快专递资费标准[EB/OL]. http://www.ems.com.cn/serviceguide/zifeichaxun/zi_fei_biao_zhun.html，2010，04，10/2016，11，23.

论医用耗材档案规范信息化管理

上海交通大学附属胸科医院 周 阳 李 瑛

摘 要：医院档案管理的目的是将在医疗活动中形成的具有保存价值的不同载体形式的档案集中统一管理。医疗耗材采购档案是医院设备档案管理的重要组成部分，通过对耗材档案数据的统计和分析，采取措施控制超标指标，为管理部门制定设备管理目标、工作计划、决策等提供依据。我国近年出台了许多规章制度来规范医疗器械的管理，提出“加强医用耗材(包括植入类耗材)和一次性使用无菌器械和低值耗材的采购记录、溯源管理、存储、档案管理、销毁记录、不良事件监测与报告的管理”[1]。

现阶段大多数医院医用耗材档案管理还存在许多不足，如：医院医用耗材档案管理格局混乱，医院医用耗材档案管理标准化程度低，医院医用耗材档案软件系统开发相对落后等。如何确保医院医用耗材档案管理工作在现代化信息时代中适应与发展是当前亟待解决的问题。

关键词：医用耗材 档案管理

1 建档原则

在设备档案里，特别是大型设备往往以个体为单位采取“机档独立”对应原则，以此保存个体设备在“全生命周期”中所有涉及到档案资料。而医用耗材考虑其特殊性，无法以个体为单位单独建立档案。因此，结合实际情况以供应商为主线进行档案建档管理，基本采取：每一家供应商建立一个档案原则。在医用耗材纳入医院数据库后进行多次采购中，由于各类相关资质证照有一定有效期，采取计算机数据库管理手段进行管理，对相关证照资质有效期进行实时监控能保证耗材安全有效工作。

2 医用耗材档案内容包括

2.1 采购论证阶段

第一阶段涉及到医用耗材采购前的采购申请和论证审批不同供应商及产品生产厂家的资质审核及采购合同确定等相关方面，申购审批内容包括：医用耗材名称、规格型号，生产厂家、收费标准、物价信息、医保代码、申请使用耗材的用途、申请科室及负责人签名等情况。[2]采购档案内容包括：厂家资质、一级代理、二级代理以及经销商资质，其中：厂家和一二经销商需在营业执照、经营许可证、组织机构代码证、税务登记证、授权书、医疗器械经营备案凭证这些所提供信息上盖公章。对产品资质，要求提供：授权书、注册证、无行贿犯罪证明。医院需严格审查供应商及产品生产厂家相关资质以保证其真实有效性，防止假冒伪劣产品进入医院耗材目录库。

2.2 临床使用阶段

第二阶段中涉及到医用耗材入库、出库单据。对于可追溯高值耗材，如：起搏器、电生理导管、缝合/吻合器等可追溯耗材，针对每一位病人住院号配有相应植入单，植入单记录于信息系统中。另外，设备科入库植入性耗材过程中，仔细认真核实产品批号、有效期、序列号是否正确无误。

2.3 质量反馈阶段

第三阶段中，如在使用医疗耗材过程中发生不良事件，由相关使用科室填写医疗器械不良事件报告表，将报告反馈设备科，由设备科联系经销单位及厂家进行相应处理。

2.4　供应商更名、代理商变更阶段

日常医疗行为中，医用耗材由于授权时间到期，为取得销售代理权而导致代理商变更；供应商销售金额增加导致税率被提高；因此医院往往会遇到供应商更名、代理商变更情况。首先申请企业应在审批表中填写申请企业基本情况，内容包括：企业法人营业执照信息、医疗器械经营企业许可证信息、授权代表情况，并同时简单填写原企业情况，对于厂家授权该企业的授权声明也需要写进审批表中。随后交于医院设备科，由医院填写与判断企业法人营业执照、医疗器械经营企业许可证、医疗器械注册证是否在有效期内，最终由耗材管理部门审核。

3　医用耗材档案信息化管理资源整合

3.1　医用耗材档案信息化建设

档案信息化建设就是在档案管理活动中全面地应用现代信息技术，对档案信息资源进行处置、管理和提供档案的利用服务。[3]如医用耗材中的高值耗材，往往属于三类可追溯性耗材，与患者生命安全息息相关。其质量可靠性、功能有效性等一系列属性往往关系到患者[3]安全问题，因此高值耗材档案信息化管理的建立对其追溯性具有重要的意义。

3.2　医用耗材档案管理信息化优势

3.2.1　规范医用耗材基础属性

信息管理系统要求统一用耗材注册证上使用的名称、规格、单位、生产批号、有效期等，能规范医院耗材档案的管理，不仅便于今后耗材信息的查询，也为医院 HIS 收费系统收费提供准确的依据。

3.2.2　完善医用耗材“全生命周期”各流程

医用耗材“全生命周期”，即：采购论证阶段、临床使用阶段、质量反馈阶段及供应商更名、代理商变更阶段各环节中有不同流程与环节，电子信息化管理科为其各阶段状态提供依据，以保证其真实性、完整性、有效性。不仅可

节约人力成本，而且电子化信息数据库能的完善与扩展能成为综合信息体，为医用耗材档案管理的一体化打下扎实的基础，建立一个机构综合体、功能齐全、高效信息中心，就可适应当前医院加快信息现代化建设的需要。[3]

3.2.3　促进建成功能结构合理、信息中心完善的一体化管理

我院对医疗设备的档案管理很早就有相关制度：按照《档案法》及《上海市胸科医院档案工作实施细则》等有关规定和要求，建立医院设备档案管理制度，按设备档案归档范围进行年度归档工作，如：技术档案按规定的保管期限保管；及时做好动态档案信息的补充更新工作；保证信息管理系统的数据安全，定期备份数据等，科室兼职档案管理人员做好档案的预立卷工作，通过档案管理信息系统及时录入、归档。

将医用耗材档案管理工作融合到设备科整体信息化建设过程中，能促使设备科快速建成结构功能合理以及信息中心完善的一体化管理。以动态管理方式进行医用耗材档案管理工作不仅可提供相关耗材的综合性信息，而且在不断协调与管理过程中又能促使硬件平台和软件设备不断顺应耗材档案管理发展要求。

4　小结

档案要服务于人们管理的需要，人们占有和利用档案是为了获得追求档案的价值[4]。加强医用耗材科学档案管理信息化管理不仅能避免和减少院内感染和医疗事故发生几率，同时能完善医院医疗质量。医院医用耗[5]材档案信息化建设开始与发展是医院档案工作基于医用设备档案电子化后的又一突破，是传统医用耗材纸质档案走向信息化档案的进步标志。

参考文献：

[1] 中国医院协会.三级综合医院评审标准实施指南[M].北京：人民卫生出版社，2011，197—198.

[2] 杨立，马福红，魏继航.医用耗材的采购审批管理[J].中国医疗设备，2010，

25(8):70—71.

［3］许剑波，姚云华.医院档案信息化建设的现状与对策［J］.医院管理，2010，1，48(1).

［4］赵霞.医院档案管理中的问题与对策［J］.中华现代医院管理杂志，2006，4(12):15—16.

［5］王建荣.档案价值与利用探讨［J］.办公室业务，2012，10.

高校数码照片管理现存问题及对策探讨

上海师范大学档案馆　李　菁

摘　要： 随摄影技术快速发展，数码相机、手机等逐渐成为高校记录影像的主要设备，这些设备生成了大量的数码照片，是反映学校各方面发展的重要材料。本文主要针对高校数码照片的管理中所存在的主要问题进行深入研究，并且就采取的对策进行探讨。

关键词： 高校档案　数码照片档案档案管理

照片电子档案能真实反映高校教学、科研、管理等工作成果，并展现历史的独特魅力，在科学技术深入发展的当代，越来越受到各高校的重视。2008年颁布的《高等学校档案管理办法》中明确规定："高等学校档案(以下简称高校档案)是指高等学校从事招生、教学、科研、管理等活动直接形成的对学生、学校和社会有保存价值的各种文字、图表、声像等不同形式、载体的历史记录。"[1] 如何对海量的数码照片进行筛选、整理、归档和保管，如何把握技术变化潮流对其规范化和科学化管理，是当下高校档案管理中的一个难点。

1　现存问题

1.1　管理制度及相关规定不完善、相对滞后

从照片相关规定和标准来看，国家档案局2002年出台的《照片档案

管理规范》和同年出台的国家标准《电子文件归档与管理规范》，都未涉及数码照片，只在《电子文件归档与管理规范》提到“对用扫描仪等设备获得的采用非通用文件格式的图像电子文件”和“对用计算机辅助设计或绘图等设备获得的图形电子文件”。

2014年《数码照片归档与管理规范 DA/T 50—2014》提出“归档的数码照片应为JPEG、TIFF或RAW格式，推荐采用JPEG格式”，但是，什么情况下采用TIFF格式，什么情况下采用JPEG格式，什么情况下采用RAW格式并没有详细说明；不同照相机品牌的RAW格式各不相同，需要相机厂商自行开发的软件去解读，在规范里也未作具体阐述。

2014年国家《数字档案室建设指南》对照片类电子档案提出了格式和精度要求——“照片类电子档案应以TIFF、JPEG格式保存，其可交换图像文件(EXIF)信息保存完整，像素数不低于300万”。从像素分析，1999年柯达就已经推出首款300万像素数码相机，到2007年，性能强大，价格低廉的千万像素机型已经层出不穷了，如今，高校档案馆收集的数码照片基本上都达到千万像素级，远远超过300万像素的级别。由于规定标准对照相技术快速发展的相对滞后，导致数码照片的收集没有清晰明确的规定可依，影响了收集工作的有效开展，影响了档案收集人员的积极性，进而对高校照片电子档案的收集、管理和利用产生负面影响。

1.2　高校数码照片的生成人员具有非专业性和不确定性

由于摄影摄像技术的变革，摄影或摄像人员不需要专业知识也能完成记录任务，对现今高校各部门、学院而言，业务活动的记录不再像以前一样只由一人完成，而是有多人参与记录工作，甚至一项活动也有多人以不同角度记录。这些记录人员的拍摄设备多种多样，所拍照片的规格、精度受硬件设备所限参差不齐。由于拍摄技术、拍摄习惯各不相同，水平参差不齐，必然会对最终产生的声像数字档案的质量产生影响。拍摄者还有可能根据实际工作需要对拍摄的内容进行后期修改、添加、合成，从而对原始照片的信息造成破坏。由于拍摄者往往不是专职档案人员，没有及时归档的档案意识，造成数码照片形成后，不能及时归到档案馆，很大程度上影响了照片电子档案收集工作。

1.3 数码照片文件命名标准仍沿用纸质档案原则，未考虑电子文件特性

根据《数码照片归档与管理规范 DA/T 50—2014》，数码照片文件采用“保管期限代码—年度—照片组号—张号.扩展名”格式命名，例如，2009年某单位拍摄的一组××工作会议的数码照片，文件名为：YJ-2009—0001—0001.jpg，这种命名方式意味着文件名称没有包含任何该照片的著录信息。如果要检索××工作会议，需要到档案管理系统里根据会议名称查询得到对应的照片文件名称，注意，此时只能查到照片的名称，而不是照片文件原件；接着再根据查找得到的文件名在照片原件里查找才能看到照片原件及其照片内容。通过以上描述可看出这种检索其实是一个二次检索过程。这种二次检索过程加大了照片文件的检索时间，增加了检索的复杂度，不利于对照片的管理和利用。由于既要在管理系统里著录信息，又要根据著录信息给每个文件和文件夹命名，造成数码照片整理的工作量过于繁重，影响整理效率，给数码照片的归档带来很大困难。

2 采取对策

2.1 加快规章制度建设

随着技术的快速发展，国家档案部门需要加快改进各类标准和规范，尤其对于照片文件格式和图像精度，需要根据实际发展水平给出指导性意见，进一步完善照片电子档案管理的规章制度与操作规范。在制定标准时有相关技术人员的参与，将各类标准内容细化，加强其落实与执行力，将照片电子档案“从搜集、归档、管理、移交到长期保存过程实行统一管理，全程无死角”[2]，使照片电子档案管理的各环节都是规范的、有法可依的，从制度上杜绝档案管理中的漏洞，确保归档照片电子档案的有效性和真实性。

2.2　提高人员业务水平

加强兼职档案员队伍建设，重点培养高素质人才。照片电子档案管理工作本身就有较强的技术性，需要定期对兼职档案员进行专业培训，向他们提出照片收集的具体要求。同时也要提高兼职档案员的责任意识，让兼职档案员充分认识到，在高校的各类教学科研活动和日常管理工作中产生的数码照片是学校发展的重要历史记录，为照片电子档案的保管和长期利用打下牢固的基础。

2.3　充分考虑数码数码照片的电子环境

电子环境下，文件记录方式和文件特征都发生了很大的改变。以前面提到的为例，××工作会议的数码照片如果命名为：YJ-2009—20090213××工作会议—0001.jpg，20090213代表会议时间为2009年2月13日，后面是会议的名称。要检索××工作会议时，只要在计算机的搜索框内输入会议名称，就能找到并调阅照片电子文件原文；同时还可以提供多角度检索，会议时间或者会议名称都可以作为检索条件。应充分利用电子环境下计算机的检索能力，将照片著录信息与文件名称相结合，则可将照片原件作为检索结果直接浏览，这种检索方式是一种脱离档案管理系统的检索方式，只需要一台计算机，就可以满足一些简单的查询需求，由二次检索变为一次检索，节约了检索时间，提高了利用的效率，真正发挥出电子文件信息自身的优势。

2.4　数码照片收集管理自动化

数码照片收集管理自动化表现在对于收集的海量照片电子文件，软件自动检查每个文件的真实性、可读性、完整性、有效性、安全性等；按照事先设定好的著录要求，软件批量自动检查档案管理系统里的照片著录信息是否合乎规范；根据档案管理系统里的照片著录信息，软件批量自动给每个照片文件和文件夹命名；

对其他格式图片比如bmp，png，gif等软件批量自动按照格式和精度要求进行格式转换;以上 4 条中的所有检查标准,著录要求,命名规范,文件格式及精度等都可以根据变化灵活配置。

虽然已有许多针对档案批量预处理的软件,还有把预处理作为档案管理系统里的一个模块的,但是,数码照片是一种特殊的档案,文件来源、文件格式、组织形式等都与其他档案有很大的不同,因此照片电子档案的自动化收集和管理软件是一种和其他档案预处理软件完全不同的软件,需要专门处理。而专门针对数码照片的预处理软件,则由于规范不明,各个高校处理方法各异,至今仍然发展缓慢。尽管如此,从数码照相技术的发展和照片档案发展的需求来看,照片电子档案的预处理通过软件来完成将是未来的一个主要趋势,通过自动化的批量处理,能大量节约人力物力,降低照片整理的复杂性,提高照片整理人员的工作积极性,同时也可以提高照片电子档案著录信息的准确性,使照片档案的检索更加快速、方便,有利于扩大照片档案的影响,使得照片档案充分发挥服务学校中心工作、服务社会的作用,充分体现档案的价值。

高校数码照片记录了学校教学、科研、管理等的重大活动内容,反映了学校的真实面貌和发展过程。随着信息化的发展,“数码照片档案越来越在学校的发展中发挥其特有的功能”[3]。当前照片电子档案的管理工作依然存在不少问题,比如规范标准的制定滞后严重、管理人员素质不够、管理未能和计算机技术紧密结合等,针对存在问题,需要进一步完善标准,建设高素质人员团队,将先进的计算机技术运用到档案收集管理中,使照片档案管理人员能够更多地把工作重心放到挖掘档案内涵,展示档案价值上来,使照片档案的历史价值、文化价值、社会价值和经济价值得到充分的体现。

参考文献:

[1] 高等学校档案管理办法[Z]. 中华人民共和国教育部,2008.

[2] 许桂清. 传统录音录像档案数字化探究[J]. 中国档案,2016,10.

[3] 张立华. 高等学校声像档案及其内容研究[J]. 兰台世界,2017,4.

信息公开与高校档案开放研究

华东理工大学档案馆　冯　玮

摘　要： 档案开放是政府公共服务的组成部分，是档案工作的一个重要职能，档案开放不等同于政务信息公开，有其自身的特点。通过分析高校档案开放内容、受众范围、途径，以及高校档案在校园门户网和互联网站、移动媒体等不同途径中开放特点，提出了高校档案在不同环境、媒介中的开放思路、策略。

关键词： 信息公开　高校档案　新媒体　开放策略

1　信息公开概念及档案开放必要性

信息公开是“政务信息公开”引入的一个概念，是指国家行政机关和法律、法规以及规章授权和委托的组织，在行使国家行政管理职权的过程中，通过法定形式和程序，主动将政府信息向社会公众或依申请而向特定的个人或组织公开的制度。[1]信息公开是由政府主导的公共服务之一，是社会文明高度发展的标志，是保障、提高公民基本知情权，提高政府工作透明度，提升为民服务的一项便民政策。早在 2007 年国家就颁布了《中华人民共和国政府信息公开条例》，2011 年中央办公厅、国务院又印发了《关于深化政务公开加强政务服务的意见》，为依法行政、政务信息公开提供了法律依据。在 2017 年 8 月上海市政府出炉了“基层政务公开标准化、规范化试点方案”，为信息公开的有序开展，做出了有益的探索和可具操作性的规范方案。

档案开放也是政府公共服务的组成部分，是档案工作的一个重要职能，《中华人民共和国档案法》及其实施办法、各级地方法规以及国家档案局部门规章，都对档案的利用和公布做出了明文规定。档案开放即档案的利用与公布，不等同于政务信息公开，有其自身的特点，档案信息不是即时发生的内容，但档案所包含的历史信息，是在社会活动（包括政府行为）中形成的具有保存价值的文字、声音、视频、图形等各类信息资源的汇总，这些信息，在实际社会生活中，需要不断被查考利用。以学校为例，档案的内容涵盖党政、教学、科研、基建、外事、财会等方方面面，经常会有文件政策的考证，学籍材料的证明、建筑图纸的复查等需求，在政策制定或历史沿革的研究中，档案更有不可替代价值作用。

因此档案信息公开，以开放的姿态服务于社会，是档案工作必须要进行的一个职能，其内容要比政务信息公开更广泛，既有政务历史信息的公开，也有民间机构或个体活动中形成的独有信息的开放。当然档案信息的开放也要在相关政策方针的指导或限定的范畴内进行。虽然档案利用和公布早就有了明文规定，但由于历史条件或技术的限制，档案服务仍大多局限于利用者上门，在档案馆实地进行。随着信息技术和移动互联网时代的到来，档案开放也应与时俱进，更多地利用新技术、发掘新媒体来提供服务，将被动服务变主动服务，提升档案工作的地位，使档案在社会活动中发挥更大的、不可替代的作用。

2　高校档案开放的内容、受众范围和途径分析

高校档案的开放内容、受众范围的确定，需要根据档案相关政策和实际，进行严谨地筛选与评估。高校档案的组成主要包括党务、行政、教学、科研、基建、外事、出版、财会、声像、实物等十余种门类，有些高校还有教工或学生人事档案，以及人物档案等。除了人事档案和涉及保密制度的部分档案受到限制，其余绝大部分的档案内容均可不同程度地开放。党务、行政、外事及其他各种门类档案，都有相关的政策文件、政府行为的内

容,其开放可参照政务公开相关政策执行。声像、报刊、奖状等档案来源本身就是公开发布或出版的信息,可以向全社会开放。高校教学、科研等档案的形成,有涉及个人参与的学籍或项目档案等,涉及个人的内容,办理一定手续或认证后,可以向本人开放。由于高校办学性质,教学和科研档案尤为重要,在实际档案服务中,教学档案的利用最为频繁。以上这些情况为高校档案开放内容的实际规划提供了依据。

政务信息公开的途径,一般通过政府的公报、新闻发布会以及报刊、电视等传统媒体形式公开,也有利用网站、手机微信、APP 等新媒体方式来开放,还有在档案馆设立阅览室等形式,方便查阅利用。档案开放途径在档案法规中也有明文规定。类似于政务信息公开,档案开放途径除在档案馆实地提供利用查询,更多地也可通过网站、手机移动平台(如微信、微博、APP)以及网络化档案管理系统等新媒介传播方式进行。网络化的新媒体以其开放灵活、便利,受众广的特点,为高校档案开放提供了广阔空间。相对之下,公报、报刊、电视等传统媒体由于权威性和参与性限制,档案开放不常用到此类媒体。档案史料等二次加工信息也可通过出版等形式公开发布。

信息技术、互联网技术以及现在移动平台技术的高度发展,为档案利用新媒体来实现开放,提供了极为有利的外部条件。信息技术促进了各类信息的数字化管理,极大提高了管理的效率;互联网技术实现了信息的广泛传播,使世界变成一个地球村;移动媒体将每个个体联系在一起,信息可以实时传播到个体。这些技术使档案开放的实现和传播变为可能。

利用各类新媒体进行档案信息开放,另一重要内部条件是档案管理的信息化、网络化建设高度发展,并且档案信息全部或逐步实现全文的数字化转换。档案管理系统、网站、档案微信等平台的建立建设,都需要强大、完善的档案信息库来提供数字资源。

高校的网络化档案管理系统,一般集成在高校政务一体化的门户系统中,其用户统一认证,用户面向高校内部的教职员工和在校学生。这些用户也是高校档案开放的重要受众,是首先要服务的对象,并且有些内容也只需向校园网特定用户开放。利用档案系统授权或内网发布,这些受众无需再认证，即可方便快捷地检索获得档案开放的相关信息，这是一条不能忽视的档案开放的途径。

档案馆网站的建立，受众面向全社会，有些内容可以直接发布，有些需要受众注册认证后查阅。档案馆网站建设在过去一段时间里，有了长足的发展和普及，网站图文并茂的界面和后台数据管理机制，为档案管理信息和档案编研成果的发布提供了切实可行的一条通道。利用网站的档案信息发布，也存在一些缺憾，由于网站开发周期长，数据来源、更新困难，安全、维护要求高，访问利用存在复杂性和地域性限制，所以建立网站的档案发布和推广存有一定的局限性。

随着移动平台（微信、微博、app 等）迅猛发展，为档案开放提供了更便捷、亲民的一条途径。智能手机的普及，微信、微博等自媒体平台的日趋成熟，对使用者零技术、零门槛的设置，成为档案开放中投入产出效率较高的有效途径。移动平台还有的交互性特点，它使档案信息聚合服务从信息聚合走向信息背后的人的聚合，通过人员之间的交互和交流机制创新档案利用服务的体验。[2]尤其是微信公众平台，提供开放接口、外联集成子系统，又方便目标受众关注加入，并可以百分之百地将信息推送到受众手机端，还可与受众对话互动，获取反馈。微信公众平台已成为政府信息公开的一个重要窗口，也可以作为档案开放的主要媒介重点规划。

3　高校档案在各类主要媒介中的开放思路、策略简析

3.1　高校档案在校园门户网中的开放策略

如前所述，高校的档案管理系统一般集成在学校的门户系统中，为高校档案的定向开放提供了便利。依据档案系统已有的强大数据库资源，可以为广大师生以及高校办学需要提供便捷、全面的服务，主要可以通过以下二个方面来实现档案在校园网内的开放：

3.1.1　用户授权查询功能

高校门户系统的统一认证功能，简化了档案系统用户的认证需求，档案系统只要对已认证的用户进行二次授权，即可满足学校不同用户查询

档案的需要。在档案系统建设时,就要考虑将档案查询的权限控制到档案分类、单位、身份等。校内一般工作查考居多,可以授权需要查考的档案分类和查考单位,远程在门户网内就可完成档案自主查询工作。另可增加档案信息打印或复制下载的授权功能,在开放的同时保护档案数据的安全性。

3.1.2 建立发布功能,主动推送档案信息

档案系统建设时,应考虑建立档案数据库在校园网内的发布功能,主动推送档案信息,向全体已认证的用户发布可开放内容。发布功能应能动态设置发布条目、名称,查询并筛选后将可开放档案信息推送到对应发布条目,随着档案库信息的改变,发布数据也可动态增减,校园网上已认证过的用户可以随时查阅。例如:本校档案管理系统利用动态发布功能,在门户系统内发布了“历年科研获奖项目和奖状”、“历年毕业生合照”、“历年校报电子版”等,获得很好的效果,从档案的角度宣扬了校园文化中所蕴含的正能量信息。

3.2 建立档案馆网站,开放、宣传高校档案的思路策略

建立档案馆网站进行档案信息的开放、宣传,也是传播广泛的有效的途径之一。

网站是PC互联网的接入窗口,网站技术已高度发展,前台可以设计出丰富的、图文并茂的多媒体界面,甚至全景三维图像,因此档案馆网站比较适宜开放档案的编研成果、展览、网上校史馆等二次加工的信息,使受众浏览时能感受到身临其境的效果。

网站后台的类数据库管理模式,可以动态组织、管理各类要发布信息。网站的这一特点,适合档案工作和档案职能的信息组织和发布宣传,例如档案管理的制度规章,档案业务的指导、流程说明,档案工作的动态信息等。

网站后台,也可链接档案数据库,对认证用户开放相应的档案信息。但由于网站的开发、安全维护、档案数据来源的要求较高,并存在访问被动性限制、交互功能滞后等情况,利用网站开放档案数据库的查询和反

馈,有一定的局限性,只能选择性地部分开放。有些高校利用网站开放了学生学籍档案的认证等,也不失为一种有益的探索。

3.3 建立微信公众平台,开放高校档案的思路策略

微信是腾讯公司开发的智能移动端即时通讯软件,支持文字、图片、语音、视频传送,提供一对一、微信群、朋友圈等多种形式的通讯。微信功能近几年不断地拓展,已不仅局限于通讯功能,尤其通过微信公众平台,为用户实现了提供服务和咨询的一个接入口,公众平台的开发接口、自定义外联功能,还为机构、政府等用户的服务拓展提供了极大空间,微信公众平台已成为移动端政府机构、知名企业、金融机构等对外开放、联系互动的重要入口。例如上海市政府及十六个区政府都建立了各自的微信公众平台,既有信息发布,也有办事大厅,极大方便市民了解国家政策及快捷办理各项民生事务的效率。短短几年微信迅速普及,已拥有强大的用户群支持。

作为移动互联网的重要入口,微信公众平台的建立在档案机构中也得到迅速推广,例如国家档案、地方档案、影视档案、城建档案等都纷纷建立了自己的微信公众平台,为各类人士获取档案了解历史,打开了一扇扇窗口。

我国高校档案馆也有四十余个单位建立了微信公众平台,主要实现四方面的功能:(1)档案服务功能。微信平台的开发接口和外联功能,为档案查询服务提供了强大的后台支持和扩张的可能。(2)馆藏展示功能。微信平台提供图文模板,还支持声音、图像的传送,为编辑图文并茂的网上展览,提高了效率。(3)档案动态信息发布功能。微信平台的信息推送功能,可以让广大个体受众实时获取档案动态信息。(4)交流咨询功能。微信平台提供智能问答模式,可将常规问题,以关键词方式为用户提供咨询服务,另可结合建立微信群,与用户建立更多的交流沟通。微信公众平台还有很多功能有待挖掘,为档案开放、完善档案服务提供更大的便利。

档案开放的实现,关键要根据实际,充分利用、规划建设好各类先进的传播媒介,宗旨是达到方便于民,服务于民的目标,尽可能满足各类人

员利用档案的需求，使档案在社会生活中发挥应有的更大作用。

参考文献：

[1] 刘恒. 政府信息公开制度[M]. 中国社会科学出版社，2004.

[2] 赵屹，陈晓晖. 刍议新媒体环境下的档案信息聚合服务[J]. 档案建设，2017(1).

开发利用的新平台：微信档案信息资源

上海对外经贸大学　刘福利

摘　要： 伴随移动媒体时代的到来和4G技术的迅猛发展，微信作为一种新型的社会化媒体，成为继微博之后又一高效的服务应用。文章在阐述微信在档案馆利用现状的基础上，对微信公众平台在档案信息资源开发利用的可行性及其功能进行了分析，并对这一新平台的应用可能遇到的一些问题进行了简要的思考。

关键词： 微信　档案信息资源　开发利用　新平台

"今天，你微信了没？"正如其广告语所说，微信已然成为了一种生活方式，渗透到人们生活的方方面面，从微信在营销领域的运用、到政务微信的悄然兴起、再到图书馆微信平台的搭建，微信正以独特的优势掀起了其公众平台在各个领域的应用热潮。而档案机构作为公共服务的机构之一，也要紧随时代步伐，积极探索新工具、新平台实现档案信息资源的开发利用。

1　档案馆与微信

微信公众平台是腾讯公司在微信的基础上新增的功能模块，通过这一平台，个人和企业都可以打造一个微信的公众号，可以群发文字、图片、语音、视频、图文消息五个类别的内容。① 对于档案馆而言，公众微信账

① 引自"百度百科——微信公众平台"。

号所具备的功能使其成为一个新的档案信息发布平台。

对国内档案馆微信公众平台的使用情况，笔者进行了一个简单的统计。打开微信软件，在“添加朋友—查找公众号”一栏中，以“档案馆”为关键字进行搜索，共计搜到账号 89 个，有效账号 77 个。如果以“档案”为关键词搜索，共有 496 个。可见，目前为止，有一些档案馆已经认识到了微信的先进性，但是，总体来讲开展此项服务的档案馆数量仍不算多，也不乏一些无效账号：如“绝密档案”、“美丽档案”、“灵异档案”等。其中，海口档案馆对微信公众平台的应用在众多档案馆中算是较为先进的，每天都会给用户推送相关档案法律、档案知识或者档案领域的工作动态，但仅限于档案信息的推送，应用层次较浅，缺乏与用户的互动性，也缺乏对用户问题回复的及时性。由此看来，微信公众平台在档案信息资源开发利用中仍然有相当大的发展空间的。

2 信应用于档案信息资源开发利用的可行性分析：基于拉斯韦尔的 5W

美国著名传播学家拉斯韦尔提出大众传播的“5W 模式”，即 who，say what，in which channel，to whom，with what effect。他将人们每天从事却又阐释不清楚的传播活动明确表述为由五个环节和要素构成的过程，这也促使大众传播学五大研究领域即控制分析，内容分析，媒介分析、受众分析、效果分析这一思路的形成。[1]下面将重点通过对前四个领域来分析微信公众平台应用于档案信息资源开发利用的可行性。

2.1 Who——控制分析

档案馆微信公众平台的传播主体即档案馆。首先，关于微信公众平台的加入。加入微信公众平台没有门槛的限制。所以，档案馆可以轻松注册自己的微信公众账号，加入微信公众平台。其次，档案馆作为传播主体可以对传播受众即档案用户进行管理。微信公众平台具有用户管理的功能,档案馆可以利用微信账号的分组功能,把用户进行门别类,针对性地为档案爱好者和业务咨询者提供不同的档案信息,如根据职业上的区别,档案馆可以把档案用户分为常规用户、教育工作者、历史研究者等,然后根据其不同的需求倾向对其提供各异的档案信息或知识。再次,微信传播体现了传播的双向性和互动性,使得档案信息传授双方的关系更加亲密。档案馆对档案信息的传播并不是单方面的,而是可以实现与用户的互动交流,用户可以向档案馆咨询问题或提供建议。

2.2　Say what——内容分析

内容分析即为档案馆向档案用户推送的档案信息和档案馆公众微信平台与用户之间的沟通交流信息。首先,档案馆公众微信平台推送的内容具有丰富性。从形式上来讲,可以是文字、图片也可以是音频和视频的内容;从内容上来讲,档案馆可以向用户推送包括馆藏信息、讲座、档案工作动态等在内的多种类型的档案信息资源,而用户则可以向档案馆咨询各种相关问题。其次,与博客、微博等其他新的传播媒体相比,微信传播内容具有私密性和即时性的特征。由于传者和受众的特殊关系,微信信息交流内容也更为私密。通过微信交流的信息仅停留在传播者和受众双方的移动终端上,只有传受双方可以看到听到,其他用户无法在自己界面获知,不论对档案馆还是档案用户而言,这种私密性都是有利而无害的。另外,微信公众平台的内容发布具有即时性,只要用户在线,就能够对档案信息进行快速接收和反馈,在讯息传达上比较迅捷。再次,微信公众平台消息的推送具有精准性。与微博相比,微信公众平台所发出的信息不仅精炼而且能够保证信息到达受众的精确性,而不至于被众多信息淹没。最后,微信传播方式还具有多元化的特点。有的用户可能认为,传受双方在聊天中不能真切地感受到文字背后的“表情”,不能准确了解到对话者的心情和语气,这在一定程度上造成了信息的不对称。微信主打语音聊天,点对点的语音交流类似于现场直播,通过声音来传达情感,能够更好地把握传受双方的心理,相对于单纯的文字来讲更有优势。当然也可以进行用户与档案工作者之间的视频通话。

2.3 Which channel——媒介分析

媒介分析在这里主要是微信所依赖的载体：移动终端设备和档案馆微信公众账号的传播渠道。首先，关于微信公众平台所依赖的载体——移动终端设备。如今，移动终端设备具有巨大的发展空间，3G时代，智能手机得到迅速普及，这就为档案公众微信平台的推广应用提供了载体支持。其次，档案馆微信公众账号的推广宣传媒介。档案馆可以通过微信二维码来实现对档案微信公众账号的宣传：与档案网站、档案微博等协同合作，公布档案馆的公众微信账号或二维码；在档案馆门口、大厅等显眼的地方张贴微信二维码等。再次，微信的LBS定位功能的应用。微信引进了LBS定位功能，利用这一功能既可以实现搜寻附近的人，公布档案馆微信公众账号，又可以向这些已经是档案馆微信好友的用户推送档案消息。

2.4 To whom——受众分析

截至2018年，微信海内外月活跃用户总数已经达到10亿。微信成为全球下载量和用户量最多的通信软件。庞大的用户基数为微信应用于档案信息资源开发利用奠定了用户基础。当然如何让这些微信用户成为档案馆微信公众平台的受众也是档案馆应该关注和思考的一个重要问题。这就又涉及到档案公众微信账号的宣传推广问题了。

3 微信应用于档案信息资源开发利用的功能分析

3.1 发布档案信息

档案馆微信公众平台可以利用微信的优势向用户发布文字、图片、语音等各种形式的档案信息。第一，常规档案信息的发布。向档案用户推送用户感兴趣或利用率较高、时下人们较为关注的档案馆藏信息或者趣味档案阅读。比如以本馆的馆藏档案信息资源为基础,以历史上的今天为专题,每日向用户推送历史上的今天所发生的事件、以图片形式向用户展示相关的档案资料。第二,最新资讯通知。向档案用户推送近期的档案馆讲座、展览的通知、档案界最新工作动态、档案法律法规的公布实施、国际上关于档案工作的活动开展、工作近况等。第三,档案知识推送。向档案用户推送有关档案的基本常识、档案保护和利用的知识等。如在国际档案日向用户推送有关国际档案日的知识介绍。

3.2　实现档案咨询

为更好的实现微信在档案信息资源开发利用中的应用,档案馆应该有专门的档案工作人员负责档案馆公众微信平台的工作。档案馆可以通过微信公众平台和档案用户进行互动交流。用户可以通过文字或语音等形式向档案馆咨询相关问题。其中微信公众平台对档案用户咨询问题的回复包括自动回复与人工回复。自动回复,即在微信界面中预设好一系列常见问题,当用户发送相关代码时,会自动发送相关档案信息。而人工回复则是档案微信管理人员收到用户具体询问或者档案未开放时,人工予以解答。除了传统的文字信息,用户还可以用语音的方式来与档案馆互动,表达各种意见、建议、投诉等,对于咨询者或微信管理者来说都大大增加了便利程度。

3.3　完善档案信息资源开发利用的反馈工作

档案信息资源开发利用的过程不仅仅是档案馆主动提供服务、推送档案信息的过程,同时也应该从用户角度出发,听取用户的意见,做好档案信息资源开发的反馈工作,实现档案馆与档案用户的真正的双向互动交流。第一,档案馆可以通过微信公众平台向用户发送调查问卷,这种形式既可以节省人力物力又可以让用户都获取到调查问卷。第二,档案馆可以借助于微信公众平台开展有关档案工作的话题讨论或投票活动。第三,档案馆也可以以语音方式倾听档案用户的意见、建议等,实时的解决用户面临的难题,吸取档案用户的宝贵建议。

3.4 实现与档案网站或数据库的对接，实现微信检索档案信息的功能

当档案用户通过档案微信公众平台进行档案查阅时，可以通过对接工作，直接向用户发送档案网站链接，提示用户转向网页浏览，从而获取档案网站的信息资源或者通过访问档案馆的数据库查阅档案信息。这种方式不仅能够使档案用户获得更为详细的档案信息资源，而且实现对档案网站资源的充分利用，促进档案网站的建设，督促档案馆及时更新网站信息资源。另一方面，档案馆也可以在档案馆 APP 中嵌入微信服务。比如在手机档案馆、移动档案馆中，通过把微信功能嵌入手机客户端里，扩大档案馆的影响力，提升档案馆的服务能力。

4 关于微信应用于档案信息资源开发利用的思考

微信公众平台作为一个新生事物，应用于档案信息资源开发利用，不是一朝一夕的事，在微信公众平台的建设过程中肯定会遇到各种问题。笔者就微信公众平台在档案信息资源开发利用过程中可能遇到的一些问题进行了一些思考。

首先，档案微信公众平台的搭建是一个持久性的工作，我们把微信引入档案信息资源的开发利用目的是为了为档案用户提供更优质、更方便的服务。并不仅仅是为了完成上级档案部门的任务，简单的申请一个档案馆微信公众账号就可以了，也不是为了跟风，纯粹的追逐新鲜事物，过段时间就置之不理了。这种情况在档案微博中并不少见，有不少档案馆开通微博后并没有好好经营，充分发挥档案微博在档案服务中的作用，而仅仅是盲目跟随潮流。因此，档案馆应该以微信公众平台的优势为基础，以档案人应有的恒心和耐心，充分的挖掘其在档案信息资源开发利用中的作用，打造档案信息资源开发利用的心平台。

其次，档案馆要跳出微博思维设计微信特色活动。微博的成熟化，可能会造成档案馆微信平台的内容过分依赖微博资源，导致微信

微博呈现内容同质化，造成的结果就是档案用户产生厌倦感。故此，在档案微博运营的同时也要充分发掘微信自身不同于微博的特质，更多地利用微信公众平台的特色来开展活动，比如说语音形式。IT 茶馆公众号发起的"开心茶馆"活动，通过自定义回复设定层层问题，把正确答案设置为触发下一道题的关键词，用户回答正确就会进入下一题，最终闯关成功者获得奖励。[2] 我们可以对"开心茶馆"活动进行学习借鉴，开展档案微信公众平台的特色活动。如进行一些有趣的智能互动，如档案知识问答比赛等，并依靠这个模式建设为品牌活动，定期举行。

最后，注意对档案用户回复的及时性，树立档案馆微信公众平台在档案用户心中的良好形象。微信最大的功能在于互动及时，具有实时性。如果档案馆官微无法在几秒钟之内回复给所关注用户他所想要获取的有效信息，那么取消关注的概率将会极大。因此，档案馆在微信公众平台的维护中应当充分发挥主观能动性，一方面将用户关注之后的头条推送更改为信息量完整，并且回复数字简单易操作的文字说明信息；另一方面，由于档案用户对于自身的需求往往期望能够在最短的时间内得以满足，因此热键的设置必须能够简洁而实用。

5　结语

李开复老师曾经说过"微博改变一切"，而从文章的分析中我们可以看出，"微信正在改变一切"。微信正在全球化发展，巨大的用户数量意味着蕴含的巨大能量，这为档案馆开展微信服务提供了良好的社会环境。微信在档案馆中的应用前景非常广阔，微信公众平台成为档案信息资源开发利用的新平台。同时，我们也要看到微信在档案信息资源开发利用中的应用目前处于起步阶段，目前提供的还是简单、初级的服务，要想充分发挥微信在档案信息资源开发利用中的作用仍然需要档案馆和档案工作者的不懈努力。

参考文献：

[1] 郭庆光. 传播学教程[M]. 北京：中国人民大学出版社，1999，59—60.

[2] 王潇，黄新荣. 微信公众平台开启档案利用新时代[J]. 陕西档案，2013(2)：26—28.

上海地区档案微信平台建设现状调查及思考

上海交通大学医学院档案馆　汤黎华

摘　要：微信在宣传、推广和利用上的便捷，影响了传统媒体的传播方式。我们档案工作也正在逐步开展档案微信平台建设。笔者通过对上海档案界微信公众号现状进行了调研，着重探索档案微信公众号的基本情况、服务功能、信息内容等问题，并对调研结果反思，以期推动档案微信平台建设。

关键词：档案　微信　调查

微信公众号是开发者或商家在微信公众平台上申请的应用账号，通过公众号，可在微信平台上实现和特定群体的文字、图片、语音的全方位沟通、互动。目前，微信公众平台因其具有传播快捷、方便及时；针对性强，成本低廉；双向互动，提高效率等特点[1]，受到广泛关注，并迅速已经成为社会事业单位、企业宣传自身工作的重要工具之一。

1　上海档案微信平台基本情况

近年来，我们档案工作也正在逐步开展档案微信平台建设。笔者通过对上海档案学界微信公众号进行了调研。截至 2016 年 12 月 1 日，通过在微信“通讯录”中点击“添加朋友”页面，点击“查找公众号”，在“搜索”中输入“档案”、“校史”、“兰台”等与档案相关主题词。在检索中，剔除非上海地区的档案公众号和一些与档案工作无关的商家微信公众号，得到如下档案微信公众号。详见表 1。

表 1　上海档案微信平台基本情况统计表

序号	微信号	开通时间	分　类	账号类型	更新情况	更新频率
1	上海普陀档案	2014	区县档案局馆	订阅号	定期	8—12 篇
2	青浦档案	2015	区县档案局馆	订阅号	不定期	
3	杨浦档案	2015	区县档案局馆	订阅号	定期	4—5 篇
4	嘉定档案志鉴	2015	区县档案局馆	订阅号	定期	5—10 篇
5	闵行档案	2015	区县档案局馆	订阅号	不定期	
6	浦东档案	2016	区县档案局馆	服务号	定期	6—15 篇
7	金档	2015	区县档案局馆	订阅号	定期	8—12 篇
8	上海交大档案馆	2014	高校档案馆	订阅号	不定期	
9	上海工程技术大学档案馆	2016	高校档案馆	订阅号	不定期	
10	上财校史	2015	高校档案馆	订阅号	不定期	
11	上财人事档案室	2015	高校档案馆	订阅号	不定期	
12	东华校史	2016	高校档案馆	订阅号	不定期	
13	同济大学档案馆	2016	高校档案馆	订阅号	不定期	
14	上大兰台	2016	高校档案馆	订阅号	不定期	
15	上海大学图书情报档案系	2014	高校教学	订阅号	不定期	
16	上海城建档案	2016	专业档案馆	订阅号	定期	3—8 篇
17	复旦儿科档案	2015	医院档案	订阅号	定期	4—8 篇
18	档案春秋	2016	档案期刊	订阅号	定期	10—12 篇
19	上海市闵行区档案学会	2015	档案学会	订阅号	不定期	
20	考益档案设备	2016	档案企业	订阅号	无更新	
21	上海远洋档案设备有限公司	2016	档案企业	订阅号	无更新	
22	影像档案库	2015	档案企业	订阅号	不定期	

1. 微信平台建设机构。我们可以发现目前档案系统开通的微信平台的建设机构，目前主要是以上海区县档案局馆和高校档案馆为主，其中区县档案馆有 7 家，占据总数的 31.8%左右。7 家高校档案馆，1 家档案期刊杂志类，1 家高校档案教学类，1 家专业档案馆，1 家医院档案，1 家档案学会，3 家档案企业微信号。

2. 发布时间。上海档案系统早在 2014 年就有了微信服务平台，主要是上海普陀档案、上海大学图书情报档案系和上海交大档案馆三家。此后，在微信热潮的影响下，上海档案系统从 2014 年至今先后开通微信平台的共有 22 家。在短短三年的时间里，微信已经成为上海各单位档案部门服务利用，宣传文化的重要手段之一。

3. 微信账号类型。微信公众号分为订阅号、服务号。其中订阅号，任何组织和个人都可以申请，每天群发一条信息，群发的信息会直接出现在订阅号的文件夹中，认证后有自定义菜单，没有高级接口，不能用开发模式。服务号只面向企业或组织机构申请注册，申请后自带自定义菜单。认证后可以有高级接口，每周群发一条信息。[2]从档案微信公众平台账号的类型来看，上海档案微信公众号以订阅号为主，共有 21 个公众平台订阅号，只有浦东档案 1 家为公众平台服务号。刘娜、安淼等学者曾从订阅号、服务号的开发程度、信息更新、菜单设置、实施效果等方面认为订阅号能基本满足档案微信号需求。[3]

4. 档案微信公众号的维护和更新频率。从统计结果可见，上海档案微信平台中 8 个微信公众号基本能做到定期更新。其中特别是档案春秋、上海普陀档案、金档、嘉定档案志鉴等档案微信公众号，更新频率较高，基本能做到每月 5—15 篇。杨浦档案、城建档案、复旦儿科档案也实现每月 3—8 篇左右的更新。其余微信号主要是不定期的更新。其中考益档案设备和上海远洋档案设备有限公司因其特殊性几乎没有更新。

2 上海档案微信信息服务分析

笔者将上海档案微信平台的信息服务内容总结分类为展示性服务、

档案查询服务、档案教育、档案编研、档案咨询互动和档案推送等六大类目。对 22 家档案微信平台的内容进行了逐一统计，形成上海市档案微信服务内容统计表，详见表 2。

表 2　上海市档案微信服务内容统计表

项目	展示性服务				档案查询服务		档案教育	档案编研	档案咨询互动	档案推送
微信号	机构介绍	馆藏介绍	查档利用指南	工作动态	目录检索	查询利用预约与服务				
上海普陀档案	√	√	√	√	—	—	√	√	√	√
青浦档案	√	√	√	√	—	—	√	√	√	√
杨浦档案	√	√	—	√	—	—	—	√	√	√
嘉定档案志鉴	√	√	√	√	—	—	√	√	√	√
闵行档案	√	—	—	√	—	—	√	√	√	√
浦东档案	√	√	√	√	—	√	√	√	√	√
金档	—	√	√	√	—	—	√	√	—	√
上海交大档案馆	—	—	—	√	—	—	—	√	√	√
上海工程技术大学档案馆	—	—	√	√	—	—	—	√	—	√
上财校史	—	—	—	√	—	—	—	√	—	√
上财人事档案室	—	—	√	—	—	—	—	—	—	√
东华校史	—	—	—	√	—	—	—	√	√	√

（续表）

项目	展示性服务				档案查询服务		档案教育	档案编研	档案咨询互动	档案推送
微信号	机构介绍	馆藏介绍	查档利用指南	工作动态	目录检索	查询利用预约与服务				
同济大学档案馆	√	—	√	√	—	√	—	√	√	√
上大兰台	√	√	√	√	—	—	—	—	—	—
上海大学图书情报档案系	√	—	—	√	—	—	√	√	√	√
上海城建档案	—	—	—	—	—	—	—	√	—	√
复旦儿科档案	—	—	—	√	—	—	√	√	—	√
档案春秋	—	—	—	—	—	—	—	√	—	√
上海市闵行区档案学会	√	—	—	√	—	—	√	√	√	√
考益档案设备	√	—	—	—	—	—	—	—	—	—
上海远洋档案设备有限公司	√	—	—	—	—	—	—	—	—	—
影像档案库	—	—	—	—	—	—	—	√	—	√
统计	54.54%	31.80%	40.90%	72.72%	0	9.09%	40.90%	81.81%	50%	86.36%
表格说明：服务内容有√，没有—。										

2.1 展示性服务

微信平台展示性服务主要包括机构介绍、馆藏介绍、查档利用指南、工作动态等4个类目。通过对展示性服务内容的统计,我们可以了解上海市各级档案局馆和高校档案馆等的基本情况和馆藏,以及公众查询档案途径、方式、时间。通过统计,我们可以发现机构介绍占54.54%,馆藏介绍31.80%,查档利用指南40.90%,工作动态72.72%。笔者进一步通过亲身体验发现,专门在微信服务菜单中设置机构介绍和馆藏介绍、查档利用指南、工作动态类目的占比很少,仅2—3家档案机构。这些基础展示性条目主要是通过信息推送的方式发布在微信平台当中。

2.2 档案查询服务

档案查询服务类目主要包括档案目录检索、档案查询利用预约与服务两个方面。目前,微信平台基本不提供档案目录检索服务。只有浦东档案和同济大学档案馆2家微信平台提供档案查询利用服务。其中浦东档案可以直接提供预约查询,而同济档案馆主要是通过网站网址链接到档案馆网站提供档案查询利用服务。这种远程提供利用避免了网络和设备的限制,突破了档案查询利用的空间限制,极大地提高了便利性和服务质量。而东华校史虽然不能提供档案查询利用服务,但是他们将校史馆的预约服务放在微信平台,公众可以通过微信直接进行登记,极大地方便了公众所需。

2.3 档案教育服务

目前,上海档案微信平台中共有9家档案机构涉及档案教育服务,占总数的40.9%。从提供档案教育内容的机构我们可以看出,主要是以上海市各区县档案局馆。这与这些机构本身承担的功能有着密不可分的关系。其中档案教育的内容主要为举办档案继续教育的通知、档案法规知识教育、普及档案知识等类型。

2.4　档案编研宣传

档案编研是档案宣传和展示的重要内容，也是档案工作深层次服务的主要手段之一。目前，共有18家档案微信机构开展档案编研宣传展示服务，占微信平台总数的81.81%。仅有几家微信平台没有涉及。他们主要是考益档案设备、上海远洋档案设备有限公司和上财人事档案。进一步分析，我们发现三家没有涉及的微信平台不进行档案编研的宣传是因为他们自身功能不需要。由此认为，档案编研的宣传利用几乎达到100%。这充分证明了档案微信平台在档案文化宣传方面的重要性。从档案编研的展示内容来看，主要包括人物校史等专题展览、历史上的今天、特色馆藏汇编等为主，形式上主要以图文结合的形式为主，也有影像纪录片等声像手段宣传方式。例如嘉定档案志鉴推出的《嘉定觅痕》系列活动，详细介绍了嘉定的许多历史名人古迹。

2.5　档案咨询互动服务

档案咨询互动是指档案工作人员与公众之间的直接或是间接的交流沟通，其实现方式包括电话、邮件、实时问答等方式，它是了解用户需求、解决用户问题和接受用户建议的重要方式，是档案机构与用户之间交流和沟通的重要途径之一。目前，共有浦东档案、上海普陀档案等11家微信平台提供档案咨询互动服务，占总数的50%。具体互动内容有档案知识竞赛、摄影展、档案实物展示、征文等类型。公众通过微信平台在线上直接通过发布照片、文字、答案等参与各微信机构的各类活动，或者是对档案微信机构发布的内容进行关注、点赞和点评，表达自己的看法和建议。例如上海普陀档案专门设置了互动有礼栏目，在其中退出了利用实例、最佳图文、海报互动有礼等系列活动，增强档案机构与公众的互动。虽然公众的点评和建议等需要经过微信建设机构的审核后才能发布出来，具有一定的滞后性，相比传统的发邮件咨询和电话咨询，微信在档案咨询互动上更为便捷和方便。目前，在档案咨询互动服务方面，基本还没有实现实时动态的互动过程。虽然许多档案机构也开通了实时回答的功能，但是未能充分发挥实时咨询功能的作用，而是简单给出各个馆室电话的网页链接，用户的意见和问题得不到及时的反馈和解答。

2.6　档案推送服务

信息推送是微信平台最为重要的一个功能。微信平台可以群发文字、图片、语音、视频等类别的内容。同时，信息还可以群发或转发信息到朋友圈，形成快速扩散效应。档案工作借助微信的推送功能真正实现了档案内容的主动推送，发挥了档案宣传和展示的功能。但是目前在根据用户的需求，个性化选择性推送方面还未能很好地实现，公众在关注档案微信平台后基本是被动接受平台的信息推送。同时，目前的档案系统微信还没有实现站内检索功能，用户无法主动获取信息。微信的推送服务功能避免了传统网站无人浏览的问题，但是如能做好档案个性推送和公众的自主检索服务，将两者有效的结合和推进将有助于提高公众的认可和关注。

3　存在的问题及思考

通过对上海档案微信平台应用现状的调研，我们可以发现目前的微信平台建设还存在一些问题有待解决。

第一，上海市档案机构微信应用初见成效，然而目前提供的功能依然较为简单，服务项目较少。目前档案系统微信主要是以展示性服务和档案教育、档案编研等文化宣传为主。其中档案的查询利用功能，档案在线咨询功能、档案论坛等功能并没有很好地实现或是发挥功效。这与档案和档案工作本身具有的保密特点而非开放性有着直接的关联，这一性质直接导致档案机构在微信在移动平台的开发门槛较高。因为要做到能在微信中直接提供档案查询和利用服务，必须具备一个很完善的软硬件环境设施，同时需要建立后台独立安全的数据平台以支撑微信平台的应用。这需要投入大量的人力、物力和技术支撑，对规模较小的档案馆是一个较重的负担。总的来说，我们档案系统目前的微信在服务模式主要仍是传统网站服务模式的延伸，深层次信息服务都处于探索阶段。

第二，从微信内容来看，内容不够丰富，展现形式较为单一。目前，我们档案系统虽然已经尝试开始应用新媒体微信来开展档案工作，传播档案文化，提升档案影响力。微信发表的内容较单一，主要还是以展示性服务，类似业务工作动态、查档利用指南，或是人物历史编研为主。从微信内容的表现形式主要是图文为主，与目前高关注度的其他微信平台丰富多彩，吸引人眼球的传播形式有一定的差距。当然我们档案系统也有内容很丰富的档案微信号，例如档案春秋，故事性的档案内容，图文结合，很适合公众的阅读。上海交大档案馆系列的档案展览，也非常受公众欢迎。

第三，档案微信机构建设缺乏规范化管理。首先，申请主体混乱。目前主要是以单位机构申请和认证为主，也存在少量的微信服务号是以个人申请为主体，没有经过官方认证的，这会导致微信的公信力下降。其次，从微信内容传播角度看，目前转载的较多，而转载内容有部分未标引来源，这容易发生侵犯著作权法律问题。再者，微信菜单的设置和分类较为混乱，主次不分，不能很好地体现档案工作的内容。这些都有待在今后的工作中不断完善。

第四，档案微信公众号的影响力和活跃度相对较差，公众关注度有待提高。目前我们档案微信公众号的阅读量做的较好基本能达到几千左右，部分单条微信能达到上万。其中类似档案春秋，基本的阅读量都在1000—2000左右，差的可能就较少人关注，不到上百。内容的更新频率较低，除了上海普陀档案、浦东档案等少数档案微信能够做到定期更新外，其他的基本只能做到不定期更新。公众的关注度相对上海青春等活跃档案微信平台等动则几万几十万而言，我们还有待进一步提高。这一方面与我们的受众对象较为单一有关，人数较少有关。另一方面也与我们档案微信内容不够丰富，缺乏公众吸引有着密切关联。

档案微信公众号的建设任重道远。我们要充分利用微信平台的功能，积极拓展和完善档案的服务功能。同时注重自身的档案微信号的组织营销和宣传，抓住互联网宣传的共性规律，充分找对社会热点，针对性挖掘档案内容，用流行时尚的元素和手段包装文字，主动设定议题，引导舆论，传播价值，吸引公众关注，从而不断加强我们档案微信平台的影响力与活跃度。

参考文献：

[1] 伍志勇等. 微信在新时期档案的宣传与传播的调查与思考[J]. 信息化建设，2016(04)：386.

[2] 百度百科. http：//baike. baidu. com/item/微信公众号(2016 年 12 月 1 日).

[3] 刘娜等. 我国档案微信公众号运用实践与分析评价[J]. 北京档案，2015(01)：33—35.

智能手机在档案服务中的应用探析

上海交通大学医学院档案馆　徐永春

摘　要： 如今，智能手机已经在人们的生活和工作中发挥着越来越重要的作用，但是在档案部门，通过利用智能手机来开展档案服务的情况还并不多见，本文探讨了将智能手机用于日常档案服务的可行性，并对利用方式提出了一些建议。

关键词： 智能手机　档案　服务

1　开展手机利用的可行性分析

1.1　手机上网用户人数不断增加

据中国互联网信息中心 2017 年 1 月《第 39 次中国互联网络发展状况统计报告》显示，截止至 2016 年 12 月，我国网民规模达 7.31 亿，其中手机网民规模达 6.95 亿。2016 年，我国新增网民中使用手机上网的群体占比达到 80.7%，较 2015 年增长 9.2 个百分比。[1]

同时 2016 年，在 4G 移动电话用户大幅增长、移动互联网应用加快普及的带动下，通过手机上网的流量达到 84.2 亿 G，同比增长 124.1%，在总流量中的比重达到 90.0%。[2] 以上这些数字充分说明了我国智能手机用户的数量之庞大，增长之迅速，也为开展智能手机上的档案应用服务奠定了坚实的群众基础。

1.2 4G技术的普及和公共无线局域网的全面覆盖

4G,指的是第四代移动通信技术,相对去之前的移动通信技术,4G能够以100Mbps以上的速度下载,并能够满足几乎所有用户对于无线服务的要求。2016年,我国4G用户数呈爆发式增长,全年新增3.4亿户,总数达到7.7亿户,在移动电话用户中的渗透率达到58.2%。此外,市政的公共无线局域网近年来数量也在迅速的增加,以上海为例,"十三五"期间,上海市计划新增3000处"i-Shang-hai"网点,总量达4000处。[3]这些无处不在的高速网络信号,为开展智能手机上的档案应用服务奠定了硬件基础。

1.3 档案数字化的全面展开

自国家档案局2014年正式公布了《数字档案馆(室)建设指南》以来,我国的数字档案馆建设取得了长足的进步。各级档案部门都在大力推进档案数字化工作。2016年中国第二历史档案馆以及辽宁、安徽、福建、山东、南京等省市档案馆全年档案数字化均超1000万画幅。随着我国档案信息化建设的不断发展,可供利用的数字档案资源也越来越丰富,这些资源为开展智能手机上的档案应用服务奠定了服务基础。

2 手机利用的特点

2.1 方便携带

智能手机的移动性和便携性是之前的设备都望尘莫及的。相对于电脑,智能手机体积小,重量轻,便于携带,又同样可以通过互联网随时获得最新的新闻动态,使得人们对于信息的获取不再受到空间和时间的限制,能够按自己的意愿在任何时间和地点第一时间的获取自己想要的信息。通过智能手机,用户可以更加方便、快捷、及时的享受到与过去同等质量的档案信息服务。

2.2 互动及时

智能手机凭借其广泛普及、使用便利、表现手法多样，信息传达便利等特性，被公认为继报刊、广播、电视、互联网之后的“第五媒体”。比起信息单向传播的传统媒体，手机媒体是一种开放的互动式传播。信息的传播者与信息的受众之间可以随时随地进行双向交流，相互表达自身想法和意愿。这就使得档案工作人员和档案用户之间可以更好的进行交流，用户可以即时的更新自己的要求，档案管理部门也实时收到利用者的信息反馈，来更好的提升档案服务质量。

2.3 潜力巨大

现代社会，人们对于智能手机的依赖已经越来越深，很多人几乎是机不离手。中国互联网信息中心在《第 39 次中国互联网络发展状况统计报告》中指出，截至 2016 年 12 月，我国上网用户中 95.1%的人使用手机上网。对于旧时的纸质档案来说，人们虽然有利用档案的意愿，但是档案利用的不方便是导致档案利用率低的一大因素之一。一旦能够通过手机来实现方便有效的档案资源利用服务，这些人都有可能转变为档案信息服务的利用者。

3 开展手机利用的方式

3.1 二维码

二维条码/二维码(2—dimensional bar code)是用某种特定的几何图形按一定规律在平面(二维方向上)分布的黑白相间的图形记录数据符号信息的；在代码编制上巧妙地利用构成计算机内部逻辑基础的“0”、“1”比特流的概念，使用若干个与二进制相对应的几何形体来表示文字数值信息，通过图像输入设备或光电扫描设备自动识读以实现信息自动处理：[4] 相对于普通的条形码，二维码拥有更大的信息容量，可容纳多达 1850 个大写字母或 500 多个汉字，是普通条形码信息容量的几十倍。二维码的读取也十分的方便，用户不需要使用任何的专业设备，只要使用手机扫一扫，就可轻松读取其中储存的信息。如今二维码，在我们生活中的各个领域都可以看到手机二维码的身影。在档案宣传领域二维码同样可以起到重大的作用。通过二维码技术，档案馆可以把平时复杂繁复的查阅服务内容、项目和流程、联系方式、利用档案规定等内容浓缩到一张小小的纸片之上，提高了宣传效果的同时，更能够有效的降低宣传的成本。

此外，二维码不但可以储存文字信息，更可以储存音频和视频信息，在举办档案成果展示的时候，通常碍于场地等限制，只能简单的介绍展品的内容，但是通过二维码技术，只要观众扫描展品旁设置的二维码，就可以将展品相关的音频、视频等通过观众的手机进行多样化展示，使参观者的感受更加的直观与立体，更可以深挖展品背后的故事，提升观众的观展质量。

3.2 微信公众号

微信公众号是近年来兴起的，为媒体和个人提供的一种新的信息传播方式，主要功能是在微信侧给用户传达资讯。如今，微信已成为我国手机用户使用最频繁的社交软件之一，影响力十分巨大，许多的企业与政府部门也纷纷开通了属于自己的微信公众号。我们档案部门也应该与时俱进，充分利用微信公众平台的宣传功能来宣传档案信息，扩大档案影响力。俗话说，酒香也怕巷子深，过去档案馆都是被动地等着用户上门来查询，来利用档案信息。很少主动的出击来宣传档案信息资源，导致很多优秀的，有价值的档案信息资源堆在库房里蒙尘。但是通过档案数字化技术，通过微信公共平台这个低门槛高用户的环境，档案馆可以将自己馆藏的有价值的档案资源有针对性的推送给广大的微信用户，同时针对现在人们习惯于在上下班等碎片化时间进行阅读的习惯，也可以开展一些例如历史上的今天等文字量不大，但是内容引人关注的信息，归根结底是要让用户们感受到档案信息的价值，感受到档案的重要性。此外，通过微信公众号，还可以展开档案的网上借阅申请，网上认证申请等多方面的功能，方便用户利用档案信息。

3.3 手机 APP

APP,英文 Application 的简写,指的就是针对手机和平板电脑等设备而开发的应用程序服务。随着智能手机的不断发展,手机 APP 已经可以满足用户各种各样的功能。如今,许多的单位已经都开始开发手机端的移动 OA 平台来进行本单位自身公文的流转和处理工作,大大提升了工作的效率,档案部门也应该借此机会,提出在移动 OA 中嵌入归档功能,让电子文件的归档工作也可以与时俱进。此外,虽然微信等也可以实现在线查询档案的功能,但是其毕竟还是寄托在第三方平台,万一其平台有什么事故或者意外,辛苦维护的内容就会有所损失。所以,由条件的档案部门最好还是可以开发属于自己的手机档案管理利用 APP,充分利用起自身馆藏的海量数字化的档案信息资源,开辟多种档案查询利用通道,使得利用者可以更方便的形式和更快捷的方法开获取自己所需要的档案资源。以手机 APP 为例,就可以分为档案的展示和宣传软件与档案查询利用软件。前者注重宣传作用,以丰富的馆藏内容为依托,通过定时推送一些人们感兴趣的档案信息或故事来吸引观众;后者则以方便利用为主,使利用者可以随时随地的通过手机网络来查询档案信息与申请利用。

现在,我国已经有部分的档案馆开发了属于自己的手机档案 APP。除了武汉档案馆最早开通"武汉档案"手机档案 APP 以外,福建省档案馆、广州市国家档案馆、浙江省档案局(馆)、温州市档案局等也都相继与第三方机构联合或自主开发了自己的手机档案 APP 移动信息服务平台,并可在 iPhone 手机 APP store 或 Android 手机 Google Play 中下载。[5] 同时也有许多的档案部门纷纷开通了自己的档案微信公众号,我们有理由相信,在不久的将来,会有越来越多的档案馆开通和建立档案手机利用平台,会有越来越多的人凭借手中的智能手机来利用档案信息。我们档案部门也要加快步伐,充分的利用智能手机这一利器,做好档案工作,大力发展档案服务,提升档案工作的影响力。

参考文献:

[1] 第 39 次中国互联网络发展状况统计报告[EB/OL]. http://www. cnnic.

net. cn/hlwfzyj/hlwxzbg/hlwtjbg/201701/P020170123364672657408. pdf.

[2] 工信部 2016 年通信运营业统计公报[EB/OL]. http://www. miit. gov. cn/n1146285/n1146352/n3054355/n3057511/n3057518/c4609344/content. html.

[3] 沪将增 600 处 i-Shanghai 网点未来或与台北互联[EB/OL]. http://www. sheitc. gov. cn/gydt/671296. htm.

[4] 二维码的概念与分类[EB/OL]. 中国物联网. http://www. netofthings. cn/ErWeiMa/2013—11/106. html.

[5] 史辉,谢海洋,许云龙. 手机档案 APP 移动信息服务的可行性和必要性分析[J]. 云南档案. 2016(9):53.

附录:上海高校档案馆概览

复旦大学档案馆

档案馆作为学校公共服务平台,是学校档案的管理部门,又是永久保存和利用本校档案的文化事业机构。

校史上,档案部门经历了秘书处兼管、档案室和档案馆三个时期。解放前学校虽没有专门的档案部门,但在校秘书处文书组人员的岗位职责中已明确了档案管理的职责。由此,学校的历史档案(1905—1949)得以保存至今,成为研究校史的珍贵史料。这是秘书处监管时期。1960 年,学校依据《中共中央关于统一管理党、政档案工作的通知》精神,正是成立全校统一的机关综合档案室,由党委办公室领导。同时,在科研部门专门设立一个岗位,兼职负责科技档案。1981 年,设立科技档案室,由科技处领导。这是档案室时期。1987 年,随着《中华人民共和国档案法》的正式颁布,次年,复旦大学成为首批建立档案馆的高校,迎来了档案馆时期。档案馆的建立,系统整合了文书档案室、科技档案室,更有利于学校档案资料的集中管理和研究,也有利于全局规划学校的档案工作。1994 年,档案馆在档案管理的分工基础上增设校史室。1995 年,复旦大学档案工作委员会正式成立。1997 年,学校正式颁布《复旦大学档案工作条例(试行)》。2000 年,复旦大学与上海医科大学强强联合,组建了新的复旦大学。原上海医科大学档案馆也是二十世纪八十年代首批建设档案馆的高校。还曾多次获奖,获评国家一级档案馆。两校合并后,档案工作进行了实质性的融合，加强了统一规范。并随信息化时代的到来，建成了复旦大学档案信息管理网络(FDA系统)平台，进一步提升了档案的管理和服务水平。因为两校都有悠久的历史和丰富的馆藏，库房和服务窗口分设于邯郸、枫林两个校区。

学校曾于1985年、1995年和2005年三轮修志，分别出版了《复旦大学志(1905—1949)》(1985年版)、《复旦大学志(1949—1988)》(1995年版)和《复旦大学百年志(1905—2005)》(2005年版)、《复旦大学百年纪事(1905—2005)》(2005年版)、《上海医科大学志(1927—2000)》(2005年版)、《上海医科大学纪事(1927—2000)》(2005年版)。在原有校史陈列室的基础上，也于2005年"复旦大学校史馆"、"上海医科大学校史馆"正式建成开放。《校史通讯》报纸累积刊发逾百期，曾获全国优秀奖。

截止2017年12月31日，档案馆馆藏13个全宗，共404403卷。邯郸校区库区536平方米，枫林校区库区972平方米。复旦大学校史馆966平方米，上海医科大学校史馆280平方米。档案馆年度接待量约2500人次，7000卷次；校史馆年度接待量约50000人次。档案馆枫林校区医学新馆将于2018年搬迁，位于枫林校区图书馆9—11层，占地2615.6平方米(其中库区1944.6平方米)，大大缓解了空间局限问题，同时补齐了档案管理的收集库存、接待服务、业务技术、校史研究以及宣传展示的功能。而邯郸校区的档案馆规划已经纳入了学校十三五规划。

档案馆现内设行政技术、业务指导、保管利用、征集编研、医学综合和校史研究6个科室，服务窗口和库房分别位于邯郸、枫林两个校区。以校档案工作委员会机制及《复旦大学档案工作条例》为制度依据统筹指导规范学校档案工作。作为学校的公共服务平台，日常主要承担档案管理、征集编研、窗口服务和文化宣传的职能。

上海交通大学档案馆(党史校史研究室)

上海交通大学档案馆成立于1986年4月,是经原国家教育委员会批准成立最早的高校档案馆之一。1988年学校成立校史研究室,1993年成立党史研究室,1998年两室合并为党史校史研究室。2010年3月,档案馆和党史校史研究室合署办公。上海交通大学档案馆(党史校史研究室)在上级各部门和学校的关心指导下,秉承"构建历史记忆、传承大学文脉"的核心使命,初步构筑起了多馆并存,多学科并举,实体与虚拟相融,研究与实践相结合的具有交大特色的校史、档案、文博"三位一体"的工作体系,基本建成了"四个基地、一个中心",即:学校档案和文物陈列品安全保管基地、爱国主义教育基地、党校史研究基地和档案信息化建设创新基地以及档案信息服务中心。

档案馆(党史校史研究室)现有档案业务指导监督室、档案保管利用室、信息技术室、校史博物馆(含成果展示馆)、董浩云航运博物馆、展览设计室、年鉴编辑室、党史校史编研室以及办公室等9个科室。目前全职在编人员41人,其中副高及以上人员7人(占总人数的近20%),硕士及以上学位人员29人(占总人数的70%),45岁以下30人,占总人数的73%。人才队伍结构呈现年轻化、专业化的特点。

档案馆坐落于徐汇校园东首,具有传统欧式建筑风格的老图书馆内,馆舍总面积2000多平方米,其中库房面积约1000平方米。馆藏档案共分6个全宗。其中纸质档案18万余卷、照片档案近4万张、实物档案

4000余件(套)。馆藏特色为完整地保存着自建校以来所有学生的成绩表。馆藏档案门类齐全,校史资料丰富,建有2000多位知名校友人物档案。同时还有一批珍贵档案,主要有中国独特的艺术品——华国璋摄画;程十发、朱屺瞻等现代著名书画家作品100多幅;南洋公学创始人盛宣怀收藏的明清字画;东汉陶器、清代瓷器及一批珍贵的民间工艺品;清末民国档案2100余卷;党和国家领导人题词真迹多幅。2003年起,档案管理实行了纸质文件与电子文件配套归档,截止到目前,馆藏档案应数字化率已达到95%以上。数字化档案开放鉴定已纳入日常工作。档案信息已实现校园网上全文信息的查询及远程利用。近年来,党史校史编研成果丰硕,撰著出版八卷本、350万字的《上海交通大学史》,另有以《上海交通大学志》《上海交通大学年鉴》(共21卷)、纪事、史料汇编为主的校史文化基础工程,和以专题、人物、口述史、院系史为主的裙体工程著述,共计90余部,近4000万字,充分展现了交大厚重的历史文化和人文精神,提升了交大的办学声誉和社会影响力,其文化引领价值与资政育人功能也由此日益彰显。

上海交通大学档案馆(党史校史研究室)建馆至今,创造了多项全国高校第一:1994年全国高校首家晋升为国家一级档案管理单位。1996年4月8日建成了全国高校第一家校史博物馆。2008年建成了全国高校第一家数字档案馆。2016年出版的八卷本《上海交通大学史》是国内校史研究中规模最大的一部大学通史著作,同年获中国高等教育学会校史研究分会唯一的特等奖。

上海交通大学档案馆(党史校史研究室)是中国高等教育学会档案工作分会副理事长单位、中国高等教育学会校史研究分会秘书长单位、中国出版协会年鉴工作委员会高校年鉴工作部主任单位。

目前,学校在闵行主校区正在建设面积达3万平米的新文博大楼,预计2019年4月正式投入使用。

上海交通大学医学院档案馆

上海交通大学医学院档案馆前身是上海第二医科大学档案馆，始建于1989年6月。1999年，上海交大医学院（上海第二医科大学）档案馆晋升为国家一级档案馆。

医学院档案馆是永久保存医学院档案的基地以及提供档案信息资源服务的中心，档案馆为处级建制，内设三个室：业务指导室、档案管理室、编研征集室，全面履行档案行政管理和档案保管利用两种职能。现有工作人员13人，其中高级职称2人，博士学位1人，硕士学位4人。形成以医学院分管领导、部门分管负责人、专兼职档案干部相结合的档案管理队伍。

医学院档案馆总建筑面积1566平方米，库房建筑面积1390平方米。馆藏档案全宗包括上海交通大学医学院、上海第二医科大学（原上海第二医学院）、圣约翰大学、震旦大学、同德医学院、伯特利及伯特利护士学校、上海助产学校、上海卫生人员训练所、上海市卫生学校、上海市医学专科学校、上海市嘉定卫校、上海市半农半读医学专科学校、上海第二医学院卫生学校、后方瑞金医院、后方古田医院等14个全宗。馆藏门类齐全，包括党群类、行政类、教学类、科研类、外事类、基本建设类、仪器设备类、出版类、财会类、声像类、人物类、实物类、历史等13大类。至2016年12月，共有馆藏档案117345卷，照片27470张，磁带207盘，光盘13645张。

档案馆不断拓宽档案资源建设渠道。实现与OA系统对接，形成“文档一体化”的档案管理模式;积极推进馆藏档案和增量档案的数字化,馆藏档案(应做数字化档案)数字化率达90%以上。同时,注重“三重”档案、实物档案、人物档案的收集、征集工作。医学院档案馆远赴法国、比利时、北京、蚌埠等地征集校史档案。

档案馆不断创新服务形式。建立电子阅览室,实现开放档案的自主查询,在线利用。根据权限,提供校园网内部开放档案的远程利用服务。开展学历、学位、成绩的中英文翻译等网上认证工作。档案馆每年接待各类查档利用千余人次,档案利用4000余卷。

2012年,交大医学院数字档案馆建设项目通过验收。通过整合医学院档案信息管理系统、档案信息查询利用系统、多媒体档案管理系统等,满足档案工作科学管理,安全存储,多渠道利用的需求。

2016年,更新档案装具和设备,对库房恒温恒湿智能管理系统进行改造升级,实现库房智能控制、自动报警、远程监督等管理功能,切实保障库房和实体档案安全。

档案馆积极树立档案文化品牌,推动学院文化建设。开展档案专题数据库建设,同时整合档案资源,深度挖掘,形成一系列特色档案编研成果。充分发挥院史馆作为学院文化展示和学生教育基地的重要作用。2016年,院史馆重新修缮,搬迁至医学院东院6舍。实施人物口述史采访和研究工作项目。以国际档案日为契机,每年举办档案日主题活动,弘扬学院文化,传承大医精神。档案工作服务学院,服务社会的能力不断提升。

档案馆先后荣获1991年上海市档案系统先进单位、1998年上海市学校档案工作先进集体、2000年上海市档案系统先进集体、2013年度上海市教育系统“巾帼文明岗”等荣誉称号。

同济大学档案馆

同济大学档案馆成立于1987年，1997年被国家档案局授予科技事业“国家一级档案管理”单位。主要负责集中统一管理全校各种门类的档案，是直属学校的正处级机构。馆藏档案现有13个全宗，截止2017年馆藏案卷累计32万多卷，OA档案2万多件，建立了全面覆盖学校各单位、各部门的档案工作网络体系。

近年来，档案馆按照“库房现代化、资源数字化、管理智能化、队伍专业化、服务优质化”的思路，不断加强档案工作“三个体系”建设，努力提高为学校中心工作服务的能力和水平，在强化特色档案资源建设、创新档案服务利用形式、构建数字档案馆及智能化安全体系、深入档案研究与开发、扩大档案宣传等方面取得了较突出的成绩。

*树立大资源观，创新档案资源建设。*在巩固传统档案资源建设的同时，重点拓展档案资源建设新领域，加强档案征集工作。注重“三重一特”(重大活动、重要事件、重要人物、特色档案)档案资源的收集，2003—2017年，建立了50余位著名人物档案，收集到大量反映学校不同时期教学、科研、工作和学习的具有保存价值的珍贵资料。

*充分利用网络手段，将电子商务理念引入高校档案服务利用工作。*2013年9月，开发了适应高校档案服务利用特点的“高校档案远程服务利用系统”，为档案利用者提供一站式远程在线服务，免除了师生校友的奔波之苦，实施后效果显著，为全国高校档案馆首创。

注重完善工作制度和机制，指导学校档案工作。坚持每年修订及重新制订相关档案规章制度并定期开展专兼职档案员培训；软件硬件双管齐下，建立了严密完整的档案安全体系。按照档案库房现代化建设要求，购置和更新了一系列库房安全设施设备。2017 年在国内高校率先引入 RFID 档案管理系统，集档案统计、定位、检索于一体，真正将“互联网＋档案”的理念落到实处。

信息化建设突飞猛进。自 2011 年始，档案馆有序推进数字化加工项目，共完成纸质档案数字化加工 20 多万卷、近千万页，并实现了图纸、照片和录像带的数字化转换。在全国高校率先建立了可检索的校报全文数据库，实现了电子公文归档的文档一体化。

深入挖掘档案资源，充分发挥以文育人作用。自 2010 年以来，共举办各类大中型展览 16 个，其中“纪念李国豪诞辰 100 周年图片展”、“抗日战争中的同济大学档案图片展”等都是 100 幅展板的大型展览。此外，还在德国柏林、波恩等地举办了两个档案图片展。2017 年在同济大学 110 周年校庆之际，从馆藏档案中，精选出 110 件珍品向公众展示，近 30 家主流媒体都进行了报道转载。此外，还定期为学校新生、新教师和新上岗领导干部开设校史讲座，开展校史教育，激发爱国爱校热情。

扩大档案宣传，弘扬同济文化。档案馆连续多年开展了形式多样的“档案日”系列宣传活动，向师生发放各种档案宣传、编研和文化产品，直接参与活动的师生累计已过万人，同济大学档案馆多次获得“优秀组织奖”等荣誉。与此同时，还通过网站、微博、微信公众号、QQ 群等新媒体手段开展档案宣传工作。2016 年，被上海市档案局评为 2012—2015 年度上海市档案系统先进集体。

今后，同济大学档案馆继续以学校“扎根中国大地　建设世界一流大学”的目标为导向，以服务学校中心工作、推进大学文化建设为抓手，促进档案馆各项工作再上新台阶。

华东师范大学档案馆(校史党史办公室)

华东师范大学档案馆成立于1988年6月,由原人事处档案室(1950年代初)校党委办公室文书档案室(1962年)、校长办公室科技档案室(1980年)组成。1954年成立校史编辑小组,1985年成立华东师范大学校史党史编写委员会,次年正式设立华东师范大学校史党史办公室。

1997年被认定为国家科技事业单位一级档案馆,同年与学校校史党史办公室合署办公。2010年,档案馆设立全国第一所挂靠高校档案馆的校级档案学理论与实践研究中心。2011年,学校建设校史馆,附设于档案馆。2012年,档案馆创办华东师范大学图书情报专业硕士研究生实践基地,与信息学系联合培养研究生。2013年,学校设立博物馆筹建办公室,挂靠档案馆。

华东师范大学档案馆在以校长为主任的华东师范大学档案工作委员会的直接领导和上级各部门的关心指导下,秉持"深藏远思、志爱公利"之馆训,围绕"为党管档、为国守史、为民服务"的核心使命,建构了档案、校史、文博"三位一体"的资源建设与文化传播体系,初步形成了师大特色的档案文化品牌。

档案馆现有收集指导室、保管利用室、现代技术(办公)室、校史党史办公室和博物馆筹建办公室(挂靠)等5个科室。设有"一个中心、一个基地",即档案学理论与实践研究中心、图书情报学专业硕士实践基地(见表1)。目前全职在编人员20人,其中副高及以上人员4人(占总数的

20%)，硕士及以上学位人员 19 人(占总人数的 95%)，45 周岁以下 17 人(占总人数的 85%)。档案馆党支部共有正式党员 15 人，党员比例为 75%。人才队伍结构的特点是高学历、高素质、年轻化和专业化。

表 1　档案馆机构设置

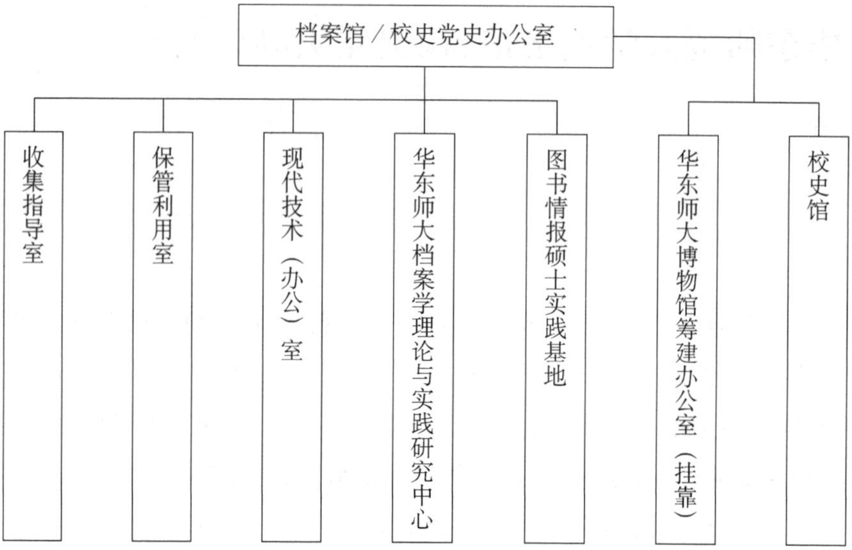

档案馆馆舍位于中山北路校区核心地理位置，建筑面积 1742 平方米，另在闵行校区办公楼设有业务指导、档案服务综合办公室。档案库房以智能化温湿度控制系统自动控制。馆藏档案始于 1924 年，共有 8 个全宗。截至 2017 年底，馆藏各类档案总计 30 万卷/件，其中实物、声像、照片等档案总计约 3 万件(张)，民国档案近 3 万件。建有 100 多位知名教授、校友人物档案。2002 年，在全国高校中率先引入“南大之星”档案管理系统，同年，启动馆藏纸质档案的数字化工程，目前已完成基建、学籍、教学等档案的数字化扫描。

档案馆着力校史档案编研工作和档案文化传播，已编撰出版华东师大史、校长文集、华东师大年鉴、“丽娃档案”系列丛书等共计 5000 万字，从历史、人物、文化等多个层面立体梳理了师大悠久的历史文脉，将档案史料转化为丰富的文化资源和育人资源。近年来，通过开展“档案寻根”、“发现王伯群”、“名人手稿库”、“师生校友口述历史”等系列档案文化传播活动，提升了师大的社会影响力与美誉度。档案馆大力推进城市、地区文化合作，先后同贵州兴义、贵州赤水、浙江平湖、浙江温州等城市联袂拓展档案文化建设。

华东师范大学博物馆成立于1952年，目前已发展拥有古钱币博物馆、历史文物博物馆、生物博物馆、地理学博物馆、海上风民俗博物馆和教育影像博物馆等六个博物馆群。现为中国博物馆协会和国际博物馆协会会员单位。66年来，博物馆围绕建设世界“双一流”大学建设目标，服务学校发展大局，依托学科、服务学科充分发挥博物馆收藏、展示、文化、教育等功能，凝聚校园文化认同感，服务学校，服务社会。

华东师范大学档案馆/校史党史办公室建馆三十年来，逾十次荣获“上海市档案系统先进集体”、“上海市三八红旗集体”等称号。两项科研成果获得国家档案局优秀科研成果奖。多项编研成果和论文获全国、教育部和上海市成果奖。档案馆是上海市高校档案专业委员会理事长单位。

目前，华东师范大学档案馆/校史党史办公室正围绕“双一流”大学建设目标，遵循学校档案事业“十三五”规划目标，向着集管理、服务、科研、育人等多功能于一体的现代化、智能化、开放型档案馆的建设目标踏实奋进。

华东理工大学档案馆

华东理工大学档案馆成立于 1986 年 4 月，正处级建制，直属校部领导。1997 年 1 月被国家档案局批准为"国家一级档案管理"科技事业单位。先后荣获"上海市三八红旗集体"、"上海市档案系统先进集体"、"上海市教育系统巾帼文明岗"等称号。

档案馆是学校档案工作的职能管理部门，又是校档案工作委员会的常设工作机构。校档案工作委员会由校长担任主任，分管档案工作的副校长为副主任、有关职能部门的负责人为委员，研究讨论学校档案工作的重大事项。

2005 年 12 月开始实行按工作职能设岗制度，现设办公室、档案收集指导室、档案保管利用室和档案编研室等科室。现有编制 12 人，其中硕士学历 8 人、本科学历 4 人；副高职称 3 人、中级 8 人，初级 1 人。

档案馆总建筑面积约 1800 平方米(含校史馆)，其中库房建筑面积 1000 余平方米，基本做到了办公、阅览、库房三分开。现有密集架 400 立方，各种规格文件箱柜近千只；配有空调机、去湿机、加湿器、高速扫描仪、底片扫描仪、复印机、全自动装订机等档案管理必备设备；建有集业务交流学习与档案信息服务、文化宣传教育功能于一体的主页平台，一个实现文档一体化、卷件复合管理的多功能档案系统，一个集在线远程利用服务及档案文化传播功能于一体的微信公众号。

档案馆藏 3 个全宗：华东理工大学全宗(1952 年至今)、华东化工学院四川分院全宗(1965—1979年)、上海石油化工高等专科学校全宗(1979—1996年)。至2017年底,馆藏档案近33万卷(本、件、张、份)。其中案卷15万余卷,财会凭证4万余本,OA文件2万余件,硕士论文1万余本,综合资料5400多册、照片25000余张,数字化校报3万余份。另有系统数据库100余万条。根据《高等学校档案管理办法》并结合工作实际,学校档案现分党群类、行政类、教学类、科研类、基本建设类、仪器设备类、出版物类、外事类、财会类、人物类、人事类、实物类、声像类等13个门类。

馆藏中有一批珍贵和特色档案,主要为新中国第一所化工大学创建、发展过程中形成的原始记载,对研究中国现代化工高等教育有重要意义。如,1930年中国化学工程学会在美国麻省理工学院成立的会旗、理事会会议记录及年会合影照片;1965年华东化工学院(现华东理工大学前身)遵照毛主席、党中央指示,与清华大学、北京大学、南京大学一起,在中国大西南(四川自贡)创建"大三线"工程形成的详细史料,为国内高校少见;1958年7月17日周恩来总理在上海科技跃进展览会上参观学校科研成果展示的照片;1956年6月14日学校苏元复教授出席拟制全国长期科学规划工作会议时在中南海与毛泽东等老一辈党和国家领导人的合影等甚为珍贵。

档案馆注重利用档案资源开展校史文化的宣传和编研工作。如在校报、校园新闻网开辟"校史故事"专栏展示档案校史文化成果。近年来,先后出版了《履痕——华理往事辑要》、《笃行——华理学人传略》等校史图书;编制了《金色记忆:光影中的化工》、《通海湖影——纪念奉贤校区成立十周年》、《瞬间——华理图库》(2012—2015年每年一册)等画册;举办了《妙笔生花翰墨香——华理馆藏书法展》、《家庭档案也珍贵图片展》、《走近院士展》、《校史微课堂图片展》等展览。

档案馆旨在为学校师生员工和社会公众提供便捷、满意的档案查阅利用服务。建立了一门式服务、预约服务、在线远程利用服务、免费查档出证、代寄送服务等制度,每年为社会各界校友、校内师生员工及家属、司法、公安、国内外认证机构等出具户口迁移、亲属关系、学历、学位、成绩等各类档案证明数万份,充分发挥了高校档案资源在存史、资政、育人等方面的作用。

上海外国语大学综合档案室

上海外国语大学综合档案室既是学校档案工作的职能部门，又是学校档案保存和利用的基地，存有建校以来各项工作中形成的档案材料和部分实物，见证了学校六十余年来的历史变迁。

（一）机构与人员

综合档案室隶属校长办公室，专职档案员增加至3名，负责全校档案材料的接收、管理及利用工作。根据全校形成档案的部门，设归档单位52个，兼职档案员52名，负责立档单位的归档工作。

（二）馆舍及设施

库房面积300平方，配备有密集架总量57列，网络服务器1台，微机6台，复印机2台，空调机（分散式）6台，防磁柜1只，去湿机3台。

（三）管理

1. 规章制度

根据国家教委颁布的《普通高等学校档案管理办法》（国家教育委员会令—第6号）及《高等学校档案实体分类法与高等学校档案工作规范》（教办[1993]429号），制定了较为完整的规章制度，包括：分类方法、归档范围、立卷规范、库房管理借阅、安全保密以及鉴定销毁制度。根据教育部2008年8月颁布的新《普通高等学校档案管理办法》，2009年修订了规章制度并制定了档案管理工作考核办法，将有关法律法规及学校规章制度一起汇编成《上海外国语大学综合档案室管理工作规范》。

2. 归档工作

收集历年的党群（主要包括党务、组织、纪检、工会）、行政（主要包括行政、人事、审计、后勤、校产）、教学（主要包括教学管理、学科建设、课程建设、学籍、学位、教材）、科学研究、基本建设、仪器设备（主要有学校10万元以上仪器、申购、招标）、出版、外事、财会类档案。另外，设人物档案、实物类档案。全校实行部门、课题组立卷的归档制度。

3. 档案检索及数字化

对所有归档文件进行分类并编制检索工具。2007年购置“南大之星”网络版档案管理软件，为学校的档案管理提供了一个集中统一的平台，各归档部门在本部门完成立卷、录入文件目录及检索历年案卷。

（四）馆藏与服务

1. 馆藏

档案全宗一个，学校馆藏档案三万两千多卷。

2. 服务

为校内日常行政、教学、科研、基建等工作服务为主，2008年9月随着新《高等学校档案管理办法》的实施，综合档案室对校外开放，使综合档案室转向校内校外服务并重的机构，为校友出国、考研、就业、落户、回沪迁户口等提供证明材料，为教育部学位论证中心、学信网、各省市人才交流中心、公安局、检察院、安全局、外国使领馆及企事业单位人事部门等提供查证服务，2011年开通电子邮件服务，年接待量在1500人次左右。

东华大学档案馆

东华大学档案馆于 1987 年成立，1997 年晋升为国家二级档案管理单位，正处级建制。2010 年学校成立档案工作委员会。档案馆现设收集指导室、保管利用室、技术室、编研室以及党史校史办公室。专职工作人员 9 名，其中高级职称 3 人，硕士学位 7 人。

馆藏共 8 个全宗，包括东华大学、东华大学无锡校区、上海纺织高等专科学校、南通学院纺织科、私立上海纺织工业专科学校、私立中国纺织工学院、私立诚孚纺织专科学校、轻工业玻璃搪瓷研究所等全宗。截至 2017 年底，馆藏档案 14.6 万卷(其中建国前档案约 600 卷)，资料 2400 余册，年均增量逾 5000 卷。涵盖除人事档案、学生档案外的党群、行政等各个门类。

档案馆分延安路校区、松江校区两校区办公，总建筑面积 1774 平方米，库房建筑面积 657 平方米。配有库房密集架 300 多立方米。2015 年，学校数字化档案馆(一期)项目通过验收，完成非涉密档案 2.5 万余卷的数字化加工，基本实现档案资源数字化、档案管理信息化、保管存储智能化。

档案馆近几年年均接待档案利用近 4000 人次。校史馆年均接待参观 5000 人次。编研成果包括年鉴、校志、上海市教卫党委党史文章等，累计逾 700 万字。举办有“感受校史珍藏　品味文化魅力——校友捐赠实物展”等。近三年发表论文 8 篇，获各类论文奖多项。

档案馆历年荣获上海市高校档案工作先进集体、上海市档案系统先进工作者等各类市级、校级集体和个人表彰20余项。档案馆护档守史、服务师生，为学校发展提供基础保障和文化支撑作用。

上海财经大学档案馆校史馆博物馆

上海财经大学的档案机构成立于1956年。1984年12月，学校建立综合档案室。2002年12月，综合档案室改制为档案馆。2014年11月，档案馆、校史馆、博物馆三馆合一，内设立五部一室，即收集部、管理部、信息部、校史部、博物馆部和人事档案室。

学校档案馆馆藏档案主要包括山东财经学院和上海财经大学2个全宗，另有人事档案和历史档案。截至2016年底，馆藏综合档案共133608卷、11490件，案卷排架长度达2076米。2017年1月，档案馆新库房投入使用。新库房总建筑面积1546.15平方米，配置有智能密集架和固定档案架系统、智能LED灯光控制系统、恒温恒湿净化系统、高压细水雾消防系统、门禁和监控系统等专业设备。

档案馆编制多种检索工具，做好档案开放工作，为学校广大师生、各部门和社会各界提供优质服务，为学校的中心工作发挥重要支撑作用。截至2016年底，共接待毕业生学历成绩查询23581人次，接待单位学历学位查核4754人次。为学校及社会提供资料检索、凭证查核等服务，共接待工作查考3860人次，接待档案利用54406人次，利用案卷75469卷次，提供翻译10491次。

档案馆着力加强档案信息化建设，先后建成档案管理系统，校报档案和教学档案专题查询系统、档案查档登记统计系统、学生人事档案管理系统、声像档案管理系统一系列应用系统；不断推进档案信息资源建设，馆藏档案全文数字化工作逐年推进，并建设了若干专题数据库。

依托馆藏档案资源，深入开展校史资料整理和研究工作。至2017年12月，先后编撰出版《上海财经大学校史资料选辑》、《上海财经大学校史》、《上海财经大学90年》、《姚耐院长纪念集》、《郭秉文与上海商科大学》、《国立上海商学院史料选辑》、《上海财经大学毕业生名录》、《上海财经大学志(1917—2017)》、《图说上财：1917—2017》等校史研究成果。同时，积极开展校史展示与宣传工作，举办了"忆校址变迁，看百年上财"，"为中国寻找现代之路——郭秉文校长纪念展"，"风雨愚园路，不绝上财人——纪念中国人民抗日战争胜利暨世界人民反法西斯战争胜利70周年"，"马寅初纪念展"，"百年商学、百年上财"——纪念上海财经大学建校一百周年巡展等系列专题展览，主办了《上财记忆》杂志，开通了"上财校史"微信公众号等。

建设校史馆、商学博物馆，发挥校史育人、文化育人作用。2003年，学校建成校史陈列室。2007年，在校史陈列室基础上扩充建成校史馆。2017年9月，学校新建成百年校史馆(含校友馆)、商学博物馆。百年校史馆(含校友馆)通过丰富的图片和实物史料，以多样化的展示形式，完整地呈现学校跌宕起伏的百年历史，传承和弘扬学校的优良传统与文化。商学博物馆以商学馆为核心，辅以保险馆、税票馆、货币馆、算具馆，全景式多维度地展示中国百年高等商学教育的沿革与发展。

档案馆校史馆博物馆的工作多次得到上级有关部门的充分肯定。1995年，被国家档案局授予"全国档案工作先进集体"称号。2004年，获中共中央组织部颁发的"干部人事档案工作目标管理一级单位"称号。连续多年获得"上海市教育系统巾帼文明岗"、杨浦区"巾帼文明岗"、校"文明示范窗口"、"文明窗口"等称号。

上海理工大学档案馆

“浦江之滨花木扶疏，红楼三五矗立其间”，上海理工大学档案馆坐落在美丽的黄浦江畔。1962 年学校成立档案室，2010 年正式成立档案馆，与校史馆、校史（党史）研究室合署办公。

上海理工大学档案馆下设收集指导室、保管利用室、人事档案室、学生档案室、综合办公室和沪江文化研究所，负责全校综合档案、教工档案和学生档案的收集、保管和利用，并对全校 50 个归档单位的档案业务工作进行指导和监督。全馆现有专职工作人员 13 人，其中 2 人具有高级专业技术职务，11 人具有研究生学历。建立了涵盖全校各职能部门、学院（部）的档案工作负责人和兼职档案员网络，共有 137 名兼职档案工作人员。

档案馆馆藏综合档案始于 1946 年，共有 4 个全宗，分别是上海机械高等专科学校全宗、上海机械学院全宗、上海光学仪器研究所全宗和上海理工大学全宗。截至 2017 年底，馆藏综合档案案卷 11 万余卷（件），实物、声像、资料等 1 万余件（张），馆藏档案排架长度 2 千余米，涵盖党群、行政、教学、科研、财会、基建、外事、出版、设备、实物、产品、底图、声像、电子 14 大类。馆藏人事档案 6000 余卷（件），学生档案 31900 余卷（件）。馆藏档案详细记录了上海理工大学的发展历程和办学成果。

上海理工大学档案馆注重档案编研和校史研究工作，取得了较为丰富的研究成果。先后出版《刘湛恩纪念集》、《刘湛恩文集》、《沪江大学学术讲演录》、《栋梁气贯大世界——上海理工大学工程教育百年》、《办学之道——上海理工大学历任领导访问实录》、《1916：徐志摩在沪江大学》、《葛德石与沪江大学》、《大哉沪江——沪江大学图像史料选编》、《沪江校友忆沪江》等一系列校史研究著作，承担多项校内外档案和校史研究课题，并在《档案学研究》、《档案学通讯》、《中国档案》等CSSCI和核心期刊发表多篇研究文章。

上海理工大学档案馆位于图文信息中心大楼内，总建筑面积1062平方米，其中档案库房建筑面积726平方米。馆内配备了中央空调系统、视频监控系统、火灾报警联动系统和库房电子门禁系统。校史馆位于图文信心中心西面一楼，面积约1000平方米，是学校档案宣传、文化建设、校史校情教育的重要阵地。档案馆先后获得科技事业单位档案管理“二级单位”、干部人事档案工作目标管理“一级单位”、上海市教卫系统干部人事档案审核优秀单位等荣誉称号。

“每一艘开往上海的轮船都必须在这所大学的视线内经过；在这样一个校园里，任何有思想的学生都不能不感到自己生活在一个大的世界里。”在学校党委、行政领导下，上海理工大学档案馆全体人员正秉承专注、精益、合作、创新的精神，积极建设资源服务型、文化育人型、数字智能型的现代化档案馆，在新时代开启档案和校史工作新征程。

上海体育学院档案馆

我馆成立于2003年7月，前身为上海体育学院文书档案室。现设有1个全宗，集中统一保管着自1952年建校以来的党群、行政、教学、科研、基建、设备、外事、出版、财会、声像、实物、人物、学生档案、人事档案、死亡、资料等共16大类档案，馆藏总计80000余卷、案卷排架长度1108米，照片档案13000余张，光盘726张，实物档案400余件，在校学生档案5889卷，教职员工档案1379卷，档案目录中心数据30余万条。

近年来，我馆以“档案基础工作规范化、管理工作信息化、服务工作人性化”为工作思路，不断加强档案资源建设，大力推进档案利用服务创新。按照“统一领导、分级管理”的原则，建立学院领导、学院办公室、档案馆、归档部门、兼职档案员五级工作网络体系，定期召开全院档案工作会议，积极开展档案工作业务指导，对反映学校历史发展的各类文献资料和实物的征集和挖掘，专设人物档案类别，建档人物达150余位。

积极推进档案数字化、网络化、智能化，充分发挥档案的信息资源作用。“数字档案中心”建设初具规模，基本实现全馆档案全过程信息管理，70余万页档案全文信息可同步在线检索查询、“文件中心”数据库可查询3500余件历史发文，《中共上海体育学院党史大事记》全文专题数据库含35万字。同时，档案编研工作也取得系列成果，编辑完成《上海体育学院历届毕业学生名册(1952—2011)》，参编高校档案协会《上海高校建筑文化》一书，提供《绿瓦大楼——旧上海特别市政府大楼》等编研成果，举办

《图说上体》等图片展，报送信息多次入选上海市档案局《档案利用实例》。

经过多年发展，我馆得到了上海市档案局、上海市教委和学校的充分肯定，并获得多项集体和个人荣誉。2009 年，在上海市教委、上海市档案局对贯彻《高等学校档案管理办法》(27 号令)情况实地检查中成为第一批顺利通过的高校。2009 年，我校干部人事档案管理顺利通过市委组织部、市教委专家组审核并获中组部一级达标。2010 年，档案馆工作团队获得上海市教委系统“巾帼文明岗”称号。连续多年获得学校“文明处室”称号。3 人次获得“上海市档案系统先进个人”称号，多人次获得校级“三八红旗手”等称号。

未来，我馆将继续坚持以“围绕学院中心工作，提供优质档案利用服务”为宗旨，以“上体历史发展经验的收集者、上体现实发展经验的保存者、上体未来发展经验的提供者”为工作定位，进一步完善档案工作机制，不断提高档案工作水平，努力建成与世界一流体育大学相匹配的一流的文件和信息保管利用中心。

华东政法大学档案馆

华东政法大学的档案工作与学校的发展变迁息息相关，走过了一条漫长而曲折的道路。作为档案材料馆藏工作始于1952年建校之初，1958年学校撤校，整体并入上海社会科学院；1963年学校复校，1972年学校再次撤校。在此期间学校档案材料馆藏工作几经周折，一直到1979年再次复校，在院长办公室下才正式设立了档案室，2000年更名为综合档案室，2009年设立档案馆，暂时由校长办公室负责管理档案馆行政事务；2010年学校将学生、人事档案归口档案馆管理，2011年档案馆正式单独建制，成为学校独立的直属行政管理部门。

华东政法大学档案馆是组织、管理全校档案工作的职能部门，是服务师生、校友和社会的档案信息业务部门。目前档案馆集中统一保管着学校的综合档案、人事档案和学生档案，并负责制定、修订学校档案的规章制度；负责所有门类档案的业务指导；为学校中心工作、教职工、毕业生和社会提供档案研究利用服务；负责所有门类档案接收、整理、编目、上架、转递（学生、人事）等相关工作。

华东政法大学档案馆设业务指导室、保管利用室、现代技术室、人事档案室、学生档案室等5个科室，全馆工作人员8人。为了将档案管理工作做得更好，学校1994年就建立了一支以分管档案工作校领导、部门档案分管领导、兼职档案员组成的档案工作网络队伍，遍布全校各职能部门、学院和直属单位，学校档案工作网络队伍人数达100余人，在学校档案的收集、管理与服务中发挥着重要的作用。

档案馆现有面积380平方米，其中库房面积280平方米，库房内安装了350立方米电脑密集架、手动密集架35立方米、远红外报警系统、温湿度控制仪，另外档案馆还配备了服务器、高速扫描仪、蓝光刻录系统等现代化设备。

学校档案馆主要以服务学校发展、服务师生、服务社会为宗旨，以档案基础业务建设为重点，实行部门立卷归档，对于重大活动、重要事件，档案馆积极参与建档工作，如2010年学校参与世博工作、2012年60周年校庆等重要档案的建档工作。为《华东政法学院党史大事记》《百年漫之》等编写和出版提供了档案史料；为毕业生人事档案补缺、出国留学提供相关档案证明。

截止2016年12月，档案馆馆藏档案达125644卷，排架长度1378米，涵盖党群、行政、教学、科研、基建、设备、司法鉴定、出版、外事、财会、声像、专题等12个大类。

目前，华东政法大学档案馆馆藏设施已经无法满足学校发展的需要，为了适应学校快速发展的步伐，新的档案馆建造已经提上议事日程。档案馆也正按照学校制定的“十三五”规划的蓝图，落实学校管理工作大会的精神，积极参与学校的校志编纂工作，向着集管理、服务、科研、育人等多功能于一体的智能化、信息化、开放型、服务型档案馆的建设目标努力奋进。

上海海洋大学档案馆

上海海洋大学创办至今已经有105年历史。1912年5月，经黄炎培襄助，江苏省政府议决设立江苏省立水产学校，12月江苏省省督委任张镠为首任校长。1914年9月1日学校将“勤朴忠实”定为校训。上海海洋大学经历11次更名，5次搬迁。学校目前有上海市浦东新区沪城环路校区、杨浦区军工路校区、杨浦区民星路校区3个校区，其中主校区沪城环路校区占地约1600余亩。2017年9月，学校被批准为教育部“双一流”学科建设高校。学校办学目标：到2020年，把学校建设成为一所国际知名的海洋、水产、食品等学科优势明显，农、理、工、经、管、文、法等学科协调发展，培养具有国际视野的创新型复合人才，教学科研并重，国际化、开放型的高水平特色大学。

上海海洋大学馆藏档案所属年代为1915—2017年。学校共有6个档案全宗，分别为国立四川水产职业学校，江苏省立水产职业学校，国立高级水产职业学校，浙江省立高级水产职业学校，崇明水产学校，上海海洋大学。馆藏档案以纸质档案为主，电子档案为辅。截至2016年，馆藏纸质档案共计5万4千多卷，资料1900多册，录像档案700多盘，照片档案1.7万多张，电子档案16TB，实物档案1500多件。案卷排架长度1170米，手工目录129本，案卷级机读目录5万多条。其中，馆藏人物档案有学校一级教授朱元鼎的传略、生平、著作、手稿，水产教育家侯朝海的生平、侯氏宗谱、校友等回忆侯朝海的文章、《侯朝海传》等。1912—1937

年，江苏省立水产学校时期的档案，在两次淞沪抗战中毁于日本侵华军炮火，后经整理仅存档案5卷。抗日战争胜利后，1947年6月恢复上海市立吴淞水产专科学校，学校成立秘书科，兼有管理综合档案的职能，学校的教学类、文书类档案均由该科管理。

解放后，根据中共中央《关于统一管理党、政档案工作的通知》的要求，学校于1960年6月成立文书档案室，隶属党委办公室，负责收集全校各部门形成的档案。1962年3月，根据国家档案局《技术档案室工作暂行通则》的要求，学校成立科研科，隶属教务处，负责收集、整理、保管科技档案材料。“文化大革命”期间，档案机构停止活动，但档案人员负责保护档案。1972年，所有档案均随学校迁往厦门集美。1979年8月学校搬迁回上海后，文书档案室隶属党委办公室。1983年，档案工作划归院长办公室管理，设档案专职干部1人。1986年5月9日，分别成立文书档案室和科技档案室，文书档案室隶属校长办公室，科技档案室为新设机构，暂时挂靠在科研处。1989年9月21日，为便于档案管理，学校决定将文书档案室、科技档案室合并组成综合档案室，隶属校长办公室。1997年6月，为加强档案工作，提高档案管理水平，根据《中华人民共和国档案法》和国家教委的有关规定，制订《关于校综合档案室建制的决定》，学校综合档案室定为正科级机构，归口校长办公室，定编3人，其中设主任1人，专职档案员2人。2008年10月，学校迁至沪城环路校区。2010年8月，学校成立档案馆，归口校办公室(党委办公室)，副处级建制。2017年4月，档案馆归口校办下属部门转为校直属部门，与校史馆、博物馆合署办公，正职建制，目前编制为8人，其中设馆长1人，副馆长1人，综合档案管理4人，人事档案管理1人，文博管理1人。档案馆指导思想是“存续记忆，传承文脉”。历任档案馆(室)负责人：贾泳美、林轩波、毛震华、方蕴仁、蒋扣女、韩凤玉、汪洁、宁波(2010.8—)。

以往获得的主要荣誉有：

- 1998年，上海水产大学被评为农业部合格档案室；
- 2000年，中华人民共和国农业部评定上海水产大学干部人事档案工作目标管理二级；

▶ 2009 年，上海市教委、上海市档案局和上海市高校档案专业委员会组成的专家组对学校的档案工作进行全面检查，评价等级为“优”；

▶ 2011 年，上海海洋大学档案馆获 2006—2010 年度上海市档案法制宣传教育优秀单位称号；

▶ 2012 年，上海海洋大学档案馆汪洁获上海市档案工作先进个人称号；

▶ 2013 年，上海海洋大学档案馆馆藏《江苏省立水产学校之刊》第一刊入选上海市首批档案文献遗产目录；

▶ 2015 年，“挖掘百年校训档案，践行社会主义核心价值观系列活动(展览、宣传片、座谈会、征文)”活动入选第二批上海市优秀档案文化传播项目；

▶ 2016 年，上海海洋大学档案馆获 2012—2015 年度上海市档案系统先进集体称号。

上海电力学院档案馆

（一）基本情况

我校自1951年成立至今已有66年历史，学校档案工作也伴随学校发展从无到有、由简而全逐步发展完善。学校于1982年全面整顿档案工作后，设立了文书档案室和科技档案室，配备了2名专职档案员，档案工作开始走上正规化。1990年成立综合档案室。从2000年开始，干部人事档案室、学生档案室与综合档案室合并，成立大档案室，隶属于校长办公室，为科级建制（学生档案于2006年初回归学生处分管）。2014年成立档案馆，下设综合档案室和干部人事档案室，为副处级建制。经过三十多年的建设，档案工作初见成效。学校现有档案库房530平方米，电脑智能密集架、温湿度控制系统、南大之星档案管理系统、防火、监控系统等。学校现有专职档案员5名，50个立档单位，50名兼职档案员。截至2016年底，库存档案22987卷，照片档案3236张。2010年以优秀成绩顺利通过干部人事档案审核达标验收；2011年以良好的成绩通过上级部门关于贯彻27号令的检查。

（二）“国际档案日”宣传活动情况

根据市档案局有关文件的要求，档案馆曾积极组织、形式多样开展档案法制宣传教育活动，如：向社会开放校史馆；在《上海电力学院报》上开设专栏连载“27号令”；参加《档案春秋》“中国梦，我的梦”征文活动；组织专、兼职档案员前往上海市档案馆参观各类展览；配合杨浦区档案局“先进杨浦——百年学校”主题展览，编导制作相关展板，并提供单吸入式风机实物档案模型，宣传学校历史，宣传档案工作；制作完成《上海电力学院档案馆纪念邮册》；参加国家档案局中央档案馆举办的“档案与法制知识竞赛”；购买档案普法读本，分发专、兼职档案员认真学习并撰写读书心得；参与编写《上海高校建筑文化》、《上海高校档案管理研究与实践》等书。

（三）档案管理制度编制、修订情况

为了适应学校档案工作的发展和管理现代化的需要，学校依据《中华人民共和国档案法》及其实施办法、《高等学校档案管理办法》，从实际情况出发，经调研，编写完成了《上海电力学院档案管理办法》、《档案工作手册》，出台了《上海电力学院干部人事档案工作实用手册》。综合考虑学校行政、教学、科研、产业等的特点，用浅显、易懂的语言把归档部门、归档流程、归档范围、保管期限等详细列出，方便专、兼职档案员归档操作，同时使立卷更规范、更完整、质量更高。近年又组织完成了《上海电力学院档案馆收集档案范围细则和工作方案》的编制工作。十年间，在档案馆人员偏少的情况下，新增立档单位20多家。

（四）档案利用工作开展的情况

档案馆为“更名大学”、“校庆活动”、“教学评估”、“校史馆筹建”、“党史、校史的编写”、“硕士点、博士点申报”、“临港新校区建设”、“行政楼、综合大楼装修”、“河间路改扩建工程”、“暑期社会实践、挂职锻炼”、“科技节”、“教职工信访”、“教职工个人情况证明”、“学历、学籍证明”等等提供了大量的档案信息，收到了良好的社会效益与经济效益。

（五）档案学术研究、获奖的情况

我校档案干部热爱本职工作，勤于思考，善于总结，理论联系实际，积

极参与市档案局、市教委、高校档案学会的会议、学术研讨等活动。在档案管理专业领域，不断进行探索，获得了多项荣誉并有几十余篇论文发表于国家级核心期刊、公开出版物。

主要获奖情况：

1. 2006年12月，论文《文档一体化综合管理信息系统》获中国档案学会第五次档案学优秀成果三等奖；

2. 2007年12月，论文《论建设创新型大学形势下的档案工作创新》在上海市档案学会高校专业委员会优秀论文评选中获优秀论文奖；

3. 2008年3月，施颖燕老师荣获上海市档案系统先进工作者称号；

4. 2010年7月，论文《高校干部人事档案审核达标工作中存在的问题及对策》荣获上海市事业档案工作学术研讨优秀论文三等奖。

上海大学档案馆

上海大学档案馆成立于1994年5月，是在上海工业大学、上海科学技术大学、原上海大学、上海科技高等专科学校的档案部门基础上合并而成的。1998年3月，钱伟长校长为上海大学档案馆题写馆名。1999年5月9日，国家档案局批准上海大学为“国家二级”档案管理科技事业单位。2001年3月，上海大学档案馆搬迁至上大路99号新校区内，结束了以往多个校区分散管理状况，实现了档案的集中统一管理。学校设立档案工作管理委员会，校长任主任，分管档案工作的副校长任副主任。档案馆作为正处级建制的常设机构，既是全校档案工作的行政管理部门，又是永久保存和提供利用档案的保管基地。

档案馆有上海大学(1922—1927)、上海工业大学(1960—1994)、上海科学技术大学(1958—1994)、原上海大学(1983—1994)、上海科技高等专科学校(1959—1994)、上海大学(1994—)和钱伟长全宗计7个全宗的档案，设有党群、行政、教学、科研、外事、设备、基建、财务、出版、声像、人物、实物、学生档案等13个档案门类，现档案馆馆藏档案118537卷(件)，在校学生档案43252卷；档案目录中心目录数据为1659507条，电子档案数据总量达3.3T。

档案馆建筑面积1800平方米，其中库房近800平方米，实现了办公、阅档、库房和对外服务四分开。档案馆基础设施完备，配备了自动温控系统、视频监控系统、密集架、防磁柜、复印机、数码相机、扫描仪、光刻机、计算机、服务器等现代化设备，并配备有防火、防盗自动报警系统。并通过人防、物防和技防等手段确保档案库房的安全，保证档案实体和信息的安全。

档案馆现有工作人员 26 名，其中具有研究生学历 13 人，占 50%；高级职称 5 人、中级职称 15 人，总共占 77%；档案专业毕业 6 人，占 23%；40 岁以下人员 14 人，占 54%。档案管理人员的学历、职称、年龄逐步优化。

随着学校的发展，档案馆业务范围也相应扩大，为了更好地适应学校发展的需要，根据档案工作的职能，档案馆多次对馆内机构进行调整。档案馆现设：收集指导室、保管利用室、学生档案室、综合办公室 4 个室。全馆人员实行定编定岗、定期轮岗，不断强化内部管理，探索建立有自身特色的以目标和结果为导向的定性定量分类考核机制，朝档案工作的职业化、规范化和精细化方向不断努力。

上海大学档案馆经过 20 余年的不懈努力，档案管理水平与服务质量不断提高，档案工作获得了上海市教委、上海市档案局和学校的肯定，也获得了各类荣誉称号：2007 年获"上海市三八红旗集体"，2008 年获"上海市档案系统先进集体"，2010 年获上海市教委系统"巾帼文明岗"。2011 年 11 月，在接受上海市教委、上海市档案局对贯彻《高等学校档案管理办法》("27 号令")检查考评中，上海大学档案工作获得"优秀"的等第。2012 年获上海市档案局颁发的上海市第六届档案馆日宣传月的表彰证书。2013 年，"务实创新'值班馆长'党员先锋示范岗服务师生"项目获学校优秀组织生活案例并获得学校 2011—2012 年度"文明窗口"称号。2014 年 8 月 28 日，上海市档案局刘志成副局长率检查组来校对贯彻《档案法》工作进行行政执法检查，高度肯定我校档案工作"保障到位、基础扎实、机制创新、成效显著"。2014 年，被上海市档案局认定为全市首批 20 家档案工作示范单位之一(上海高校唯一一家)，获上海市档案局颁发的上海市"第八届档案日宣传活动组织奖"荣誉(上海市属高校唯一一家)。2015 年获学校 2013—2014 年度"文明窗口"称号，"为党管档，为校守史——档案馆支部创新开展口述采访工作"项目获学校 2014 年度优秀组织生活最佳案例奖。2016 年 3 月，再获“上海市档案系统先进集体”表彰，并代表上海高校作书面交流发言。2017 年，获学校 2015—2016 年度“文明部门”及 2015—2016 年度“三八先进集体”称号。

从 2012 年开始，档案馆以“不进则殆、缓进则退”和“有为才能有位”的精神自我加压，理清思路，梳理职能，明确自身定位和发展目标，不断以改革促发展，着力加强内涵建设，逐渐形成了务实中求创新的工作特色，围绕制度建设、机制建设、质量建设、文化建设和数字档案馆建设推动档案工作的快速发展。特别是建立了档案工作收管用“765”工作机制，彰显了上大档案工作的创新亮点。2013 年开始，档案馆建立了三位一体的服务大厅和新的服务模式，同时以“值班馆长”制度品牌提升服务形象，开通档案远程服务利用系统，服务窗口实行工作日中午不间断的运行模式，做到线上线下同步开展服务，实现即时取件、预约取件和快递送件 3 种服务模式，极大地便利了师生校友对档案的利用。

档案馆在为学校和社会提供档案利用的同时，还不断注重档案信息的开发利用，加强档案编研，先后撰写和汇编了《上海大学档案馆指南》、《上海大学档案馆全宗介绍》、《上海大学机构沿革表》、《上海大学档案工作规章制度汇编》、《馆藏钱伟长档案精编》、《上海大学学生名录》、《上海大学毕业生档案转递情况汇编》和《上海大学大事记》、《档案管理工作手册》、《2013 年版员工手册》及后续每年的员工手册修订版等。

档案馆挖掘馆藏资源，编写了《上大记忆》一书。《上大记忆》从 1922 年的上海大学写起，记录了合并前四个学校的历史发展轨迹，以及新组建的上海大学发展新貌，全书约 30 万字，2012 年正式出版。2014 年正值新上海大学组建 20 周年，也是上海大学档案馆建馆 20 周年的纪念。为了梳理走过的二十年历史，回顾盘点以往所做的工作，以期留下点滴痕迹并更好地走向未来，档案馆编写的《回眸——上海大学档案馆建馆二十周年纪念》一书由上海大学出版社正式出版。本书由汪敏副校长作序并担任主编，由凭海临风、美好回忆、岁月留痕、兰台实践四部分组成，配有 70 张照片，共 31 万余字，全面展现了档案馆 20 年的发展历程和取得的成绩，见证了档案馆全体同志高度的向心力和默默耕耘的工作精神。2015 年，档案馆结合对档案工作的理解和实践编写了《上海大学档案管理与服务规范》一书，11 月份由上海大学出版社正式出版。是学校档案工作改革发展建章立制的成果，也是 2014 年 8 月 28 日上海市档案局刘志成副局长率队对上海大学档案工作进行行政执法检查并高度肯定上海大学档案工作“保障到位、基础扎实、机制创新、成效显著”后希望总结可复制可推广经验的具体落实，突显了上海大学档案工作务实与创新的特色。2017 年 1 月，由档案馆同志历时三年多完成的学校第一本口述实录——《泮池倾听——上海大学口述实录》正式出版。该书是在对学校 2 位院士、9 位教授(研究员)的口述采访实录和建立人物档案基础上辑集整理而成，是留存学校历史、传承校园文化、弘扬大学精神的编研成果。

档案馆每年结合“国际档案日”宣传活动和校庆积极开展档案的文化宣传工作。2012 年 6 月，档案馆举办的《馆藏钱伟长档案图片精粹》获得上海市档案局的市级表彰，并写入上海市档案局 2012 年的书面工作总结中。2013 年 6 月，举办《日新其德　止于至善——于右任与二十世纪二十年代的上海大学图片展》。2014 年 5 月，举办《光影中的上大微生活图片展》，得到《上海档案》杂志和中国档案信息网的相继报道。2015 年 5 月，举办《铭刻——上海老报业中的上海大学展览》。2016 年 5 月，主办《泮池美意——“上大八十一景”创意手绘展》影响广泛，澎湃新闻等媒体予以报道，“上大八十一景”小册子作为学校送给 2016 届毕业生的礼物，校园风景文化品牌正在形成。2016 年 11 月，服务学科建设，配合《小三线建设研究论丛》新书发布，举办“难忘的岁月——上海小三线建设”图片展，得到新华社、人民网等主流媒体报道。2016 年，档案馆还主动围绕校庆和上海美院成立，运用新媒体“上大兰台”微信平台发布“图说上大”系列微信。2017 年 5 月，举办“走在上大路上——上大人镜头中的校园”摄影图片展。11 月，举办“师承泮池：《泮池倾听——上海大学口述实录》首发暨教授人物档案图片实物展”开幕式。还利用人物档案开展教授治学精神的宣传，在校报刊登《泮池记忆——上海大学口述实录》人物档案的口述实录。这些档案信息的挖掘、编研和宣传，彰显了档案信息的文化传播功能，学校历史的留存、精神的凝炼、文化的传承添砖加瓦。

在实现规范化管理的同时，档案馆注重加强档案信息化的建设。档案馆于 2006 年 10 月引进“南大之星”档案管理软件，并于 2009 年在全校推广使用。档案馆还研发了学生档案传递管理系统、历届学生学历、学位、成绩证明管理系统、研究生论文归档管理系统以及档案工作综合管理平台，极大地提高了工作效率。为加快档案信息化建设步伐，提高档案工作的管理水平和管理效率，上海大学档案馆根据学校档案工作的实际状况，将上海大学档案信息化建设分成三个阶段进行：档案目录中心建设、电子文件归档与管理、数字档案管理系统建设。上海大学档案目录中心数据库现已有 1659507 条目录，实现了四校合并前后七个全宗的档案可被无缝检索利用；2013 年完成了《档案综合利用平台》项目的研发并上线服务；2014 年 5 月，馆藏存量档案数字化项目获准立项并开始实施，至今已完成了 3 期的建设，并实现了增量档案的数字化；2015 年在全校推广新档案管理系统。2016 年 9 月，档案远程服务系统开通运行，实现了线上线下同步开展服务的模式。这些都为数字档案馆的建设打下了坚实的基础。

上海大学每年招收本科生、研究生 10000 余名(其中本科学生和研究生各 5000 名左右)，这些学生档案都进入档案馆保管。自 1994 年起上海大学本科学生档案就由档案馆管理；研究生学生档案由档案馆保管转递，研究生管理部门管理。目前，在校学生档案共 43252 卷。在长期的管理实践中形成了一定的管理特色。在管理制度上，制定了《学生档案管理办法》、《学生档案转递制度》、《本科生、研究生档案归档范围》等规章制度，使管理工作规范化、制度化。在管理内容上，档案馆将学生档案归档范围目录公开，多次举办宣传教育活动，通过网络介绍学生档案管理的相关知识，解答有关问题，提高学生对档案的认识。在管理方式上，档案馆研制学生档案管理系统，并建立学生档案数据库，学生在档案馆网站上只需输入姓名、学号，就能实时查询，及时了解个人档案的转递去向。2015 年 6 月，学生档案转递由机要改为 EMS 专递后，档案馆及时升级学生档案管理系统，实现无缝衔接。

馆藏档案反映了学校创建、变迁、发展的真实历史。上海大学档案馆为学校决策、管理改革、编写校史、校庆展览、教学评估、校友联络、学生出国、工资福利、房产查询认证等提供了大量的依据性、凭证性文字材料，切实履行了为党管档、为校守史和服务大局、服务民生、服务社会的职能，产生了良好的社会影响。

上海中医药大学档案室

上海中医药大学档案管理自1956年建校以来，文书档案一直由专职人员保管，隶属党办。1984年设立了科技档案室，也隶属党办。1986年科技档案室改为隶属院办行政，1988年文书档案也隶属院办。1986年启用档案专用印章，1991年科技、文书档案合并，建立了综合档案室，实现全校各类档案集中统一管理。1997年起，档案信息管理系统的发展纳入学校信息管理建设规划，档案室自编了档案管理软件，建立了档案数据库，实现了档案计算机管理，档案管理工作又上了一个新的台阶。1997年7月通过评审达到科技事业单位档案管理国家二级标准。

目前上海中医药大学档案室是学校档案管理的职能部门，也是学校档案集中保管和利用的业务部门，承担着学校档案的收集、保管、利用、研究、编研等任务，隶属党校办。档案管理工作由校长领导、并被纳入学校整体发展规划和各部门职责。有4名专职档案干部和52名兼职档案员形成了覆盖全校的档案工作网络，保证了学校档案工作的全面、有序开展。在学校领导的大力支持和各部门的配合下，经过专兼职档案员的共同努力，学校档案工作已基本实现了制度化、规范化、数字化管理。

上海中医药大学综合档案室，位于图书馆裙楼三楼，占地面积600余平方米，软、硬件设施基本齐全，实现了办公、阅档、工作室、库房四分开。档案室库房管理设施先进，全部使用专用密集架排架，配备了自动化温湿度控制系统，基本实现了恒温恒湿的档案保存环境。档案室配有复印机、扫描仪、防磁柜、数据服务器、装订机、碎纸机等一体化的现代办公设备；在局域网内实现网络化档案管理系统；建有各门类档案大数据库，各门类档案基本达到文件目录级，部分档案实现全文数字化；档案管理工作各项规章、制度健全；并建有档案室网页。

目前库藏各类档案 70000 余卷(册)。档案门类有教学、科研、文书、设备、财会、基建、实物、出版、照片、电子文件及部分人事档案等。其库藏资料为学校各部门在其教学、科研、管理等职能活动中形成的各种形式和载体的档案文件材料，具体而生动地反映了学校发展的历史轨迹，是学校各项工作的最为直接、最为真实的历史记录，是学校宝贵的信息资源和文化财富。档案室紧紧围绕学校中心工作，在学校的发展建设中发挥着应有的作用，为教学研究、会议筹备、校志编写、财务审计、职称评定、学历学位认定、亲属关系公证、规章制度制定以及信访处理等多方面提供了大量有效的服务和重要的依据。

秉承"对历史负责、为现实服务、替未来着想"的理念，档案室将进一步完善档案应收尽收的工作，继续推进档案工作信息化建设，进一步提升了档案的管理和服务水平。

上海师范大学档案馆

上海师范大学档案馆（博物馆、校史馆）的前身是1960年4月正式建立的党、政统一文书档案室，归属校党委办公室领导。1981年10月，档案室发展成综合性的档案室，并增配1名专职人员负责管理科技档案。1987年4月，综合档案室划归校长办公室领导。1991年6月25日，经市高教局批准，同意成立上海师范大学档案馆，对学校的综合类档案和教工学生人事档案实行统一管理。2004年10月校史馆成立，由档案馆负责管理。2006年10月，学校撤销上海师范大学博物馆独立行政建制，划归档案馆，至此档案馆、校史馆、博物馆三馆合一。全馆人员进行定编定岗，明确职责，实行档案文博工作规范化管理。

上海师范大学档案馆（博物馆、校史馆）下设人事档案室、收集指导室、保管利用室、档案编研室、综合办公室和奉贤校区档案室以及博物馆、校史馆（徐汇、奉贤）。现共有工作人员17名，全部具有大专及以上学历，其中研究生学历12人，副研究馆员2人，中级职称9人。

档案馆

档案馆总面积1200平方米，其中库房面积870平方米，库房配有智能温控系统，自动控制空调、空气净化器、除湿机等设备，确保库房恒温、恒湿，保障馆藏案卷实体安全。

馆藏档案起始于1954年，有上海师范大学、上海师范高等专科学校、上海技术师范学院、上海师范大学行知艺术学院四个全宗。分为党政、科研、教学、基建、出版、设备、外事、财会、声像、书画、人事、人物等 12 个门类，近年来拓展了名家书画作品、教师授课录像、人物档案、口述档案、实物档案、世博档案等特色档案。截止至 2017 年底，馆藏档案共 186121 卷，数码照片 297652 张。丰富的馆藏档案为编史修志、职称评定、教学研究、毕业分配、办理自费出国留学、筹备各种会议、制订规章制度以及处理信访等方面发挥重要作用，产生了良好的社会效益。

近年来，上海师范大学档案馆着力于档案的基础建设，对档案工作实施规范化管理，2005 年，学校对档案规章制度进行修订，印发《上海师大档案工作规章制度》。2009 年，根据贯彻和实施教育部和国家档案局颁发的《高等学校档案管理办法》(27 号令)精神，再次修订《上海师大档案工作规章制度》，增加了《上海师大人物档案管理暂行办法》、《电子文件的利用办法》、《学生人事档案的归档范围及责任部门》等内容。2017 年，组织修订新版《上海师大档案工作规章制度》并对归档范围、密级和保管期限等进行补充和修改，进一步完善档案工作规章制度。此外还制定《上海师大档案安全应急预案》、《上海师大档案馆、博物馆、校史馆消防安全制度》和《库房管理及安全保密制度》，为确保档案安全提供制度保障。

为建设数字化档案馆，从 2006 年起采用"南大之星"档案管理软件，实现网上归档方式。2015 年起档案馆大力推进馆藏档案数字化建设，截至 2017 年底已基本实现馆藏永久档案全部数字化。档案馆还自行设计、研发了学生档案转档系统、档案综合查询系统等多套档案管理系统，有效提升了档案管理和利用的规范化、高效化。

档案馆积极挖掘馆藏资源，配合学校文化建设。编研出版了《上海师范大学珍藏集萃》、《校史钩沉》；组织编纂《上海师范大学志》；利用档案举办《日月长河　群星璀璨——上海师范大学教师风采展》、《存史、资政、育人、服务——上海师大档案工作掠影》、《光影中的今昔——上海师范大学改革开放 30 周年校园图片展》、《师大心 · 世博情——上海师范大学参与、服务、奉献世博巡礼》等大型展览。

档案馆 1999 年 1 月，晋升为“国家二级”档案馆。

2007 年 6 月，学校人事档案通过中央组织部干部人事档案合格单位和干部人事档案目标管理一级单位的审核验收。

博物馆

上海师范大学博物馆是一座以收藏、展示中国古代艺术藏品为主的高校博物馆，其前身是原历史系文物陈列室。2002 年 5 月 18 日，新馆建成并正式对外免费开放。2005 年被上海市教卫党委、上海市教委命名为上海高校十大民族文化博物馆之瓷器艺术博物馆。

20 世纪 50 年代，在原历史系主任程应镠先生的努力下，经由沈从文先生帮助，校博物馆由故宫博物馆获藏一批陶瓷、书画、碑帖、玉器、青铜器等珍贵文物，其中包括器形规整，打磨光洁的新石器时代玉璧；最初的精拓品：毛公鼎、散氏盘拓片；隋僧写经、玄奘译经长卷等宗教文物；羊脑纸金汁书藏文无量寿佛经、藏佛姆幻化网续密经等稀世之宝；颇具民族特色的清代唐卡；王原祁、吴历等名家山水画作等。清宫宗庙人物画也是上海地区少见的藏品，来自宫廷的官窑瓷器，更是精致、华美，显示出皇家独有的气度。此外，博物馆通过原华东文管会、山东大学历史系、甘肃省文物工作队、我校师生校友等，征集到古钱标本、马家窑彩陶等精美藏品，亦弥足珍贵。

作为全国高校博物馆育人联盟首批会员，近年来，上海师范大学博物馆依托珍贵的馆藏资源，立足教育“内循环”，在服务城市文化建设、普及公众文博知识、促进文化繁荣发展等方面发挥的作用愈加明显。博物馆先后荣获 2007 年上海高校民族文化博物馆联展活动优秀组织奖、徐汇区“5·18 国际博物馆日”和“中国文化遗产日”活动优秀组织奖、2013 年全国高校校园文化建设优秀成果奖、2014 年全国高校博物馆育人联盟优秀育人项目一等奖。

校史馆

上海师范大学校史馆主馆位于徐汇校区会议中心二楼，2004 年 10

月16日落成开幕，2014年改建；副馆位于奉贤校区图文信息中心底楼，2014年6月落成开馆。

主馆面积约600平方米，分传承、求索、立人三大板块，全方位展现学校60年建设和发展历程；副馆面积约400平方米，包括理念演进、群星璀璨、校史沿革等板块，同时附录与学校颇具渊源的上海技术师院、上海市文化“五七”干校和上海师大“五七”干校的历史展。校史馆通过图片、实物以及现代展览技术展现一代代师大人走过的自强不息、艰苦奋斗的峥嵘岁月，展示了学校的优良传统和深厚的文化底蕴，同时也展现了新中国成立以来教师教育的发展变迁历程。

上海师范大学档案馆（博物馆、校史馆）获2010年上海市巾帼文明岗、2009—2010年度上海市三八红旗集体、2010—2011年度上海市档案工作先进集体等荣誉称号。

上海对外经贸大学综合档案室

上海对外经贸大学综合档案室成立于 1991 年 4 月，隶属校长办公室，是学校档案工作的职能管理部门，是集中统一管理学校档案的机构。2003 年 7 月，综合档案室随学校搬迁至松江大学园区，办公地点位于松江校区信息楼一楼。

综合档案室现有建筑面积 382 平方米，其中库房面积近 265 平方米，设有第一库房、第二库房、试卷库及学生档案库。配有计算机、服务器、档案密集架、空调、除湿机、打印机等设备，办公设施基本到位。

综合档案室设有党群、行政、教学、科研、外事、出版、人物、财会、声像、基建、专题、实物、资料、学生档案十四大类。截止至 2016 年 12 月 31 日，档案室现有室藏档案 31529 卷，在校学生档案 13126 份，资料 653 卷；文书类电子档案 5G、数码照片 351G、系统录入档案条目 415361 条。这些档案真实地反映了上海对外经贸大学创建、变迁、建设及发展的历程。

26 年来，我室档案工作人员经过不断努力，档案业务范围逐步扩大，档案管理渐入正轨。档案室现有专职档案员 4 名，设主管、业务指导、学生档案管理、保管利用技术 4 个岗位。主要负责全校档案的收集、整理、保管、统计、利用及学生档案转递等工作，承担全校兼职档案员的业务指导和培训工作。2012 年 6 月，在接受市教委、市档案局对贯彻《高等学校档案管理办法》(27 号令)情况考评中，获优秀等次。

档案室在档案管理规范化的同时，还通过信息化手段提高利用效率，提升服务水平。目前全校各部门、各单位可对历年案卷、文件、全文快速检索；学生可在档案室网站上输入身份证号查询档案去向；各部门、各单位可在系统上提交借阅申请，使调档准确、手续简便。

档案室在围绕学校中心大局服务的同时，还注重档案信息的开发利用，加强编研和宣传工作。这些年来，先后撰写和汇编了《各部门规划、教学评估和日常建档科目表》、《档案工作文件汇编》、《档案工作手册》；先后配合"国际档案日"举办"上海之根"、"解放之路"、"贸大微记忆"等展览；举办《从"令"的使用看档案法规体系建设进程——〈档案管理违法违纪行为处分规定〉导读》的专题讲座；在学校校史馆建设、校史编纂、校庆、教学评估、更名大学等重大活动中提供各类材料；为学校对外宣传、公文查考、干部选拔及毕业生就业、考研、出国进修等提供了大量的材料，充分发挥档案的历史价值和凭证价值。

上海工程技术大学档案馆

一、馆情概况

上海工程技术大学档案馆成立于2009年7月3日，其前身为1989年1月5日成立的隶属于校长办公室的档案室，2003年1月，被国家档案局批准为国家二级档案管理科技事业单位，2005年9月，档案室从仙霞路校区整体搬迁至松江校区。

档案馆下设综合档案室、学生档案室、人事档案室等3个科室，现有专职档案管理人员7人，其中具有高级职称1人、中级职称5人、初级职称1人，全部人员具有大专及以上学历，其中硕士3人，另有一支80余人的兼职档案员队伍。全校对综合档案、学生人事档案、教职工人事档案由档案馆集中统一管理。

档案馆馆藏档案始于1978年，截止2016年12月，馆藏全部档案6.4万卷，分为3个全宗：上海工程技术大学、上海工程技术大学纺织学院、上海工程技术大学高职学院。除学生人事档案、教职工人事档案外，综合档案涵盖了党群、行政、教学、科学研究、产品生产与科技开发、基本建设、仪器设备、出版、外事、财会等10个大类。档案载体有纸质和照片、录像带、磁盘、影视胶片等声像载体、光盘等电子载体及实物档案。

档案馆现有馆舍总建筑面积为480平方米，库房面积为340平方米。库房配置了智能密集架、档案管理系统服务器等设备，安装了自动监控报警系统，基本达到了档案保护的“七防”要求。

二、档案工作现状与特色

1. 加强制度建设和队伍建设

档案馆根据教育部颁布的《高等学校档案工作管理办法》组织制订了《上海工程技术大学档案管理和利用办法》等10余项制度。通过建立规范的管理制度，科学的工作方法，夯实了档案业务工作基础，进而推动学校档案工作的发展。

目前全校已建立了一支相对稳定、整体素质较好的档案工作管理队伍。各归档部门都确定一名领导分管档案工作，并根据实际情况配备一定数量的兼职档案员。档案馆推行部门立卷制度，坚持每年组织一次专兼职档案人员集中业务学习活动，旨在探讨问题、交流经验、提升业务水平。同时建立了激励机制，对每年在档案工作中做出贡献的部门和个人给予表彰奖励，增强了全体员工的向心力和凝聚力，为学校档案事业发展储备力量。

2. 开发档案信息和注重理论研究

近年来档案编研取得一定成果，陆续编撰了老领导《口述档案》、《母校春晖——工程大首届毕业生微记忆》、《激情岁月——工程大老教授回忆文集》和《回眸·铭记——工程大二级学院院史》等文集；举办了《档案里的红色源流》、《映像·工程大》等专题档案展；积极参与学校大事记的编写工作。结合档案史料的编研和理论探索，档案馆获批档案编研与校园文化建设研究的项目，并在《档案》等刊物上发表论文数篇。

3. 创新服务机制和开展档案现代化管理

以“南大之星”档案管理系统为平台，全校各类档案实现了网上立卷归档。在此基础上，集中人力对馆藏档案案卷级和文件级的目录进行补录，实现了档案的案卷级、文件级目录和部分利用率较高的档案全文图像信息的查询；开发了学生档案管理系统，方便学生自主查询档案去向；在档案数字化方面，现有的数字化存量约40万件，并向着每年1.5万的增量目标发展；学校OA系统与档案管理系统实现无缝对接，保证了电子文件的一键归档。另外,建设了档案馆网站、档案预约查询系统,开通档案馆微信平台,为广大师生员工提供了方便、快捷、高效的档案服务。

上海第二工业大学档案馆

机构设置建校初期，学校的文书及科技档案由校党委办公室兼管。1984年成立档案室。1989年，改称为综合档案室，设在校长办公室。2013年，成立档案馆，隶属于校长办公室。2014年学校行政机构调整，档案馆和图书馆合署办公，建立了图书馆(档案馆)。

管理体制　1999年，成立校档案工作委员会，由校长和分管校长办公室的副校长分别担任校档案工作委员会主任、副主任，有关部门分管档案工作的领导担任委员。2014年，成立校档案工作小组。

人员队伍　档案馆现有专职档案工作人员2名(其中，副高级职称1人，硕士研究生1人)，外聘职工1人，各部门兼职档案员45名。

库藏档案　2001年，原东沪职业技术学校与上海第二工业大学合并后，实行档案集中统一管理。现有7个全宗，设有党群、行政、教学、科研、产品生产与科技开发、仪器设备、财会、基本建设、外事、出版、声像等11个门类，截止2017年初库藏纸质档案48000余卷，照片1300余张，实物1500余件，保存了上海第二工业大学自1960年建校以来党群、行政、教学、科研等方面的材料以及原东沪职业技术学校、原冶金局党校、冶金工业学校等历史档案。

馆舍实施　档案馆位于学校图文信息中心的底楼，2006年在学校的大力支持下，档案馆的办公、阅览、保管场所实现了三分开。现库房面积为350平方米，所有档案实现了密集架存放，共有330级密级架，并配有空调、加湿器、抽湿器、温湿度控制设备和监控报警设备，严格按库房要求管理各类档案。另在馆内安装了现代化的网络通讯系统，配置了计算机、打印机、复印机、传真机、扫描仪、刻录机、装订机、碎纸机等一体化的现代办公设备，满足了办公和提供利用的需要。

制度建设 根据国家档案法、归档文件整理规则、上海市档案条例等有关规定，学校将档案工作列入学校基础管理的重要内容，同时也将各部门档案管理工作纳入部门考核指标。自进入新校区以来，加大建章立制的力度，制定并完善了综合档案管理的各项规章制度。

信息化建设 档案馆于 2006 年引进并启用了南大之星档案管理软件，同年完成全部档案案卷级条目的信息化，实现计算机检索。2010 年根据学校档案工作实际，开始学籍档案的数字化扫描、录入工作，至 2017 年底完成 1960 年至 2008 年的学籍档案数字化加工和著录，2008 年以后的学籍档案中成绩大表由教务处提供电子数据，基本完成二工大卷宗库藏学籍档案的数字化工作。

取得荣誉

2006 年获上海市市科研事业单位市级先进称号；

2010 年获“上海市高校人物档案资料建设优秀单位”称号；

2010 年获 2006—2010 年上海市档案法制宣传教育先进单位；

2011 年获“上海市五五档案法制教育优秀单位”称号；

2012 年在市档案局、市教委组织的档案工作贯彻“高校档案管理办法”检查中获得“优秀”等第。

上海电机学院档案馆(筹)

一、建立与发展

上海电机学院于 2002 年 7 月正式成立综合档案室,隶属于院长办公室。

2003 年 1 月,学校综合档案室被上海市档案局批准为市级先进单位。2006 年 7 月,学校被上海市档案局评为上海市"四五"档案法制宣传教育先进集体。2011 年 2 月,学校被授予"上海电气系统档案工作先进集体"和"上海电气系统档案'五五'普法工作优秀单位"荣誉称号。

2011 年 11 月,学校综合档案室顺利通过了"上海市教委、上海市档案局关于开展贯彻《高等学校档案管理办法》工作情况"的实地检查,综合评定等第为"优"。

2017 年学校决定在综合档案室的基础上筹建独立建制的档案馆。根据学校"十三五"规划,档案馆(校史馆)楼将纳入临港校区三期工程建设,有望于"十三五"末正式建成。目前各项筹建工作正在有序展开。

二、设备与馆藏

2011 年上海电机学院临港校区一期工程正式启用后,学校的综合档案室由闵行校区搬迁至临港校区图书馆 6 楼,现有建筑面积约 320 平方米,做到了办公、阅览、库房三分开,其中存档库房约 220 平方米,包括 1

间实物类库房和 4 间文书类库房，收藏档案分为党群、行政、教学、科研、产品、基建、设备、出版、外事、财会、声像、实物等 12 个门类，现有文书类档案 26000 多卷、实物类档案 1400 余件。

学校档案馆（筹）库房目前安装有密集架 3 联 24 列、档案柜 3 联 18 列，各库房均按要求配备了恒温恒湿系统。馆内现藏有 4 个全宗，即：上海电机学院（含原上海电机高等专科学校）全宗、上海市机电工业学校全宗、上海机电工业职工大学全宗、上海市第一机电工业局职工大学闵行分部全宗。

三、管理与运行

根据《高等学校档案实体分类法》并结合学校档案工作实际情况，学校制定了《上海电机学院档案管理办法》《上海电机学院档案制度汇编》等文件。在档案的查阅利用上，编制了《案卷目录》《全引目录》《文档目录对照》《专题目录》等检索工具，安装有档案管理系统“南大之星（网络版）”。

上海电机学院档案馆（筹）将以党的十九大精神为指导，结合国家关于档案和校史工作的法律法规及学校改革发展的目标要求，不断加强制度建设，完善依法管理、依规操作、规范有序的档案管理体系；持续加强队伍建设，建设责任心好、凝聚力强、精干高效的档案管理队伍；坚持做好成果运用，提升档案工作在学校改革发展特别是育人工作中的支撑、宣传和凝聚作用。

上海商学院档案室

上海商学院档案室成立于 1989 年，隶属于党委办公室、校长办公室，是全校档案工作归口管理部门。既对全校档案工作统筹规划、组织协调，全权对全校各归档部门档案管理工作进行监督和指导，又具体负责收集保管和提供利用学校各类档案。

上海商学院档案室目前仅有 1 名工作人员。学校建立了一支以分管档案工作校领导、部门档案分管领导、兼职档案员组成的档案工作网络队伍，遍布全校各职能部门、学院和直属单位，学校档案工作网络队伍人数达 50 余人，在学校档案的收集、管理与服务中发挥着重要的作用。

2008 年购置南大之星档案管理系统，近年来完成了存量档案的全文数字化，扫描档案原文 45 万页，信息著录条目达 189547 条。

档案室现有面积 310 平方米，其中库房面积 250 平方米，库房内安装了 260 立方米电动密集架、手动密集架 25 立方米、温湿度控制仪，另外档案室还配备了服务器、高速扫描仪、刻录系统等现代化设备。

迄今，档案室馆藏档案 14828 卷，涵盖党群、行政、教学、科研、基建、设备、出版、外事、财会、声像、电子、实物等 12 个大类。上海商学院是上海市档案馆接收档案单位名录中唯一一家高校，1994 年，向上海市档案馆移交 1950—1968 年期间形成的档案 436 卷（其中永久 301 卷，长期 135 卷），分别是我校前身中央税务学校华东分校、华东财政学校、财政部上海财政贸易干部学校、部分上海市财政贸易干部学校时期的档案。

2016年11月，学校再次向上海市档案馆移交1969—1997年上海市财政贸易干部学校时期、上海市财贸管理干部学院时期的档案，共计1118卷。

学校档案工作的最终目的是通过开发、利用档案信息资源，为学校的教育教学管理和学校长远发展提供服务。学校每年编辑《上海商学院大事记》和《上海商学院年鉴》，年鉴编写项目还获得2014年学校校园文化建设优秀项目。同时密切配合做好学校重大活动、校庆、校友会数据库等档案资源利用服务，为学校的发展成果展厅、60周年校史展、校史纪念册、校友名录、网上数字校史馆等提供第一手数据，为今后研究学校的沿革历史留下了重要的记录和数据。

上海建桥学院综合档案室

上海建桥学院综合档案室成立于学校创办初期，隶属于学校办公室。长期以来，学校领导十分重视档案材料的积累和保管工作，于2003年成立了上海建桥学院档案工作领导小组，由校长担任组长，分管校领导、学校办公室主任担任副组长，相关职能处室及二级学院负责人为领导小组成员。综合档案室作为全校档案业务主管部门和领导小组的办事机构，主要负责日常档案管理和档案法制法规宣传工作。具体承担全校各类档案及相关资料的集中统一管理，以及学生档案、相关统计与报表工作。

学校综合档案室现有专职档案管理人员2名。档案工作实行部门立卷归档制度，已形成了覆盖全校的档案工作网络，建立了一支业务水平扎实的专兼职档案员队伍。现有立卷单位33个，兼职档案员28人。兼职档案员负责各部门日常产生的各类文件材料的收集、整理、预立卷、归档工作，定期不定期地接受学校综合档案室的业务培训，并由各部门分管领导为第一责任人，形成了档案管理的三级网络。学校的档案工作已步入正常化轨道，由综合档案室集中统一管理。

学校综合档案室位于临港校区图书馆南区一楼，总面积为447.6平方米。办公区、阅档区、库房已做到三分开，库房分学生档案储藏室和文书档案储藏室。学生档案室保管量达三万份。文书档案保存了学校的党群、行政、教学、科研、基建、设备、出版、外事、财会、声像、实物11大类档案。

学校档案工作坚持规范化、标准化管理的方针，贯彻依法治档的精神。2003年至今，已先后制定和健全完善了《上海建桥学院档案管理办法》《上海建桥学院档案实体分类法》《上海建桥学院档案工作岗位责任制》《上海建桥学院档案归档范围的确定》《上海建桥学院档案文件材料的部门立卷和归档流程》《上海建桥学院部门档案预立卷制度》《上海建桥学院档案保密安全制度》《上海建桥学院档案借阅利用制度》《上海建桥学院档案库房管理制度》《上海建桥学院档案统计制度》《上海建桥学院档案立卷部门归档范围和保管期限》《上海建桥学院人事档案管理办法》和《上海建桥学院学生档案管理办法》等档案管理制度，对学校各二级学院和处、室、部在收集、整理、预立卷、归档操作等方面进行了规范和要求。基本上形成了学校档案工作有法可依，部门立卷归档有章可循，档案工作依法开展的新局面。

学校于2008年初使用“南大之星”档案管理系统软件，为学校文件资料的管理和档案的保管利用提供了坚实的基础，初步实现了档案的现代化管理。学校在示范性高等院校达标、申办本科层次、文明单位评选、本科教学评估等工作中，综合档案室提供了大量的、有价值的文件资料，为学校抓住机遇、谋求发展提供了文字材料的保证。2003年上海市档案馆开馆前期，学校综合档案室为档案馆提供了2张照片档案被该馆收藏。这是改革开放以来，上海民办高校教育发展历史的唯一2张被上海市档案馆收藏的历史资料。

上海出版印刷高等专科学校综合档案室

档案工作是学校的一项重要的基础工作，是维护我校历史真实面貌的重要事业，是我校各项建设事业必不可少的环节。

自1953年正式建校后，学校领导就十分重视档案材料的积累和保管。档案领导由党委副书记顾凯亲自担任，校办主任分管档案室，人事处、教务处、学生处(就业办)、招生办、资产处以及二级学院的部门负责人直接对接各部(系)档案工作。我校综合档案室主要负责日常档案管理和档案法制法规制定和宣传工作。即：负责全校党群、行政、教学、科学研究、基本建设、仪器设备、出版、外事、财会、实物、声像等各类档案及相关资料的集中统一管理；明确学校的人事档案和财务档案由各部门管理。

学校综合档案室现有专职档案员2名。档案工作实行部门立卷归档制度，已形成了覆盖全校的档案工作网络，建立了一支专兼职档案员队伍。专(兼)职档案员负责各部门日常产生的各类文件材料的收集、整理、预立卷、归档工作，定期不定期地接受学校综合档案室的业务培训，并由各部门分管领导为第一责任人，形成了档案管理的三级网络。学校的档案工作步入正常化轨道。统一由综合档案室集中统一管理。学校档案工作坚持规范化、标准化管理的方针，贯彻依法治档的精神。截止今日，我校先后制定和正在制定相关的档案管理办法，如：《上海出版印刷高等专科学校档案管理办法》、《上海出版印刷高等专科学校各类档案归档范围和保管期限表》等档案管理制度，对学校各直属系和处、室、部在收集、整理、预立卷、归档操作等方面进行了规范和要求并且还制定了相关的档案查阅流程图,基本上形成了学校档案工作有法可依,部门立卷归档有章可循,档案工作依法开展的新局面。

此外,档案室配有网络系统服务器、档案专用计算机、打印机、空调、复印机、扫描仪、防磁柜、去湿机、碎纸机,切纸刀,打孔机等专用设备,为档案工作的推进提供了硬件支持,而且本室储藏了从1953年至今的所有珍贵档案资料。目前,我校档案室正在走纸质化向电子档案的转型之路,我们正将原有的纸质档案分类汇总制成电子版,截止当前我们已将所有的纸质版制成形成电子目录,从而提高了工作效率,更方便档案的查阅和利用。当下,我校档案室时刻备战,紧跟时代发展大趋势,为实行手工与计算机相结合的目录查询工作不断努力。

为提高档案管理现代化的水平,学校对档案工作很重视。不仅为我们配备了专门的公用电脑还配备勤工助学同学协助综合档案室进行档案的整理工作,推进档案工作的落实和完善。

上海公安学院档案室

上海公安学院档案室已有68年的悠久历史，是伴随着学校的建成而建立的，与学校同龄。近年来，学校档案工作在市教委办公室、市公安局档案处和市档案局相关处室的大力指导、帮助下，坚持以贯彻落实《高等学校档案管理办法》（“27号令”）文件精神为主线，牢牢秉承“档案工作服务学校中心工作”的理念，努力在学院档案工作制度建设、基础建设和信息化建设上狠下工夫，有效实现了学院档案工作制度化、规范化和信息化，为进一步做好做强学院档案管理与应用服务奠定了坚实基础。2013年10月23日，上海市教委办公室对我校的档案工作进行了实地检查，检查综合评定等第为优。截止2016年，学校共保存自1949年1月起至今的各类纸质文书档案近2万卷；教学专业档案3950卷；主要分为：文书、教学、科技和会计等。学院档案室于2012年10月全面启动了档案工作信息化调研和建设，新开发的“学校档案管理系统”于2013年5月全面建成并运行。自2013年起学院档案室开展了存量档案的数字化扫描工作，目前已扫描近百万页。据不完全统计，学院档案室提供窗口式阅档年均接待服务累计一千余人次；提供毕业学员各类档案材料证明近千余件。2014年6月5日市档案学会高校档案专业委员会第十六次会员暨理事会换届大会，我院档案室被选为第七届理事会会员馆。伴随着上海公安学院的升级转型与发展，学院档案工作也必将不断提升业务能力与管理水平，整体推进档案室工作再上一个新台阶。

上海东海职业技术学院档案馆

上海东海职业技术学院档案馆成立于2011年3月，分管学校的党群、教学等文书档案和教职工与学生档案；现有专职管理人员3人，其中馆长1人。学历都是大专以上，其中一人中级职称。

为了加强学校档案工作，充分发挥档案的作用，全面提高档案的管理水平，有效地保护及利用档案，为学校和社会服务，根据《中华人民共和国档案法》、中华人民共和国教育部令第27号《高等学校档案管理办法》、上海市教育委员会、上海市档案局《上海市民办普通高等学校档案管理办法》等法律、法规和规章制度，东海学院制定了适合本校的档案工作管理办法，建立和完善了归档制度。档案馆三室分开(既库房、办公室、阅档室三室分开)，目前合计面积达170平米，基本满足了馆藏空间的需要。

东海学院按照高等学院档案实体分类法设置了以下一级类目：

党群(DQ)、行政(XZ)、教学(JX)、科研(KY)、基建(JJ)、仪器设备(SB)、财会(CK)、声像(SX)，外事(WS)、出版(CB)、荣誉(RY)实物(SW)、院系(YX)、新闻(XW)。

档案馆截止到2017年12月馆藏档案18163卷、录入文件数76465条、出版类462卷、声像档案2245张(照片与光盘)、实物档案162件、数字化案卷数1090卷、数字化文件数8240条、全文扫描数达24943页，其中主要是建校以来历年毕业生的成绩单。

主要工作开展如下：

一、档案人员队伍建设

档案工作是一项基础性、业务性很强的工作，它的工作涉及到学校的方方面面，要想做好档案工作，必须领导重视，机构健全，有一套科学、规范的管理体制，同时，要建立一支高素质的档案人员队伍。

校领导非常重视档案管理人员的业务培训，只要有机会，一定支持外出，以提高学校层面的管理水平。我们档案馆专职管理人员3人，在安排好工作的前提下分别外出培训，2014年赴厦门参观学习；2015年在宁夏参加南大之星档案软件培训，2016年赴厦门参加人事档案的培训，2017年11月参加中国人力资源管理协会举办的“人事档案管理培训”。并且定期参加上海市档案局的各类培训以及继续教育。

针对各部门兼职档案员，我们每年会定期组织大家外出参观、学习，以及邀请档案专业和软件公司的专家来校进行有针对性的培训与指导(2011年携兼职档案员赴上师大接受专家的培训指导和参观，2013年请“南大之星”技术员上门为我们的兼职档案馆进行有针对性的培训，2015年请档案专家上门授课培训指导，这两年“世界档案日”我们都组织兼职档案员外出参观)，2017年9月参加全市档案巡讲活动《历史的回声》，进一步增强档案意识。真正做到“走出去，请进来”。

二、加强管理，规范业务

为进一步加强档案管理制度建设，我校制定了一系列档案管理规章制度。明确了档案工作职责和任务，以及归档范围及整理要求，使各有关科室对文件材料的形成、积累、收集、整理有据可依。建立了全校的档案管理体系，校档案馆由学校副院长分管，各院系、部门有院长或办公室主任担任部门的分管领导，全校各部门现有兼职档案员33人。实现了档案馆对全校各院处(部)档案工作的监督指导职能。

由于校领导的重视，档案馆在办公经费方面也得到了充分的保障(考虑到学生数和工作量的增加，及需要添置必要的设备，在年度财务预算上，同去年相比增加了40%)我们配置了档案密集架和五层橱、台式电脑五台、手提电脑两台，一体机两台、复印机、单反相机、防磁柜、空调、去湿机等专用设备，使档案管理在硬件上有了保障，能够满足档案管理的需求。

所有归档目录、备考表、档案封面等全部使用计算机打印，档案用品及档案盒等的采购，按照国家标准保证文件不易被腐蚀、变质，有利于档案的保存，我们平时严格要求，档案归档的齐全率、完整性及档案整理的质量基本符合要求。我们的案卷细致分类、组卷，装订、去除金属物，卷面、卷内目录、备考表填写规范，案卷标题拟写简明、准确。档案存放排列有序，编号科学规范。使我校的档案逐步走向了规范化、科学化管理轨道。

每学年档案馆都会开展“档案归档辅导培训会”，将档案工作的规章制度汇编制成手册下发，做到兼职档案员人手一册，加强了档案管理的规范。每年我们还临时组成由档案馆成员和部分兼职档案员组成的档案工作检查小组(兼职档案员的抽取对象每年更换，便于相互学习、取长补短)，年终对各部门进行档案预立卷、信息输入和归档情况进行量化检查，按照检查结果的分数汇总情况，评出“优秀”、“良好”和“有较大进步”几档，分别进行表彰奖励，检查优秀的部门将在每年的“档案工作总结表彰会”上与大家交流心得体会与工作经验，校长、书记都会给兼职档案员提出意见和建议，不断鼓励大家，达到共同提高的目的。

三、服务师生，做好归档利用工作

档案馆除了管理工作之外还肩负着校内、外的各项服务工作，对校内职称评定、教学评估、学生考研、出国、查找各种凭证等提供了大量的重要依据，在面对学校文明单位检查、教学评估等重大活动时，安排加班查档及整理资料，为各相关部门提供大量档案信息。

就拿上海市特色高等职业院校建设计划项目举例来说，在三年的特色校建设中，我们注重档案的收集，今年特色校检查验收工作中，我们档案馆积极配合、高效率的提供大量的佐证材料，专家组在本次验收工作中对我校做出了一致的好评，概括成四句话：

1. 目标全达成，经费有规范
2. 形态善比较，绩效有数据
3. 理念贯过程，建设有特色

4. 队伍再加强，成效经提炼

由于全校教职工档案意识的提高，近几年，查阅档案的部门和个人逐年递增，通过档案利用的增多，也增强了大家的档案意识。全年为校内外及个人提供查档、咨询服务上万人次。

四、档案数字化管理的逐步实施

档案数字化管理是近年来档案工作发展的趋势和方向，只有提高档案管理的现代化水平，档案的作用才能得到更充分发挥。

2013 年档案馆委托相关专家设计，并且完成了东海学院档案馆的网页，2017 年更新改版，优化了各类查询通道，起到了宣传档案馆作用的同时也提高了档案查询的效率。

2013 年我们正式购买"南大之星档案管理系统"，并将档案历年的案卷信息全部整理后导入系统，方便职能部门及时查找和利用，提高了档案的利用率，我们逐步的将档案数字化，让档案的使用更加安全，查询更加便捷，对历史久远的档案材料，也是一种更好的保护措施。

目前我们所有学生的成绩单、已经全部做到了数字化录入，大大提高了档案利用的效率，方便毕业生复制成绩，并且有效的保护纸质档案；重要的上级来文、荣誉以及其他档案材料，也在逐步的进行数字化的操作。

五、存在的问题和今后档案工作的重点

做好档案工作的目的是为学校的生存和发展服务，对照标准，我们的工作仍然还存在很多的不足：

1. 兼职档案员变动频繁，给档案的收集、整理工作带来诸多不便。目前我们只能通过每年的兼职档案员培训来缓解该问题。

2. 理论水平不够，档案工作人员每天忙于工作，加上经费较少，很少有机会外出考察学习，造成工作人员理论提高不够。在今后需加强学习，善于总结，提高理论水平。

3. 档案信息化建设还处在发展阶段，需要大量的人员和资金来完善。

我们将自加压力，高标准，高质量地做好档案工作，使档案更好地为教学、科研、管理等服务，把我校的档案工作提高到新的层次和水平。

上海工商职业技术学院档案室

上海工商职业技术学院(原名上海新侨职业技术学院)是市委统战领导下的民办高职院校,自 1999 年 9 月组建以来每年都建有文书档案。2008 年,学院为了改善档案保管条件,投入了 4 万余元在嘉定校区建立了档案库房,共九组密集柜,档案室库房面积 41 平方米,并配置了空调及灭火器。

2013 年,我校成立了以学院院长为组长,各有关部门领导为组员的学院档案工作领导小组,加强了对档案工作的管理与领导,设立了专门档案办公室和阅档室,使档案查阅、摘录、复制有了固定的场所,在学校用房极为紧张的情况下,实现了档案库房、办公室、阅档室三分开,并结合学院实际情况制定了 19 项档案管理工作规章制度,其中包括《上海新侨职业技术学院归档范围及保管期限》、《上海新侨职业技术学院档案利用制度》、《上海新侨职业技术学院档案查、借阅制度》、《上海新侨职业技术学院库房管理及安全保密制度》等多种制度,并将部分制度装框上墙,使每个教职工一目了然,有章可循,保障了档案收集、整理、保管、鉴定、利用和保密等环节的连接,印制了档案借阅登记簿,对档案的安全保管和有效利用提供了基本的物质条件,确保万无一失。之后,又为档案库房添置了一台除湿机,并更换了防紫外线灯管,更好地改善了库房的保管条件,使档案的安全保存得到了保障。

目前,我校综合档案室隶属于党政办公室,保存了建校以来的党群、行政、教学、外事、科研、仪器设备、基建、财会、照片、实物10大门类档案。有专职人员1名,各职能部门和系部安排了各自的兼职档案管理员1名共22名,实行统一领导、统一制度、集中保存的管理体制。学院档案室室藏从1996年至今各类档案共3595卷(件),这是我校自成立以来行政管理和各项教学工作中形成的真实记录,其中文书档案2159卷,财务档案1330卷,实物档案106件。分门类、以S形排列自上到下上架,并编制了纸质档案目录和电子目录等适应工作需要和实用的档案检索工具,为档案利用提供了便利。在档案的整理中严格按照标准进行分类、整理和归档,重视档案的完整和准确,学院通过开展每年一次的各部门兼职档案员培训会,交流各自心得总结工作情况更好地完善档案工作。

档案室建设是我们学院建设的重要组成部分,反映了我校建设与发展的历程,为学术研究、基础建设、学院评估等提供了大量的凭证和依据。今后我们将更加努力地按照党和国家对档案工作的要求和《档案法》的规定,不断完善基础设施和档案业务建设,为我校的教育发展奠定基础。

上海交通职业技术学院档案室

上海交通职业技术学院档案室是集管理类档案、教育档案、基建档案、干部人事档案、财务档案为一体的综合档案室，配备专职档案人员一名。档案室建成2个密集架库房，总面积约100平方米，设置了专门接待室，为用户提供人性的查档、阅档环境。

档案室现有馆藏近1万卷(件)，内容涵盖学校在各个历史时期所形成的各种形式和载体的档案。

上海交通职业技术学院原隶属于上海交运(集团)总公司，档案材料主要包括管理类档案、教育档案和会计档案三大类。这些档案是研究学校历史的珍贵史料，主要包括：学院迁校、组织变革、改制等方面的文件；学院学则、新生注册表、学生成绩表、毕业生一览表；部分学校规章制度、校务会议记录；有关人事、工资、机构等的通知、指示、名册、报表等方面的文件材料。

2001年，经上海市高等职业学校设置评议委员会评议和市政府审核批准，同意将上海海港职工大学和上海交运(集团)职工大学合并转型组建上海交通职业技术学院，同年学校设立专门档案室管理全校档案工作，隶属政治工作部(人力资源部)。

近年来，档案室在市区档案局的精心指导下，根据《高等学校档案管理办法》和有关档案工作文件精神，结合学院的实际，贯彻党政领导对档案管理工作的具体要求，认真做好档案的收集、整理、归档工作和档案查借阅、利用服务工作，使学校档案工作步入了科学化、规范化、制度化的管理轨道。

一、重审档案，强化管理

根据市委组织部的要求，对干部人事档案进行审核，在这个过程中，按照要求进行档案中的经历审核，验收，档案装订等工作，把住了质量评查关、移交签字关、档案验收关，从而保证了归档质量，也使新制作的干部人事档案面貌一新。

二、加强软硬件建设，实行规范管理

为了档案的规范化管理，对在室档案进行清理，登记，摸清了档案总数；专门为档案工作添置了部分档案办公用品，派专职档案员参加专业培训，极大限度地改善了档案保管条件，为档案的管理、利用提供了良好的物质基础。

三、编写地方志，为组织史提供素材

为上海市地方志的编写、为上海交运(集团)公司和学院组织史的编写进行了大量资料收集、整理、组卷、建档和保管，开创了档案管理工作的新局面。

上海电子信息职业技术学院综合档案室

上海电子信息职业技术学院前身是创办于1960年的上海市仪表电讯工业专科学校，后演变更名为上海电子专科学校、上海市仪表电讯工业局七·二一工人大学、上海市仪表电子工业职工大学。2001年4月转制为公办高等职业技术学院。

2009年8月，学院正式成立档案工作管理委员会，由学院院长担任管委会主任。同年成立学院综合档案室，并形成了部门档案工作分管领导和兼职档案管理员机构。建立了档案工作管理委员会、综合档案室和各部门兼职档案管理员的三级管理组织体制，为提高学院档案工作的管理水平打下了良好基础。

学院综合档案室配备两名专职档案管理员，隶属学院档案工作管理委员会和学院办公室领导。是学院档案工作的管理部门和永久保存并提供利用本院档案的职能部门。为使档案工作做到有法可依、有矩可循。根据国家档案局第27号令和市教委的有关档案工作的精神，结合我院目前档案工作的实际状况。综合档案室对原有的《学院综合档案规章制度》进行了修订。并新制订了《学院电子文档归档管理制度》、《学院重要档案(重大活动、重大会议)归档管理制度》、《综合档案室安全责任制度》、《学院各类合同签订流程和操作暂行办法》、《档案库房管理规定》、《档案查阅制度及流程》等规章制度，进一步规范和推动了学院档案工作的发展。

2011年5月，学院综合档案室新库房建成。新建的档案库房面积

185平方米、购置了档案密集架容量170立方米。室藏档案总数9900余卷,排架总长度480余米。室藏门类有文书档案、财务档案、学生档案、基建档案、设备档案、声像档案和奖状、旌旗、铜牌类实物档案。近年来综合档案室逐步添置了计算机、扫描仪、防磁柜、电子防潮箱、除湿器、温湿度液晶显示仪等专业设备,为安全保管档案创造了良好的条件。

2014年11月,上海市教育委员会办公室会同部分高校专家对学院档案工作进行了实地检查,检查综合评定等第为良。

综合档案室近年还引进了新影捷高校档案管理系统软件,初步实现了档案登记、编目、统计和查询的计算机现代化管理。截止2016年12月,已完成录入文书案卷1657卷,档案目录9750件、实物档案条目178件、合同条目2283件。此外,综合档案室还保管着上海电子工业学校的历年档案,以及原上海电子技术学校、上海第一仪表电子工业学校、中共上海仪电党校、上海广电职业技术学校的历史档案。

2017年5月,为深化学校教育教学、服务经济、人才培育的综合改革,促进学校各项事业新的发展和突破。学校进行了党务、行政组织机构的调整。正式成立综合档案馆,下设综合档案管理、校史研究部。

上海震旦职业学院档案室

时至年终岁末，现对 2017 年上海震旦职业学院档案室工作做一总结。

今年在学校领导的关心指导下，在同事们的协力配合下，学校档案工作稳步扎实推进，现已完成了预定的年度目标。

第一，在思想政治学习方面，全程观看了党的十九大实况转播，积极参加了党支部的学习讨论会议。认真学习领会党的十九大会议精神，以习总书记新时代中国特色社会主义思想指导自己的工作实践。

第二，在学校档案方面，2017 年共计完成打卷内目录、敲页码、贴封面、装订成册 407 余卷。完成了 2016 年学校档案的卷外目录制作和档案编排、上架工作，共计上架 460 余卷。

第三，在学生档案方面，今年共计接收、整理、保管新生档案 1439 余份。邮寄出毕业生档案共计 1394 余份。完成了所有学籍变动学生档案的转移工作，装入了 2017 年度入团学生的《入团志愿书》。

第四，在日常接待工作方面，档案室日均接待来访、来电 5 人次以上。在接待工作中，能够积极热情的接待校内校外的来电来访者。能够热情为学生答疑解惑，解决学生的各类问题。此外，今年还接待了震旦教育集团对学校档案管理工作的实地检查，并顺利通过了检查。

第五，在参加校内外培训方面，今年共计参加市教委、市高校档案学会组织的各类培训、会议 5 次，集团档案工作培训 1 次。其中，通过参观奉贤档案馆，拓宽了视野，了解了当下档案馆发展的前沿资讯；通过参加档案法制会议，更新了知识，了解了现行档案法律制度的完整体系；通过参与民办高校档案协作组活动，找准了定位，了解了各兄弟民办高校的档案工作现状。

第六，在档案室建设方面，今年学校为档案室换装了一台新空调，保证了档案室库房温度、湿度的相对恒定。另外，今年我校档案室采购了700个档案盒、800张档案案卷封皮及1500只学生档案袋等消耗品，保证了档案室的日常工作所需。

以上六点大概概括了我校2017年档案工作基本情况，展望来年，我有以下设想：

第一，要克服档案室人少活多的矛盾，继续勤勤恳恳、任劳任怨做好档案室的全部工作。只有自己的工作拿得出手，才能赢得他人的尊重。尽管默默无闻，也要兢兢业业。

第二，要加强档案业务学习。参加会议、交流是提高自身业务能力的重要途径。在新的一年里，要再接再厉，继续积极参与。此外，为了使自己的档案工作更加专业化，利用业余时间参加专业的培训也大有必要。

最后，不忘初心，方得始终。档案工作的初心，据我理解，就是要服务好全校师生。花了那么多时间、精力制作出的档案，就是为了日后的利用环节。所以，除了要重视档案的收集、整理、上架工作，还要注重档案的利用、编研工作。

上海思博职业技术学院综合档案室

上海思博职业技术学院地处浦东南汇大学城，2003 年经上海市人民政府批准建立的独立设置的全日制高等职业技术学院。学校占地面积 500 亩，建筑面积约 14 万平方米。2012 年 8 月被批准为上海市特色(示范)院校建设单位，2014 年被列为《国家教育综合改革上海试点(2015—2020)》办学体制改革试点单位。

学校现有护理、国际商务、建筑工程技术、卫生信息管理、会计、金融管理、建设项目信息化管理、数控技术、机电一体化技术、汽车检测与维修技术、艺术设计等 20 多个专业。目前，学校全日制在校生近 6200 人，教职工数近 300 人，其中专任教师 196 人，具有高级职称占 32.1%，硕士研究生以上学历占 51.5%，上海市教学名师 4 人。

学校综合档案室建立于 2004 年，由校办兼管。2010 年档案室独立，2011 年被上海市档案检查组评定为优秀档案室，2015 年入选为上海市高校档案专业理事单位，2017 年档案室搬入学校新建的综合楼，环境面貌焕然一新。

上海思博职业技术学院综合档案室是学校档案工作的职能部门，集中管理学校的档案工作，建立了党群、行政、教学、科研、外事、出版、基建、设备、财会、声像、实物、荣誉等十二大门类的档案。随着学校的发展，档案意识逐步加强，档案室规模在不断扩大。

学校领导重视依法治档。根据《高等学校档案管理办法》简称“27 号令”的精神，按照市教委、市档案局的要求，制定了《上海思博职业技术学院档案工作制度汇编》，并将各部门（二级学院）的档案工作列入每年的创文明单位、年终考核的评优工作中。

学校领导关心档案工作。2009 年现任的学校领导（分管档案工作），把档案工作提到了学校的议事日程，成立了档案工作领导小组和工作小组，聘任了具有档案专业职称人员任档案室主任。形成了以校领导、各职能部门负责人、二级学院院长和兼职档案人员为一体的档案工作管理机构三级网络格局。目前，我校共有 5 个二级学院、职能部门 20 个，共有兼职档案工作人员 16 位。

学校领导注重经费投入。为档案室配置了计算机、打印机、复印机、防磁柜、除湿机等硬件设备，档案室拥有自己独立的库房、办公室及阅档室，配置功能齐全的档案柜、档案架等专用设备。目前使用的是启明公司研制的“神夹”档案系统管理软件。

学校档案工作未来展望。根据市教委、市档案局的有关精神，按照档案工作的要求，本着对历史负责、为现实服务、替未来着想的理念，学校的档案工作将朝着制度化、规范化、标准化的方向努力。

后　记

档案是沉淀着的文化遗产，校史是流淌着的校园文明。高校档案作为大学历史的真实记录，其反映大学的长期办学实践，具有保存记忆、资政育人、传承文化、弘扬文明的特殊使命。作为档案工作者，做好档案工作是我们的天职。

上海市档案学会高校档案专业委员会(下称“上海市高校档案学会”)作为上海市高校档案机构和档案工作者自愿组成的群众性学术团体，是上海市教委联系上海高校机构和档案工作者的纽带。上海市高校档案学会第七届理事会成立以来，在继承前人优良传统基础上，积极开展组织开展业务培训和档案学术交流活动，着力推进档案信息的开发利用和档案工作的现代化管理，着力凝聚人心，加强与档案学会(工作者)之间的联系。每年征选论文，并结集出版论文集是学会的一项重要工作。在各位理事和成员单位的共同努力下，《上海高校档案工作理论与实践》终于要付梓出版。

本论文集主要是2017年学会举办的论文征文获奖作品。其有几大特点：第一参与面广。全市高校会员单位基本都参与并提交论文；第二研究面广。论文研究涵盖档案收集、管理与利用；档案数字化与信息化；档案编研与传播以及档案馆的功能与职能等方面；第三与实践结合深。本书收录的42篇论文，多为结合档案工作实际，提出许多新的思考和解决问题的方法或路径。在编排上，按照论文获奖顺序先后排序。本论文集及其诸多观点思考，对大学档案馆进一步发挥文化功能，为大学的决策、教学、科研以及育人都将有一定的借鉴意义和参考价值。

本书在筹划、编辑和出版过程中，得到上海高校档案学会行政主管部门关心和支持，得到学会各位理事的无私付出。华东师大档案馆胡琨老师为本书的编辑出版付出了辛勤劳动，在此一并致谢！

编 者

2018年5月

图书在版编目(CIP)数据

上海高校档案工作理论与实践/汤涛主编.
—上海:上海三联书店,2018.

ISBN 978-7-5426-6488-4

Ⅰ.①上… Ⅱ.①汤… Ⅲ.①高等学校—档案工作—上海—文集 Ⅳ.①G647.24-53

中国版本图书馆CIP数据核字(2018)第213383号

上海高校档案工作理论与实践

主　　编　汤　涛

责任编辑　钱震华
装帧设计　陈益平

出版发行　上海三联书店
　　　　　(200030)中国上海市漕溪北路331号
印　　刷　江苏常熟市东张印刷有限公司

版　　次　2018年9月第1版
印　　次　2018年9月第1次印刷
开　　本　700×1000　1/16
字　　数　385千字
印　　张　27
书　　号　ISBN 978-7-5426-6488-4/G·1506
定　　价　68.00元

图书在版编目(CIP)数据